한국교육이야기 백가지

김 정 환

博 英 社

머리말

한국교육에 대한 백 가지 이야기를 이렇게 국민 모두가 쉽게 읽을 수 있게 체험담을 섞어가며 수필조로 엮어 보았다.

교육이 걷잡을 수 없이 흔들리고 있다. 과녁도 없이 활시위를 당기듯, 진정한 교육이 무엇인가에 대한 물음 없이 갈팡질팡하고 있는 모습이다. "우선 사람으로 일깨워 키우자, 지식이나 기술, 쓸모는 그 다음다음이다"는 것이 필자의 변함없는 믿음이다. 서장의 두 비유, 이어지는 만남과 일깨움, 전인교육, 겨레의 큰 스승들 그리고 교사론 등의 글이 이것이다.

교육은 나면서 죽음에까지 이어지는 인간형성의 과정이다. 그 과정을 셋으로 나누어 가정, 학교, 사회를 교육의 세 마당이라 한다. 이 세 마당의 교육은 그 내용이며 방법이 저마다 다르다. 제 5 장부터의 유아교육론, 가정교육론, 학교교육론, 사회교육론이 그것이다. 세살 버릇 여든까지 간다는 격언도 있다. 유아교육이 얼마나 중요한가. 그래서 이를 격상시켜 한 장으로 독립시킨 필자의 충정을 이해해 주시기 바란다.

너무나도 중요한, 그리고 어려운 문제는 비켜가고 싶거나 미루어 놓고 싶은 게 인간의 심리다. 그러나 교육의 현장에서만은 그럴 수 없다. 교육의 과제는 비켜가거나 미룰 수 없는 막중한 백년대계 문제이기 때문이다. 제 9 장부터의 체벌교육론, 민족교육론, 통일교육론, 평화교육론이 이같은 과제에 대한 필자 나름의 고민의 소산이다. 체벌에 찬반양론이 있다. 그런데 필자는 찬성론자다. 교육의 원리에 비추어서다. 특히 이 네 장에 대한 논의에는 현실의 한계를 들며 이상이 지나치다고 나무랄 분도 있을 것이다. 이상이란 무엇인가. 누군가의 정의처럼, 절대 완전하게 실현될 수는 없지만 목표를 향해 한 걸음씩 나아가게 하는 의지를 부추겨 주는 것, 바로 그것이다. 괴테의 말이던가, 이 이상이 없어졌을 때 인간은 시궁창에 코 박고도 더러운 줄도 모른다, 후각이 마비되어 버렸기 때문이라 한다. 이 네 장만은 평생을 페스탈로찌의 교육철학을 연구한 교육학자로서, 외국에서의 기나긴 학창생활에서 슬픔과 괴로움을 너무나도 많이 겪은 분단민족 백성으로서 그리고 평화를 만들어야 할 할아버지들의 한 사람으로서, 소망을 간직하며 필자가 힘써 공부하며 쓴 분야의 한 가닥이기도 하다.

끝의 두 장, 교육 논평과 교육 단상은 필자가 그때그때 느꼈던 교육에 대한 수상이다. 그리고 종장의 "교육입국론으로 돌아가자"는 여러 입국론에 비추어 본 교육입국론의 특징을 도려낸 것으로, 이 책의 결론에 해당한다. "아 대한민국!" 하는 그 경제는 선진인데 청렴도는 중진이라 한다. 교육은 과연 어디쯤인가. 이 글들이 이 물음에 대한 논의를 부추겨 주었으면 하는 마음 간절하다.

이 글들을 쓰는 데 문헌수집이나 조언 등 여러 면에 도움을 주신 고려대학교 강선보 교수님을 비롯한 여러분들, 그리고 책의 워드작업과 교정을 위해 애써 준 박사과정의 장지원, 권명옥, 김지영 님들 또 이렇게 아름다운 책으로 꾸며 주신 박영사 여러분께 이 자리를 빌어 깊은 감사의 말씀을 전하고 싶다.

2006년 겨울

지은이 삼가 올림

차 례

제 3 장 겨레의 큰 스승들

제 4 장 교 사 론

제 5 장 유아교육론

제 6 장 가정교육론

제 7 장 학교교육론

제 8 장 사회교육론

제 9 장 체벌교육론

제 10장 민족교육론

제11장 통일교육론

제12장 평화교육론

제13장 교육 논평

제 14장 교육단상

종 장 만남과 일깨움의 교육

서 장

글을 열며

교육의 두 비유
—산파술과 줄탁동시

교육의 두 비유 - 산파술과 줄탁동시

교육의 알파이자 오메가, 처음이자 끝도 교사라 한다. 교육에서 교사가 가장 중요하다는 뜻이다. 그러나 아니다. 교육에서 어린이 또한 가장 중요하다 하지 않을 수 없다. 둘다 가장 중요하다니 논리적으로는 모순이다. 그러나 이것이 사실이요 실존이다. 교육에 관한 두 비유, 산파술과 줄탁동시가 이것을 말한다.

"교육"이란 무엇인가. 우선 성장을 돕는 일이다. 그런데 성장을 돕는 일이 어찌 교육뿐인가. 씨를 뿌리고 거름을 주며 식물의 성장을 돕는 "재배"도 있고, 먹이를 주고 거름도 치며 성장을 돕는 동물의 "사육"도 있고, 또 매와 당근으로 곰이나 돌고래에 새 재주를 익히게 하는 "훈련", "순치"(길들임)도 이것이다. 그런데 이것들은 교육이 아니다. 인간교육과는 근본적으로 다르다. 왜냐? 그 대상이 인간이 아니기 때문이다. 교육이란 우선 인간이 인간을 대상으로 하는 작용이기 때문이다.

또 하나 더 따져 볼 문제가 있다. 인간이 인간을 대상으로 하는 성장조성 작용은 다 교육인가. 예를 들자. 소매치기 왕초가 거지꼬마를 유인해다가 소매치기 기술을 가르쳐, 밥벌이도 시키고 돈도 훔쳤다고 하자. 이 소매치기 기술의 훈련, 이것도 교육인가. 지금 생각하면 우스운 이야기이지만, 그 답을 놓고 한국교육학회 연차대회에서 대논쟁이 벌어진 일이 있었다. 40여 년 전의 일이었다. 미국의 행동과학적 교육관이 새로운 교육이론으로 판치던 당시, "교육이란 새로운 행동의 변화"라

정의되었던 때다. 이에 따르면 소매치기 기술의 익힘도 분명 새로운 행동의 변화이기에 교육일 수밖에 없었다. 당시의 미국유학파 대가들은 다 이런 입장이었다. 이에 대해 그러면, 나쁜 짓을 가르쳐도 잘만 가르치면 교육인가, 윤리 따위는 교육과 무관한가. 이렇게 국내파 소장학자가 "철없이" 대들었다. 그러자 대가는 서슴없이 "그렇다" 했다. … 이렇게 주고받으면서 결국 교육은 새로운 행동의 익힘(변화)이요, 교사는 윤리 따위와는 무관한 훈련 기술자로 새롭게(?) 자리매김 되었었다.

그 후 이 논의는 한 단계 진전되어, 역시 윤리적 가치의 지향 없는 교육이란 있을 수 없다, 그러니 그 행동의 변화(익힘)에다 "바람직한"이란 형용사(조건)를 붙이자, 그래서 "교육이란 바람직한 행동의 변화"로 하자, 이렇게 정착되어 오늘에 이르고 있다. 그래서 지금도 이런 행동과학적 정의를 그대로 교육학의 "과학화"로 받드는 사람들이 꽤 있다. 그런데, 이것은 절대 아니다! 교육이란 인간 각자가 자기를 찾게 일깨워 주는 작용이어야 한다! "너 자신을 알라"며 소크라테스는 젊은 영혼에, 즉 하나의 인격이 또 하나의 인격에 불을 질렀다. 그래서 젊은 영혼이 원래의 자기가 되게 돌보아 준 것이다. 이래서 소크라테스라는 인격이 플라톤이라는 인격과 불꽃을 튀기며 만나, 이 두 인격의 합작으로, 인기 있는 비극작가나 되려 했던 플라톤이 그 천분인 철학의 길로 들어서, 플라톤이 진정한 자기가 되고, 그 영원한 플라톤으로 자기실현을 한 것이다.

자, 이제 우리는 진정한 교육은 무엇인가라는 이 논제에 올바른 해답을 내릴 자리에 이르렀다. "교육이란 인격과 인격이 만나 자기를 실현하는 작용이다." 두 인격의 만남, 이것을 떠나서는 진정한 교육은 없다. 그런데 재미있는 것은 이 만남은 서로의 변화를 일으킨다는 사실이다. 플라톤과의 만남으로 스승 소크라테스도 크게 배웠고(제자가 똑똑하니까 공부 안 할 수 없어), 그래서 둘이 같이 진리를 찾게 되었다.

이래서 “교육은 진리의 공동생산”이란 그들의 논리가 나왔다. “진리의 공동생산”, 이 얼마나 귀한 말인가. 그런데 참 신기하게도 우리 동양에도 이와 똑같은 말이 있다. “교학상장”(教學相長)이 바로 그것이다. 가르치고 배움이 실은 교사와 학생 둘을 다 성장시킨다는 것이다.

진리의 공동생산, 교학상장, 이 얼마나 귀한 말인가. 나는 이것을 나의 교직생활에서 머리로서가 아니고 가슴과 삶으로 확인했다.

그 어두웠던 시절 특히 그러했다. 새마을 운동대회장에서 면장에게 교장이 애들 앞에서 따귀를 맞고, 자문교수다 평가교수다, 교수의 “사회봉사” 기능입네 하면서 교수들이 들떠 대학이, 대학교육이, 교수들이, 학문이 온통 독재체제에 편입되고, 이런 분위기와 그늘을 틈타 일선 중·고등학교 경영과 교직사회에 온 비리가 자행되던 그때, “참교육”을 내세워 저항한 일군의 교사들을 기억하시리라. 바로 “전교조”였다. 무슨 장관이 심지어 반상회에서까지 전교조는 용공세력이라고 몰아붙였다. 그러다가 1,500명이나 되는 교사들이 교단에서 추방당했다. 교직에 뜻을 두고 모인 사범대 학생들 속에, 그들을 위한 강의 속에, 교육학, 교육철학, 현대교육사조 그리고 무엇보다도 “교사론”을 강의하던 나는 억지춘향으로 서야만 했다. 그때 나는 또 그 플라톤의 “모든 위대한 것은 폭풍과 맞선다”는 말이 회상되었다. 나는 그들과 더불어 “참교육” 논의에 들어섰다. 그래서 나도 정말 한국교육의 현실, 그리고 새로운 교육이론을 많이 배우게 되었다. 바로 교학상장이었다.

교육작용의 본질에 대한 유명한, 그야말로 기가 막히게 적절하고 아름다운 비유가 둘 있다. 서양에서는 소크라테스의 것인 “산파술”이요 동양에서는 속담형식(불교 경전에 유래한다던가)으로 전해지는 “줄탁동시”(啐啄同時)다. 교육이란 산파가 임신부를 도와 애기를 잘 순산하게 도와주는 작용과 비슷하다 한다. 며칠 전부터 주의를 주고, 때가 이르면 몸을 돌려라, 힘을 주어라, 잘 되어간다고 같이 소리 지르고, 그래서 탯줄을 끊고 엉덩이를 쳐 태아의 울음소리를 유발하고, 더욱 그 새 생명을 보듬고 서로 감격하며 축하하는 … 이런 과정이다. 산파가 애기를 낳는 것도 아니고 낳아준 것도 아니다. 산부를 도와 순산하게 도와준 것이다. 여기에 이르면 사범대생들은 숙연해진다. 나도 스스로 취해 전율까지 느낀다. 그런데 나에게는 이런 분위기를 돌리는 말이 하나 있다. "이런 기가 막힌 비유를 소크라테스는 어떻게 생각해냈을까요? 어머니가 산파였기 때문입니다!" 여기에 이르면 교실에 웃음이 가득 찬다.

자, 그런데 더 기막힌 것이 "줄탁동시"다. 줄이나 탁이나 다 두 마리의 새, 즉 알 속의 새끼새의 쪼음(줄), 알 밖의 어미새의 쪼음(탁)을 뜻한다. 두 마리의 새의 부리가 동시에 활동한다는 뜻이다. 암탉과 병아리를 예를 들자. 암탉이 알을 따스한 날개로 품고 감싸 안으면 18일 전후해서 알 속의 병아리가, "엄마 인제 나갈 준비가 되었어요" 하면서 그 연한 부리로 껍질을 톡톡치고 쪼으며 신호를 보낸다. 이 소리를 듣고 암탉은 "야, 알았다"하면서 이제 그 알껍질을 밖에서 톡톡 치며 쪼은다. 두 생명의 신호와 작업은 이렇게 사흘 이어진다. 그래서 드디어 껍질이 잘 벗겨져, 그 환희의 새 생명이 탄생한다. 두 부리가 동시에 신호를 보내며 치고 쫏는 이 모습, 얼마나 아름답고 장엄하기까지 한가.[1)]

우주의 노래소리란 이런 것이 아니겠는가. 우리는 꼭 칸트가 말하는 그 두 가지 외경, 밖으로는 하늘의 별의 법칙, 안으로는 나의 양심의 법칙, 이 말에만 감탄해서는 안 된다. 그런데 피가 튀는 해산장면 비유보다 두 마리 새의 합창 비유가 나에게는 더 좋아 보인다. 내가 동양인이라서 그러한가.

하나 더 그 교육작용에서 꼭 따져야 할 문제가 있다. 준비성과 적시성(適時性)이다. 태아가 나올 준비가 안 되었는데, 또 병아리가 신호를 보내기도 전에 밖에서 산파와 암탉이 난리를 치면 어떻게 되나?

미숙아가 되기 쉽지 않겠는가. 그래서 나는 외치고 싶다. "선행학습은 가라, 모든 껍데기는 가라!"[2)]

1) 이 "줄탁동시"는 "취훼동시"(嘴喙同時)로도 쓰인다. 부리취, 부리훼 즉 두 마리 새의 부리들이다. 또 "동시"를 동기(同機)로 쓰는 경우도 있다. "기"나 "시"나 같은 뜻이다. 갈지(之)자를 맨 끝에 붙혀 취훼동시지, 줄탁동시지로 쓰는 경우도 있다. 멋부리기 위함이다.

2) 나는 "줄탁동시"라며 난생 처음으로 시라고 하나 써 보았다.
두 부리 같이 쪼아/안에서는 엄마하며/밖에서는 아가하고/두 부리/한껍질 맞잡고 같이 쪼아/새 생명 피어나니/오! 만남의 기쁨이여/한목숨 귀함이여/자연의 환희여/창조의 신비여/우주의 화음이여!

제 1 장

만남과 일깨움의 교육

1. 교육이란 무엇인가

교육이란 무엇인가. 쉬운 것 같으면서도 따지면 따질수록 어렵기만 한 개념이다. 마치 사람이란 무엇인가 하는 물음과도 같다. 잘 모르는 사람, 단순한 사람들이 오히려 쉽게 대답한다. 그래서 한때 "식모도 교육에 대해서는 일가견을 갖고 있다"는 말이 유행하기도 했다. 우리 같은 교육전문가, 더욱 그 교육의 참 모습을 이른바 "교육본질론"이라는 논의로 평생 씨름한 나같은 교육철학자들이 머뭇거리고만 있을 때 튀어나온 말이다. 우스개 소리 같으면서도 폐부를 찌르는 진리이기도 하다. 교육은 정말 쉽기도 하고 또 정말 어렵기도 하기 때문이다. 교육이란 무엇인가. 우선, 그 글자풀이로 다가가자. 글자풀이로, 철학이란 지혜를 사랑하는 학문이요, 기하학은 토지를 측량하자는 데서, 경제학은 집안 살림을 챙기자는 데서 나온 학문이라고 우리는 많이 들어오지 않았던가.

우선 한자어 교육을 보자. 가르칠 교(敎)라는 글자는 왼쪽의 본받을 효(爻)와 아들 자(子), 오른쪽의 막대기 복(卜)과 손 수(又)의 결합이라 한다. 풀이하면, 아들(어린이)은 두 손 모아 공손하게 본받고(왼쪽 작용), 어른은 손에 막대기(회초리)를 들고 지도한다(오른쪽 작용)는 뜻이다. 기를 육(育)은 어머니가 따스한 몸(肉)으로 젖먹이(云)를 안아 키운다는 뜻이다. 敎가 엄하게 다스리는 면이라면 育은 따스하게 감싸는 면이다. 내친 김에 만담같이 들릴지 모르지만 하나 더 풀이하자. 云은 아들자자(子)가 물구나무선 꼴(𠫓), 이는 임신 중의 뱃속의 태아의 물구나무선 모습이며, 그래서 기르는 작용은 어머니 배속에서부터 시작된다는 뜻이란다. 믿거나 말거나 식의 농담이 아니다. 인간이 교육을 보는 아름다운 믿음이라 생각하자. 그런데 이곳에 하나 더 새김질해야 할 일이 있다. 서로 다른 작용 教와 育은 원래 낱자로 떨어져 쓰였는데, 이것이 教育이란 합성으로 쓰인 최초의 글이 저 유명한 맹자의 "진심편"의 군자유삼락장(君子有三樂章)의 "득천하영재이교육지(得天下英才而教育之)"에서라고 고증되어 있다. 엄한 가르침과 따스한 기름이 하나되어야 한다는 게 맹자의 교육철학이었다. 맹자, 참으로 장하시도다!

다음으로 서양어에서 교육을 뜻하는 용어를 살펴보자. 대표적으로 영어에서는 교육을 페다고지(pedagogy)라 한다. 원래 그리스어의 페다고게(pedagōge)에서 유래한다. 이것은 파이도스(paidos)와 아고고스(agōgos)의 결합어다. 파이도스는 어린이, 아고고스는 이끌어 감이다. 어린이를 신체를 단련하는 체육관, 연극을 보여주는 극장 그리고 사람들의 삶을 익혀주는 시장 등으로 데리고 다니는 가정교사의 직분을 뜻했다. 한편 교육을 라틴어에서는 에두코(educo)라 했는데 이것은 밖으로의 e와 꺼낸다는 duco의 결합으로, 안에 지니고 있는 소질을 밖으로 꺼내 키워준다는 뜻이다. 이래서 서양어에서 교육을 뜻하는 두 단어 중 pedagogy는 한자어의 教에 education은 育에 해당함을 알 수 있다. 서양어에서는 이 두 기능을 아울러 나타내는 한자어에서의 教育 같은 합성어는 없다.

여기에서 여담 하나. 내 자랑 같아 좀 부끄럽지만 우리 동양의 지혜랄지 고전을 소개하자는 것이니 독자들의 양해를 빈다. 필자가 취리히대학 철학1부 교육철학 세미나에서 겪은 일이다. 나더러도 한 가지 발표하라기에, 위에서 소개한 한자에서의 "教育"풀이를 상형문자로 풀이했다. 그랬더니 교수님도 학생들도 모두 감탄하는 것이었다. 방학이 끝나 새 학기 수강신청서를 내려고 교육학부 사무실에 들렀더니 여사무원이 수강안내책자를 다섯 부나 건네주면서 미소를 띠었다. 왜 5부나 주느냐 했더니 표지 뒷면을 보란다. 열어보니 내가 발표한 한자에서의 敎育 파자풀이가 그대로 한 페이지 가득하게 복사되어 실려 있었다. 이래서 나도 당당하게 세미나, 독일어로는 제마나알의 일원이 되었고 동양인이지만 콧대도 세워본 것이었다.

자, 이제 우리들의 자랑스러운 한글 "가르치다"에서 보자. 여기에 이르면, 괴테의 『파우스트』의 유명한 몇 단락을 찬양 안 할 수 없다. 서재에 돌아간 파우스트가 요한복음 첫 줄 "태초에 말씀이 있었다"를 사랑스러운 독일어로 번역하려고 경건하게 붓을 든다. 이 "말씀", 그리스어로 "로고스"를 어떻게 풀 것인가. 처음에 직역 그대로 "언어"로 했다. 아니, 아니다. 다음에 "뜻"으로 했다. 이것도 아니다. 그 다음에 "힘"으로 해보았으나 역시 아니다. 그러다가 번개처럼 영감이 떠올랐다. 그거다, 바로 "행위"가 있었다![1] 이렇게 회심의 미소로 끝난다. …… 우리도 이제 사랑스러운 우리말 한글로 "가르치다"를 풀어보자. 이것은 "갈다"와 "치다"의 합성어다. 한자어의 교육과 같은 말이다. 그러면 "갈다"는 무엇인가. 논밭을 갈고, 숫돌을 갈고, 새것으로 갈아 치우는 경작, 연마, 갱신이다. "치다"는 무엇인가. 소를 치고, 하숙생을 치고, 떡매로 치는 양육, 보육, 형성이다. 갈다는 달구어 다듬는 敎에, 치다는 보살펴 키워주는 育에 해당한다. 참으로 아름답고 슬기로운 가르침이다!

이왕에 말이 나왔으니 우리하고 가장 가까운 나라 일본말을 빼놓으면 밴댕이 속 같은 자라 욕먹지 않겠는가. 그 "오시에루"(おしえる)는 무엇인가. 형용사 "오시"(愛)의 동사화로, 사랑하고 타일러 이끈다는 뜻이다. 막대를 옆에 박아 어린 나무가 잘 자라게 하는 지주목, 보살핌(오이소우:おいそう)이라는 뜻도 있다.

교육이란 무엇인가. 이제 우리는 그것을 크게 세 가지 작용으로 다듬어 볼 수 있는 자리에 이르렀다.

첫째는 피교육자의 발전 가능성을 믿고 그가 지니는 소질이나 능력을 사랑으로 감싸 키워주는 작용이다. 둘째는 교육자의 의도적 교도·훈련성이다. 피교육자의 소질과 능력을 키워주기 위해서는 따뜻한 사랑만으로는 안 될 때도 있다. 엄한 사랑, 즉 매로 가르치는 닦달질도 필요하다. 셋째는 인격매개성이다. 교사와 학생이라는 두 인격과 인격이 서로 불꽃을 튀기면서 만나야 한다는 말이다. 여기에서 우리는 인격 즉 사람과 사람 사이에서 이루어지는 것만을 "교육"이라 한다는 귀한 정의를 이끌어 낼 수 있다. 사람이 경마용 말을 키울 때는 "사육"이요, 꽃을 기를 때는 "재배"이지 교육이 아니다.

교육이란 무엇인가. 두 인격이 서로 만나 사랑으로 타이르고 따르면서 능력과 소질을 키워 꽃피우게 하는 따스하고도 더러는 쓰라린 작용이다. 이런 작용이기에, 앞서도 말했지만, 동물이나 식물에는 교육이 있을 수 없다. 바로 이 점을 갈파한 칸트는 그의 『교육학 강의』 첫머리에서 이렇게 선언한다. "인간은 교육을 필요로 하는 유일한 동물이다."2)

2. 세 차원의 교육

우리나라 보통사람들에게 교육이란 무엇인가 물어보면 어떤 대답이 나올까? 대개 웃으면서 말할 것이다. "그거야 아이들을 학교에 보내 공부시키는 일 아닙니까? 웬 별 걸 다 물어보시네!" 그러나 여기에는 몇 가지 문제가 있다. 교육은 꼭 아이들만 하는 것이 아니다. 부모교육도 있고 노인교육도 있잖은가. 교육은 또 학교에서만 하는 것이 아니다. 가정에서도 직장에서도 이루어진다. 또 있다. 교육은 공부하는 것만이 아니다. 공부라 하면 학식이나 기술을 닦는 일인데 그것은 교육의 극히 일부다. 보통사람들의 생각은 상식적이어서 이렇게 맞는 면도 많지만 약간은, 그리고 더러는 크게 틀리는 면도 있음을 우리는 늘 경계해야 한다. 마치 연예인의 인기투표에서 일등이 꼭 가장 훌륭한 연예인이 아닌 것처럼.

그러면 이제 교육에 종사하는 사람들에게 물어본다 하자. 대개 "사람을 만든다" 할 것이다. 국가 · 사회의 일꾼을 만들어 국가 · 사회의 발전에 이바지 하는 동량을 키워낸다는 뜻이다. 그런데 여기에 또 문제가 있다. "만든다"할 때 그 뜻은 무엇인가. 목수가 책상을 주문받아 목재를 사와서 자기 연장으로 그 목재를 자르고 깎아서 설계도에 맞추어 책상을 완성시켜 주문한 사람에게 바쳐 대가를 받는 일 같은 것을 연상시키기 때문이다. 여기에서는 어린이는 재료요 수단이고, 국가 · 사회만 목적으로 크게 부각된다.

좀 의식 있는, 시쳇말로 좀 삐딱한 사람에게, 혹 나 같은 사람일는지 모르지만, 물었다 하자. 한 사람 한 사람이 자기 몫을 찾아 그것을 실현하게 돌보아주는 일이라 할 것이다. 여기에서는 국가 · 사회 이전에 한 사람 한 사람의 생명의 가치가 전면에 나온다. 더욱이 만든다든가 이끈다든가 키운다든가 하는 적극적 작용보다는 두 사람이 서로 가슴을 열고 만나는 사랑, 인격적 작용이 더 귀하게 여겨진다. 이 사랑은 어린이의 편에서는 교사에 대한 신뢰요 교사의 편에서는 어린이에 대한 믿음이다.

교육을 어떻게 보아야 할 것인가. 우리는 이제 진정한 의미의 교육, 가장 본질적인 의미의 교육은 무엇인가를 분석적으로 다듬어 내야할 자리에 이르렀다. 나는 여기에서 분석적이란 어려운 말을 부지불식간에 써버렸는데 이왕에 쏟아낸 말이니 할 수 없다. 그 분석적이란 뜻은 상식적인 말이 아닌 개념적인 말로, 몇 가닥의 논리적 명제로 전개해 보자는 뜻이다. 표현은 쉽게, 그러나 논리는 정연하고 내용은 풍부하게 해보자는!

"교육"에는 세 차원이 있다. 세 단층, 세 깊이가 있다. 1차원 2차원 3차원의 교육이 각각 있다. 그래서 3차원으로까지 이어지지 않는 교육은 진정한, 본질적인 교육이 아니라는 그 논리를 다듬어 보련다. 우선 우리말로 쉽게 보기를 들어보자. 1차원의 교육은 "기른다", 2차원의 교육은 "이어간다", 3차원의 교육은 "일깨우다"라 하겠다. 단 미리 단서를 달자면 2차원의 "이어간다"에는 "만들다", "길들이다"는 등의 방법으로 국가·사회, 일반적으로, 좋은 의미로나 나쁜 의미로나, 체제의 계승·발전을 기하는 작용을 뜻한다는 말이다.

첫 차원의 교육은 루소로 대표되는 소극교육론이다. 식물의 성장을 그 예로 들면 가장 쉽게 이해될 수 있다. 나팔꽃은 그냥 내버려 두어도 잘 자란다. 돌에 치었다던가 너무 가물다 할 때만 잠깐 돌보아주면 된다. 아침저녁 여기저기 손대면, 손독이 올라 오히려 해롭다. 내버려 두어도 잘 자라날 소질을 그 안에 타고 났기 때문이다. 루소는 그의 교육소설 『에밀』 첫 줄에 이렇게 선언했다. "하나님의 손에서 나올 때는 만물이 선한데 인간의 손으로 넘어가면 만물이 더럽혀진다." 교육의 비결은 어린이가 어린이로 잘 자라게 미소를 띠우고 바라보며 부추겨 주는 데 있다. 이런 교육론을 우리는 식물재배적 교육론이라 하겠다.

둘째는 목공제작적 혹은 동물훈련적 적극교육론이다. 그 대표자는 우리가 잘 아는 조건반사설의 파블로프다. 목공제작적 교육관이란 목수가 재료를 이용하여 자기 설계에 의해 책상을 만드는 새로운 형성 따위의 적극적인 작용이다. 동물 훈련적인 교육관이란, 파브로프의 개의 침흘리기 실험에서 보듯, 거듭되는 자극으로, 원래 지니지 않았던 새로운 행동, 즉 종소리만 나도 (밥그릇이 옆에 없어도) 침을 흘리게 길들이는 따위의 적극적 장용이다. 아침저녁 대패질하고, 먹이와 매로 닦달질해서 전에 없었던 새로운 꼴로 다듬거나 행동을 익히게 하는 것이다.

셋째는 제 몫을 찾아 자기를 실현하게 각성시켜 주는 자극교육론이다. 그 대표자는 진정한 인간교사로 길이 추앙받고 있는 소크라테스다. 이것은 인격각성적 교육관이다. 소크라테스는 "너 자신을 알라"라는 말로 아테네 청년들이 자신을 찾게 윤리적 각성을 부추겼다. 그래서 아테네 청년들은 그를 만나면 신경질이 난다 했다. "졸고 있는 말에 쇠파리처럼 쏘아대어 잠에서 깨어나 다시 달리게"하자는 게 소크라테스의 사명이었다. 더 졸고 싶은 말은 귀찮게 깨우려는 쇠파리를 꼬리로 쳐서 그 쇠파리를 쫓아 죽일 수도 있었다. 이 쇠파리의 운명처럼 소크라테스는 자신의 운명을 예감하기도 했다. 그 예감대로 그는 청년을 유혹했고 아테네에는 없는 새로운 신을 섬겼다는 죄명으로 죽음을 맞았다.

이 세 차원의 교육관을 잘 담아내는 우리말은 무엇인가. "기르다", "만들다"/"길들이다", "일깨우다"이다. 영어로는 "grow", "make/train", "awake"다. 그 방법으로는 각각 소극, 적극, 자극이 대응한다. 그런데 우리가 이 자리에서 새김질해야 할 것은 이 세 차원의 교육이 조금씩은 서로 맞물릴 수도 있고 또 맞물려야 할 때도 있다는 엄연한 사실이다. 제멋대로 크다가 비틀어진 아이가 어느 날 선배를 만나 따귀를 맞고 예절을 알게 된다거나, 어느날 훈장님 - 정말이지 소크라테스 같은 교사를 만나 - 자신도 훌륭한 사람이 될 수 있다는 부추김을 받고 심기일변하여 새 사람이 된다는 따위의 엄연한 사실을 우리는 많이 보기 때문이다.

교육의 알파도 오메가도 교사라는 말이 있는데 그러면 그 세 차원의 교육관에서의 이상적 교사는 어떤 형이 될까. 1차원에서는 벌레를 잡으며 꽃을 가꾸는 정원사, 2차원에서는 잠시도 쉬지 않고 간섭하는 병영 신병교육담당 하사관, 동물조련사, 그리고 3차원에서는 삶을 아름답게 살고 스스로 학문을 하며 공동체에 대해 열린 마음을 가지고 의롭게 살며 그 모습을 삶으로 보여주는, 그러면서 더러는 매도 드는 선비적 스승상일 것이다.

3. 만남과 교육

한 인간과 인간의 만남, 스승과 제자와의 만남, 이것이 어떻게 큰 역사로 이어졌는가. 이를 아테네의 플라톤, 스위스의 페스탈로찌, 그리고 우리나라의 이승훈의 세 가지 사례로 음미하여 보기로 하자. 이를 통해서 우리는 새삼 교육에 있어 만남이 얼마나 소중하며 결정적인 것인가를 알 수 있다. 학교의 시설·설비보다, 잘 짜여진 교과서보다 더 중요한 것은 교사다. 그래서 예부터 교육의 알파이자 오메가 즉 교육의 처음도 끝도 교사라 했다. 자, 여기에서 하나 더 아주 중요한 사실을 확인하고 들어가야 한다. 교사라 했다. 그 교사는 실은 교과서를 잘 가르치는, 기술에 뛰어난 교사가 아니고 학생들에게 깊은 인격적 감화를 주어, 그들에게 새로운, 그리고 진정한 자신을 깨닫게 새로운 삶을 찾게 하는 "만남"을 안겨주는 교사다. 다음 세 가지 역사적 사례가 그것을 증명하고도 남는다.

첫째, 플라톤과 소크라테스의 만남이다. 원래 플라톤은 귀족 출신이요 인물도 훤출하고 재주도 뛰어나고 체격도 좋았다. "플라톤"은 실은 그의 가정교사가 붙여준 별명이다. 어깨가 딱 벌어져 넓다는 뜻의 그리스어 "플라토스"를 딴 것이다. 플라톤은 원래 그리스 세계에서는 제일 인기 있는 비극작가가 되려고 문예를 익혔다. 이런 그가 어느날 시장바닥에서, 그야말로 무식한 상인들, 아낙네들을 상대로, 진리가 무엇인가, 인간이 무엇인가 하면서 그 어둔한 말씨로 대화를 나누는 소크라테스의 모습을 보았다. 그는 전율을 느꼈다. 큰 스승이 바로 그곳에 계셨다. 어둔한 말씨가 더 엄숙히 들렸다. 여담이지만 소크라테스는 원래 살짝 언청이여서 말이 새어나가는 것이었다. 플라톤은 바로 그 자리에서 늘 지니고 다녔던 비극 습작원고를 불사르고 그의 제자가 된다. 그의 나이 19세였다. "너 자신을 알라"고 한 스승의 화두 따라 정진해서 그는 자기의 천분인 철학으로 오늘날의 그 플라톤이 된 것이다. 모든 철학은 다 플라톤 철학의 주석에 지나지 않는다고 평가받는 그 플라톤 말이다.

만일 플라톤이 소크라테스를 만나지 않았다면 어떻게 되었을까. 머리가 너무 세고 논리적이어서 가슴에 호소하는 비극에는 안 맞아, 요샛말로는 주간잡지에도 글을 팔지 못하는 허드레 문사가 되었을 것이다. 다시 말하거니와, 플라톤을 플라톤으로 찾아준 것은 스승 소크라테스와의 만남이었다. 플라톤에게 세 가지 자랑이 있었다. 하나는 남자로 태어난 것(단 이 "남자"는 그리스어로는 "인간"의 뜻도 담긴다), 둘은 민주 아테네에서 태어난 것, 그리고 셋은, 소크라테스를 스승으로 모실 수 있었던 만남이었다.

이 플라톤의 만남은 또 그의 제자 아리스토텔레스와의 만남으로 이어진다. 그는 스승의 구름 위의 "이데아"라는 관념철학을 눈에 보이는 물질과 현실을 토대로 한 과학으로 발전시켰다. 이 아리스토텔레스의 유명한 말이 있다. "스승은 위대하다. 그러나 진리는 더 위대하다." 학문의 방법을 놓고 생각이 달라져 스승을 떠나면서 한 유명한 말이다. 진리를 따라야 한다는 삶의 자세 이것이 스승에게서 배운 귀한 것이기에! 이렇게 그리스를 대표하는 세 철학자가 하나의 만남으로 다 이어지고 있다.

다음은 페스탈로찌와 그의 수많은 제자들과의 만남이다. 그를 한번 만났다 하면 그에게 사로잡혔다 한다. 그의 교육에 대한 꿈과 사랑, 특히 가난한 민중의 자녀들에 대한 사랑, 그 교육실천과 실험은 정말 놀라왔다. 그는 이래서 인류의 교육사를, 상류층을 주요 대상으로 하는 "엘리트 교육"에서 하류층을 주요 대상으로 하는 "민중 교육"으로 코페르니쿠스적인 전환을 일으킨 분수령적 교육사상가로 평가되고 있다. 그와의 만남으로 프뢰벨은 역사상 최초의 유치원을 창설했고, 헤르바르트는 역사상 최초의 체계적 교육철학서 『일반교육학』을 펴냈고, 영국출신의 제자 그리브스(J.P.Greaves)는 고국에 빈민자녀들을 위한 유아교육의 터전을 마련했고, 크류지(H.Krüsi)는 신대륙 미국에 건너가 오스웨고 운동을 일으켜 피바디 여사에게도 큰 영향을 주어 미국에 "새교육" 바람을 일으키다.

페스탈로찌의 묘역에 들어서면 숙연해진다. 그 묘비명 끝줄이 "모든 것을 남에게 바치고 자신을 위해서는 아무 것도 남기지 않았다"[3]이다. 이를 대할 때 더욱 그렇다. 교육에 대한 꿈과 사랑이 전부였다. 그것이 이렇게 만남을 통해서 교육사에 여러 모습으로 새 지평을 연 것이다.

자, 이제 이승훈과 안창호의 만남에 들어가자. 이만규는 『조선교육사』의 "교육가 전기"에서 그가 존경해마지 않는 교육자 단 두 사람(남강과 한서) 중 남강의 이 만남에 대해 이렇게 쓰고 있다.

> 남강은 평양에 갔다가 미국서 귀국한 도산 안창호를 만나 새 생활, 곧 공적(公的) 생활의 길을 개척하게 되었으니 곧 청년교육이 나라를 구하는 길이라는 것을 깨달았던 것이다. 남강은 그 길로 머리를 깎고 고향에 돌아와 학교를 시작하였으니 이것이 남강 평생의 심혼을 다한 오산학교이다.

이때 남강은 43세, 도산은 남강보다 14세나 아래인 29세였다.[4] 유기장사, 지물장사로 당시 돈으로는 굉장히 큰 돈 5만원까지 벌기도 한 사업가가 도산과 만나 이렇게 돌변했다. 아니, 백팔십도 삶의 방향 전환이라 해야 옳다. 그 후 그는 여러 면에서 민족의 지도자가 되어 세 차례나 감옥에 갇혔고 전후 10년이나 영어(囹圄)의 고초를 겪었다.

그러나 그의 업적은 독립운동보다 만남을 안겨준 교육에 있었다. 수많은 영혼들이 그에게서 일깨움 받고, 마치 소크라테스에게 깨우침 받은 플라톤처럼, 또 페스탈로찌에게 깨우침 받은 프뢰벨처럼 자기의 천분찾아 귀한 삶을 개척해 나갔다. 오산학교라면 민족의 영혼의 도장이라고 누구나 다 찬양한다. 그 힘은 어디에 있었던가. 도산에게 깨우침 받은 남강의 인격의 힘, 교육에의 꿈과 사랑, 인격과 인격의 만남에 있었다.

이 만남의 도장에서 기라성 같은 인물들이 태어났다. 어찌 그 하나하나를 열거할 수 있으리오. 그러나 그 중 하나만 고른다면 나는 함석헌을 들고 싶다. 명문 동경고등사범학교를 나오고도 출세길인 관립고등보통학교 교직을 거부하고, 자기 영혼에 불을 지펴준 각종학교 오산학교에 돌아가 스승 남강과의 만남을 역시 그 제자들과의 만남으로 확대 · 재생산한다. 그러면서 자신도 감옥을 드나들고, 광복 후에는 그 『씨올의 소리』로 민중의 역사의식을 일깨운다. 그 함석헌의 제자가 또 풀무학원을 세운 이찬갑이다. 그는 "위대한 평민"을 기르자며 농촌의 순박한 아이들의 영혼에 풀무질하며 역시 만남을 확대 · 재생산하여 오늘의 풀무학교의 터전을 마련했다.

4. 만남의 특성 여섯 가지

유행가라면 질색인 나, TV보다가도 그것이 나오면 탁 꺼버리는 나, 그래서 일요일 낮 황금시간에 벌어지는 그 노래자랑의 군상들에게 연민의 정까진 느끼는 나다. 그 가사부터가 하나도 마음에 와 닿지 않는다. 비 내리는 영동다리가 어떻고, 대전발 영시 몇 분이라든가 하는 것 등이다. 그러면서도 그냥 웃으며 들어주는 노래가 있다. 제 멋에

겨워 사는 피리 부는 사나이, 더러는 경건하게 마음을 가다듬게 하는 저높은 곳을 향하여, 그리고 그대와의 만남은 운명이여 하는 등의 노래다. 특히 이 "만남"의 노래는 그 가수의 소탈한 모습 속에 감춰진 삶의 환희, 사랑의 감미로움 등이 묻어나 좋다. "만남", 이게 교육학자인 나에게는 평생의 화두이기 때문이리라. 그런데 내가 제일 싫어하는 노래는 누군가의 가슴에 이름표를 붙여놓고 평생 자기 것으로 소유하자는 것인데, 이것이 과연 사랑일까 해서다.

유행가 중에서 "만남"만은 좋다는 것을 고백하려다 이렇게 사설이 길어졌다. 더러는 좋은 가사도 있더라 한다는 게. 교육에 있어 만남이 얼마나 중요한가. 역사적으로는 경천동지할 사건들, 예를 들면 예수와 베드로의 만남, 시대의 앞뒤가 바뀌지만, 한 사람의 삶을 180도 바꿔버린 플라톤과 소크라테스와의 만남, 그리고 이 일이야 말로 내가 맡아야 할 몫이라고 새교육을 개척하고 나선 이승훈과 열네 살이나 아래인 안창호와의 만남, 또 시대의 앞뒤가 바뀌지만 "독일국민에 고함"이란 14번에 걸치는 피를 토하는 듯한 강연을 통해 패전국 독일, 프랑스 정복군의 포화에 잿더미가 된 이 고국이 다시 살 길은, 잊혀진 게르만의 영혼을 다시 일깨워 주는 "민중 교육" 밖에 없다며 그 길을 스위스에서 개척하고 있던 페스탈로찌의 교육이념을 받들자 한 피히테와 페스탈로찌와의 만남. … 이것들은 나의 교육철학 강의에서, 그리고 어쩌다 한번, 밖에 나가서 하는 찬조강연의 단골 메뉴다.

학생이나 청중들의 얼굴은 이런 이야기에 단연 긴장한다. 다른 곳에서는 못 듣던 이야기라는, 그러면서 할아버지나 할머니들에게서 직접 들은 옛 이야기들처럼 감미롭기도 한, "교육의 고향"을 다시 기려보는 듯한 포근함이 느껴진다는 얼굴이다. 그렇다. "영혼"이라는 두 글자를 더 붙여 우리는 "교육의 영혼의 고향"을 다시 찾아 음미하고 받들어야 할 시기가 온 것이다. 이른바 농산물 수입 자유화로 황폐한 농촌처럼,

어린이를 효율 높은 인력으로 잘 돌아가게 기름칠 해대는, 그 희한한 "맞춤식"이라던가 하는 그릇된 이론이 활개치고 있는 이 신자유주의라는 구호로 황폐해진 교육을 살려내기 위해서다.

나의 이 만남 담론에는 나 나름대로의 역사와 이론의 뒷받침이 있다. 그래서 이 담론을 모르기도 한, 햇병아리 같이 귀엽기는 하지만 철없는, 젊은 해외박사들의 비웃음에도 너끈하게 견뎌 온 것이다. 요새는 도리어 나의 담론을 좇아 "교육의 인간화" 이론의 주춧돌로 삼는 학자들, "만남"을 지렛대로, 디딤돌로 삼고 있는 젊은 "토종 학자"들이 나오기 시작하여 여간 뿌듯한 게 아니다.

나는 언젠가 우리 학생들에게 "만남과 교육"이라는 저서를 남기고 싶다, "퇴직 후에 그 일을 꼭 할란다" 다짐하기도 했다. 그런데 그 뜻을 이루지 못하고 있어 부끄럽다. 우리나라의 자료 수집이 너무나 어려워서다. 나는 처음에 우선 대표적인 몇 일간지를 샅샅이 뒤져 감동적인 교육의 예화를 수 백 사례 모으려 했다. 예를 들면, 여수 돌산 앞바다를 매일 노를 저으며 딸의 등·하교길을 맡아, 드디어 3년, 고등학교를 졸업하는데 성공한 그 "모녀의 만남" 등이었다. 그런데 이 일은 인터넷, 홈페이지 등 전자정보기계와 담을 쌓고 지내는 나에게는 이제 불가능한 것이라는 것을 깨달았다. 포기일까, 체념일까, 자제일까, 좌우간 이런 것이다. 그러나 미련도 있다. 그래서 이따금 한참 기를 쓰고 모은 스크랩, 책들을 꺼내 보기도 한다. 그런 만남의 사례 책 중에서 『잊을 수 없는 스승』과 『허길래』는 백미였다. 앞 것은 70여 명의 우리나라 저명인사들이 원고지 10장 전후로 자기 삶에 결정적 영향을 준 스승 한 분 씩을 추모한 글의 모음이다.[5] 일체 수식어가 없는 짧은 글들이어서 다 시적이다. 놀랍게도 그렇게 추모하는 스승이 거의 초등학교 시절의 교사다! 약 3분의 2다. 교육은 지식이나 기술이 아님이 역력하다. 또 하나는 한국유아교육의 선구자 허길래 여사(본명 클라라 하워드)에 대한 39명

제자들의 추모집이다.[6)] 그녀가 조그만 교회를 빌려 1955년 13명의 학생으로 시작한 대전보육초급대학은 2006년 현재 학생 9,260명의 배재대학교로도 발전했단다.

만남과 그 장엄한 열매, 이 이야기는 이렇게 끝도 없다. 교육이 진정한 의미로 진행되고 있는 한, 그곳에 꼭 만남이 작용하고 있기 때문이다. "만남"의 철학자 마르틴 부버의 교육이론을 분석한 강선보 교수의 『만남의 교육』에 그것이 역력하다.[7)] 이제 이 글을 마무리해야 할 자리에 이르렀다. 나는 다시 플라톤의 소크라테스와의 만남 이야기로 돌아가련다. 이 사례로 만남이란 무엇인가, 그 특성을 이끌어 내어 보기로 하자. 이것은 나의 몇 안 되는 메뉴, 이론 중의 하나이기도 하다.

첫째는 **우연성**이다. 정말 "뜻밖"이다. 미리 계획하지 않았던 일인데 어느날 천만 뜻 밖에 일어났다는 것이다. 플라톤은 우연히 소크라테스를 시장가에서 만난 것이고 소크라테스는 플라톤을 사로잡으려고 미리 그물을 쳐놓은 것도 아니었다. 정말 일진이 좋았다. 재수가 좋았다.

둘째 **일회성**이다. "단 한번으로 끝내주기"다. 플라톤은 19세 전후, 소크라테스는 60세 전후였다. 바로 그 자리에서 제자와 스승이 되었다. 재주와 학문으로는 플라톤이 스승보다 더 뛰어났고, 또 스승을 10년도 못 뵈었다. 곧 스승이 처형되었기 때문이다. 단 한번의 그 만남으로 영혼이 흔들렸다. 사실, 배운 것은 별로 없었던 것이다.

셋째는 **전환성**이다. "새 사람"된 것이다. 플라톤은 극작가 지망생에서 철학의 세계로, 그야말로 삶의 방향이 180도 바뀐 것이다.

넷째는 **창조성**이다. "자기 몫 찾기"다. 플라톤은 아카데미아를 세워 제자들을 모아 같이 탐구하면서 그 이데아 이론에 대한 관념철학 체계를 완성시킨다. 그래서 철학의 아버지가 되었다.

다섯째는 **운명성**이다. "임자 만남"이다. 한번 만났다 하면 그 영향으로부터 평생 벗어나지 못한다. 플라톤은 그 철인국가건설을 위해 이제

정객이 된 옛 제자 권유 따라 "철없이" 해외에 도전도 단행하다 가까스로 살아 돌아오기도 한다.

여섯째는 **인격성**이다. "가슴속 가장 깊은 곳"이다. 머리도 기술도 지혜도 아니다. 바로 사람이요, 사랑이다. 이것이 실은 위 모든 특성의 원천이다. 스승의 이 인간됨에 대해 얼마나 존경했는가는 그의 30여 개 대화편 중의 백미로 꼽히는 『소크라테스의 변명』이 잘 전한다.

교육의 알파이자 오메가는 실은 이렇게 교사와 학생과의 인격적 만남이다.

5. 실존적 형식의 교육 - 그 여섯 사례 -

짚신 위에 떨어지는 큰 스님의 눈물방울! 나는 이 일화를 즐겨 소개한다. 그러면 강의실에 잔잔한 감동의 물결이 인다. 우리 고향의 속어로 한다면, 나의 말솜씨는 쑥떡 같지만 그 안의 진리는 찰떡같기 때문이리라. 이렇다.

온 나라에 이름을 떨치는 시인이자 스님이 계셨다. 우리나라의 만해 한용운 같은 큰 스님일 것이다. 이 스님에게는 조카가 하나 있었다. 유복자였다. 이 조카는 커가면서 신세 한탄하다가 드디어 삶에 희망을 잃고 방탕하기 시작했다. 그 어머니는 매일 눈물 마를 날이 없었다. 그러다가 홀연히 한 생각이 떠올랐다. 옳지, 애 큰 아버지 큰 스님에게 상의 올리자. 분명 잘 타이르시고 바로잡아 주실 것이다. 그 어머니는 산사에 계시는 시숙 큰스님에게 만리장설 편지를 올렸다. 좀 도와주십사 하고. 답장이 왔다. 어느날 가겠노라고.

그날이 가까워지자 이 조카는 전전긍긍했다. 싸리문을 들어서는 순간부터 날벼락이 떨어지겠지, 꼼짝달싹 못하게 잡아 족치겠지, 청산유수로 설교하시겠지! 드디어 그날이 왔다. 그런데 웬일인가. 아무 말씀도 없었다. 옳지, 점잖게 큰방에 들어오셔서 찬물 한 모금 하시고 입을 여시겠지. 그런데 아니었다. 하루 주무신 다음 하시겠지. 이것도 아니었다. 그러다가 이제 가신단다. 옳지, 이제 그 지겨운 설교가 나오는구나. 한국 사람들은 원래 남의 집에 일이 있어 갔다가도 딴전만 피우고 앉아 있다가 일어서면서 "돈 있으면 며칠만 빌려 달라"하지 않는가. 그런데 끝내 아무 말씀이 없으셨다. 조카는 그래서 더 무서웠다. 끝내 아무 말씀 않으시고, 토방에 내려서면서 짚신을 신으시는데, 이게 웬일인가. 스님의 짚세기 위에 눈물방울이 떨어지는 게 아닌가! 조카는 이 눈물방울에 소스라쳤다. 그리고 비로소 가족의 큰 사랑을 느끼고 회심했다!

큰 아버님은 나를 얼마나 사랑하고 또 동정했으면, 그 비단결 같은 아름다운 말씀들을 다 잊으시고, 그 논리정연한 설교들을 다 접으시고 눈물만 흘렸을까!

바로 이것이다. 교육이란 바로 이것이다. 뜻하지 않게 마음과 마음이 통하면 그것으로 끝내주는 것이다. 만일 이 경우 큰 아버님까지 설교를 해댔다면 어떻게 되었을까? 그런 공자님, 맹자님 말씀은 지겹습니다, 큰 아버님도 별로시구려, 이렇게 속으로 반항했을 것이고, 따라서 그 설교들은 허공에 뜨고 조카의 좌절감은 더 깊어졌을 것이다. 손목을 따스히 잡아주고, 눈을 다시 마주보신 다음 싸리문을 나서시는, 그 큰스님, 큰 아버님의 뒷모습, 이것이야말로 시이자 참 교육이기도 하다.

교육은 참 어렵다. 그러나 이처럼 참 쉽기도 하다. 마음과 마음만 만나면 되기 때문이다. 이런 현상을 얼마 전 고인이 되신 독일의 실존철학적 교육철학을 대표해 온 볼노오 교수는 "만남이 교육에 선행한다"고 했다. 의도적이고 계획적이고 계속적인, 이 예에서라면 "설교"보다 마음과 마음이 만나는 "눈물"이 선행되어야 한다, 즉 만남 없이는 진정한 교육이 이루어지지 못한다, 만남이 학습보다 더 중요하다고 갈파한 명제다. "실존이 본질에 선행한다"는 싸르트르 명제의 교육철학적 부연이다. 우리는 교육하면 의도적 · 계획적 · 계속적 교육, 즉 형식을 완전히 갖춘 조직적 교육, "연속적" 교육만을 생각한다. 그런데 "눈물"같은 교육도 있다. 이것을 "비연속적" 형식의 교육이라 한다. 볼노오가 든 그 비연속적 형식의 교육은 다음 여섯 가지다. 내가 예나 비유들을 덧붙였다.

위기와 맞서게 하자: 성장의 마디마디에 위기가 도사린다. 그 위기를 피하지 말고 맞서 그것을 극복하게 하란다. 어린이가 처음 갖는 의문은 내가 어디에서 왔는가다. 홍제동 다리 밑에서 주워왔다거나 황새가 물어다 주었다거나 나뭇가지에서 따왔다 하지 말고, 엄마 아빠가 사랑해서 이 엄마 배에서 나왔다고 자랑해야 한다. 거짓말은 곧 탄로나고 부모는 거짓말쟁이가 된다.

각성을 촉구하자: 지니고는 있으나 모르고 있는 것을 일깨워 키워내야 한단다. 소크라테스의 "너 자신을 알라"가 그것이다. 그와 만나기만 하면 청년들은 신경질이 났다 한다. 스승으로 해서 자기가 얼마나 덜된 존재인가 하는 윤리적 의식을 갖게 되기 때문이다. 비단 윤리의식 뿐이겠는가. 학생 자신이 미처 자각 못하는 능력이나 소질 등을, 쇠파리처럼 쏘아대어 깨어나게 하자.

충고를 아끼지 말자: 삶에 깊숙이 관여하란다. K대학에 호랑이 교수가 계셨다. 흑판에다 써서 보이는 영작문 숙제를 안 해오면 불러서 따귀를 갈기셨다. "이 놈아, 네가 사람이냐? 너의 부모님은 뙤약볕 밑에서 일하면서 네 자랑을 하고 계셔. 그런데 이 꼴이 뭐냐. 다른 친구까지 공치게 했잖아!" 학생들은 대개 생전 처음 뺨을 맞고 분개하며 교실문을 박차고 나간다. 그러다가 정말 회개하고 교실에 다시 들어온다.

상담으로 마음을 열게 하자: 마음과 마음을 서로 열고 괴로움을 같이 나누는 것이 진정한 상담이란다. 고난에의 동참이다. 상담시간을 정해놓고 상담사전 보아가며 지시하는 것은 이게 아니다. "너의 가정사정 나도 잘 안다. 실은 나도 15살에 어머니를 여의었고 계모 밑에서 컸다. 그러나 잘 그 어려움을 이기고 이렇게 잘 되었다. 영자야, 파이팅!" 이러면서 학생을 안아주는 이런 상담을 아끼지 말자.

만남을 안겨주자: 만남이란, 생각지도 안했던 일이 어느날 홀연히 일어나 삶에 결정적인 영향을 주는 돌발적 사건이란다. 소크라테스와 플라톤과의 만남이 그 전형적인 것이다. 우리나라의 초등학교의 사례 하나. 교사가 화장실 가다가 벽에 기대어 햇볕을 쬐고 있는 몸이 약한 아이를 우연히 발견하고 "너 그렇게 몸이 약해서는, 그 좋은 머리로 상급학교에 가도 공부 제대로 못한다. 지금부터 점심시간에 나하고 매일 뛰자" 하시면서 운동장을 매일 몇 바퀴씩 뛰어주셨다. 이게 만남이다.

모험과 좌절 둘다 귀하다: 어려운 일에 도전하여 성공하면 성취감을, 실패하면 좌절감을, 이 둘을 맛보면서 한단 높은 단계로 삶은 성장해간다. 그런데 우리는 아이가 다칠까봐 모험일랑 못하게 하고 더욱 좌절감일랑 경험도 못하게 한다. 여름방학, 겨울방학에 아이들을 데리고 2박3일로 등산도 하고, 6박7일 정도로 국토순례도 하고, 지체아동시설 등에서 봉사활동도 시켜볼 일이다.

이것이 볼노오가 그 유명한 『실존철학과 교육학』(1959)에서 주장한 실존적 교육론 중에서도 가장 설득력이 있는 "비연속적 형식의 교육"의 논리다.[8] 종래 교육이란 식물의 재배나 동물의 훈련처럼 아침부터 저녁까지 거름 주고 밖에서 돌보아 주는, 처음에 내가 말한 의도적 · 계획적 · 계속적 활동 즉 연속적 활동이라고 생각되었다. 그런데 인간의 "교육"은 식물의 재배나 동물의 훈련하고는 근본적으로 다르단다. 그 예가 위에서 여섯 가지로 예시한 "비연속적 형식"의 교육이다. 연속적 형식의 교육이 쓸모없다는 말이 절대 아니다. 이와는 다른 형식의 교육도 있고, 이것이

"인간교육"에는 더 맞는 면도 있다는 말이다.

나는 이 볼노오의 교육철학을 좋아해서 많이 강의했고 글로 소개도 해왔다. 내가 소장하고 있는 원서 중에서 가장 귀하게 여기고 있는 것이 바로 이 책이다. 튜빙겐 대학으로 그를 방문하여 얻은, 그 날짜 1978년 8월 21일과 그의 서명이 아직도 선명하다. 다행이 우리나라에는 그의 직제자가 이규호 교수, 오인탁 교수 등 꽤 계시다. 이규호 교수의 번역판도 있다.[9] 그간 절판이 되었었지만 얼마 전 윤재흥 교수에 의해 새롭게 번역되었고(기독언어문화사, 2001), 최근 『이규호전집』(연세대출판부, 2005)이 발간되어, 그의 교육이론은 오인탁 교수가 편집한 제 4 권 『교육철학』에 잘 담겨져 있다.

6. 인격교육

의과대학 구내에는 대개 히포크라테스 선서 동판이 있다. 그것을 대할 때마다 우리는 숙연해진다. 그 내용은, 우리는 고통을 받고 있는 사람들을 차별대우하지 않는다, 이 일을 영리를 목적으로 하지 않는다, 환자의 비밀을 철저히 지켜 준다의 세 가닥이다. 동서고금 직업윤리강령 중의 으뜸이다. 이것을 강령이라 하지 않고 선서라고 굳이 하는 이유는 무엇일까. 여러 사람들 앞에 엄숙하게 공개하며 그 실천을 맹세하려는 다짐이기 때문이리라. 이런 뜻에서 선언적 의미의 강령과는 좀 다르다. 교사윤리강령도 있다. 그러나 너무 말이 많고 길다. 그래서 별로 실감이 안 난다. 미사여구의 나열이다. 그래서 나 같은 교육학자, 교사론을 오래 강의해 온 사람도 그 줄거리가 무엇인지 잘 떠오르지 않는다. 히포크라테스의 선서처럼 졸이고 졸일 일이다.

선서에는 입학선서가 있다. 입학생 대표가 교장선생님을 비롯하여 온 선생님, 하객, 학부형들 앞에서 엄숙하게 읽어 내려간다. 그런데 대개 학교에서 미리 써놓은 것을 읽어 내려가는 것이고 더욱 판에 박혀 있는 내용이다. 왈, 인격을 도야하고 학술을 연마하고 학칙을 지킨다 이것이다. 학칙을 지킨다는 말에 히죽거리는 애들도 있다.

학교란 무엇인가. 학칙 준수는 그 수단이고 목적은 둘이다. 인격도야와 학술연마다. 학술연마는 다음으로 돌리고 이번에는 인격도야를 생각해보자. "인격도야", 참 알쏭달쏭하다. "도야"는 불에 달구어 구워낸다 치자. "인격"은 무엇인가. 그것이 무엇이길래 학교교육의 두 큰 목적의 하나, 그 첫째로 꼽는가. 교육학 서적이나 사전들을 찾아보면 어려운 표현들로 가득하다. 왈 그 특징이란, 환경의 상황과 자극에 특징적으로 반응하는 능력인데, 그것을 분석해 보면, 자기가 내켜서 하는 입법적 기능, 좋고 나쁘고를 가려내는 심판적 기능, 생각을 꼭 행동으로 옮기는 집행적 기능, 그리고 이 셋을 또 조정하며 동시에 추구하는 통합적 기능이란다. 그 특징들 하나하나에 다 천근의 무게가 있다. 그러나 이 하나하나를 다시 분석하며 따지다가는 그 현란한 말과 논리에 막혀 헤매다가 전진을 못할 수 있다. 파우스트 말마따나 논리라는 황무지에 갇혀 녹음 우거진 초원을 놓칠 수 있다. 쉽게쉽게 생각하자. 우리 속담에 "사람이면 사람인가. 사람다워야 사람이지"라 했다. 인격이란 진정한 사람됨이요 인격교육이란 이렇게 사람됨을 도와주는 활동이라 하자. 학교교육에서 가장 중요한 것이 실은 이것이다. 그래서 그 입학선서의 첫 구절에 그렇게 크게 나오는 것이다.

전통적으로 교육이라면 오로지 이 인격교육이었다. 그 대표적인 것이 이튼스쿨과 해로우스쿨 같은 영국의 명문사학들이었다. 그들은 인격교육을 신사교육 즉 신사기질의 육성으로 보았다. 예의를 지키고 약자에 대해 배려하고, 거짓말을 안 하는 등 명예를 생명처럼 지키며 공공에 봉사하고 올바른 권위에 순종한다와 같은 이런 것들이다. 특히 명예감각이 중시되었다. 그래서 미국에 건너가서도 그 서부극에 그대로 나타난다. 그 점잖은 권총잡이 "신사" 젤리 구퍼도, 너 거짓말쟁이, 너 비겁한 자(예쁘고 약한 여자를 보호하지 못하는) 라는 말만 나오면 본능적으로 권총을 꺼내든다. 이게 그 인격이다. 이런 인격교육은 문화권마다 전해오는 이상적 인간상이 다르기 때문이 각기 다르게 나타날 수 있다. 그래서 영국은 신사교육, 독일은 장인교육, 중국은 군자교육, 일본은 무사교육, 그리고 우리는 선비교육이었다. 이렇게 겉은 조금씩 달라도 속은 같은 것들이 많다. 그것들을 찾아 묶으면서 인격교육이란 무엇인가를 다섯 가닥으로 다져보자.

이상적 인격의 특징 인식: 나라마다 이상적 인격상은 위에서 본바와 같이 다르다. 그러나 공통적인 특징이 많다. 그 특징들을 인식하고 교육에 반영해야 한다. 공통적인 특징을 넷만 들어보자. 인격심리학자 김성태 교수의 논지다. 주체성, 객관적 자기 인식, 원만한 대인관계 그리고 자기 나름의 인생관이다.

자율성 육성: 이는 스스로 스스로의 행위를 다스리며, 외부의 제약에서 벗어나 스스로 세운 규범에 따라 행동할 수 있는 능력을 기름을 이름이다. 자율성도 세 차원으로 나눌 수 있다. 우선 정서적 자율이다. 사춘기의 청소년들이 가정적 유대감에서 벗어나 느끼는 해방감 독립감 등이다. 다음은 내면적 자율이다. 이는 전통적 관행적으로 내려오는 사회적 규범을 스스로 좋아 따르거나 스스로 비판할 수 있는 능력 등이다. 끝으로 자기입법적 자율이다. 칸트가 가장 귀히 여기는 것 중의 하나로서, 자기 행동을 자기가 정한 규범으로 따르게 함을 이름이다. 이런 자율성의 육성은 어릴 때부터 자기 일을 자기가 알아서 할 수 있게 부추기는데서 출발한다.[10)]

양심의 각성: 양심이란 무엇인가. 그리스어 시나이데스(다 같이

인식한다)에서 엿볼 수 있듯이 우선 한 사람이 다른 사람과 사귐으로서 같이 갖는 감정 즉, 우리가 무엇인가 잘하고, 잘 못하고 있다는 등의 정의감, 죄책감과 같은 심정이다. 그리고 라틴어의 콘센티아(같이 아는 지식)에서처럼 누구나가 다 같이 알고 있는 인간행위에 대한 지식이다. 이렇듯 양심이란 모든 사람의 행동의 지침이 되는 심정이다. 양심에도 세 차원이 있다. 우선 비합리적 양심이다. 예를 들면 "하나님은 번개로 죄를 다스린다"고 감각적 · 정서적 · 직관적으로 믿는 따위다. 다음은 합리적 양심인데 이는 합리적 근거에 의해 행위하고자 하는 심정이다. "내가 거짓말하면 남도 거짓말할 것이니 서로 하지 말자"는 따위 심정이다. 끝으로 내면적 양심이다. 자기 내면의 속삭임에 따라가는 심정으로, 소크라테스는 바로 그 내면의 소리에 따라 살면서 스스로 가시밭을 걸어 들어갔다.

생명의 존엄성 각성: 인간 각자의 생명의 존엄성 인식이다. 능력의 유무, 쓸모의 유무와 관계 없이 인간의 생명 그 자체가 존중되어야 한다는 생각이다. 이는 가족간의 서로 보살핌과 사랑을 생각하면 쉽게 알 수 있다. 못난 동생도 가족이기에 잘난 형이 감싸고, 그 잘난 형보다 못난 동생을 어버이는 측은해서 더 감싸 사랑한다. 어디 가족뿐인가. 그것은 사회로, 국가로, 그리고 모든 존재로까지 확대되어, 생명의 운명 공동체 인식으로까지 승화되어야 한다. 요새는 상생(相生)의 철학, 생태계 살리기 등의 논의가 활발하다.

지행합일: 인식과 실천이 하나 되어야 한다. 행동이 따르지 않는 양심은 헛것이고, 또 양심은 그런 실천행동으로 더욱 다져진다. 양심을 따르자면 감옥에 갇힐 수도 있다. "양심적 병역거부자"들의 그 양심은 실은 찬양할 만하다. 양심을 따라 죽음을 택한 사람도 있다. 그 하나로 함석헌은 성삼문의 의로운 죽음을 찬양하면서 그의 시를 제시한다.

이 몸이 죽어가서 무엇이 될고 하니
봉래산 제일봉에 낙낙장송 되어서
백설이 만건곤할 때 독야청청하리라.

이 노래를 읊으면 겨울에는 추위를 이길 수 있고 여름에는 더위를 이길 수 있다. 의기가 땅에 떨어진 오늘날 우리나라에 있어서도 이 노래를 읊을 때만은 뜨거운 피가 가슴 속에 흘러 넘쳐 나옴을 느낄 수 있다.

성삼문은 우리 대변자다. 전세계의 사람이 다 들러붙어서 조선 사람의 낯에 침을 뱉어도 그가 홀로 일어나서 우리를 위하여 변명을 한다. 4천년 역사의 전부를 모른다 하더라도 적어도 근세 5백년 역사의 1대에 있어서 성삼문을 중심으로 하는 육의신의 죽음이라는 한 토막 을 빼고는 모두다 영이다.

함석헌이 29세 젊은 나이에 동인지 『성서조선』에 토로한 "성삼문과 스테판"이란 글의 한 토막이다.[11] 여기에 그의 『씨올의 소리』 원류가 있다.

7. 교육적 시각에서 본 인간의 특이성

우리나라는 현재 교육이 "인적자원부"에 붙어 있다. 이러니 교육이라면 "인적자원" 확보처럼 되어 있다. 이것은 분명 인간에 맞는 교육은 아니다.

인간이란 무엇인가. 태고 때부터의 물음이다. 스핑크스의 물음, 다섯 발로 걷는 동물 모습은 처량하다. 그런데 플라톤 이름을 빌린 털 뽑힌 닭 이야기는 우스개가 지나치다. 인간이란 무엇인가. 플라톤이

곰곰이 생각했단다. 길짐승 개처럼 네발로 걷지 않고 두발로 걷는다. 또 날짐승 새처럼 두발이지만 날지는 않는다. 그렇다, "사람이란 날개 없는 두발 가진 짐승이다." 이 정의가 재미있어 항간에 퍼졌던가. 얼마 후 누가 무엇인가를 확 던지면서 이게 네가 말하는 사람인가 하지 않는가. 보니, 날개털을 다 뽑아버린 닭이었다. 틀림없이 날개 없는 두발가진 짐승이다. 그래서 다시 정의를 수정했다. 뾰족한 부리가 문제다. 반반한 부리를 추가하자. 그래서 된 것이 "사람이란 날개 없는 반반한 부리의 두발 가진 짐승"이 되었다. 그 후의 소식은 모른단다. 확 던지고 나간 사람은 디오게네스라 한다. 우스개 소리 같기도 하고, 믿거나 말거나 이야기 같은데 좌우간 재미있다.

인간이란 무엇인가. 이 물음은 인간이 다른 동물에 비해 결정적으로 다른 점이 무엇인가에 대한 물음, 인간의 본질에 대한 물음이다. 이에 대해서는 예부터 많은 해답이 있어 왔다. 선악 등의 가치판단을 한대서 윤리적 인간관, 규범을 만들어 집단을 이루고 산대서 사회적 인간관, 진·선·미 이상의 절대적 가치 성(聖)을 추구한대서 종교적 인간관, 교육을 통해서만 인간이 된다는 교육적 인간관, 도구를 만들어 자연을 지배하면서 산대서 공작적(과학적)인간관, 심미적 감각이 있대서 예술적 인간관, 그리고 놀이를 즐긴대서 유희적 인간관 등이다. 맨 끝의 유희적 인간관만 혹 낯설 것 같아 부연해본다. 다른 동물은 배가 부르면 느긋해져 잠에 곯아떨어지는데, 인간만은 이와는 정반대로 배가 채워지면 도리어 허전함을 느껴 자꾸 웃음이나 울음을 찾는, 즉 "놀이"를 찾는다는 생각이다. 정말 재미있다.

자, 이제 오늘의 주제 교육적 시각에서 볼 때 인간이 다른 동물과 결정적으로 다른 점이 무엇인가를 따져볼 자리이다. 이것은 인간에 맞는 교육 즉 진정한 인간교육은 무엇이어야 하느냐에 대한 결정적 시사나 해답을 주는 논의다. 인간의 존엄성을 노래한 칸트 이후 이같은 인간에 대한 물음을 새롭게, 과학적으로 다져 인간학을 부활시킨 사람이 막스 쉘러다. 그의 『우주에 있어서의 인간의 위치』는 명저로 꼽힌다. 이 쉘러를 이어 받은 최근의 학자가 미카엘 란트만이며, 그의 『철학적 인간학』 역시 명저 중의 명저다.[12] 이 책은 진교훈 교수에 의해 번역되어 널리 읽혀지고 있다.[13] 진교훈은 이런 시각에서 『철학적 인간학 연구』 두 권을 저술하여 이 새로운 인간학 연구에 불을 지피고 있다.[14] 이 철학적 인간학의 발상과 방법을 따른 교육철학이 "교육적 인간학", 혹은 "인간학적 교육학"이다. 식물의 성장이나 동물의 훈련을 모델로 하는 종래의 자연교육학, 행동교육학을 극복하려는 새로운 교육철학이다. 그러나 우리나라에서는 아직 낯설게 느끼는 사람이 많다. 나는 페스탈로찌 연구와 더불어 이 교육적 인간학을 짬짬이 공부해 왔다. 그 결과를 셋으로 요약해 본다.

포르트만의 조기출생론: 인간은 다른 동물에 비해 너무 일찍 세상에 태어나기 때문에 앞 세대에 장기간 의존하고 보호를 받아야만 살아남을 수 있는 존재다. 그런데 바로 이렇기 때문에 뒷 세대는 앞 세대의 문화를 길게 접할 수 있고, 앞 세대는 뒷 세대에게 그 문화를 조직적으로 가르칠 수 있는 충분한 시간을 가질 수 있다. 구체적으로 이런 사실을 확인하자. 새나 닭은 알에서 깨어나면 곧 둥지를 빠져 나간다. 그러나 "사람새끼" 애기는 1년이나 걸려야 겨우 일어설 수 있다. 1년이나 일찍 모태 밖으로 나와, 자궁 밖에서 1년 동안 다른 포유류들이 겪은 과정을 겪어야 한다. 인간은 또 개체로 성숙하는데 다른 동물에 비해 오랜 시간이 걸린다. 길이 20미터의 고래의 경우 성적으로 성숙하는데 불과 2년 걸리는데 인간은 20년이나 걸린다. 재미있는 것은 또 성장의 리듬이다. 원숭이는 처음에 빨리 성장하고 그 후는 그 속도가 뚝 떨어지는데, 인간은 사춘기 때부터 갑자기 성장속도가 빨라진다. 이래서 인간은 연약하게 태어나는 덕분에, 거꾸로 많이 배워 강하게 되는 특질을 지녔다 할 것이다.

겔렌의 결핍존재론: 인간은 다른 동물에 비해 생물학적으로만 보면 모자라는 것 투성이어서 무엇인가 도움을 받지 않고서는 살아남을 수 없는 존재, 즉 결핍적 존재라 한다. 인간은 기관이 전문화 되어 있지 않아 환경에 적응하기 어렵고, 본능이 약하게 작용하고, 그래서 더욱 모체의 보호를 받아야만 생존할 수 있는 약한 존재이다. 그러나 이것이 역설적으로 인간에게 힘을 실어준다. 예를 기관의 비전문화로 들자. 이로 보자. 소는 채식만 하기에 어금니가 "전문적"으로 발달되었고 여우는 육식에 알맞게 송곳니가 전문적으로 발달되었다. 그런데 인간의 이는 비전문화되어 송곳니로 육식을, 어금니로 채식을 한다. 교미기를 보아도 동물은 교미기가 있어 어느 시기에 한정되어 있는데, 인간은 교미기가 따로 없어 언제나 사랑할 수 있다. 또 동물은 본능대로 살기에 문화가 없고 태고때 대로 사는데, 인간은 그 본능을 제어할 수도 있고 그래서 문화와 역사를 갖는다. 전문화는 이성의 반대 개념이다. 그래서 전문화가 진행되면 이성은 상대적으로 후퇴하고 거꾸로 전문화가 덜 진행될수록 인간은 이성을 더 갈고 닦을 수 있다. 교육에 정말 귀한 시사를 주는 사실이다.

웩스킬의 세계개방론: 동물은 기관이 전문화되어 있어 그것이 외부의 대상 인식에도 큰 영향을 미쳐, 세계를 자기네의 특수한 환경으로만 한정한다. 그리나 인간은 개방적인 세계를 넓은 환경으로 누린다. 예를 들면 동물은 대상을 '저 물건은 먹을 수 있느냐 없느냐, 짝짓기 할 수 있는 동성이냐 이성이냐, 내 편인가 적인가' … 이렇게 2분법이다. 동물은 주어진 환경 안에서 안주한다. 그래서 도마뱀은 가랑잎 소리에는 예민한데, 권총 소리에는 반응을 안 한다. 동물은 사물을 객관적 중립적으로 보지 못한다. 예를 들어 보자. 도토리나무 아래에 굴을 파놓는 여우에게 도토리나무는 지붕, 움푹 패인 곳에 둥우리를 짓는 올빼미에게 그것은 바람막이, 다람쥐에게는 기어오르는데 재미있는 놀이기구, 새에게는

둥우리 짓는 장소, 개미에게는 그 구멍 속에서 먹이를 구할 껍질 무더기로만 보인다. 인간은 어떤가. 도토리나무를 객관적으로, 중립적으로, 다각적으로 그리고 통합적으로 본다. 이런 사실이 교육에 주는 시사는 무엇인가. 인간은 다양한 시야, 다양한 사고방식에 접해 넓은 교양을 쌓아야 할 존재라는 것이다.

이 세 이론은 다 인간의 특이성을 경험과학적으로 밝히면서 인간의 특이성과 존엄성, 그것이 갖는 교육적 의의를 귀하게 밝히고 있다. 그런데 재미있는 것은 그 철학적 인간학, 교육적 인간학의 개척자를 교육사상가 페스탈로찌로 드는 학자가 있다는 것이다. 쓰달질이다. 그는 『교육적 인간학』에서 페스탈로찌의, 인간의 동물적 · 사회적 · 도덕적 3단계 발전설을 음미하면서, "인간은 자연의 작품이요, 환경과 사회의 작품이기도 하지만, 가장 높은 차원에서는 자유와 정신을 누릴 존재로서 자기자신의 작품이라는 것을 밝힌 최초의 사람이 페스탈로찌였다"고 논증한다. 페스탈로찌야말로 인간교육의 본질을 이렇게 꿰뚫어 본 교육철학자였던 것이다.15)

우리는 이렇게 철학적 인간학에서 인간을 보는 새로운 지평, 교육적 인간학에서 인간교육의 본질을 다지는 새로운 차원의 지평을 얻을 수 있다.

1)『파우스트』 제1권, 1224-1237행, 언어(Wort)→뜻(Sinn)→힘(Kraft)→행위(Tat) 순서다. 행위(Tat)라는 말을 발견하고 "그는 크게 만족하고 써넣었다: 태초에 '행위'가 있었다!"는 유명한 끝줄은 이렇다. Und schreibe getrost: Um Anfang war die Tat !

2) 영어번역으로는 Man is the only being who needs education.이요 독일어 원문으로는 이렇다. Der Mensch ist das einzige Geschoepf, das erzogen werden muss.

3) 생애와 업적을 찬양하는 꽤 긴 묘비명인데 그 끝줄이 이렇다. 독일어 원문은 Alles fuer Andere, fuer sich nichts인데 영어로 번역하면 All for Others, Nothings for Himself.

4) 강연의 내용이 무엇이었는지 구체적으로 전해져 있지 않다. 사실 『안도산전서』에서도 "도산이 직접 붓을 들어 글 쓴 것은 그의 일기와 몇 장의 편지밖에 남아 있지 않다"(469쪽)고 고백하고 있다. 또 이 만남의 해가 위 『안도산전서』에서는 1907년(만29세)으로 되어 있는데 『국사대사전』(이홍직, 백만사 1973)에는 1906년으로 되어 있어(1228쪽), 전문연구가가 아닌 우리는 헷갈린다. 그러나 이런 문제는 "만남"의 본질과는 아무 관련 없다. 모르고 넘어가는 것이 도리어 약이 된다.

5) 박동희 편, 『잊을 수 없는 스승』, 대한교육연합회, 1971.

6) 허길래 선생님을 사랑하는 사람들의 모임 편, 『허길래』, 양서원, 1996.

7) 강선보, 『마틴 부버의 "만남"의 교육』, 양서원, 1992. 참조.

8) Otto F. Bollnow, *Existenzphilosophie und Paedagogik*, Verlag W. Kohlhammer Stuttgart, 1959, 개정판 1977.

9) 볼노오(이규호 번역), 『실존철학과 교육학』, 배영사, 1967.

10) 이 자율성 육성의 교육은 자신에 대한 신념, 자기 현실에 대한 신념을 키워주는 교육, "나다움을 일깨워주는 교육", 자기존중감을 키워주는 교육이기도 하다. 강승규 『나다움, 어떻게 찾을까!』, 학지사, 2002, 65쪽 참조.

11) 김교신 등 동인지 『성서조선』 제 14호, 1930년 5월, 5-7쪽.

12) M. Landmann, *Philosophische Anthropologie*, Walter de Gruyter Berlin, 5. Aufl. 1982(1969 초판).

13) 란트만 지음, 진교훈 역, 『철학적 인간학』, 경문사, 1977.

14) 진교훈, 「철학적 인간학 연구」(Ⅰ·Ⅱ), 경문사, 1982, 1994.

15) 김정환, 『페스탈로찌의 교육철학』, 고려대학교 출판부, 1995, 제 7 장 "교육적 인간학" 참조.

제 2 장

사람됨의 교육, 전인교육론

1. 전인교육이란 무엇인가
2. 교육의 인간화
3. 전인교육의 역사
4. 전인교육의 개척자들
5. 자유 · 교양교육의 뿌리를 찾아
6. 인문교육의 전통과 의의
7. 문화의 꽃 선비상을 키워가자

1. 전인교육이란 무엇인가

“행복은 성적순이 아니잖아!”하고 울부짖으며 자살하는 학생들이 연이어 있었고, 또 “우리는 명문대에 입학하기 위해 이 땅에 태어났다”며 학교교육을 비웃는 고교생들의 저항에 교사는 물론이요, 학부모 그리고 교육당국이 크게 당황하던 때가 있었다. “국민교육헌장”으로 교육이 군사독재체제에 굴종하고 전교조는 “참교육”을 내세우며 이에 저항하여 교실에서 축출 당했을 때의 일이다. 입시교육, 경쟁교육, 암기교육, 과외교육, 타율교육 … 등으로 학교교육이 황폐화 되었을 때의 일이다.

그런데 지금도 사정은 별로 나아진 게 없다. 그러나 이렇게 조용한 것은 학생들의 자살 따위는 이제 별로 뉴스 꺼리가 되지 않기 때문이다. 그 대신 요새는 집단따돌림이나 학원폭력이 뉴스 꺼리로 바뀌었다. 어제 오늘 신문과 뉴스는 “일진회” 이야기로 범벅이었다. 하필 친일파 일진회(一進會) 이름이냐 했더니 불행 중 다행으로 적진에 뛰어든다는 뜻의 일진회(一陣)이란다. 그래서 일진, 이진하며 그 속에 계급도 있단다. 학교 간 지역 간 연합체도 있단다. 학교보내기가 무섭다고 학부모들은 모두 울상이다.

그런데 용감한 한 교사의 장기간의 추적연구의 결과를 학교당국과 경찰당국은 은폐하기에 급급했단다. 학교와 사회가 이렇게 황폐해져서야 어이 할꼬. 부자들은 교육이민이라도 생각한다지만 돈 없는 서민들은 꼼짝 못하고 앉아서 당할 수밖에 없다. 이제 큰 전환, 큰 혁명을 기할 수밖에 없다. 그래서 해마다 교육 그 물건에 칼질을 해대는데 하나도 나아지는 것이 없다. 몸이 망가져 자주 감기가 드는데 보약 먹일 생각은 하지 않고 아스피린만 자꾸 먹이는 꼴이다. 페스탈로찌의 유명한 「교육적 우화」 하나가 생각난다. 나무가 자꾸 시들해진다. 거름과 물은 자주 주는데도 여전하다. 하도 답답해서 나무 밑을 파 보았더니 쥐구멍이 있었단다. 밑뿌리가 상했는데 거름과 물이 무슨 소용인가. 외형을 아무리 손대본 들 허사다. 교육의 큰 전환, 큰 혁명, 그것은 외형적 전환이나 혁명이 아니고 내면적 전환이요 혁명인 "교육이념"의 큰 전환, 큰 혁명일 수밖에 없다. 바로 이것을 기할 때가 왔다. 그 새 이념이 무엇인가. 바로 사람됨의 교육, 전인교육(全人教育)이다. "지식이나 기술은 다음 다음이다. 우선 온전한 사람으로 일깨워 키우자"는 것이다.

"전인교육"은 우선 교육에서 인격도야 기능을 다시 살려 교육을 그 참모습으로 되살리자는 이론의 한 가닥이다. 여기에서 잠시 보통의 교육 일반에 대해 분석을 해보자. "교육"은 "목적" 만으로 이루어지는 것이 아니다. 어떤 내용, 어떤 방법, 어떤 체제, 어떤 교사에 의해서 이루어져야 할 것인가, 즉 그 각 교육목적에 부응하는 내용, 방법, 체제, 교사에 대해서도 생각해야 한다. 내용면으로는 교양교육 우선이냐, 직업교육 우선이냐, 방법면으로는 자유 우선이냐, 질서 우선이냐, 체제면으로는 관리 우선이냐 자율 우선이냐, 교직면으로는 조련사 같은 전문직적 교사상 우선이냐 꿈을 키워주는 시인 같은 선비적 교사상 우선이냐를 생각해야 한다. 이렇게 마치 나무줄기에 가지가 치고 그 가지에서 다시 새끼가지가 갈라지듯 한다.

교육이라고 우리는 쉽게 말하지만 그 교육이 참으로 여러 가지 있는 것이다. "사람"이라 하지만 여러 종류의 사람, 극단적으로는 60억이나 있듯이 말이다. 고등학교 때 배운 수학시간의 순열 공식을 동원해서, 과연 얼마나 많은 종류의 교육이 가능한가 계산해 보자. 우선 "교육"의 목적으로 인격도야와 인적자원 육성의 둘로만 나누자. 다음 그 내용으로 교양교육 우선과 직업교육 우선의 둘로만 나누자. 그러면 여기까지만 해도 벌써 2×2=4 네 가닥의 교육의 종류가 나온다. ① 인격도야·교양교육, ② 인격도야 · 직업교육, ③ 인적자원 육성 · 교양교육, ④ 인적자원 육성 · 직업교육의 네 짝이다. 이 중 ①과 ④는 잘 이해가 가는데 ②와 ③은 얼핏 보기에 잘 이해가 안 가리라. ②의 경우는, 학교 밭에서 땀 흘려 일하면서 배워야 인격도야가 된다는 이치이고, ③의 경우는 교양교육을 통해 인간, 사회, 역사를 알아야만 높은 차원에서 쓸모가 있는 인적 자원이 된다는 이치다. 대학의 자연 과학 전공 학생에게 특히 철학, 문학, 역사를 가르쳐야만 뉴톤이나 아인슈타인 같은 사람이 나온다는 이치다! 그 갈래를 다시 방법으로까지 하면 2×2×2=8, 이래서 여덟 가닥, 이런 식으로 체제까지는 16, 교직까지 하면 32이다. 극단적으로 둘씩만 나누어도 이렇게 32이다. 그런데 두 극단 사이에 또 여러 정도가 있다. 예를 들어, 5단계 A B C D E 중 극단의 A와 E만 들었는데 만일 B, C, D 까지 넣어 계산한다면 몇 가닥이 될까? 이쯤 되면 계산기가 필요하지 않을까!

다시 이야기를 뒤로 돌리자. 교육의 목적을 둘로만, 그리고 나머지 내용, 방법, 체제, 교직(교사상)도 둘로만 나눠도 2×2×2×2×2=32 즉, 32종류, 32가닥의 교육이 생긴다. 그래서 우리가 "교육"이라 하면, 제멋대로 말해도 다, "일면의 진리가 있다"고도 느껴진다. 가정부도 교육에 대해서는 일가견이 있다고도 했는데 이것도 맞고요! 어느 대통령 말버릇 같이 되었는데 사실 맞다. 그래서 진짜 교육이 무엇인지 헷갈리고, 못 해먹겠다는 소리도 나온다. 사실, 미국의 저명한 교육철학자가 말했단다. "아이구, 골치 아파. 내세에 태어나면 절대 교육철학자는 안 되겠다"고.

위 32종류의 교육 중 "전인교육"은 어떤 것일까? 인격도야(목적)를 위해 교양교육(내용)을 중시하고 자주적 학습을 권장하고(방법) 학교는 외부의 간섭으로부터 자유로와 자율적 경영을 누리며(체제) 교사는 선비적 자세로 학생과의 인간적 만남을 중시한다(교직).

이것이 이 필자가 생각하는 전인교육의 논리와 체계다. 다시 정리하면 이렇다.

전인교육은 문화의 여러 기초를 삶과 만남과 협동으로 다져 문화와 삶의 보다 귀한 발전을 기리는 문화적 인격 교육이다. 그 세 특징은 이렇다.

첫째, "교육"은 능력, 기능, 태도를 두루 익힘을 뜻하는데 "전인교육"은 특히 사람됨을 일깨우려 한다.

둘째, 인격교육, 품성교육, 도덕교육, 인성교육 … 등은 도덕적 품성이나 의지를 다지는 교육인데, 전인교육은 특히 다방면의 문화에 접해 다면적 가치감각을 키우려는 문화적 인격교육에 힘쓴다.

셋째, 교양교육은 실용가치에는 별 관심이 없는 자유로운 교육인데, 전인교육은 그 삶, 만남, 협동의 과정에서 얻는 실용적 가치도 아주 중시한다.[1)]

2. 교육의 인간화

교육이란 원래 인간을 대상으로 하는 일인데 굳이 왜 이렇게 "인간화"가 붙는가? 그 방법이 실은 인간에 맞지 않거나 그 목적이 인간의 본성에 어긋나게 된 경향에 대한 우려에서다. 이런 뜻에서 우리 속담 "사람이면 사람인가, 사람다워야 사람이지!"는 깊이 음미해야만 한다.

너울만 허울 좋은 사람이지 속은 사람이 아닌 사람을 길러 어떻게 할 것인가. 사람을 기른답시고 곰새끼 길들여 춤을 익히게 하듯 아이들을 매와 당근으로 길들여서야 되겠는가. 유능한, 혹은 쓸모 있는 일꾼을 만든다고 기술이나 기능만을 훈련시켜 마음은 빈 깡통, 아니 새까맣게 황폐화되어 있다면, 과연 그 물건이 쓸모가 있을까? 그런데 우리 현실은 어떠한가. 교육은 오로지 좋은 대학 가기 위한 준비, 그리고 그 좋은 대학은 오로지 이른바 정보사회 적응과 발전을 위한 기술인력, 경제성장 역군이란 "인력자원" 양성 확보에만 힘쓰고 있다.

그래서 인간의 능력은 말이 끄는 힘 마력(horse-power)처럼 "인력"(man-power)으로 측정되어, 몇 마력짜리 기계처럼 오로지 그가 지니는 기술적 역량으로만 평가되기에 이르렀다. 그래서 "인력정책"(man-power policy)이라는 표현이 국가발전의 화두, 요새 말로는 키워드로 떠오르고, 심지어 교육과 인력자원 확보란 원래 본질적으로 다른 두 기능이 "야합"해서 "교육·인적자원부" 라는 부서, 그것도 부총리를 수장으로 모시는 부서로까지 등장했다. 교육은 문화나 과학 혹은 종교에 가깝기에 외국에서는 교육이 이런 부서와 짝짓지, 우리나라처럼 이렇게 번지가 다른 것을 찾아 나서지는 않는다. 이른바 경제논리에 교육논리가 완전히 KO당했다. 강제수용 당했다. 이름만 교육이지 실은 인적자원 확보다.

현실은 모르는 이상이라고 나의 이런 생각을 비웃는 사람들이 있음을 나도 잘 안다. 그러나 나는 그들이야말로 현실을 모르는 자들이라고 여긴다. 인력을 확보하기 위해서는 고등교육의 대중화, 즉 해당연령층의 50퍼센트 이상이 대학에 가야 한다며 부추겨 놓은 결과가 무엇이냐? 고등교육 학력인구비가 세계에서 3위나 되는 이 나라에 실업자가 넘친다. 그런데 좀 이상하지 않는가. 일자리는 많은데도 노는 것이다. 실업이 아니고 "태업"이다. 명색이 대학을 나왔는데 그런 일을 차마 하겠는가. 너무 많이 배워 도리어 서럽단다. 그래서 외국인 노동자가 그 자리를 차지한다. "과잉학력"으로 그나마 맡은 일에도 도통 신이 안 난다. "너나 나나 다 맞먹는다"는 악평등 관념이 지배하고 누가 경영자고 누가 근로자인지 모르게 일년 내내 싸움질이다. 그래서 아예 공장을 해외로 빼돌려 버리기도 한다.

어떻게 할 것인가. 교육을 제자리로 돌려야 한다. 그 방안 중의 하나가 교육을 인간성을 일깨워 주는 그 주요기능에 보다 힘쓰게 하자는 인간성 각성교육이다. 지식이나 기능은 그 다음 다음이라는 생각으로 돌아가자는 것이다. 인성교육, 전인교육 등 다양한 표어도 이래서 나왔다. 한 마디로 교육에서 사람을, 인격을 되찾자는 일이라 하겠다.

교육을 인간의 본성을 일깨워, 넓은 교양을 갖추고 어진 사람이 되게 하는 일로 못 박은 학자들을 우리는 역사적으로 많이 열거할 수 있다. 그 학자들의 선두에 우리 공자님이 계시다. 나는 서양교육철학이 전공이지만 공자님도 너무 좋아해서, 『논어』의 영어 번역판을 세 가지, 그리고 독어 번역판도 하나 열심히 읽었다. 그 중 내가 소리를 내어 웃은 번역은 "군자불기"(君子不器), "Great Man is no robot." 였다. 이 얼마나 폐부를 찌르는 의역인가. 군자는 잔재주로 일만 하는 "로봇"이 아니다! 이 번역을 강의에서 소개했더니, "로봇"에 이르러 학생들이 모두 파안대소했다. 가르치고, 배우는 즐거움이 여기에 있다. 다른 번역은 "The gentle man is no vessel"이었다. 맥 빠지는 직역이다. 공자님은 교육을 통해 기를 이상적 인간상 "군자"는 인자(仁者)라 하신다. 인자란 어질고 착하고 진실한 사람을 이름이다. 이 인자를 세 단계로 나누어 살피신 곳도 있다. 억지로 인하게 만드는 강인(强仁), 그것이 이롭다는 것을 알게 하는 이인(利仁), 그리고 그 안에 머물러야 편안함을 느끼는 안인(安仁)이다. 교육은 편안하게 인에 머무는 군자를 일깨워 기름이지 "로봇"을 기름이 아니다.

다음은 당연히 소크라테스인데 그에게는 저작하나 없다. 공자님,

석가모니, 예수님처럼! 그래서 소크라테스의 생애와 사상은 모두 플라톤에 의해 걸러져 다듬어진 것인데, 교육의 본질에 대해 논한 대표적인 말들이 셋이다. 우선 우리가 너무나도 잘 아는 "너 자신을 알라", 자신을 인간으로 다듬으라 한다. 둘째는 『향연』에서 다듬어 낸, 정신적 가치에 대한 동경이다. 셋째는 그의 대표적인 교육논설이 담긴 『국가』의 제 7권 서두에 나오는 "동굴의 비유"다. 동굴 속과 같은 어둠의 세계에서 벗어나 참 존재 이데아를 찾아 정진하라는 당부다. 참을 좇는 참 인간의 수련의 과정이 참 교육이란다.

다음은 또 당연히 계몽기의 루소, 칸트, 페스탈로찌가 될 것이다. 이들에 대해서는 써야 할 귀한 말들이 너무 많은데 한 가지씩만 들면 이렇다. 루소는 교육을 그릇된 사회체제의 구속으로부터 어린이를 해방시켜 하늘이 모든 인간에게 주신 인간본성의 회복으로 보았다. 『에밀』의 첫 줄은 다시 소개할 필요도 없고, 그의 『사회계약론』의 첫 줄 "인간은 자유로 태어나 사회의 쇠사슬에 묶인다"만 음미해도 된다. 칸트는 교육이란 인간을 '문화화' 즉 도덕화해서 삶의 고유한 의미를 깨달아 인격완성을 꾀하게 하는, 인간에게만 있는 고유한 활동으로 보았다. 페스탈로찌는 교육을 지육 · 체육 · 덕육이 고루 갖추어진 삼육(三育)을 통해 인간의 조화적 발전을 도와주는 활동으로 보았다. 단 여기에서 특히 주목할 것은 셋 중에서 덕육이 기초가 된다는 덕육중심 삼육론이라는 것이다.

자, 이제, 우리나라 선비들의 논리 차례다. 모두들 "선비 기상"을 세우는 일로 다졌다. 율곡은 『학교모범』(學校模範) 16개 조항의 첫 항을 입지(立志)로 다지고 "배우는 자는 먼저 뜻을 세워 도(道)로서 자임할 것이다" 고 타일렀다. 선비로서의 삶을 준비하는 교육의 첫째 중의 첫째는 높은 이상을 세우는 일이라 했다. 이같은 선비정신의 함양교육이라면 도산을 빼놓을 수 없다. 그는 이렇게 말한다.

"힘은 건전한 인격과 공고한 단결에서 나타난다는 것을 나는 확실히 믿는다. 그러므로 인격훈련, 단결훈련, 이 두 가지를 청년 제군에게 간절히 요구하는 바이다."2)

교육의 인간화란 이렇게 인간성 각성 회복 · 지향의 교육으로 교육이 제자릴 찾는 참교육이라 하겠다.

3. 전인교육의 역사

전인교육의 이념은 어떤 사회적 상황에서, 또 역사적으로는 어느 시대부터 누구 누구에 의해 어떻게 제창되어 발전해 오늘에 이르고 있는가. 현대의 시대적 상황 분석은 보통 사회학자들에 의해 많이 밝혀지고 있는 인간소외현상, 바로 그것이기에 여기에서는 다시 논하지 않기로 하거니와 그 역사적 전개과정은 꼭 집고 넘어가야 한다. 나는 역사를 대단히 중시한다. 그래서 교육의 어느 현상을 보는데도 그 현상이 역사적으로 어떻게 발생되었고, 누구누구에 의해 어떻게 해석되어 왔는가를 살피는 교육사적 · 문제사적 방법을 중시한다. 그래서 보통 제대로 된 인문 · 사회과학 계통 논문의 첫 머리에는 "문제의 연구사"가 있다. 전인교육의 경우도 그렇다.

역사란 무엇인가. 인류사회의 과거의 흥망성쇠에 관한 기록이다. 그뿐인가. 아니다. 그것을 통해 현재를 보는 거울이다. 그래서 역사 없이는 올바른 현실 인식이 없다. 우리 "고구려사"를 중국의 소수민족사에서 한국사로 되찾으려는 중국과의 역사전쟁도 이 때문이다. 역사학이란 또 무엇인가. 자연과학이 되풀이되는 일반적 법칙을 차디찬 눈으로 찾는 것을 그 방법으로 하는데 비해 역사적 과학은 결코 되풀이되지 않는, 일회적 · 개성적인 사실을 뜨거운 가슴으로 이해하고 기록하는 것을 그 방법으로 한다. 차디찬 눈과 뜨거운 가슴과의 대비, 이 말은 내가 집어넣은 말이다. 교육은 뜨거운 가슴으로만 할 수 있는 일이기에, 교육철학도 이 역사과학에 업혀야만 하지 않을까. 역사란 또 무엇인가. 보통 교양과목을 "문·사·철"이란 인문과목에다 예술 · 순수과학을 넣어 5과목으로 하는데, 그 중에서도 가장 중요한 과목이다. 왜냐? 역사 속에 모든 현상이 농축되어 있기 때문이다.

그런데 근래의 "인간성 증발 교육" 탓으로 교양교육이 희미해져, 그 중에서도 특히 역사과목은 독립교과로서의 위치도 상실하고 또 각종 국가고시(행정 · 외무고시)에서도 곧 없어질 운명이란다. 교육철학을 늘 역사적 전망에서 보아야 한다고 주장해온 나로서도 참으로 안타깝다. 이런 뜻에서 "국사교육이 3·1정신이다"라는 ㄷ일보의 ㅇ대학교수의 논설은 근래 보기 드문 명논설이었다.

전인교육의 여러 가닥의 역사, 이 논제로 돌아가자. 전인교육은 하늘에서 떨어진 것도, 땅에서 솟아나온 것도 아니고 선각자들에 의해 바로 이 땅 위에서 제기되고 발전되었기 때문이다.

첫째, 프랑스의 혁명적 사상가 루소의 자연교육이론이다. 하나님이 맡기신 선한 인간의 본성이 사회라는 인위적인 악의 구조에 의해 망가지고 있으니, 교육은 이 인위적 사회악으로부터 어린이를 해방시켜 하나님이 주신 자연으로 돌아가게 해야 했다.

둘째, 스위스의 교육사상가 페스탈로찌의 조화적 발전 이념이다. 모든 인간에게 하나님이 평등하게 세 가지 기본적인 능력의 씨앗 즉 지적, 신체적, 도덕적 능력의 씨앗을 주셨으니, 이 셋을 고루 발전시켜 조화적 인간으로 키워내야 한단다. 셋을 고루 키운데서 삼육(三育)이라 한다. 단 그의 이 삼육론에서 우리가 조심해야 할 것이 있다. 그것은 도덕교육이 초석이 되는 삼육, 즉 삼각형으로 비유하면 저변이 도덕교육이라는 것이다. 이 논리로 그는 근세의 새로운 민중교육 · 민족교육 ·

국민교육의 사상체계를 열었다.

셋째, 독일의 탁월한 교육 행정가이자 페스탈로찌의 정신적 제자 켈센쉬타이너의 노작교육 이념이다. 노작교육은 원래 페스탈로찌 교육 사상의 한 가닥인데, 켈센쉬타이너에 의해 발전한 이론이다. 한 마디로 "일하면서 배우고, 배우면서 일한다"는 표어로 교육에 있어 정신적 활동과 육체적인 활동의 조화적인 통일을 통해 지적 교과와 실기적 교과 사이의 큰 벽을 무너뜨리고자 하는 방법인데, 그에 의하면 이것만이 인간교육, 도덕교육의 유일한 올바른 방법이었다.

넷째, 30살의 젊은 나이에 미국의 명문 시카고 대학의 총장으로 들어선 허친스의 고전독서교육이다. 그는 현대교육의 세속주의, 과학주의, 회의주의, 물질주의를 신랄하게 비판하고, 진정한 교육은 전문적인 직업인이나 기능공을 양성하는데 있지 않고 넓은 교양을 갖춘, 그러기에 경제적 측면에서는 별로 쓸모없이 보이는 지성인을 육성해야 하며,[3] 그 방법으로는 고전에서 백종(144권)의 책을 선정해 9개년 계획으로 이것을 읽고 토론하는 교육이 가장 효과적인 것이라 했다.

다섯째, 역시 또 그 페스탈로찌의 정신적 추종자인 독일의 쉬프랑어의 각성적 교육이다. 그에 의하면, 교육은 세 차원 즉 성장조성, 문화계승, 인격계발이 있는데 가장 본질적인 차원은 인격계발이고, 그 방법은 "일깨움" 즉 각성이라는 것이다. 한 마디로 소크라테스의 "쇠파리처럼 쏘아대어 잠에서 깨어나게 하는 윤리적 자극", 그것이 교육인 것이었다. 이 각성적 교육관에 대해서는 다시 자세히 논하기로 하자. 내가 너무 심취하는 논리여서이다.

여섯째, 현재의 자본주의도 싫고 공산주의도 싫다며 기독교적 사회주의를 꿈꾼 독일의 프랑크푸르트학파 이론가들의 인간소외극복 교육이론이다. 호르크하이머, 아도르노, 하버마스, 마르쿠제, 프롬 등 그 명성도 찬란한 비판철학파 사람들의 논리다. 인간은 오늘날 그 그릇된 사회적 틀 속에 갇혀 존엄성, 힘, 용기, 창의성, 덕성 … 등을 잃어가고 있다. 그래서 자유의 상실, 희망의 상실, 자기 상실, 내면세계 상실 등의 인간소외 현상을 직시하고 개혁의지를 불태우는 교육이 중요하다 한다.

일곱째, 남미의 민중신학에서 깊은 영향을 받아 발전한 민중교육론자들의 역사의식·참여의식 제고의 의식화 교육이다. 프레이리, 라이머, 일리치 등이 그 대표자다. 일리치만은 남미출신이 아니고 오스트리아 출신의 신부로 주로 빈민촌 선교(의식화 교육)에 힘쓴 사람이다. 소위 유럽의 "교황신학"이라는 지배이데올로기로부터 놓여나는 "해방신학"과 "해방교육"으로, 브라질 등 그 오욕의 역사적 피식민 민중을 역사의식, 참여의식에 눈뜨게 하는 의식화 교육, 이게 진정한 교육이란다.

서양 이야기만 하다가 지면이 다했다. 동양과 우리나라는 어떠했던가. 중국에는 도행지(陶行知)의 민족해방교육론이 있었고[4] 일본에는 오바라 구니요시(小原國芳)의 "육방면 교육론"(진·선·미·성·건·부)이 있다.[5] 우리나라에서는 이웃에 대한 봉사정신 함양을 기본으로 하는 기독교적 인격교육 제창자인 전영창(全永昌)의 거창고등학교가 있고, 농촌에 뿌리 내려 사는 "위대한 평민"을 기르자 했던 이찬갑(李贊甲)의 풀무학원이 있다. 이에 대해서는 다음에 자세하게 살피고 음미하기로 하자.

4. 전인교육의 개척자들

중세의 전통에 따른 대학들은 철학부, 신학부, 의학부, 법학부의 네 학부체제로 교수, 신부, 의사, 법조인 등 전문적 직업인을 양성하는 기관으로 머물렀다. 그러다가 자유 · 교양교육을 짙게 담은 "인문교육"을 크게 부각시켜, 이로써 인류의 귀한 정신적 문화유산의 계승 · 발전을 기하는 대학개혁운동이 독일의 프로이센 베를린대학을 중심으로 전개되었다. 그러면 대학의 하나 아랫단계인 중등학교나 초등학교 단계에서는 어떠했던가. 다음에는 이 단계의 교육개혁 운동을 그 대표적인 학원을 중심으로 개관하자.

이런 문제를 다룰 때 우리는 꼭 "선진제국"이란 표현 그대로 우리보다 앞섰던 나라들의 보기부터 든다. 그러나 이 "우리나라 교육이야기"에서만은 그래서는 안될 것 같다. 외국의 예도 우리교육 때문에 보는 것이다. 그래서 우선 우리 것부터 보는 것이 사리에 맞는 일이 아닐까? 우리 교육에서의 개혁운동을 그리고 그것을 이끈 선각자들, 그 역사를 보자. 우리 현대교육사에 등장한 많은 학교들 중에 우리는 다음 세 학교에 특히 주목해야 한다. 이 셋이야말로 교육당국의 지배와 간섭을 물리치고 그 개성적 건학정신으로 "인간교육"에 힘써 한국교육사에 큰 발자취를 남겼기 때문이다.

일제총독 치하의 평북 오산의 오산학교, 해방 후 주로 유신독재체제하에 더욱 그 개성이 빛난 경남 거창의 거창고등학교, 그리고 자연농법으로 환경을 살리자는 농민운동이 활발한 이 때 특히 부각되기 시작한 충남 홍성의 풀무학원의 셋이다.

오산학교는 누구나 다 아는바 3·1운동의 33인 중에서도 주동자의 하나인 남강 이승훈이 도산 안창호의 강연을 듣고 감명 받아 전 재산을 쏟아 부어, 1907년에 창설한 중학교 단계의 각종 학교다. 총독교육당국의 지휘 감독을 덜 받기 위해서는 이 "각종학교" 체제가 편리했던 것이다. 마음대로 교육할 수 있었기 때문이다. 이 학원의 개성적 건학정신은 무엇인가. 한마디로 "민족의 윤리적 힘을 키우자"는 것이었다. 오산학교에 대해서는 모두 잘 알고 있기에 이 이상 설명이 필요 없으리라.

거창고등학교는 외국 선교사가 경영하던 폐교직전의 학원을 이어받아 1956년에 전영창이 세운 학교다. 이제 전국적으로도 널리 알려져 명문고등학교가 되어 초창기의 건학정신이 퇴색되어가고 있다는 비판도 있다. 하지만, 한국전쟁 직후의 그 혼란 속에서도 이런 학교가 세워졌다는 사실 하나만으로 우리 겨레의 교육에 바치는 그 정성과 꿈이 엿보여 우리의 가슴을 두근거리게 한다. 별로 일반인에게는 알려져 있지 않은 창설자 전영창(全永昌 1917-1976)은 어떤 사람인가. 신사참배 거부운동으로 일년간 옥고를 치룬 사람, 해방을 맞아 미군 군종실 통역관으로 근무하다 해방 후 정식 미국유학생 1호로 유학해 신학을 공부한 사람, 그러다가 한국전쟁이 터지자 졸업을 한 주 앞둔 상태에서 급거 귀국한 사람, 목사인데도 목회보다 교육이 더 중요하다며 교장이 된 사람, 유신독재 시대에 박정희 이름으로 나온 국민교육헌장을 조례 때 낭독하지 않은 사람, 대통령 부정선거를 규탄하며 시위한 학생 20명을 퇴학시키라는 행정지시를 거부했다고 경남 교육위원회 교육감에 의해 교장 승인 취소를 당했으나 대법원까지 가는 소송으로 승소하며 교장직에 복귀한 사람 … 이렇게 그에 대해 나는 할 말이 너무 많다. 그러나 폐일언하고 한 마디, 꼭 하고 싶은 말, 그것은 "지역감정은 박정희 일당이 유발한 신화"라는 것이다. 그리고 이것은 내가 꼭 강의에서 특히 열을 올려 이렇게 소개하는 말 중의 하나다.

> 원래 우리에게 지역감정은 없었습니다. 그것은 독재정권이 정치적 술수로 만들어 낸 신화였습니다. 거창고등학교의 창설자 전영창과 그 학교를 사랑한 거창지역 주민들의 이 학교에 대한 사랑, 이것이 그 증명입니다. 전영창은 전북 무주출신이며 중학교도 전주 신흥학교를 나왔습니다. 전라도도 산중, 전라도 사투리를 못벗는 그가 경상도도 역시 산중, 경상도 사투리 밖에 못 쓰는 거창 주민들의 협력으로 학원을 일으켜 성공했습니다.

요새처럼 지역감정이 있었다면 어림없는 일입니다. 여러분, 그릇된, 거짓된 신화로부터 모두들 해방되어야 합니다!

내가 이렇게 나오면 강의실이 갑자기 숙연해진다. 마치 새로운 사실에 접해 감동을 억제 못하는 사람들처럼! 교수의 보람은 여기에 있고 교육의 기쁨이 여기에 있다. … 이제 이런 말은 이만 접고 이 거창고등학교의 개성적 건학정신을 가장 잘 밝히는 그 교장님 훈화 한 토막을 소개한다. "남들이 싫어하는 일을 맡아 해라!" 기독교적 이웃사랑과 봉사정신, 바로 그것이었다.

풀무학원이라 하면 이제 모르는 사람이 없다. 풀무식품, 그 풀무와도 일맥상통한다. 그 울타리 안에는 우선 향토에 뿌리박고 사는 "위대한 평민"을 기른다는 풀무농업고등기술학교가 있고, 그 지역 농민들의 자녀들을 위한 갓골유치원이 있고, 졸업생들이 중심이 되는 풀무협동조합이 있다. 1958년 홍성 홍동면 팔괘리 풀무골에 이 학원을 세운 창설자 이찬갑(李贊甲 1904-1974)은 어떤 사람인가. "농촌교육, 민중교육, 정신교육, 실력교육, 인격교육으로 이 민족을 소생시키고 이 인간을 새로 나게 해야 할 것입니다"로 끝맺은 그의 개교강연 그대로다. 이 학교에서는 졸업생을 이제 새 일을 시작한다는 뜻으로 창업생이라 부른다. 풀무학원 교정에는 "위대한 평민"이란 큰 글자가 새겨진 화강암 탑이 우리를 맞는다. 이게 그 개성적 건학정신이다. 일반인에게는 잘 알려져 있지 않고 있어 이찬갑에 대해 한 두 줄만 소개한다. 그는 오산학교 창설자 이승훈의 가까운 친척이며 오산학교에서 배웠고 뒤에 김교신과 함석헌을 알게 되어 『성서조선』을 애독했고 월남해서 농촌교육에 눈을 돌려, 당시 "똥통학교"라며 경시했던 공민학교를 시작하여 오늘의 풀무학원의 기틀을 세운 사람이다. 저명한 한국사학자 이기백 교수, 국어학자 이기문 교수의 아버님이시기도 하다.

출세교육 · 간판교육 · 경쟁교육 · 도시교육 · 학벌교육을 버리고 진정한 인간교육을 찾아 우리나라 교육사에 길이 빛날 "새교육"을 개척한 위 세 학교에서 우리가 배워 이어가야 할 가장 귀한 것이 무엇일까? 각기 개성은 다르지만 공통적인 것을 셋만 들면 이렇다.

첫째, 만남의 교육이다. 진정한 교육이란 인격과 인격이 만나는, 시쳇말로 "첫 단추 꿰기"에서 시작된다. 첫 단추가 잘못 꿰지면 아무리 좋은 옷도 소용없다. 둘째, 자주교육이다. 공권력의 감독을 조금이라도 벗어나 가능한 한 자율경영, 자율학습에 힘쓴다. 셋째, 공동체 의식계발이다. 학원의 온 구성원인 교장, 교사, 사무직원, 학생, 그리고 그 학원이 자리한 이웃 사람들까지 하나의 가족적 정신적 공동체를 지향한다.

5. 자유 · 교양교육의 뿌리를 찾아

인간성을 일깨워 회복시켜 훌륭한 인격으로 키워내는 교육, 이것을 우리는 교육의 인간화라 했다. 그러기에 기술이나 지식 그리고 쓸모는 그 결과로 기대되는 것이지 이에 앞서서는 안 된다. 사실, 이 쓸모도 크게는 훌륭한 인격에서 기대되는 것이라 했다. 군자불기(君子不器), 이 얼마나 귀한 말인가. 그런데 오늘날 기술이나 쓸모가 인격도야에 앞서 교육을 지배하여 진정한 의미로의 교육은 학교에서 너무나도 희미해지고 가짜교육, 저질교육이 판을 쳐 학교는 물론이요 인간의 삶이 망가지고 있다. 전인교육을 살려 삶을 살리자, 그러려면 참교육으로 돌아가자! 이래서 교육의 인간화 이념이 시대의 화두로 떠올랐다.

이것이 우리가 앞에서 보아온 논리다. 그러면 이 참교육의 방법은 무엇일까? 온고지신(溫故知新), 우리는 그것을 우선 역사에서 더듬어

보자. 새로운 화두 자유·교양교육의 이념으로서다. "자유교육"이라 하면 학생들에게 전적인 자유를 주는, 20세기에 등장한 개혁교육학 이념으로 오해되기 쉽기에 그것과 구별하기 위해 "교양교육"과 같이 붙여 쓰는 교육학 개념이다. 원래 이 "자유교육"이란 말은 플라톤의 제자 아리스토텔레스가 맨 처음 쓴 말이다. "실용성으로부터 자유로운 교육"이 자유인의 교육이어야 한다는 이념이었다. 노예는 교육을 어디엔가 써먹으려고 한다, 그러나 자유인은 써먹는 따위 교육을 해서는, 받아서는 안 된다, 동양의 "군자불기"와 버금가는 것이 이 서양의 "자유교육"이다.

이래서 자유·교양교육은 인간교육, 학교교육의 핵심적 논리로 정착되었다. 양의 동서를 막론하고다. 그러면 그것이 구체적으로 무엇을 뜻하는지 좀더 분석해 보자. 첫째는, 인간을 정치·경제·사회 등의 비본질적인 외부적 구속으로부터 놓여나게 하는 자유 교육이다.6) 둘째는 인간을 생활을 위해서가 아니고 지성·정서·덕성을 조화적으로 키워내는 교양교육이다. 셋째는 인간을 타고난 그 본성과 개성을 일구게 도와주는 계발교육이다. 자유교육, 교양교육, 계발교육. 이 셋이 하나가 될 때 참교육이 이루어진다는 게 나의 변함없는 소신이다. 나머지는 다 거짓교육이다!

이 참교육은 양의 동서를 막론하고 일찍이 논의되었고 그 방법도, 비록 그 표현과 언어는 다르지만 여러 모습으로 비슷하게 나타났다.

우선 우리 동양의 고전에서 보자. 고전 중의 고전 사서(四書)는 다 이 교육으로 시작한다. 『논어』의 첫 구절은 "배우고서 때때로 그것을 익히는 기쁨"의 노래이고, 『맹자』의 "득천하영재교육"의 기쁨은 너무나도 유명하거니와 그 교육은 "인의"(仁義)를 일깨움이었고, 『대학』은 "대학은 덕을 밝혀 백성들이 지극히 착해지게 하는데" 그 의의가 있다 했고, 『중용』은 그 첫 줄이 천명지위성 솔성지위도 수도지위교(天命之謂性 率性之謂道 修道之謂教)라 했다. 우리가 왜 굳이 이것만은 한자로 이렇게 다져야만 하는가. 이 한 줄에 동양고전의 세계관이 압축되어 담겨져 있기 때문이다.

> 하늘이 명해 준 것을 본성이라 하고, 이 본성에 따름을 올바른 길이라 하고, 이 길을 좇아 몸과 마음을 닦음을 가르침이라 하느니라.

이 이상 아름다운 교육의 정의가 어디 있으리오. "교육은 천성 따라 몸과 마음을 닦아가는 과정이다." 이에 따라, 공자님의 "자이사교, 문행충신"(子以四敎, 文行忠信)에 따라 우리 조상들은 교육에 힘썼다. 이 네 가르침 중 문은 넓은 교양, 행은 성실한 생활, 충은 이웃과 나라에 대한 봉사, 그리고 신은 옛 것에 대한 믿음이었다. 이래서 어진 사람이 되는 것이었다.7)

서양으로 돌아가자. 약해서 자유칠과, 문자 그대로 자유 · 교양교육의 7교과(seven liberal arts)가 정해져 있었다. 산수 · 기하 · 음악 · 천문학의 과학적 교과 넷에다 문법 · 수사 · 변증의 철학적 교과 셋이다. 기초로서의 네 교과는 모두 이 우주의 운행과 아름다움을 찾는 교과다. 음악까지 왜 과학인가? 아름다운 멜로디는 두 물체의 진동의 수의 조화 즉 정수비례에서 나온다 했다. 수가 만물의 기초라고 여긴 피타고라스의 우주관의 표현이다. 철학적 세 교과는 이런 과학적 탐구결과를 정확한 말, 아름다운 말, 논리적인 말로 다듬어내는 과목이다. 이 전통은 고대 그리스 시대에 확립되어 중세의 대학에 계승되어 바로 19세기까지 대학을 지배했다. 대학뿐이 아니다. 그 대학에 들어가기 위한 준비교육기관, 인문계 고등학교에도 그대로 적용되었다. 인문계 고등학교는 대개 이 같은 고전의 세계와 학문에 쉽게 접할 수 있는 고전어 두 가지, 즉 그리스어와 라틴어를 가르쳤다. 그래서 고전어 문법을 가르친다고 해서 그램머스쿨(문법학교)로도 불렀다. 엘리트는 꼭 거쳐야 할 관문이었다.

서양의 자유 · 교양 7교과에 해당하는 것이 동양에서는 사서삼경(四書三經)과 육예(六藝)였다. 주(周) 나라 때부터 사대부 이상이 꼭 배워야 할 과목으로 정해진 것이다. 사서는 물론 논어 · 맹자 · 중용·대학이고 육에는 예·악·사·어·서·수(禮·樂·射·御·書·數)다. 이 중 어(御)는 말타기다. 우리나라도 이 전통에 따랐다. 고구려는 태학(太學), 고려는 국자감(國子監), 조선은 성균관에서 이들 엘리트를 길렀다.

여기에서 우리가 하나 주목해야 할 사항이 있다. 동양에서는 그 교양교육의 중심이 하늘이 준 인성계발에 있는데, 서양에서는 그 중심이 우주의 외경에 있다는 것이다. 철학과 과학의 대비라고나 할까. 이것은 나만 가만히 지니고 있는 생각이고, 함부로 말하면 무식하다고 몰매맞을 이야기인지 모르지만, 칸트의 『실천이성 비판』의 결론 첫 줄에 나오는 그 유명한 고백, "나를 무서워 떨게 하는 것이 둘 있으니 하나는 내 머리 위의 별이 빛나는 하늘, 또 하나는 내 가슴 안의 도덕적 법칙이다"를 애써 구해 읽은 독일의 원문으로 확인하면서 부터였다.[8] 칸트에 의해 비로소 동양의 인성과 서양의 과학이 이렇게 아름답게 조화 · 통일되었다. 이것은 나의 "신앙고백"이지, 학문하고는 멀다. 그러나 이것은 밀림의 성자 슈바이쳐의 생명의 외경의 개념과 더불어 우리를 모든 존재의 의미를 찾는 세계관에 마음이 끌리게 하고 있다.

대하의 교괴는 이렇세 이어지다가 19세기에 이르러 철학 주축의 인문교육 중심의 대학으로, 그리고 사회과학과 자연과학이 부각되면서 그 교양과목이 크게 인문, 사회, 자연의 세 무더기로 나뉘고, 또 사회적 요구도 반영하는 기술적 · 전문적 · 실용적 학문을 중시하는 경영대학, 공과대학을 그 안에 거느리거나, 독립해 나가게도 했다. 또 중 · 고등학교 교과도 이같은 추세에 따라 많이 바뀌었다. 공업, 농업, 상업 등으로 나뉜 실업고등학교 등의 탄생이 그것이다.

그러나 끝으로 하나 꼭 짚고 넘어가야 할 사실은, 대학은 물론이요 중·고등학교 단계에서도 지금은 너무나도 교육이 경제에 종속되어 있어, 참교육이 훼손되어 있다는 것이다. 안타까울 정도로다!

6. 인문교육의 전통과 의의

지금 우리나라에서 가장 흔들리고 있는 것이 대학이요 그래서 가장 신분상의 불안을 느끼고 있는 직종이 대학교수가 아닐까? 대학은 오로지 졸업생을 어떻게 팔아먹을 것인지 골몰하고, 교수는 1년에 적어도 두 편씩 논문을 써서 채워야 한다. 내 경험으로는 제대로 된 논문은 적어도 2년은 걸리는데! 몇 개 대학이 구조조정으로 곧 없어져 많은 교수들이 떠나야만 하고, 정보화다 세계화다 해서 개설 과목도 모두 당장에 써먹을 수 있는 실용적 지식이나 기술로 짜내야 한다. 학생들은 학생대로 취직이 잘 되는 과로, 또 탤런트 같은 겉멋 풍기는 명교수 강의로만 몰리고, 총장이란 사람들은 장사꾼인지 정치가인지 모를 행태만 벌인다. 수도승처럼 연구실만 지키며 인류의 영원한 물음과 씨름하고 있는 고전적 교수들은 정말 퇴출 1순위, 아니 영순위로 몰려 있다. 그 상아탑은 언제 무너졌고 그 명예와 권위는 또 어디에 갔는가.

드디어 우리나라를 먹여 살린다는 모재벌이 몇 개 대학에 자기네 기업에 필요한 인력을 길러내는 "맞춤형" 교육을 들고 나갈 것이란다. 그 골자는 넷인데, 교과과정을 실용적으로 개편하고, 자기네가 주문하는 맞춤형 교과과정을 짜고, 맞춤형 석사과정도 개설하고, 이런 교과과정을 거치는 학생들에게 자기네 회사에의 입사프리미엄을 준다면서 학습동기 유발을 한다는 것이다. 우리 상식으로는 자기 회사에 맞는 인력은 입사 후 사내교육으로 해야 하지 않는가. 참 어안이 벙벙하다. 나는 일찍

정년퇴직해서 이런 꼴 안 당해서 천만 다행이다. 이것이 우리 또래 퇴직교수들이 만나면 늘 하는 한탄이다. 그런데 보통사람들의 여론은 어떠한가. 경제 성장을 위해서는 이렇게 대학이 바뀔 수밖에 없다 한다. "수염이 석자라도 우선 먹어야 산다" 한단다.

정말이지 인류의 문화유산을 이어받고 발전시키는 학문과 교육의 중추기관 대학이 이렇게 허물어져서야 되겠는가. 성경은 "먼저 의와 그 나라를 구하라. 그러면 필요한 모든 것은 자연히 따르리라(주실 것이다)" 한다. 어디 성경뿐이겠는가. 높은 이상이 없는 곳에 올 곧은 삶이 없고, 올 곧은 삶이 없는 곳에 진정한 경제발전과 국민복지가 없다. 대학을 살려 문화를 살리고, 그 대학으로 이어지는 교육, 초등학교를 비롯하여 중·고등학교를 살려내자. 그러기 위해서는 모든 단계의 교육기관이 이렇게 경제에만 매달리지 말고 인간의 존엄성과 가치에 눈뜨게 하는 인문적(人文的) 교과의 교육에 보다 힘써야 하겠다. 우선, 대학에서부터다. 그런데 이 기대와는 정반대로 대학이 먼저 이 인문교과를 경시하고 있으니 답답한 노릇이다.

인문교육이란 무엇인가. 우주의 질서와 인간세상의 윤리에 눈뜨게 하는 가치감각 계발의 교육 또 정치 · 경제 · 사회 · 역사 · 문예 등 교과, 즉 보통 "문·사·철"이라 하는 교과들을 주축으로 세상과 인간사의 기본적인 틀이나 원리를 이해하는 교양교육, 그리고 무엇보다 이런 교육을 통해 독창성 · 탐구성 · 논리성 · 심미성 그리고 아름다운 꿈을 키우는 이상 추구성 교육이다. 이 "이상 추구성"은 바로 플라톤의 핵심논리였다.

다시 대학론으로 돌아가자. 중세에 들어와서 자유 7교과를 주축으로 하는 고대의 자유 · 교양교육에 전문직 교육이 차츰 큰 비중을 차지하면서 대학은 신학, 법학, 의학 등의 실용적 학문이 부각되기 시작했다. 그래서 성직자를 위한 신학으로는 파리대학, 상업상의 소송대리인을 위한 법학으로는 블로냐대학, 의사를 위해서는 당시 사라센의 과학을 가장 많이 도입한 남쪽 이탈리아의 살레르노대학. … 이렇게 명문대학들이 각지에 많이 생겨났다. 단 이 시기의 대학들은 교수들의 조합과 학생들의 조합의 협동으로 이루어진 간소한 기구이어서 유리한 조건을 찾아 도시에서 도시로 이동도 했다. 각 도시는 대학을 유치하려고 노력했다. 대학도시만 되면 문화뿐 아니라, 경제도 발전했기 때문이었다. 그래서 조건의 흥정이 싸움으로 번져 까만 가운을 입은 대학집단과 도시 관료와의 싸움 "gown과 town의 싸움"도 볼만했다 한다.

이러면서 철학을 주축으로 하는 자유교양교과는 물론 존중되었지만, 신학, 의학, 법학 등이 너무 앞서가 철학이 희미해지기 시작했다. 지금도 전통적 독일의 대학들은 신학, 법학, 의학, 철학의 4학부체제다. 철학부는 다시 1부 순수인문과학, 2부 순수자연과학을 거느리는, 우리 관념으로 하면 문리과대학(文理科大學)이다. 해방 직후의 서울대의 문리과대학을 생각하면 되겠다. 그때는 의예과도 이 문리과대학 소속이었다. 다시 독일의 대학에 돌아가자. 대학에서 직업교육의 비중이 커지자 이에 대한 개혁방안이 나오기 시작했다. 인문교육 주축으로 대학의 참 정신을 살리자는 것이었다. 그 대표적 제창자는 베를린대학의 창설자 훔볼트다. 그는 프로이센의 교육국장을 지낸 교육 행정관, 유능한 외교관 그리고 모든 영역의 학자들과 유무상통한 철학자였다.[9] 그는 근세의 새 대학의 인문교육의 이념을 창도한 사람이다. 인문교육 중시로 대학을 살려 문화와 나라를 살려내자는 사람이었다. 그의 인문교육 이념은 다음 다섯 가닥으로 요약될 수 있다.

첫째, 자율상(自律相)이다. 대학은 세속권력이나 국가로부터 자유로워야 한다. 그래야만 교육의 자유를 지켜낼 수 있다. 둘째, 인문상(人文相)이다. 대학에서 길러내야 할 가장 귀한 것은 인문교과를 주축으로 하는 정신적 능력의 계발과 역사의식의 계발이다. 셋째, 영원상(永遠相)이다. 대학은 영원한 과거와 영원한 미래를 다지면서, 인류의 꿈과 이상을 계승·발전시키는 곳이지 결코 현실적인 실용적 학문을 중시해서는 안 된다. 넷째, 인류상(人類相)이다. 대학은 한 나라, 한 민족에 의해 지원·경영되지만 그것은 한 나라, 한 민족에 종속되지 않고 인류의 보편적 문화재 보고가 되어야 한다. 다섯째, 고독상(孤獨相)이다. 대학은 세속세계와 일정한 거리를 지니면서 양심과 정의의 파수꾼이요, 지사(志士)적 정신을 지닌, 높은 차원의 역사참여와 공정한 사회비판 기능을 지녀야 한다. 그러려면 고독 속에서 자유를 확보해야 한다.[10)] 이 얼마나 아름다운 이상인가. 이 이상으로 독일이 그 후 철학의 민족, 문화의 민족, 학문의 민족, 예술의 민족 그리고 낭만의 민족으로 자라 유럽 제일의 나라로 급성장했다.

우리 대학들을 정말 어떻게 할 것인가. 우선 구조조정을 과감히 하여 대학들이 수준을 찾아야 하며, 인문·교양교육의 의의를 다시 인식하고 그 비중을 높여야 하며, 학생들은 자신들을 인력자원시하는 그릇된 경제계의 논리를 배격해야 하며, 외부의 간섭으로부터 보다 자유로와야 하며, 특히 교수와 학생의 공동체라는 인식을 새로이 해서 힘을 기르고, 좀 어려운 주문이지만, 종별화(種別化) 즉 장기적 전망에서, 학문을 하는 대학, 전문직양성대학, 시민양성대학 … 등으로 나누고 시로 넘보지 말게 해야 한다.

7. 문화의 꽃 선비상을 키워가자

전인적 인간상은 선비상에 가장 가깝다. 그래서 교육에서 선비상을 보다 긍정적으로 음미·해석하여 이를 교과과정에 반영하고, 교사 자신도 선비적 자세로 교육에 임해야 할 것으로 나는 여긴다.

나는 가끔 엉뚱한 이야기로 강의를 시작한다. “여러분 에델바이스라는 꽃을 아시지요?” 하면 다 “예”라 한다. “그 우리나라 이름은 무엇입니까?” 이러면 조용해진다. 아무도 모른다. 나는 회심의 미소를 지으며 나의 야생초 취미의 역사와 실력을 일부러 과시한다. —솜다리꽃이라 합니다. 꽃이 하얄뿐 아니라 그 가느다란 다리에 온통 하얀 분이 덮여 있어 “솜다리”입니다. 설악산에는 꽤 많았는데 이제는 거의 멸종입니다. 나는 30년 전에 말려서 액자에 넣은 그 꽃을 불과 천원에 샀습니다. 지금도 내 책상 너머에 있습니다. 매일 보며, 나도 그 멸종을 거든 범인의 하나라고 죄책감을 느낍니다. 에델바이스는 스위스 국화입니다. 에델은 고귀하다, 바이스는 영어로는 화이트 · 하얗다는 것이지요. 여기에서 멎으면 좋은데 신이 나서 더 늘어놓을 때가 많다.

코스모스 꽃잎은 몇 개 인줄 아느냐, 여덟 개다, 요다음 가을에 나를 생각하면서 꼭 세어보아라, 그러면 꽃에 대한 애정이 더 깊어진다. 또 하나, 민들레 알지요, 씀바귀도요, 모두 파란 잎에 노란 꽃을 달고 이른 봄을 알리는 꽃인데, 결정적인 차이점이 무엇인지 아세요? 민들레는 일경 일화, 즉 줄기하나에 꽃이 하나인데, 씀바귀는 일경다화 즉 줄기 하나에 꽃이 여러 개입니다. 아는 만치 느낀다는 말이 있지요. 또 하나 알려드릴까요? 민들레의 영어이름은 단더라이언(dan-delion)입니다. 프랑스어식으로, 사자의 이빨입니다. dan은 물론 이입니다. 치과를 dentist라 하지 않습니까? 독일어로는 더 분명합니다. 뢰벤짜안(Loewen-zahn), 사자이빨입니다. 민들레 잎은 끝이 무서울 정도로 뾰족뾰족하게 갈라져 있어 사자이빨입니다. 씀바귀잎은 갈라져 있지 않는데 … 이쯤해서 본론에 들어가야 한다.

꽃 하나에도 이렇게 개성이 있습니다. 민족도 그렇습니다. 유엔에 가입되어 있는 나라만도 약 200, 그 나라들은 다시 민족으로도 갈라져 있습니다. 그 많은 민족이 다 저마다의 —제대로 된 민족이라면—

위에 든 꽃에서처럼 문화적 개성을 지니고 있습니다. 우리 겨레는 제대로 된 것이 무엇입니까, 그 중에서도 으뜸가는 겨레 중의 하나입니다. 저는 토인비의 책을 우연히 뒤지다 놀랐습니다. 5천년의 인류문화사에서 꽃이 활짝 피듯 "만발한 문화" 31개 중에 한국문화가 있고, 더욱 그 문화의 개화시기를 12번째로 들고 있습니다. 인더스문화는 우리보다 앞섰지만(세 번째) 이미 3천 5백년 전에 사라졌답니다. 그런데 우리 한국문화는 현재도 피고 있는 15개 문화 중의 하나입니다."11) 내가 만들어 낸 거짓말이 아닙니다. 필요하다면 이 다음에 그 책 『역사의 연구』 제12권을 가져와 보이겠습니다. 우리는 "엽전"이라고 비하하지 말 것이며, 경제규모가 12위라고 우쭐대는 것은 좋지만, 우리가 15위권에 드는 문화민족이라는 것에 더 자부심을 가져야 합니다! —이렇게 뜸을 들여놓고 선비상의 음미, 그 계승책으로 들어간다. —선비상에 긍정적인 측면과 부정적 측면이 있습니다. 연암도 『양반전』에서는 양반의 무능과 부패상을 해학적으로 들추어내지만 『허생전』에서는 세속적 사업에도 유능하고 또 개혁의지도 솟구쳐 이상사회를 추구하는 꿈을 노래하고 있습니다. 선비에 이렇게 생산성 실학성 개혁성도 있었습니다. 『허생전』의 일절이 이러합니다.

> 조선이란 나라는 삼면이 바다요, 한 쪽이 겨우 대륙에 붙어 있는 조그만 나라에 지나지 않소, 이런 식으로 물건을 독점하든지 올렸다 내렸다 할 수 있단 말이요 … 그러나 이문만 생각하는 것은 소인의 상술이고 망국적인 상술이요 … 장사에도 도덕적 각성이 있어야 하오 … 문제는 돈을 얼마나 벌었느냐가 아니라 도덕적인 각성이 얼마나 있느냐에 있소 ….

한국교육학계에서 일찍이 선비상을 다듬어 계승할 것을 주장한 한기언 교수는, 선비란 도덕인이요, 정의인(正義人)이요, 지조인이요,

학덕겸비인(學德兼備人)이라고 다듬어 내고 있다.[12)]

토인비가 아직도 만발하고 있는 15개 개성적 문화 중의 하나로 꼽는 한국문화의 가장 귀한 것은 무엇일까? 모든 꽃이 저마다 개성이 있듯이 모든 겨레가 그 문화적 개성으로 인류의 문화에 이바지해야 한단다. 이것이 "세계화" 시대에 대처해야 할 가장 귀한 공헌이 아닐까? 세계화가 지배 문화의 보편화라면 그것은 단연 거부되어야 한다. 그것은 마치 모든 꽃이 다 장미로 개종되어야 한다는 논리같기 때문이다. 진정한 세계화는 무엇인가. 모든 민족의 개성적 문화가 서로 그 아름다움을 자랑하며 이루는 조화적 · 협동적 · 평화적 공존이다. 그렇다면 그 세계화는 도리어 문화의 "민족화"를 터전으로 출발해야 하지 않을까? 모란꽃 좋지요, 무궁화 좋지요, 벚꽃 좋지요, 이렇게 말이다.

자, 이래서 우리는 세계화 시대일수록 더욱 우리 민족의 문화적 개성을 찾아 살려 그것으로 세계의 문화에 기여해야 함을 깊게 깨달아야 한다. 강대 민족의 문화에 약소민족의 문화가 동화 · 흡수되어서는 절대 안 된다는 말이다. 그런데 현실은 어떠한가. 윤기 흐르는 까만 머리 다 버리고 부세세한 노란 머리가 활보한다. 정감 어린 우리말은 고개 숙이고 콩글리쉬가 판친다. 의젓한 선비 같은 사람은 어디에 다 숨었는지 TV나 거리나 온통 서부극의 총잡이 같은 사나이들만 누빈다.

어떻게 할 것인가. 나는 민족문화의 꽃을 인간상, 언어, 음식의 셋을 예로 들고 싶다. 아시아 세 나라에서 예를 들자. 우선 인간상이다. 중국인은 좀 굼뜨지만 그 군자상이 좋다. 한국인은 그 개운한 선비상이 좋다. 일본인의 그 날쌘 무사상도 나쁘지 않다. 다음, 언어다. 중국의 무궁무진한 뜻을 담은 한자도 좋고, 한국의 쉽고도 과학적인 한글 좋고, 일본의 가다가나, 히라가나, 한자를 편리하게 섞어 쓰는 일본어도 좋다. 다음, 음식이다. 기름에다 고기를 튀긴 중국의 탕수육도 좋고, 모든 부위를 남김없이 맛보는 한국의 전골도 좋고, 싱싱한 그대로의 맛을 보는 일본의 스시도 좋다. 그런데 이 전통과 역사를 자랑하는 이 세나라 아이들이 모두 서구화, 미국화해가며 그것을 문화의 진보, 즉 세계화로 착각하고 있다. 너무나도 큰 착각이요, 아니 큰 잘못이다.

나의 선비론이 이 착각과 잘못을 깨우치게 하는 하나의 작은 계기, 아니 계기는 너무 거창한 말이고 생각을 한번 해보게 하는 실마리가 되었으면 하는 마음 간절하다.

1) 사람됨의 교육, 전인교육의 논리는 필자의 다음 저작을 참고하기 바람. 「전인교육론」, 세영사, 1982.

2) 도산의 글은 『안도산 전서』(주요한 편저 삼중당 1971)에 거의 남김없이 담겨져 있다. 교육에 관한 도산의 논설로는 "동포에게 고하는 글" 6편, "동지에게 주는 글" 3편, "청년에게 부치는 글" 3편이 백미다. 이 인용구는 "청년에게 부치는 글" 속의 "인격완성 · 단결훈련"(『동광』 1932년 2월호)에서 뽑았다. 『안도산전서』, 496쪽.

3) 해방 후 우리나라의 주류를 이룬 듀이의 프라그머티즘에 정면으로 대결한 허친스의 교육이론을 소개한 귀한 다음 문헌이 있다. 허친스(송준석 역), 「자유를 위한 교육」, 학지사, 1994.

4) 도행지(陶行知 1891-1946)에 대한 간략한 소개는 필자의 "민족해방교육론"(「현대의 비판적 교육론」(박영사, 1988, 145-148쪽), 그리고 그의 교육방법을 분석 · 소개한 것으로는 김귀성 교수의「생활교육론의 전개」(문음사, 2002)가 있다.

5) 이 "육방면교육" 중 성(聖)은 종교교육, 건(健)은 신체교육, 그리고 부(富)는 물질로부터 자유로울 수 있는 경제교육을 이름이다. 오바라 구니요시(1887-1977)는 전인교육을 건학정신으로 삼는 다마가와 학원(玉川學園)의 창설자이고, 이 학원에서는 지금도 매월 『全人』(*ZENJIN*)이라는 교육월간지를 발행하고 있는데, 나는 매월 이것을 애독하고 있으며, 2005년 4월 현재의 그 발행호수는 681호에 이른다. 그는 페스탈로찌 교육이론에 심취하여, 일본의 군국주의 교육에 반대하고 1929년에 다마가와 학원을 창설하고 전인교육, 노작교육, 자학자율, 개성존중의 교육에 힘썼다. 자세히는 필자의 「오바라 구니요시의 전인교육의 이념과 방법」(고려대학교 『사대논총』 제9집, 1984, 1107-129쪽)이 있다.

6) 자유 · 교양교육을 영어로는 liberal education이라 한다. free를 뜻하는 라틴어의 liberalis에서 유래한다. 원래의 그리스어로는 eleutheros다. 이 말은 신약성경의 그리스어 원문으로는 "진리가 너희를 자유롭게 할 것이다"(요한복음 8장 32절)의 바로 그 "자유"다.

7) 문행충신의 영어번역을 참고로 소개하면 그 차례대로 literature, conduct, royalty, reliability다. 그리고 어진 사람 인자(仁者)는 manhood-at-its best다. 여기에 이르면 우습기도 하고 숙연해지도 한다! 번역이 얼마나 어렵고, 또 개념풀이가 그 언어의 다름으로 해서 얼마나 어려운가를 실감하기 때문이다.

8) 외경에 떨게 하는 둘, 그리고 늘 생각나게 하는 둘, "내 머리 위의 별이 빛나는 하늘과 내 가슴 안의 도덕적 법칙"을 원문으로 음미해 보자. "der be-

stirnte Himmel über mir und das moralische Gesetz in mir." ueber mir(내가 우러러 보는), in mir(내가 들여다보는)의 대조, 칸트는 정말 기막히게 다졌다!

9) 빌헬름 폰 훔볼트(Wilhelm von Hunboldt, 1767-1835)에 대한, 우리나라에서는 드물게 보는 좋은 논문이 있다. 정영근의 "훔볼트", 『위대한 교육사상가들 Ⅲ』(교육과학사, 1999, 299-359쪽)이며 특히 신인본주의(新人本主義)적 도야이론 분석이 빼어나다.

10) 외로이 자신을 지키는 고독(Einsamkeit), 일상적인 구속으로부터 놓여나는 자유(Freiheit)는 특히 정신적으로 방황하기 쉬운 낭만적 사춘기에 갈구하는 것으로, 여행을 하면서 자신의 마음 속 깊은 곳을 정리해 볼 때의 긴요한 정신적 자원이기도 하다. 이 고독과 자유를 즐기지 못하는 사람은 대학인이라 할 수 없다. 교수도 학생도.

11) Arnold Toynbee, *A Study of History*, Vol. Ⅻ, Reconsideration, Oxford Univ, 1961, p. 559. 이 제12권은 되돌아보며 총괄·요약한 것이다. 급하면 이 한권만 훑어보면 된다.

12) 한기언 『한국사상과 교육』, 일조각, 1973, 43-52쪽 "선비" 참조. "한국교육철학의 탐구"라는 부제의 이 책은 우리 역사와 전통 속에서 우리에 맞는 교육철학의 핵(核)을 찾자는 일념으로 쓰인 독창적인 역작이다.

제 3 장

겨레의 큰 스승들

1. 고향 산골마을을 교육공동체로 키운 남궁 억
2. 영혼의 만남의 도장을 연 이승훈
3. 겨레의 비애를 꿈으로 이겨낸 안창호
4. 겨레의 말과 얼을 가꾼 최현배
5. 민족혼을 일깨운 만년 평교사 김교신
6. 풀무학원의 위대한 평민 이찬갑
7. 인격교육의 산실 거창고등학교 전영창

1. 고향 산골마을을 교육공동체로 키운 남궁 억

한서 남궁 억(翰西 南宮 憶), 이러면 일반사람들은 거의 모르는데 도산 안창호, 남강 이승훈, 이러면 누구나 다 잘 안다. 왜 그럴까? 한서, 도산, 남강은 교육을 통해 나라를 다시 찾자고 외치며 평생 교육에 힘쓰다 가신 세 교육의 선각자로 비슷하게 평가되어야 할텐데 말이다. 이 의문은 흥사단과 오산학교로 풀린다. 도산의 흥사단은 지금도 그 활동이 활발하고 남강의 오산학교는 지금도 그 이름을 이어받은 학교가 서울에 있기 때문이다. 그런데 여기에 하나, 일반인이 다 아는 노래 즉 "일하러 가세"라는 제목으로 실린 찬송가 첫 절 "삼천리 강산 금수강산, 하나님이 주신 동산, … 일하러 가세 일하러 가세, 삼천리 강산 위해, 하나님 명령 받았으니, 반도 강산에 일하러 가세"를 들면 어떠할까. 노래는 잘 알지만 그래도 그 작사자가 남궁 억임은 역시 모를 것이다. 이렇게 한서는 강원도 산골의 그의 고향마을처럼 지금도 외롭다. 그러나 그는 특히 계몽사상과 교육실천면에서의 업적으로 볼 때 도산이나 남강 못지 않게 평가되어야만 할 인물이다. 서울 왜송골 지금의 정동에서 태어나(1863) 그의 조상들의 고향 강원도 홍천군 서면 보리울(牟谷里)에서 1939년에 서거한 그의 업적을 우리는 우선 세 측면에서 평가해야 한다.

첫째, 정치인으로서다. 그는 민족의 독립을 위한 여러 단체를 만들기도 하고 적극 참여도 하였다. 독립협회 부회장, 대한협회 회장, 황성신문사 사장 같은 자리다.

둘째, 언론인으로서다. 이 면에 대해서는 최근에 나온 최덕교 편저의 『한국잡지 백년』의 제1권에 자세히 나온다. 그가 회장을 맡은 대한협회는 『대한협회회보』라는 회지를 1908년에 창간하여 통권 12호까지 냈고,[1] 또 그가 편집 겸 발행인으로 1908년에 창간한 우리나라 최초의 월간 교육잡지 『교육월보』는 한일합방의 해 1910년 7호까지 나왔다. 그 창간 취지서의 일절이 이러하다.[2]

> 우리나라 교육의 제일 큰 폐단 되는 것은 첫째 한문만 숭상하고 국문을 우습게 아는 일이로다. 그 근인을 말하자면 한문이라 … 청국 국문이라. ….

이 잡지는 당시로는 아주 이례적으로 제호만 한자를 쓰고 나머지는 다 한글로 썼다.

셋째, 교육면이다. 그는 영어에 능통해 독립신문의 영문판 편집을 담당했고, 또 관리로서는 칠곡부사, 양양군수 그리고 토목국장 때에는 지금도 남아 있는 종로의 탑골공원을 그 팔각정과 더불어 설계하고, 취미인으로는 음악을 사랑하여 많은 노래를 작사했고, 사라져가는 우리나라 옛 돈을 고려 숙종 때부터 융희 4년까지의 약 8백 년 간의 동화, 은화, 금화로 수집했다. 그러나 그의 진면목은 교육이었다. 그는 학교를 세워 몸소 교사로 임했고, 당시로는 참으로 놀라운 교육내용과 교육방법으로 크게 성공했다. 그래서 한서는 역시 한국의 페스탈로찌의 한 사람으로도 추앙되어 마땅한 사람으로 평가되고도 있다. 교육면에서의 그의 이 같은 진면목을 다섯 가닥으로 보자.

첫째, 자주적 민족사에 의한 교육이다. 종래의 역사교육은 중국사 교육이었다. 그것도 주로 중국의 역대 임금의 치적을 찬양하는 『자치통감』

(資治通鑑)으로서였다. 그런데 한서는 우리 역사 『동국통감』, 『삼국사기』 등을 깊이 연구하여 그 속에 약동하는 민족의 생명을 『동국사략』(1924)으로 저술해서 가르쳤을 뿐 아니라, 동화체로 『조선 이야기』(1929) 전 5권을 지어 중국을 찬양하는 모화사상(慕華思想)으로 짜여진 당시의 역사교육을 시정하려 했다. 그 서문의 한 토막이 참으로 감동적이다.[3)]

> 이제 『조선 이야기』라는 동화 한 권을 찬술하노니 기제(其制)는 수삼의 이유가 있는데, 단군족의 고유한 재질을 수복하고자 함이요, 고인의 모화사상의 오견(誤見)을 타개코자 함이요, 학동의 자국(自國)에 대한 취미를 흥기(興起)코자 함이다.

둘째, 공동체 교육이다. 학교가 마을과 하나되어, 교육이 마을을 위해, 마을이 교육을 위해 모두모두 더불어 존재하는 협동체 교육을 이름이다. 한서는 그의 나이 이제 56세, 도시를 버리고 선조들의 고향이요 그의 마음의 고향인 보리의 고을 보리울로 돌아가 모곡(牟谷) 학교를 세운다. 북한강의 지류의 하나인 홍천강이 꿰뚫은 절벽같은 협곡으로 인마가 겨우 걸어 다닐 수 있는 산촌이요 겨우 2, 3백 호가 모여사는 "협촌(峽村)을 학향(學鄕)으로" 만든 것이다.[4)] 교회가 있고 전국에서 모여든 학생들을 위한 기숙사가 있고, 당시의 말로는 "반공반학"(半工半學) 즉, 일하면서 배우고, 배우면서 일하는 노작교육, 예를 들면 마을도로 공사, 새끼꼬기와 짚신짜기, 농구 제작 등 근로교육이 있었다.

셋째, 음악교육 중시다. 앞서 지적했지만 한서는 음악을 좋아했고 그것은 특히 교육에 많이 반영되었다. 우리에게 잘 알려진 그의 노래 "삼천리 반도 금수강산"을 비롯해서 "금수강산 내 동포여", "웬일인가 내 형제여" 등을, 자신이 늘 호주머니에 넣고 다닌 하모니카로 반주하며 같이 불렀다.

넷째, 나라꽃 무궁화 보급운동이다. 한반도를 수십 개의 국화로 수놓는 수예는 한서가 배화여학교에 있을때 창안해서 보급시킨 애국계몽 운동이다. 그리고 향리에 돌아가서는 무궁화를 직접 많이 재배하여 전국 학교에 나누어 주었다. 그래서 나중에는 일제 교육당국이 그의 무궁화 노래를 금지하고 교정의 무궁화를 다 뽑아버리게 했다. 이 무궁화라면 김교신의 양정고보시대의 제자인, 무궁화 박사인 류달영 교수가 생각난다. 그는 육종학자로써 우리 무궁화를 100종이나 교배 · 육성시켰다. 나라사랑의 길에 이렇게 꽃가꿈도 있다.

다섯째, 실천 · 수양으로 보여준 사표다. 이 면은 같은 배화여고의 교사였고 또 강원도 출신으로 동향이기도 했던 이만규가 특히 자세하게 예시하면서 칭송한 바다.[5] 무려 10개 항에 이르고 있는데 요약하면 이렇다. ① 평생 인력거를 타지 않았다, ② 필요 없는 말은 절대 안했다, ③ 세수는 우물물을 직접 길어서 했고 죽기 3년 전까지 겨울에는 눈으로 피부를 마찰했다, ④ 겨울에도 목도리와 장갑을 쓰지 않았다, ⑤ 길가다가도 쓸데없는 것을 주워 이용케 했다, ⑥ 학생과 지게도 같이 지고 일했다, ⑦ 늘 10전짜리 보리짚 모자를 썼으며 그것을 10년도 썼다, ⑧ 산책하다가 버려진 짚신이 보이면 꼭 집어 와서는 오줌독에 담았다가 무궁화 나무의 거름으로 썼다, ⑨ 흥이 나서 혼자 노래 부르다가 학생이 오면 같이 부르자고 했다, ⑩ 방학 때 서울 등에서 학생들이 돌아오면 마을 노인들까지 모아놓고 같이 국사 강습을 했다. … 이런 사표가 시쳇말로는 “잠재적 교육과정” 중의 가장 효과적인 것이 아닐까!

2. 영혼의 만남의 도장을 연 이승훈

한번 뵈었다 하면 그 인격과 풍겨 나오는 그 귀한 가르침에 꼼짝달싹 못하게 끌려, 평생 그 영향에서 벗어나지 못하는, 인격과 인격과의 영혼적인 마주침, 그래서 진정한 자기를 찾아 새로운 삶의 길에 들어서 자기실현을 기하는 운명적인 맞부딛힘, 이것을 우리는 만남이라 한다. 그러기에 만남은 정신적 동요와 전율, 울부짖음을 수반하는 윤리적 도약을 가져오며, 이로써 새사람이 되게 한다. 오산학교에서 교장 이승훈을 한번이라도 대한 학생은 이런 만남을 겪고, 자기 한 몸이 얼마나 귀한 존재이고, 또 자기가 해야 할 일이 얼마나 보람 있는 일인가를 깨닫는다. 그래서 오산학교는 지식이나 기술을 가르치기에 앞서 이런 만남으로 해서 그 영혼의 도장, 진정한 교육의 장으로 되는 것이었다.

오산학원이란 영혼의 도장을 연 남강 이승훈(南岡 李昇薰, 1864-1930)은 어떤 사람이었던가. 33인의 한 사람이요 그 후로도 감옥을 내 집 드나들 듯 한 독립투사였지만 그의 진면목은 역시 훈장이었다. 끝까지 교육의 끈을 놓치지 않고, 교육에 생애를 바쳤다. 그의 교육 사랑, 학생 사랑은 참으로 남달랐다. 목욕도 같이 하고 식사도 같이 했다. 그의 학원에서 교사를 하면서 곁에서 본 김기석의 『남강 이승훈』에는 교사로서 삶을 불태우는 모습을 잘 엿볼 수 있는 일화가 많다. "변소청소는 내가 할 터이니 너희들은 어서어서 공부나 해라," "내가 죽으면 이 몸을 해부해서 생물표본을 만들어 써 다오" 등이 대표적인 것이다.[6] 이 변소청소 이야기에 꼭 따라다니는 주석이 있다. 그곳은 겨울이 너무 추워 겨울에는 그것이 꽁꽁 얼어, 꼭 삽이나 곡괭이로 처내야만 했단다!

1906년은 그의 삶에 큰 전환을 가져 온 해였다. 평양에 나갔다가

막 미국에서 돌아온 젊은 지사 도산 안창호의 명강연을 듣고 크게 깨우친 바 있어 고향(평안북도 정주군 오산면 용동)에 돌아와 바로 소학교를 세우고, 이어 옛 서당자리에 각종학교 체제로 중학교를 세우니 이것이 1907년 12월24일에 개교한 민족사학의 전형 오산학교다. 그가 개교식 때 학생들에게 당부한 말씀을 직접 몇 줄 읽어보기로 하자.

> 지금 우리나라는 날로 기울어져 가고 있어 차마 이를 앉아 볼 수가 없다. 우리 조상들이 살던 땅, 우리가 자라난 고향, 이것을 원수의 일본인에게 내어 맡긴다는 것이야 어찌 할 수 있는 일인가! 이에 총을 드는 사람, 칼을 갈아야 할 사람도 있어야 되지만, 무엇보다도 더 중한 것은 시방 우리들이 세상의 추이(推移)를 도무지 모르고 있으니, 그런 사람들을 깨우치는 것이 급무일 것이다. 우리는 일본 사람을 나무랄 것도 없다. 우리가 못 생겼으니까 이러한 푸대접을 받고 있지 않는가! 옛날 성현의 말씀에도 "사람은 제 스스로 업신여긴 뒤에 남이 업수이 여긴다" 하지 않았는가! 내가 오늘날 이 학교를 세운 것도 후진을 가르쳐 만분의 일이라도 그 서러움을 풀어볼가 한데서이니, 제군은 내 뜻한 바를 명심하여 앞으로 모든 것에 일심협력하여 주기를 바란다.[7)]

우리가 남강에게서 배워야 할 가장 귀한 것은 무엇일까?

첫째, 교육입국론이다. 그것은 위 개교식 강연에서 역력히 볼 수 있다. 우리가 못나서 나라와 땅을 빼앗겼다. 그러니 우리가 힘을 길러 다시 찾자, 그 방법에 여러 가지 있겠으나 나에게는 교육 밖에 없어 보인다, 이런 논리 말이다.

둘째, 성실성이다. 그는 참으로 지성(至誠)의 사람이었다. 거짓을 모르는 사람, 생각을 그대로 실천하는 사람, 그리고 말과 행동이 늘 하나가 되는 사람이었다. 그 단적인 예를 하나 들자. 그가 평양에 나가 청년 도산의 명강연을 들은 해가 1906년이다. 그의 나이 44세요,

도산의 나이는 30세였다. 14살이나 아래인 청년의 진리의 말씀에 불혹의 나이, 흰머리가 희끗희끗한, 더구나 재산도 넉넉하게 가진, 어떻게 보면 당시로는 아버지뻘이기도 한 그가 탄복하고, 전 재산을 내던지고 말았으니!

셋째, 진정한 조선 사람이라는 것이다. 그의 영결식에서 조만식은 이렇게 말했다. "조선에 낳고 조선을 위하여 웃고 조선을 위하여 죽었다." 함석헌은 남강을 "세 선생님" 중의 하나로 존경해마지 않았다. 이 함석헌은 『성서조선』의 "이승훈선생 기념호"(1930년 6월호, 제17호)에 "남강 이승훈 선생"이란 추모의 글에서 남강을 "조선생명의 운재자(運載者)," 즉 조선의 생명을 이어받아 키워 넘겨주는 사람이었다고 찬양했다.8)

셋째, 믿음의 사람이었다. 독실한 기독교 신자요 장로이기도 했지만 그는 당시의 한국교회와 그 교회를 좌지우지하는 사람들 즉 선교사나 신학자나 교권자(敎權者)들의 교세확장 싸움 등에 실망한 바 컸다. 그래서 그는 오산학교 교사 함석헌이 그 창간동인의 하나인 "무교회" 신앙 월간지 『성서조선』의 애독자의 한 사람이었고 또 이 잡지를 여러 사람에게 권하기도 했고, 더욱 함석헌이 몇몇 학생들을 모아놓고 하는 성경강의에 많이 출석하고 독려도 했다. 함석헌의 명저 『성서적 입장에서 본 조선역사』도 소수의 오산학교 학생대상의 성경강의에서 비롯한 것이다. 김교신도 이런 남강의 초교파적인 믿음을 흠모하고 따랐으며, 그가 서거하자 이 잡지로서는 처음인, 큰 영정을 전면으로 깐 특집호를 발간하고 존경의 마음을 나타냈던 것이다. 페일언하고 끝으로 김교신이 남강을 흠모하며 적어놓은 시적인 일기 한 토막을 소개한다.

> 5월 17일. 아침에 정형과 함께 활인동 제염소 모퉁이를 지나 인간지옥을 상징하는 형무소 대문을 거쳐 10분 이내에 지나갈 수 있는 효창원 솔밭에 이슬을 차면서 경성역으로 달음박질하였다. 백골표본으로 제작되기 위해

대학병원으로 운반되는 유해에 최후의 경의를 표하기 위함이었다. 기관차 뒤에 달린 운구열차가 백기를 날리면서 역구내로 돌입할 때 경계보다 나의 가슴을 진정시키기에 전력을 다했다. 저 표본을 지적하며 교수할 선생과 그 교단 아래에서 이를 쳐다보며 필기할 생도들의 광경을 추상(推想)하노라니, 남산이 안개로 조복을 두루고, 이슬비 내리는 쓸쓸한 비바람에 더욱 수심을 깊게 하는 장안을 거쳐 선생의 운구차는 일로 해부실을 향했다.[9)]

이 표본제작 기획은 학생들을 지나치게 자극할 것이라는 총독당국의 우려로 저지되어 중지되었음은 세상이 다 아는 일이다.

3. 겨레의 비애를 꿈으로 이겨낸 안창호

나는 정년 퇴직 후 집 가까운 곳에 원룸을 빌려 서재로 쓰고 있다. 그 열 평도 안되는 비좁은 서재의 책꽂이 사이의 벽에 내가 존경해마지 않는 사람들의 사진이 다섯 걸려 있다. 안창호, 김교신, 함석헌 그리고 외국인으로 페스탈루찌와 쉬프랑어다. "누느니 염불"이라고 매일 출퇴근을 하듯 서재에 들려 맨 처음 찻물을 끓이면서 이 다섯 분에 대해 눈인사한다. 오늘도 스승님들 따라 스타일 구기지 않고 성실하게 지내게 해주십사 하는 기원과 다짐을 여쭈면서. 위 다섯 분은 나의 학문과 삶에 참으로 큰 영향을 주셨다. 이중에서 아마 일반인에게는 잘 모르는 사람은 쉬프랑어일 것이다. 그는 20세기 독일을 대표하는 교육철학자로 페스탈로찌의 29권에 이르는 『전집』을 감수·간행한 사람이요, 더욱 히틀러 암살계획에 참여했다는 의혹을 받아 구금도 당했던, 독일의 지성을 대표하는 교수다.

이 다섯 분의 인상은 다 다르다. 이중에서 죄수번호 1724호를 가슴에 달고 안창호(安昌浩)라는 이름 석자가 새겨져 있는 죄수복의 슬픔에 잠긴 사진이 제일 나의 가슴에 와닿는다. 꼭 이스라엘의 비애의 예언자 예레미야를 대하는 느낌이다. 버릴래야 버릴 수 없는 꿈을 안은 채 옥에 갇혀 있는 비애의 시인 안창호! 나는 흥사단원은 아니지만 인격혁명을 외친 그에 대해 남다른 관심을 가졌고, 그래서 도산사상연구회 청탁으로 『도산사상연구』 제 1 집(1984)에 "도산 교육사상의 발전적 계승책"이란 제목으로 발표하는 영광을 얻었다. 그 핵심적 요지는 이러했다.[10)]

> 도산의 민족교육론의 특색은 온 국민을 대상으로 하는 국민교육성, 교육을 개개인의 전인적 완성으로 보는 인격교육성 그리고 정치, 경제, 문화 등 모든 민족기업의 초석을 거짓없는 성실한 삶으로 본 윤리지상성이라고 규정할 수 있다.

이 세 특색 중 어느 하나 덜 귀한 것이 없다. 그러나 가장 귀한 것으로 딱 하나 들라하면 나는 서슴없이 맨 끝의 윤리지상성(倫理至上性)을 들 것이다. 도산의 말 중에 "죽더라도 거짓이 없어라," "비관 말자," "힘을 기르자," "주인의식을 갖자" … 등 천금같은 무게의 말들이 많지만 역시 하나를 들라면 "죽더라도 거짓이 없어라"가 아닐까. 어느 신학자의 문체론적(文體論的) 연구에 의하면, 예수가 실제 한 말은 일곱 마디밖에 없고 그것은 "하나님! 나의 아버지," "안식일은 사람을 위해서 있다," "먼저 주님의 나라와 그 의(義)를 구하라," "돈과 하나님을 동시에 섬길 수 없다," "이웃을 네 몸같이 사랑하라," "적을 사랑하라" 등이라 한다. 그러면서 "하나님! 나의 아버지," 딱 이 한 마디로도 기독교는 성립되었을 것이라 했다 한다. 도산은 웅변가로 꼽혔으나 글을 많이 남기지 않았고, 그 글들도 제자들에 의해 필기로 남겨졌다. 그래서 『안도산전서』 중의 그의 글도 다해서 약 350쪽 밖에 되지 않는다.[11] 그러나 어디 양(量)이 문제인가, 질(質)이 문제이지! 우리가 도산에게서 배워야 할 가장 귀한 것이 무엇인가. 교육면에 초점을 맞추어 그것을 몇 가지로 다져 보자.

첫째, 선비정신의 배양이다. 도산은 선비정신을 일으킨다는 뜻을 다지는 "흥사단"(興士團)을 키워 오늘에 이르게 한 사람이다. 인격수양 단체로 출발했지만 지금은 동지들을 많이 규합하여 우리나라에서는 드물게, 역사도 길고 세도 큰 사회단체로 발전했다. 어느 민족이나 역사적으로 이어져 온 이상적 인간상이 있다. 중국의 군자상, 독일의 장인상, 영국의 신사상, 일본의 무사상 … 그러면 우리는 무엇이었던가? 바로 "선비상"이다. 이것을 다시 찾아 겨레의 얼을 가꾸자 했다.

둘째, 국민교육의 이념이다. 그것은 온 국민을 대상으로 하는 계몽· 혁신운동이요, 독립을 기할 수 있는 힘을 기르는 데까지 이르러야 하는 "숨은 독립운동"이어야 한다. 학교교육만이 전부가 아니다. 가정교육, 사회교육도 이에 못지않게 중요하다. 도산은 일찍이 이렇게 깨달았던 것이다.

셋째, 노작(勞作)교육론이다. 도산이 즐겨 쓴 말은 열 가지인데 이중 "동맹 수련," "무실(務實) 역행," 자조와 호조(互助)"가 바로 이 노작교육면에 특히 해당되는 말이다. 또 즐겨 드는 규범은 진실정신, 실천주의, 민주협동의 셋인데, 실천주의가 또 특히 이에 해당된다.[12] 무실의 반대는 허위요, 역행의 반대는 공리(空理)라고도 했다. 놀고 먹는 양반사상의 타파, 직업의 귀천 구별의 철폐, 각자가 귀한 기술을 지고 보람 있게 일하고 사회에도 기여하는 일인일기(一人一技)주의, 자립정신의 배양, 의뢰심의 배격 등도 이에 속한다.

넷째, 주인의식을 일깨워 주는 각성(覺醒) 교육론이다. 도산의 글 중에서 가장 감동적인 것은 "동포에게 고하는 글"(1924)이다. 사족일랑 치우고 직접 그 한 토막을 음미하자.[13)]

> 묻노니 여러분이시여, 오늘 대한 사회에 주인되는 이가 얼마나 됩니까. 대한 사람은 다 대한 사회의 주인인데 주인이 얼마나 되는가 하고 묻는 것이 한 이상스러운 말씀 같습니다. 그러나 대한인이 된 자는 누구든지 명의상 주인이 될 것이되 실상 주인다운 주인이 얼마나 되는지 알 수 없습니다.

주인이란 자기네 살림과 역사에 책임의식을 지니고 적극적으로 삶과 역사를 개척해나가는 사람이다.

다섯째, 민족교육론이다. 독립의 그 날을 기하며 민족의 힘을 다방면으로 기르는 준비교육을 이름이다. 이 "준비교육"이란 말은 총칼들고 싸우고 있는 국내외 독립투사들에게는 정말 맥빠지게 하는 말일 수도 있었을 것이다. 도산의 정신적 제자라고 자칭하고 나선 이광수의 『민족개조론』을 들먹이며 도산을 비판하는 측도 없는게 아니다. "선인격 후독립," 도산은 이런 말을 한 적이 없는데 그에게 이렇게 뒤집어 씌우는 측도 있다.

도산 안창호(島山 安昌浩 1878-1938)! 병보석으로 대전형무소에서 잠시 풀려나 경성대학병원에 입원 중 간경화증으로 돌아가셨다. 향년 겨우 60세, 일본경찰의 제재로 망우리 묘지까지 따라간 분은 겨우 20명이었다 한다. 인격혁명이란 그 너무나도 높은 이상 때문에 그는 살아서도 외로웠고 죽어서도 이렇게 외로웠다. 그래서 나는 그를 겨레의 비애를 온 삶으로 체험하고 가신 이 겨레의 예레미야로 받들어 모셔야 한다고 여긴다.

4. 겨레의 말과 얼을 가꾼 최현배

4월의 대학 교정은 참 아름답다. 새내기들의 발랄한 모습, 목련에서 시작하여 진달래, 철쭉으로 이어지는 푸르름과 화사함 때문이다. 특히 연세대와 고려대의 교정은 아름답다. 그래서 퇴직하고도 한참 된 나이지만 이 무렵에는 꼭 그곳에 가서 꽃이며 나무며 젊음 등을 감상하곤 한다. 연대에는 이한열군의 추모비, 고대에는 4·19기념탑이 이 무렵이면 유난히 우리를 숙연케도 한다.

연세대 본관 앞의 광장에는 또 최현배, 김윤경, 윤동주의 기념비가 있어 대학은 세속과 다른 꿈과 이상과 지조를 키우는 곳이라는 것을 새삼 일깨워 주기도 한다. 이 세 동상 중에서 나는 최현배와 윤동주 앞에서는 발을 떼지 못한다. 나와의 특별한 인연 때문이다. 외솔은 히로시마고등사범학교를 거쳐 경도제국대학 철학과에 진학하여 페스탈로찌 연구로 졸업논문을 쓴 한국인 최초의 페스탈로찌 연구가다. 그래서 그 히로시마대학에서 5년이나 공부한 나에게는 대학 동창이고 더욱 페스탈로찌 연구로 학위를 취득한 나에게는 학문의 대선배다. 이런 인연으로 생전 몇 번 뵌 적도 있고, 교육학자로서의 외솔에 대한 논문을 두 편 쓴 적도 있다. 윤동주에 대해서는, 너무나도 쓸 말이 많아 다음 기회로 미룬다. 여기에서는, 내가 그에 관한 한국과 일본의 문헌을 꽤 여러 편 모아 그것을 복사해서 20여 명에게 나누어 주기도 했던, 그런 인연만 들기로 한다.

최현배(崔鉉培, 1894-1970), 그는 누구인가. 말과 글로 겨레의 얼을 가꾼 겨레의 교사요, 겨레의 교수요, 겨레의 지사다. 너울만 교수요 속은 빈 깡통, 너절한 정객같은 교수들을 볼 때마다 우리가 진정한 교수 그 분을 회고하고 스스로 마음을 추스리고 가다듬어야 할 이유가 여기에 있다.

외솔의 3대 저작으로 평가되는 『조선민족 갱생의 도』(1926), 『우리 말본』(1935), 『한글갈』(1940)의 간행순서에도 알듯이 그는 교육학자였으나 국문학자, 아니 한글학자로 크게 학문의 방향을 전환했다. 우리 문화의 그릇인 우리말이 망가져 우리 얼이 시들고 있다. 그러니 그 그릇을 살려 얼을 되찾자! 이것이었다. 이 논리는 그가 페스탈로찌의 주요 교육사상 중의 한 가닥, "문화의 기초로써의 언어"에서 얻은 것이다. 그는 이제 교육이론을 가르치는 교육학자의 길에서 겨레의 얼을 일깨워주는 한글학자가 된 것이다. 그의 글 한토막을 음미하자.[14)]

> 배달말(한국어, 한어, 조선어)은 배달겨레의 상징이며, 배달정신의 표현이며, 배달문화의 총목록이다. 우리는 겨레를 사랑하며, 또 그 문화를 사랑하며, 따라서 그 말을 사랑한다. 우리가 배달말을 사랑함은 단순한 감정의 문제가 아니라, 첫째, 사람되기 위하여, 다음엔, 제 조상의 문화창조의 역사적 생활을 받아 잇기 위하여 ….

그의 『우리말 존중의 근본 뜻』의 머리말 첫 부분에 나오는, 논리정연한 명제요 선언이다. 이래서 우리는 교육학 교수 대신에 겨레의 큰 스승을 한 사람 더 얻는 셈이다. 그러나 외솔은 교육사상가적 측면으로 연구되어야 할 면도 역시 많다. 한국교육학회 교육철학연구회는 1987년 동국대학교에서 열린 「한국교육철학의 개척자들 - 그 생애와 사상」이란 주제의 연차대회에서 훼절을 않고 학문을 지킨 다섯 분 최현배, 장리욱, 김기석, 임한영, 유형진을 택하여 그들의 업적을 음미했다. 이 중 외솔은 내가 맡았다. 나는 여기에서 "최현배의 교육사상"을 다음 다섯 가닥으로 분석·음미했다.[15)] 요약하면 이렇다.

첫째, 민족교육론이다. 우리는 이것을 그의 『조선민족 갱생의 도』에서 잘 볼 수 있다. 조선민족의 장점과 단점은 무엇인가를 냉철하게 분석해낸 다음, 장점일랑 더 잘 가꾸고 단점일랑 개선해 가잔다. 그러면서 그는 창조적 소수자의 능동적 역사참여를 외친다. 꼭 토인비의 논리같다. 직접 그 한 가닥을 읽어보자.[16)]

> 조선민족 갱생 및 흥륭도 단순히 외적 세계의 수동적 변화에 기대할 것이 아니요, 차라리 외적 세계에 대한 능동적 분투, 창조적 활동에 말미암을 것이다.….

둘째, 구국교육론이다. 위 민족교육론이 빼앗긴 겨레를 다시 찾자는 논리라면 이 구국교육론은 광복이 되어 겨레는 다시 찾았지만 너무 엉성하게 세운 까닭에 어지럽기만 한 이 나라를 어떻게 살려내야 할 것인가의 논리다. 『나라 건지는 교육』(1959)의 일절이 이러하다.[17)]

> 나라 안에는 비민주스러운 기운으로 꽉 차 있고 … 나라조직의 기본인 헌법은 형편 좋을 대로 경경히 디뤄지며, … 선기는 번수를 거듭할수록 더욱 비민주 · 무법 · 부도덕의 죄악상을….

셋째, 사회교육론이다. 외솔은 사회교육에 대한 관심과 열성도 남달랐다. 페스탈로찌 연구가다운 면모가 역력하다. 그는 일찍이 고향 울산의 지방유지를 규합하여 출자시켜 공동상회를 설립했고, 흥업구락부 사건에 연루되어 연희전문학교 교수직을 강제 해임당하고, 한글 보급을 위해 각종 교습소를 뛰어다녔다.

넷째, 국어교육론이다. 외솔은 히로시마고등사범학교를 졸업할 때 수신, 교육, 일어, 한문, 법제 · 경제의 과목 중등학교 교원자격증을 받은 교사요 경도제국대학에서는 교육학 전공으로 철학과를 나와 철학, 심리학, 논리학 세 과목 고등학교 교사자격증을 갖춘 교육학자요, 그리고 한글학자(국어학자)다. 그래서 그는 국어교육의 논리와 체계에 대해서도 관심이 남달랐다. 국어교육의 목적 · 내용 · 방법 · 역사 · 체제를 아우르는 "교어교육학 체계"를 우리는 그에게서 찾아내야 하겠다.

다섯째, 페스탈로찌 교육사상의 체계화다. 그의 경도대학 졸업논문 제목은 "페스탈로찌의 교육사상"(1925)이며 그것은 『나라 건지는 교육』(1963)에 수록되어 있다. 지금으로부터 80년 전의 논문이다. 페스탈로찌 전문연구가인 나로서 볼 때 당시로서도 짚을 곳은 다 짚은 귀한 논문이라 여겨진다.

외솔은 그 선비적 자세로 해방 전의 연희전문, 해방 후는 연세대 학생들에게 깊은 인격적 감화를 주었다. 시인 윤동주도 외솔의 강의에 취한 학생의 하나였다. 외솔은 그 교육적 배경의 넓이로나 학문적 연구의 깊이로나 인간적 성실성으로나 참으로 드물게 보는 "전인적" 겨레의 스승이었다.

5. 민족혼을 일깨워준 만년 평교사 김교신

남들은 다 그 학벌을 자랑하며 대우와 신분과 출세길이 보장되는 관립중학교 교사로 진출하려 드는데 한사코 민족자본 설립의 사립 약칭 "민족사학"만 찾던 김교신(金教臣, 1901-1945), 십여 년 경력이 쌓이면 다 학생주임이다 교무주임이다 하는 보직을 바라는데 한사코 평교사로만 버티던 김교신, 기독교 전도가 본직이고 교직은 부업이다 하면서도 실은 그 부업으로 윤석중, 류달영, 손기정 등 민족의 큰 일꾼들을 키워낸 김교신, 우리 기독교는 우리 역사와 전통과 어울리는 "김치냄새 나는 기독교"라야 한다며 외국선교자본, 그 신학과 교리에 의해 교파별로 경영되어 우리 문화와 사상을 깡그리 업수이 여긴 당시의 교회를 거부하고 이른바 "민족적 민중적 토착적 기독교"를 좇아 "무교회" 신앙운동을 전개하고 신앙월간지 『성서조선』을 거의 자비로 15년간(1927-1942) 총 158호까지 내다가 끝내 강제폐간 당하면서 "성서조선 사건"으로 1년간 서대문 옥에 갇힌 김교신, 그리고 옥에서 풀려 나와서는 불쌍한 한국 근로자들 속에서 살다 전염병에 걸려 그렇게 기다리던 조국의 해방의 그날을 불과 넉 달 앞서 1945년 4월 25일 만 44세의 젊은 나이로 거목이 쓰러지듯 타계한 김교신.

이 김교신을 생각할 때마다 나는 몸과 마음이 조여드는 전율 같은 것을 느낀다. 소크라테스에 홀린 아테네 청년도 그랬을 것이고 독사의 침을 맞은 두꺼비도 그랬을 것이고, 예수를 만나 그물을 던지고 따른 베드로도 그랬을 것이다. 나의 삶에 가장 결정적인 영향을 주신 스승이 바로 이 김교신이다. 그래서 한번도 뵙지 못한 그에 대해서 몇 편 논문도 썼고, 평전도 한권 지었고,[18] 또 그의 『성서조선』 동인과 독자들, 예를 들면 함석헌, 송두용, 이찬갑, 류달영, 유영모 등의 글들을 뽑아 해설도 붙인 『성서조선 명논설집』도 냈다.[19] 참으로, 김교신의 저자을 대하고 그의 믿음·소망·사랑이 나의 것이 되어 나는 비로소 오늘의 내가 되었다. 나에게는 스승 중의 스승이다. 내가 강의에서 김교신을 소개하며 더러 하는 말이 있다. "나에게는 스승이 계시다. 그래서 스타일 못 구긴다. 마치 남편 있는 아내가 스타일 못 구기듯!" 이러면 강의실이 숙연해진다. 이제 나에게도 훌륭한 제자들이 많다. 각계에 기라성 같이 깔려 있다. 그리고 항상 나를 지켜보고 있는 것 같다. 그 중에는 대학의 교수, 총장, 학장도 있다. 그래서 요새는 나의 다짐이 이렇게 바뀌었다. "이제 제자가 지켜보고 있는 몸, 스타일 못 구기겠다!" 이러면서 늙은 몸과 마음을 추스린다.

김교신에게서 내가 배운 가장 귀한 것은 위에서도 좀 언급했거니와 "김치냄새 나는 기독교", 그것을 떠받고 있는 "섭리적 민족지리관" 그리고 참된 삶을 일깨워주는 영혼의 교사상이었다. "섭리적 민족지리관"이란 무엇인가. 처음 듣는 말이라 여기는 사람이 많을 것이다. 실은 내가 지어낸 말이기 때문이다. 뜻인즉 이렇다. 내 말로 요약해 본다.

> 남들은 우리 조선이 강대국에 둘러싸인, 반도라는 그 지정학적 위치 때문에 외국에 지배만 받아 마땅한 숙명적인 나라라 하는데 그렇지 않다. 예를 들자. 그리스도, 로마도, 덴마크도 다 이런 반도다. 그런데 이들은 다 큰 나라가 되었다. 우리 한반도는 특히 그 단원(單元-규모), 면적, 인구, 산악과 평야, 해안선, 기후, 위치 … 이렇게 좋을 수가 없다. 참으로 천혜(天惠)의 땅이다. 그러므로 우리가 민족적 기상만 살려 키우면 아세아의 중추국으로 성장할 수 있다.

일제 총독 차하 34살의 젊은 나이, 일개 중학교 지리교사가 혼신의 힘을 기울여 쓴 그의 명논설의 하나로 꼽히는 "조선지리 소고"라는 긴 논문을 참으로 외람되지만, 몇 줄로 요약하면 이렇다.[20] 그의 필생의 동지 함석헌의 역사교사로서의 "섭리적 민족사관"에 대응하는, 지리교사로서의 외침이었다. "껍대기는 가라"였고, "지정학적 숙명론은 가라"였다.

김교신, 교실에서는 구체적으로 어떤 교사였던가. 50분 수업시간에 처음 10분과 마지막 10분은 대개 시사평이나 인생론이었다. 교실에서의 시사평론 등은 당시로는 사표를 각오해야 했다. 그래서 그는 늘 사표를 안호주머니에 넣고 다녔다. 그것을 학생들에게 보이며 웃기도 했다. 지리시간인데 공자님 말씀과 제갈공명의 출사표 이야기를 꼭했다.

그러면서 지리는 감자다 쌀이다 하는 지역특산물을 배우는 과목인데 실은 지역의 최대산물은 "인물"이며, 중국의 최대산물은 이렇게 공자와 제갈공명 등이라 했다. 지리과목도 이렇게 사람 공부였다. 그래서 나는 이렇게 생각한다. "지리교사는 지리를 가르치는 교사가 아니고 지리를 통해서 삶을 가르치는 교사다"라고. 지리를 "통해서"다. 그러므로 모든 교사는 담당과목 여하를 막론하고 다 삶의 교사, 즉 스승이어야 한다. 그런데 지금은 어떠한가. 교사는 지식과 기술 – 그것도 암기 위주로 – 가르치기에 급급하다. 배우는 내용이 학생의 가슴과 삶에 이어지지 못한다. 그래서 교사는 스승이 아니고 기술자요 조련사요 숙련공이다.

폐일언하고, 김교신이 교실에서 학생들에게 보여주며 가르친 가장 귀한 것은 무엇인가. 다음 여섯 가지다. ① 한 사람 한 사람에 대한 인격적 사랑, ② 늘 스승과 제자가 같이 호흡하는 사제동행, ③ 인생의 참 목적은 진리를 좇는데 있다는 구도정신, ④ 각자가 다 남이 지니지 못하는 귀한 것을 지니고 있으니 그것을 키워 개성을 실현해야 한다는 자기발견, ⑤ 보다 높은 것을 향하여 날마다 정진하는 종교적 감각, ⑥ 그리고 이웃, 특히 약한자와 더불어 사는 삶의 공동체. 나는 이렇게 분석해 본적이 있다.

이 중에서 자기 발견을 촉구한 측면만을 하나 구체적으로 예를 들어본다.

① 모든 학생에게 반드시 한 개의 운동부와 한 개의 학술연구부에 들어가 자기를 알고 닦게 하였다.

② 일본이 조선사람의 혼을 몽땅 먹어버리려 하고 있으니 정신차리자고 했다.

③ 일본지리를 중심으로 짜인 당시의 지리교과서를 거의 무시하고 우리나라 지리를 많이 가르쳤다.

④ 당시 모두 일본식 이름으로 이른바 창씨개명을 했는데 김교신은 끝까지 이를 거부했고, 조례에서 출석을 부를 때 그는 끝내 우리말로 호명했고 이를 일본인 배속장교가 항의하자 이름은 "고유명사"니 할 수 없다고 끝내 버티다가, 나중에 이것이 공식적으로 문제되자 그 후에는 아예 출석 부르기를 거부했다.

⑤ 인간이 자신의 내면을 들여다보면 공허감에 견디지 못하는데 이 때 꼭 필요한 것이 이상적 인물에 대한 동경이라며 각자 그런 사람을 가지라고 했다.

끝으로 하나 꼭 음미해야 할 사실을 소개한다. 김교신 그에게는 아호가 없다. 아호 갖기를 거부한 것이다. 창씨개명도 거부하고, "권번에 드는 기생들처럼 자기를 숨기는 예명 따위" 갖기를 부끄럽게 여기고, "민중들처럼" 아호 하나 없이 살다 가셨다. 그의 신앙동지 함석헌도 그러했다. 이 사실 하나로도 그들의 인생관을 잘 알 수 있다.

6. 풀무학원의 위대한 평민 이찬갑

풀무학원이라 하면 이제 알 만한 사람은 다 안다. 거창고등학교처럼 인간교육을 한다는 그 농촌학교 아닌가 한다. 그러나 어디에 있고 누가 창설했고 거창고등학교와는 어떻게 다른가에 대해서 아는 사람은 거의 없다. 그 인상 좋은 "풀무"라는 이름으로 막연하게 좀 색다른 교육을 – 마치 "풀무"의 자연식품처럼 – 연상한다. 이 학원이 이제 전인교육으로 널리 알려져 입학지원생들이 줄을 이어 일이년 기다려야 할 지경이고, "입시면접"을 학부모도 받아야 하며, 더욱 그 학원은 자연농업,

협동기업, 지역공동체 운영으로 새로운 농촌갱생운동의 모형이 되어, 여러 이름으로 상도 많이 타고 있는 배움터요 생활터요 산 믿음터라 하면 모두 놀랄 것이다.

이 학원은 믿음의 동지 주영로의 토지기증을 받아 당시로는 오지랄 수 있는 충남 홍성군 홍동면 팔괘리에 세워졌다. 사람을 풀무로 달구워 낸다는 뜻도 지니는 이 풀무학원을 1958년에 창설한 이찬갑(李贊甲 1904-1974)은 어떤 사람인가. 나는 이 분을 딱 두 번밖에 뵙지 못했다. 창설 직후의 그 학원에서 그리고 서울의 무교회 클럽 모임에서 한번이다. 곧 돌아가셨기 때문이다. 겉으로는 온유하면서도 속은 강철같은 의지를 지니신 분 같았다. 뒤에 알게 된 이야기가 있다. 가까운 친척이신 남강 이승훈의 오산학교에 재학할 때 야구부에서 날리던 명투수였다는 것이다. 손목은 부드럽게 그러나 볼은 강속구! 내가 잘 맞힌 셈이다 하면서 혼자 회심의 미소를 즐겼던 기억이 새롭다. 나는 페스탈로찌 연구가로서 한국의 페스탈로찌는 누가 될까 생각해 본 적이 한 두 번이 아니다. 한서 남궁 억을, 남강 이승훈을, 도산 안창호를 … 이렇게들 든다. 그러나 실은 아직 잘 알려져 있지 않는 이찬갑도 바로 그런 분이다. 왜냐? 그것은 그가 개교식 강연의 끝을 논리정연하게 맺은 다음 선언으로 충분하다.21)

> 이제 지금껏 말한 것을 결론적으로 말한다면, 지금까지는 현대문명의 총아인 도시를 중심으로 한 그 도시교육 · 선발교육 · 물질교 · 간판교육 · 출세교육에서 이 인간이 멸망하고 이 민족이 썩어가고 있었던 것입니다. 그러나 이제부터의 새 교육은 새로운 시대의 총아일 농촌을 중심으로 한 농촌교육으로, 민중교육으로, 정신교육으로, 실력교육으로, 인격교육으로, 이 민족을 소생시키고 이 인간을 새로 나게 해야 할 것입니다.

참으로 기막힌 대조법이다. 도시 대 농촌, 선발 대 민중, 물질 대 정신, 간판 대 실력, 출세 대 인격, 정말 명석한 분석이다. 명투수의 솜씨가 여기에 있었다! 이 결론만으로도 그가 한국의 페스탈로찌였음은 증명되고도 남으나, 페스탈로찌의 사상을 내가 요약한 다음 글을 읽으면 더욱 확증이 갈 것이다.

> 페스탈로찌는 교육의 역사에 코페르니쿠스적인 전환을 일으킨 교육사상가요 교육실천가로 평가되고 있다. 그에 의해, 귀족중심의 교육이 민중중심의 교육으로, 교사중심의 교육이 생도중심의 교육으로, 지식중심의 교육이 생활중심의 교육으로, 암기중심의 교육이 계발중심의 교육으로, 그리고 직업준비를 위한 특정기능 훈련의 교육에서 저마다 가지고 태어난 삶의 몫을 일깨워주는 인격각성의 교육으로, … 이렇게 교육의 방향이 180도 바뀐 것이다.

평생을 페스탈로찌의 교육사상만을 연구한 내가 정년퇴직을 맞자 고려대학교 출판부가 호의를 베풀어 책으로 펴내준 『페스탈로찌의 교육철학』의 머리말 첫 절에 내가 쓴 말이다.[22] 이찬갑은 어쩌면 그렇게 페스탈로찌와 이렇게도 닮았단 말인가! 한때 나는 그를 한국의 그룬트비로 여긴 적이 있었다. 그러나 아니다. 그룬트비는 류달영 몫이고 그는 역시 페스탈로찌다. 그는 김교신의 무교회 신앙운동에 이승훈과 더불어 호응하고 『성서조선』에 꽤 많은 글을 기고했다. 교회개혁론이 태반이다. 그러나 내가 제일 좋아하는 글은, 자신의 잘못을 회개하며 가슴을 치는 다음 글이다. 일 원짜리 지폐 한 장이 없어져 누구를 의심했던 자기를 한탄하는 글의 일부다.

> 아! 나는 그 동안 얼마나 그처럼 내가 살아 들뜬 자로 좌충우돌을 하였던

고. 남을 나무라며 책하기만 하였고, 그렇게 소망없는 자식같이 두렵게도 어머님에게 불만 같은 것까지 가졌던고. 그런 못된 자이고 불쌍한 자이었다. 이제 나는 그 단단한 방망이 하나로, 그처럼 또렷또렷한 한 장의 지폐 그 방망이로 맞아 부스러져 수구러졌다. 온전히 죽어 빈 자가 되었다. 맨 밑바닥에서 모든 것을 있는 그대로 걸머지고 두말 없이 걸어가는 자가 되었다. 가장 고요한 자로, 남모르는 밑바닥에서 내가 짊어진 그 즐거운, 그 많은 내 일만을 수걱수걱 하게 되었다. 이렇게 되니 내 속은 그처럼 터져 샘솟듯 시원해져 하나님을 향하여 찬송이 불일 듯 일어나게 되었다.
1936년 11월 3일 아침.

1936년 12월 『성서조선』 제95호에 "지난 밤의 은사"라는 제목으로 간증한 회개의 글이다.[23] 나는 이 글을 발견했을 때 얼마나 기뻤는지 모른다. 그의 사업의 밑바탕에 이런 회심과 믿음과 사랑이 있었다는 것을 발견했기 때문이다. 하느님은 사업을 보시지 않고 이같이 회개하는 영혼만을 보신다는 말씀이 새로웠다. 단 거의 70년 전의 옛 글을 이렇게 쉬운 말로 옮기는데 나는 꽤 고생했고, 더욱 이 평안도의 사투리 같기만 한 "수걱수걱"이라는 말을 처음 대해 우리말 중사전을 찾아도 없고, 이북 출신 친구에게 물었어도 별 신통한 대답이 없었다. 아마 "바보처럼 묵묵히"라는 뜻일 것이다.

그가 기린 "위대한 평민" 이야기를 쓴다는 것이 글 몇 줄씩 뽑아 읽다 벌써 또 종이 땡 쳤다. 나머지 이야기는 그의 분신 풀무학원 이야기로도 이어질 것이다. 그에 대한 문헌이 넷 있다. 그의 글을 다 담은 『산 믿음의 새 생활』(시골문화사, 1983),[24] 내가 그에 대해 가볍게 소개한 "풀무학원의 대장장이 위대한 평민 이찬갑"이 담긴 『인간화 교육 어떻게 할 것인가』(내일을 여는 책, 1995),[25] 그의 생애와 특히 사상을 잘 분석해서 담은 사학자 백승종의 『그 나라의 역사와 말』(궁리출판,

2002),[26] 그리고 나의 『성서조선 명논설집』(한국신학연구소, 2003)[27]이다.

7. 인격교육의 산실 거창고등학교 전영창

지리산의 한 자락 작은 읍소재지 거창은 그전에는 비극적인 한국동란 때의 양민학살 사건으로 잘 알려졌다. 그러나 근래에는 전인교육, 인격교육, 노작교육, 자율교육, 독서교육을 아우르는 인간교육과 이와 관련된 매스컴 기사 등으로 더 알려지게 되었다. 그 몇을 들어본다.

그 첫째는 한참전의 유신독재시대의 "교장퇴출", 법률적 용어로는 "교장승인 취소 사건"이다. 당시의 학도호국단 체제 하에서의 학생회장 임명제를 반대하고 학생총회에서의 직접선출제를 고집했고, 박정희 이름으로 반포된 국민교육헌장을 조례때 낭독하기를 거부했고, 당시의 반유신 인사들을 자주 불러 학생과 교사들을 위해 특강을 마련했고, 1970년의 대통령 부정선거를 규탄한 시위 주동자, 즉 도교육위가 그 명단을 작성해 내려 보낸 20명을 퇴학시키라는 행정명령을 교직원 결의로 거부한 일 - 이런 일로 해서 교장 승인 취소가 되자 대법원까지 간 소송에서 이겨낸 일 등이었다.

둘째는 그 "시골" 학교에서 어쩌면 그렇게 대입성적이 좋은가에 대한 매스컴 특집들이다. 예를 들면 한국일보는 1993년 4월 1일자 "고교 교육을 살리자"라는 특집으로 "시골 명문교 거창고"의 정신 · 정서 · 지식, 전인교육 40년의 발자취를 소개하면서, 남여공학인 이 학교의 그해 졸업생은 208명(남자 154명, 여자 54명)인데 이 중 서울대 7명, 연세대 2명, 고려대 4명 등 모두 194명이 4년제 대학에 합격, 94.2퍼센트라는 높은 진학률이었다며 그 놀라운 "전인교육"을 대서특필했다.

셋째는 바로 얼마 전 일이다. 이 거창고등학교 병설 샛별중학교의 교장 전성은(全聖恩)이 교육의 총수 교육인적자원부 부총리자리 적임자로 추천대상에 올랐다는 뉴스였다. 이 자리는 보통 여기저기 장관자리를 두루 거친 중량급 정치가가 아니면 적어도 대학 총장자리를 거친 장관이나 교육학자들이 차지하는 자리였다. 그런데 장관도 아니요 총장도 아닌 지방의 일개 중학교 교장이 추천에 올랐으니 모두 놀랐다. 거창고등학교, 알 만한 사람은 다 알고, 그 교장을 거친 사람이라면 인품이며 학식이며 수준급의 사람이었으리라는 것을 교육에 뜻있는 사람은 다 안다. 특히 나같이 교육계에 종사하는 사람들은 그렇다. 그런데 행정경력 등이 모자라다는 점 등으로 유보되어, 나처럼 거창을 잘 아는 사람은 아쉽기만 했다.

거창고는 이렇게 좀 다른 학교, 아니 결정적으로 다른 학교, 즉 전인교육으로 기독교적 인격교육을 지향하는 학교다. 그 3대 교장 전영창(全永昌, 1917-1976)은 어떤 인물인가. 전북 무주군에서 태어나서 미션계 중학교 전주 신흥학교를 졸업하고 일본 코오베(神戶) 중앙신학교에 입학, 신사침배거부 운동으로 1년간 옥고, 해방을 맞아 미군종실 통역관으로 근무하다 도미, 웨스턴 신학교 유학중 졸업을 한 주일을 앞두고 한국동란 발발로 급거 귀국, 뒷날 한국의 슈바이처 장기려 박사가 오랫동안 근무한 부산의 복음병원을 창설, 재정난과 내분으로 폐교 직전에 이른 학원을 인수, 거창고등학교 교장에 취임한 사람이다.

교육학자로서 나는 이 학교에 대해 그 자매교인 풀무학원과 더불어 관심이 많았고, 이 두 학교야말로 앞으로 새로 쓰일 한국교육사에서는 크게 평가되어 마땅할 학교라고 강의실에서 소개하곤 했다. 한국의 농촌을 살려낼 일군도 이 학교에서 나오리라 했다. 실제로 유명한 자연식품회사인 풀무원의 창설자 원경선은 이 두 학교의 이사장으로 많은 관심을 갖고 많은 도움을 주기도 했다.

그 교장 전영창의 큰 가르침은 무엇이었던가. 나는 이것을 크게 다섯으로 간추려 소개한 바 있다.[28] 그 첫째는 이상의 정립이다. 한 사람의 생애는 그 사람이 늘 생각하고 그리워하고 사모하고 사숙하는 대로 된다 했다. 둘째는 역사의식제고이다. 과거 우리나라 학생들의 사회참여운동, 예를 들어, 일제하의 독립운동, 광주학생 시위 · 항거운동, 자유당 독재정권하에서의 항거운동 등을 그 유신체제 하에서 늘 음미 · 평가했다. 셋째 민권의식이다. 예를 들면 미국의 흑인목사 마르틴 루터 킹에 대한 훈화를 자주 했다. 넷째는 성실성이다. 돈, 사업, 학문을 후세에 남기는 것은 좋은 일이나 이것은 누구나 다 할 수 있는 일은 아니다. 돈보다, 사업보다, 학문보다 더 귀한 것은 성실한 생애 그 자체이고, 이것이야말로 누구나 다 해낼 수 있는, 후세에 남길 수 있는 "최대의 유산"이란다. 다섯째는 사명의식이다. 우리나라는 농촌을 살린답시고 농산물 증산 정책에만 힘쓰지 농촌을 사랑하고 그 농민을 교육하는데는 소홀히 했으니 앞으로 이 분야를 내가 꼭 맡아야 하겠다는 등 각자 사명의식을 가져야 한다고 역설했다. 그러나 어떤 가르침보다 가장 귀한 가르침은 "남이 하고 싶지 않는 일을 자기가 앞서 맡으라"는 가르침, 즉 내 몫 찾기였다.

전영창 교장이 우리 한국교육에 남긴 귀한 것은 무엇인가. 첫째는 믿음을 바탕으로 하는 인격교육이다. 그 믿음은 하나님에 대한 믿음뿐 아니라 이웃과 역사에 대한 믿음이기도 하다. 하나님에 대한 믿음이 넘쳐흘러 이웃과 역사에 이어진다면 더욱 좋다. 둘째는 공동체 교육이다. 더불어 사는 삶의 즐거움을 서로 주고받고 나누면서 사는 교육을 이름이다. 되도록이면 기숙사에 들러 한 솥의 밥을 같이 나누며, 들에 산에 같이 노닐면서 창조주의 섭리와 조상으로부터 물려받은 이 산야에 대한 애정을 키우며, 책을 같이 읽고 토론을 한다던가, 서로 힘을 나누어 과제를 같이 풀어가는 협동과 노작, 이런 교육을 이름이다. 생활공동체에서 정신공동체로 이어지는 교육이다. 셋째는 열린 교육이다. 학생 하나하나의 인격을 존중하고, 그들 하나하나의 의사를 긍정적으로 반영하고, 서로 자유롭게 성장하게 도와주는 자유 · 자주 · 자치의 교육을 이름이다. 학교의 규율은 학생자치회와 교직원 간의 협의로 결정하는 교육이다. 넷째는 학생, 교직원, 학부형 등 교육의 주체들의 적극적인 협동이다. 학부형도 교육의 주체중의 하나로서 교육의 주요사항에 대한 의사결정기관에 참여해야 한다. 다섯째는 일관교육이다. 거창고등학교는 같은 정신으로 경영되는 한 울타리 안에 샛별초등학교, 샛별중학교가 있어 일관교육을 한다. 단 중학교만은 이름도 샛별중학교인데다 지원제 아닌 추첨 입학제이므로 "일관교육"에 어려움도 있으리라. 이게 아쉬운 점의 하나다.

거창고등학교에 대한 위와 같은 높은 평가에 대해 최근에는 좀 의문시하는 시각도 있다. 잘 모르는 사람들의 이야기이지만, 성적이 좋은 것은 비평준화지역으로 좋은 지원생만을 받은 덕택이기도 하다던가, 이제는 초창기의 그 인격교육, 전인교육 이념이 희미해져 또 하나의 입시명문학교로 변모하고 있다는 등이다.

1) 최덕교 편저, 『한국잡지 백년』(전3권, 현암사, 2004), 제2권 78쪽.

2) 같은 책, 138쪽.

3) 남궁 억, 『조선 이야기』(1929), 3-5쪽.

4) 이만규, 『조선교육사』 하권(을유문화사, 1949), 445쪽.

5) 같은 책, 420-422쪽.

6) 김기석, 『남강 이승훈』(현대교육총서출판사, 1964), 341쪽.

7) 박상만, 『한국교육사』 중권(대한교육연합회, 1957), 128-129쪽.

8) 『성서조선』 1930년 6월호, 제17호, 6쪽.

9) 『김교신 전집』(경지사 1975) 제5권, 8-9쪽. 1930년 5월 17일자 일기.

10) 김정환, "도산 교육사상의 발전적 계승책," 『도산사상연구』 제1집, 흥사단 출판부, 1986, 138쪽.

11) 주요한(편저), 『안도산 전서』, 삼중당, 1971.

12) 장진호, "평생교육의 이론적 구조," 경희대학교 논문집, 제11집(인문·사회학편), 1982 참조.

13) 『안도산 전서』, 473쪽.

14) 『우리말 존중의 근본 뜻』, 정음사, 1953, 5쪽.

15) 김정환, "최현배의 교육사상," 『교육철학』 제6호, 한국교육학회 교육철학 연구회, 1988, 91-105. 이 논문의 주요부분은 다시 다음 논문집에 요약·게재되었다. "외솔 교육사상 분석," 『東方學志』 제95호, 1997. 3. 연세대학교 국학연구원, 17-33쪽.

16) 『조선민족 갱생의 도』(1930년도판 번각본), 정음사, 1971, 7쪽.

17) 『나라 건지는 교육』, 정음사, 1963, 10-11쪽.

18) 김정환, 『김교신 - 그 삶과 믿음과 소망』(한국신학연구소, 1994)

19) 김정환, 『성서조선 명논설집』(한국신학연구소, 2003)

20) 같은 책에 전문 수록(10-26쪽), 『성서조선』 제62호(1934년 3월호 15-24쪽)

21) 김정환, 『인간화 교육 어떻게 할 것인가』(내일을 여는 책, 1995), 298쪽

22) 김정환, 『페스탈로찌의 교육철학』(고려대학교 출판부, 1995), 머리말에서.

23) 김정환, 『성서조선 명논설집』(한국신학연구소, 2003), 188-189쪽.

24) 이찬갑, 『산 믿음의 새 생활(증보)』(시골문화사, 1983). 500쪽에 이른 이 큰 책에는 저자의 논설 전부와 그를 추모하는 많은 사람들의 추모의 글이 많이 담겨 있다. 시골문화사는 풀무학교 출판부의 다른 이름이다.

25) 위 주1) 참조

26) 백승종, 『그 나라의 역사와 말』(궁리출판, 2002). 이찬갑에 관한 유일한 평전이며 특히 그의 가정교육에 관한 기술이 재미있다. 이 책 제목 속의 "그 나라"는 그의 장남 한국사학자 이기백을, "그 말"은 그의 차남 국어학자 이기문을 상징하는 것인데, 이들 두 아드님의 학문적 동기부여자가 바로 이찬갑이었다.

27) 위 주3) 참조. 이찬갑을 무교회 모임 사람들 속에서 이해하는데 도움이 되는 책이다.

28) 독서교육을 중시하는 거창고등학교에는 출판부가 있어 도서를 간행해오고 있다. 전영창의 대표적 훈화·연설문은 『전영창 전집』(거창고교 출판부, 제1권, 1982)에 수록되어 있다.

제 4 장
교 사 론

1. 교사의 슬픔과 보람
2. 교직의 역사
3. 스승과 그 제자들: 김교신의 경우
4. 교직의 전문성과 직업윤리
5. 교사의 여러 업무
6. 교사의 3대 권리
7. 바람직한 교사상

1. 교사의 슬픔과 보람

교육의 3요소는 교육의 필수불가결의 구성요소 교사, 학생, 교육내용 즉 문화재라 한다. 교사는 이렇게 교육에서 큰 몫을 한다. 아니 가장 큰 몫을 한다고 여겨지고 있다. 그래서 옛날부터 교육의 알파도 오메가도 교사, 처음도 끝도 교사라는 말이 있다. '삼척 떨어져 스승의 그늘을 밟지 않는다'거나 '군사부일체'라는 말은 이렇게 귀한 교사를 사회적으로 받들고 예우해야 한다는 뜻이다. 그런데 바로 이들 교사는 그 정신적 예우와는 달리 실은 경제적으로 어렵고 그 하는 일이 어려워 속이 썩을 대로 썩어, "훈장 똥은 개도 안 먹는다"는 속담도 있을 지경이다. 원래 이런 속담이란 우스개로 하는 일면의 진리이지 온전한 진리는 아니다. 이 속담과는 정반대 속담도 있다. "거지와 훈장은 사흘만 하면 못 버린다." 훈장을 거지에 갖다댄 것이 묘하다. 경제적으로는 어렵지만 보람이 있어 버리지 못한다는 뜻, 어렵다 해도 굶지는 않는다는 뜻을 담고 있다.

요새 우리 신문이나 TV는 온통 강남의 어느 사립 고등학교의 "비리 백화점" 이야기로 덧칠이다. 그러나 절대다수의 사학과 교사들은 건재하다. 그래서 이 나라가 그 교육을 유일한 재산으로 이렇게 발전해온 것 아닌가. 마치 절대 다수의 시민은 교통규칙을 잘 지키며, 그 규칙을 위반하는 시민은 예외적인, 극소수이기 때문에 이렇게 교통이 잘 흐르고 있는 이치와 같다. 그렇다고 이런 예외적 사학을 바라만 보아서는 안 된다. 교통위반을 다스리는 법이 있듯이 이런 사학을 지휘·감독·시정하는 법도, 방안도 계속 마련되어야 한다. 그래야만 그 절대다수의 교사들이 그 몫을 원활하게 수행할 수 있다. 예외적인 비리도 일반 국민에게, 학생에게, 그리고 교사에게 주는 영향은 엄청나게 크다. 음주운전이 저지르는 대형사고 같다. 이런 뜻에서 나는 교육개혁은 꾸준히 진행되어야 하고, 그 중에서도 특히 교사의 사회적 명예와 위신을 떨어뜨리는 사학의 구조적 결함일랑 철저하게 제거되어야 한다고 여기고 있다.

"교사," 참 여러 인상이 풍긴다. 우선 인류의 위대한 "스승"이다. 4대 성인 등이다. 소크라테스, 석가, 공자, 예수다. 소크라테스의 너 자신을 알라, 석가의 집착을 버리라, 공자의 인(仁)에 머물러라, 예수의 네 적을 사랑하라 … 등 얼마나 위대한 말씀인가. 이로해서 제자들의 삶이 달라지고 역사가 달라졌다, 아니 새로워졌다. 다음은 "선생님"이다. 한 가지 일에 정통하여 그것을 가르치는 분에게 제자들이 드리는 존칭이다. 서예 선생님, 에어로빅 선생님, 과외 선생님 등이다. 또 "훈장"이다. 초급의 지식을 가르치며 겨우 입에 풀칠하는 사람들인데, 원래는 좋은 뜻이겠지만 뭔가 겸손이 지나쳐 자조적인 냄새가 난다. 직업이 무엇이었어요 하는 물음에 나는 머뭇거리다가 "훈장"이라고 곧잘 대답했다. 그런데 훈장이란 호칭에는 또 꼭 친밀감이 따른다. 아파트 청소 아주머니가 날더러 "훈장님, 일찍 나가십니다" 하고 웃으면서 인사하면 그래서 참 기분이 좋아진다. 내가 지리산 청학동의 훈장님들을 좋아해서일까. 끝으로 "학교 교사"다. 전문적 훈련을 거쳐 국가로부터 자격증을 받고 현재 학교에서 학생들을 가르치는 교사다.

우리는 이제 이들 학교 교사의 여러 모습, 역사, 업무, 권리 등을 살펴보기로 하자. 그 첫째 주제를 교직의 애환으로 하자. 애환, 슬픔과 즐거움이다. 진정한 교사에게는 늘 슬픔이 따라 다닌다. 역사상 최초의 "의식화" 교사 소크라테스는 독사발을 마시고 죽었고, 얼마 전 우리나라에서도 "참교육" 교사 천오백 명이 교단을 추방당한 일이 있다. 그러나 그 슬픔보다 보람이 훨씬 크기에 계속 교사지망생이 이어지는 게 아니겠는가. 그 슬픔과 보람들은 무엇일까. 먼저 슬픔들을 들어보자. 교직의 애환이라 하지 않는가. 슬픔, "애"를 먼저 들자.

교직의 슬픔이라고 일반적으로 일컬어지는 것들이 꽤 있는데 넷만 들자. 우선 저급한 기술이란다. 말이 전문직이지 의사 · 변호사 · 목사 등에 비추어 현저히 떨어져, 옛날에는 마음만 있으면 누구나 임시로 했단다. 경제적 대우 미흡이다. 겨우 입에 풀칠할 정도란다. 효과의 미미함이다. 아무리 열심히 가르쳐도 그 결과가 바로 눈에 띄지 않아 보람을 별로 못 느낀단다. 입신출세 못 한단다. 이것은 당연하다. 입신출세를 돈도 벌고 권세를 누리는 일로 본다면 너무나도 당연하다.

교직에는 이렇게 슬픔들, 물론 일반 세속인들이 느끼는 것이지만, 어두운 면도 있다. 그러나 우리는 그것들을 보상하고도 남는 기쁨들이 있음을 자랑하자. 슬픔이 넷이니 하나 더해 기쁨은 다섯으로 들어본다.

일에 대한 보람: 하는 일이 문화 · 사회적으로 귀한 일임을 자각할 때 자신의 인생에 대해 큰 보람을 느낀다. 교사로서 제자가 잘 되어 찾아 올 때처럼 큰 기쁨은 없다. 특히 말썽꾸러기의 경우 그렇다. 오죽했으면 맹자님이 득천하영재교육지를 임금님도 갖지 못하는 즐거움이라 했겠는가.

신분보장: 교직처럼 신분이 잘 보장된 직종이 어디 있는가. 특히 여성의 경우 교직처럼 남성과 완전히 동등한 대접을 받고 정년퇴직 때까지 일할 수 있는 직종은 타에 없다. 거기에다 후한 연금이 따른다. 일부 사학에서 문제가 더러 생기지만 이것은 극히 예외적이다.

방학: 점잖은 말로는 여가를 즐길 수 있는 시간이라 하겠지만 방학이 있다고 해야 실감난다. 간단하게 말해서, 세상에 여름 한 달, 겨울에 한 달, 그리고 요새는 토요일까지 이렇게 쉴 수 있는 직종이 어디 있는가.

9시에 출근해서 4시에 퇴근해도 시비를 거는 사람이 없는 일터가 어디 있는가. 대기업을 생각해 보라. 퇴근·귀가가 저녁 11시가 보통이란다. 그래서 그 엘리트들이 그 이름난 일터를 버리고 교향의 학교 교사로 돌아가는 "교직 역류" 현상이 외국에는 드물지 않다. 고향 모교의 후배하고 정을 나누고, 방과 후에는 테니스를 공짜로 즐기고, 방학 때는 온 가족이 해외여행하면서 사랑을 나누고, 일요일에는 등산과 낚시를 즐기며 고향산천에 대한 그리움을 새로이 다진다. 우리에게도 가까운 시일에 이런 "역류"가 오리라.

사랑: 페스탈로찌는 "사랑이 교육의 기초다. 교육에서 중요한 모든 것이 이 사랑에서 나온다" 했다. 그래서 진정한 교육이 이루어지는 곳에는 꼭 사랑이 있다. 사랑이 없는 사람은 교사로서 실격이란 말이다. 이런 교사는 빨리 학교를 떠나야 한다. 사랑이란 무엇인가. 진리에 대한 사랑, 정의에 대한 사랑, 겨레에 대한 사랑, … 이렇게 많은 사랑이 있다. 그러나 가장 중요한 것은 인격에 대한 사랑이다. 교육은 이것을 바탕으로 한다. 그래서 진정한 교사는 가치 중에서도 가장 귀한 가치인 이 사랑 안에서 일하면서 살며, 그래서 늘 마음에 충족감을 느낀다.

개성실현: 사기가 좋아서 택한 일이므로 하기에 늘 즐겁다. 이렇게 자기에게 잘 맞는 일이란 실은 자기 천분에, 개성에 잘 맞는 일이다. 그래서 그 일을 통해 자기 개성을 실현시킬 수 있다. 지리과 교사가 학생들을 데리고 우리 산야를 탐방하고, 생물과 교사가 배낭 메고 식물 채집 나가고, 미술과 교사가 학교 안에 미술실을 따로 차지하며 학생들과 뎃생하는 모습들, 얼마나 부러운가. 그러다가 교수도 되고 국전에 입상도 한다.

교직은 하늘이 준 천직(天職)이라지만 미천한 천직(賤職)이라며 다른 직업으로 천직(遷職)하지 말고, 성스러운 성직(聖職)에 버금가는 정성을 다해야 할 성직(誠職)임을 자임하자.

2. 교직의 역사

교사상은 역사적으로 어떻게 바뀌었고, 교사들은 각 시대에 어떤 과제와 씨름해 왔고, 그 교사들을 양성하는 양성기관은 어떻게 변천했고, 이런 역사적 안목에서 우리는 이 시대, 이 한국의 교사들 관련문제를 어떻게 풀어가야 할 것인가. 이것이 교직의 역사라는 제호의 이 꼭지 글의 주제다.

우선 이와 관련해서 셋만 들어보자. 첫째는 교원양성기관의 이원화 현상이다. 초등학교 교사는 교육대학에서, 중등학교 교사는 사범대학에서 양성하는 현 체제는 분명 시대적 흐름에 뒤진다. 생각해 보아라. 소아를 대상으로 한대서 소아과 의사 양성은 소아과의과대학에서 4년제로, 산부인과 의사는 성인대상이라서 일반의과대학에서 6년제로 이원화할 수 있겠는가. 교육대학을 얼마 전까지 2년제로 해서 사범대학과 차등대우한 웃기는 일이 있었다. 앞으로는 이 두 양성기관을 일원화해야 한다. 대학구조 조정, 참 어려울 것이다. 그러나 해내야 한다. 첫 단추가 잘못 채워졌다면 풀어서 다시 채울 수밖에 없다. 이런 시각에서 참 잘된, 선구적 대학이 이화여자대학교 사범대학이다. 학령전 교육, 초등교육, 중등교육 교원양성을 다 4년제, "동격적"으로 해왔다. 그리고 내가 이대 사범대를 좋아하는 이유가 또 하나 있다. 그 본관 빨간 벽돌벽에 "진리가 너희를 자유케 하리라"는 성구가 희랍어의 아름다운 "초서체"로 조각되어 빛나고 있다는 점이다. 친지 교수를 방문하러 갔다가 이 빛나는 조각을 보고 나는 전율을 느꼈다.

둘째는 교과서 국정 혹은 검인정이다. 선진국의 경우 거의 지방자치이고, 그래서 교육에 관한 중요사항은 거의 그 지방정부에 위탁되고 있고, 지방당국도 교육에 관한 사항은 거의 전문직으로서의 교권을 존중하여 교직단체와 협의해서 정한다. 미국, 독일 등이 대표적이다. 그래서 국정 혹은 검인정 교과서, 더욱이 중앙정부 제정 국정교과서는 상상할 수도 없다. – 나의 경험을 하나 소개해 본다. 처음에 스위스에 가서 큰 책방에 들러, 이 나라의 대표적인 "국민윤리 교과서"를 달라고 했다. 그랬더니 책방주인이 깜짝 놀라며, "이 나라에는 교과서(Lehrbuch)는 없다, 교재(Lehrmittel)라면 있다" 했다. 27개의 지방자치국가 칸톤에 독일계, 프랑스계, 이탈리아계 그리고 옛날의 로마 지배민족의 후예 레트-로만계가 같이 사는 스위스이니 그럴 것이었다. "교재"란 교구요 참고자료, 참고서 정도의 뜻이다. 그렇다. 교직이 전문직이라면 교사가 교육내용, 교육방법 선정에 일정의 자유선택권을 갖는게 당연하다. 또 의사의 경우의 비유가 나오는데, 이비인후과 의사가 "국정 축농증 수술법"이란 지침서를 가지고 수술을 하는가. 교육내용의 선정, 이것을 선진국이라면서 일본은 이례적으로 국가가 쥐고 있어, 그 기나긴 "교과서 재판"이 있었고, 지금도 "역사 왜곡"의 문제가 생기지 않았는가. 최근 우리나라의 대표적인 두 교직단체에서 공동으로 남북화해 문제 교재를 개발하여 교실에서 가르치고 있는 모습은 이런 뜻에서 아주 획기적이다. 역사에는 진정 전진·진보가 있어 보인다.

셋째는 교사 자격증 복수화다. 교사는 한 과목만 가르치지 말고 두 과목, 세 과목도 가르칠 수 있어야 한다. 더욱이 초등학교에서 뿐만 아니라 중등학교에서도 가르칠 수 있어야 한다. 수학교사는 물리도, 지리교사는 역사도, 영어 교사는 독일어도 … 이런 식이어야 한다. 교사는 가르치는 교과에 대한 학문적 지식의 깊이보다 그 교과를 통해 학생의 삶을 일깨워 주는 측면을 더 중요하게 여기어야 하기 때문이다. 학생을 인격으로 접근하고 학생도 교사를 인격적으로 대하는 방법은 서로의 다면적인 인격적 접근일 수밖에 없다. 요새 쓰는 말로는 "전인적"

접근이다. 그래서 독일은 교사에게 "복수의 자격증 소유"를 의무화하고 있다. 외솔 최현배의 해적이(연표)에서 나는 재미있는 사실을 발견했다. 1919년, 히로시마 고등사범학교 분과 제1부를 졸업하면서 수신, 교육, 일어, 한문, 법제의 다섯 가지 중등교원면허증을, 1926년 교토대학 문학부 철학과(교육학 전공)를 졸업하면서는 철학, 논리학, 심리학의 세 과목에 대한 전문학교 교원면허증을 받았다.[1] 우리는 자격증 발급에 왜 그렇게 인색하고 옹색한지 모르겠다. 밥그릇 싸움도, 제자들 걱정도 있을 것이다. 그러나 학생들과 교육을 먼저 생각해야 한다. 늦게나마 철이 들어 자격증 복수화의 논의가 차츰 나오고 있는 것은 퍽 다행이다.

이렇듯 교직 관련 문제들이 어떻게 어느 시기에 역사에 등장했는가를 다섯만 들어 본다.

기술전수적 교직관 대 인격도야적 교직관: 가장 일찍이 제기된 문제다. 인격도야적 교직관을 대표하는 소크라테스와 기술전수적 교직관을 대표하는 프로타고라스의 선명한 대비다. 하나는, 인생을 진지하게 사는 자세를 보여주며 스승과 제자가 대화를 통해 진리를 공동생산 하잔다. 물론 무보수다. 다른 하나는, 웅변술을 기술적으로 가르쳐 입신출세의 길을 열어주고 보수도 당당하게 받아야 한단다.

교사의 권리와 복지: 로마 시대에 정말 법의 국가 로마다운 시책이 나왔다. 다섯 가지다. 첫째, 교사후보생에게 높은 학력을 요구하고 그것을 사회적으로 공인하는 일 둘째, 교사가 좋은 교육환경에서 일할 수 있게 보조금을 지급하는 일 셋째, 교사가 부업을 갖지 않고도 생활할 수 있게 최저의 생계를 보장하는 일 넷째, 자격증을 갖추지 않고서는 교직에 임할 수 없게 공인된 자격증을 발급하는 일 다섯째, 교육의 수준과 교사의 품위를 유지할 수 있게 학교설립을 공공적으로 규제하는 일이다. 정말 놀라웁다. 법과 질서의 민족, 위대한 로마 민족 다웁다.

교직단체의 성격: 교육을 지키기 위해, 교사의 권익을 위해, 어린이

의 앞날을 위해 교직단체는 꼭 필요하다. 페스탈로찌가 일찍이 1806년에 역사상 최초로 "스위스교육협회"(Die Schweizerische Gesellschaft der Erziehung)를 결성하고 그 회장에 취임하여, 교사는 물론이요 교육행정가, 목사들을 참여시킨 것은 이런 뜻에서 아주 획기적이다. 그러면 교직단체는 기본적으로 어떤 일을 해야 하나. 교사 자신의 권익을 옹호하는 것은 말할 필요도 없다. 더욱이 올바른 교육의 옹호, 교직윤리의 자율적 제정, 국민에 대한 교육의 꿈과 어려운 일에 대한 협조를 구하는 교육홍보라 할 것이다.

교원양성제도의 일원화: 고대나 중세의 학교는 귀족의 자녀들이 다니는 곳이었다. 고대에는 가정교사에 이끌려 체육관인 김나지온에 가고, 중세에는 대사원 부설의 대학에 가는 것이 거의 전부였다. 그래서 근대에 와서도 대학이 먼저고, 그 대학의 예비과정으로서의, 그리스의 김나시온을 딴 김나지움이란 인문계 고등학교가 주류를 이루었다. 상류층 자녀용이었다. 한편 근세에 와서 서민들을 위한 민중학교, 그 상급단계 실업학교 체계가 차츰 발전을 했다. 그래서 한 나라 안에 두 계층을 위한 학교체계가 이원적으로 존립했고, 이에 따라 이에 대응하는 두 교원양성체계가 굳어졌다. 오늘날의 단과대학으로서의 교육대학과 종합대학 안의 사범대학(혹은 교육학부)의 이원적 존립, 이것도 이런 역사의 전통이며 흔적이다.

교사의 지위: 교사의 지위 결정 요인은 구체적으로 무엇인가. 위에서 본 바와 같이 일찍이 로마 시대에 나왔지만 현대에 와서도 국제기구 등에서 계속적으로 논의되어 왔다. 유네스코/국제노동기구에서는 이것을 넷으로 든다. ① 정신적인 예우, ② 근무조건, ③ 봉급, ④ 복지제도다.

나는 역사를 좋아하고 그래서 교직의 문제도 이렇게 역사적 전망에서 보려 한다. 이러면 정말 문제의 성질과 갈 길이 훤히 보인다.

3. 스승과 그 제자들: 김교신의 경우

"감춰진 것 중에 드러나지 않는 것은 하나도 없다"는 성경말씀이 있다. 만으로 겨우 44세, 해방의 그날을 넉 달 앞두고, 노동의 현장에서 쓰러져 그의 고향 함흥 선산에 묻힌 김교신(金敎臣, 1901-1945), "무교회(無敎會)기독교" 멤버들만의 비장인물로 어두운 골방에 감춰졌던 그를 밝은 세상에 모셔낸 것은 최현배의 정신을 기리는 외솔회의 『나라사랑』 제17집(1974)의 "김교신 선생 특집호"였다.

외솔회는 일년에 두 차례 민족의 수난기에 어둠을 밝힌 근대 한국의 횃불들을 소개해 왔던 것이다. 제 1 집은 외솔 최현배, 제 2 집은 만해 한용운 … 이렇게 주시경, 최익현, 손병희, 박은식, 이상재, 남궁 억, 이승훈, 이윤재, 전봉준, 이원록으로 이어지다가 김교신에 이른다. 그 인선 책임은 연세대의 홍이섭 교수였다. 아무리 큰 인물이라도 훼절한 이는 안 넣는다는 것이 그 절대기준이었다. 이 김교신 특집을 내는데 내가 다소 공헌도 했다. 자료수집 등 작은 일들을 주선해드린 것이다. 지금도 당시 대한극장 옆에 있었던 외솔회 사무실에서의 홍이섭 교수와의 첫 대면이 떠오른다. 전형적인 외유내강 선비상이었다. 이런 학자가 그후 연탄까스에 희생되었다. 참 애석한 일이었다.

나는 이 특집에 "김교신의 교사로서의 특질 분석"이라는 꽤 긴 글을 썼다. 그 한 가닥을 옮겨 본다.[2)]

> 사실, 그는 모든 학생이 반드시 한 개의 운동부와 한 개의 학술연구부에 들어가 자기를 알고 닦게 했고, 일본이 조선 사람의 혼을 몽땅 먹어버리려 하고 있다고 늘 경고했고, 일본지리를 중심으로 전개된 당시의 지리 교과서

를 거의 무시하고 우리나라 지리를 가르쳤고, 당시 모두들 창씨개명했는데도 선생은 끝가지 이를 거부했고, 조례때 출석을 부를 때 선생은 끝내 우리말로 호명했는데, 배속장교가 이를 항의하자 이름은 "고유명사"이니 상관없다고 끝내 버텼고, 인간이 자신의 내면을 들여다볼 때 공허에 못 견디는데, 이때 필요한 것이 이상적 인물에 대한 동경이라 했다.

김교신의 이런 교육에 의해 많은 학생들이 '조선'을 발견하고 진정한 애국의 길을 찾았다. 그는 또 양정고등보통학교의 제자였던 류달영을 시켜, 심 훈의 『상록수』가 연애감정 묘사에 지나쳤다면서 그 여주인공의 참모습을 다지게 한 『농촌계몽의 여성 최용신 소전』을 쓰게 했다. 또 고통문학으로서의 『욥기』를 연구하려고 주석서를 찾던 옛 함흥영생여고보의 제자 임옥인에게 당대의 이름난 목사 전영택이 추천한 문헌이 바로 김교신이 쓴 『구약성서 개론』이었다.

나는 교사로서의 김교신에 심취하여 「김교신 – 그 믿음·소망·사랑」(한국신학연구소, 1994)이란 평전을 비롯하여 몇 편의 논문도 썼고, 특히 그의 교사로서의 특질분석에도 힘썼다. 그러면서 그것을 ① 인격에 대한 사랑, ② 사제동행, ③ 자기발견 촉구, ④ 구도의 정신, ⑤ 종교적 감각, 그리고 ⑥ 약자에 대한 사랑 등으로 나누어 보기도 했다.

여기에서는 위 『나라사랑』 특집호에 그 스승을 추모하며 쓴 그의 제자들 몇 사람의 글을 읽어보면서, 그가 참으로 위대한 인격이요 학생 하나하나에게 만남을 안겨주는 천성적 교사였음을 다시 확인하기로 하자.

우선 류달영이다. 양정시대의 제자로서 누구나 다 아는 농촌운동가요, 무궁화 연구가요, 감옥에도 같이 간 독립운동가요, 수필로는 문인들 뺨치는 아름다운 문장가이기도 하다. 그는 말한다. "뜨거운 민족애를 떠나서 김교신의 신앙도 교육도, 그리고 그 초인에 가까운 분투의 생활도 분명한 초점을 찾을 수 없다."[3]

다음은 짧은 경기중학교 시대의 제자인 심리학자 김성태다. 그는 행동과학적 심리학이 심리학의 과학화라는 이름으로 학계를 휩쓸고 있을 때에도 외로이 인격심리학의 외로운 섬을 지키던 선비적 교수였다. 내가 김교신 연구가인 줄 알고부터는 특히 나를 아껴주셨다. 그는 말한다. "선생의 인격의 특질은 강한 정의감과 깊은 신앙심, 성실성과 실천력, 눈물이 많은 성향, 강건한 체력, 그리고 일관된 민족애와 사랑의 정신의 다섯 가지로 요약될 수 있다."[4]

역시 양정고보 시대의 제자 윤석중이다. 그는 어린이 운동, 동화 작가로 누구나 다 아는 우리 민족 문화의 한 분야를 개척한 선구자다. 그런 그가 모진 데도 있었다. 졸업장을 거부한 것이다. 그것이 있으면 총독부 하급관리로의 길도 넘어다보는 유혹이 따라다니기 때문이라 했다. 그는 말한다. "잊을 수 없는 스승 김교신 선생은 나의 은사이셨고, 이따금 자랑삼아 들추신 졸업장 퇴짜 놓은 학생은 바로 나였으며, 학생을 타이르실 때, 나를 인용하신 사실은 해방 뒤에 류달영 동문을 비롯하여 여러 양정 후배들이 들려주어 안 사실이다."[5]

함흥영생여고보 시절의 제자 임옥인이다. 김교신 선생이 너무 키도 크고 잘생겨서 일본인 음악교사가 흠모해 문제가 생겼다고 하면서 스승의 너무나도 인간적인 면을 도리어 좋아서 캐보려 하는 작가근성이 발동되는지 이렇게 말한다. '내 주여, 뜻대로 행하시옵소서' 합동 291장을 즐겨 부르셨다. 전신전혼(全身全魂)을 그리스도에게 맡기는 태도를 기억한다. 그 옆에서는 예의 그 일본인 여교사가 피아노 반주를 했다."[6]

양정의 제자이며 평생 교사로 일관한 김헌직이다. 생물시간(김교신은 생물도 가르쳤다)의 선생님은 갖가지 생물의 행태를 재미있게 소개하며, 인생, 국가, 사회의 여러 현상을 설명하는 비유로 삼았다 하며 이렇게 회상한다. "일제가 중국을 침략할 때 선전포고도 없이 전쟁하는 것을, 모기도 물기 전에 앵 하고 선전포고를 하고 빨아먹잖는가, 그러니 일개 곤충만도 못한 비열한 놈들이라고 꾸짖기도 하였다."7)

경기중학 시대의 제자요 뒤에 안과의사, 대한안과학회 회장 등 명교수가 되어 농촌을 돌며 무료개안수술을 하며, 무교회 신앙까지를 스승에게서 이어받은 구본술은 이렇게 흠모한다. "선생은 자연과학을 전공하셔서, 투철한 관찰로써 사물에 대하여 과학적으로 판단을 그르침 없이 하신 것 역시 비범하셨는데, 그러나 사람의 소리보다는 하나님과 진리의 소리에 더욱 귀기울이셨다."8)

제자들의 스승 자랑과 만남의 이야기는 이렇게 끝이 없다. 이 글을 쓰는 나는 누구인가. 선생님 제자도 아니요, 같은 경주 김 씨도 아니요, 동향도 아니요, 생전에 한번도 뵈온 적도 없다. 그의 저작과 제자들을 통해 그의 영혼과 만났다 할까, 예수를 한 번도 못 본 사도 바울처럼.

4. 교직의 전문성과 직업윤리: 직업성소관 음미

오늘은 3·1절인데 TV나 신문이나 온통 국회의원과 법조인의 재산 불리기 뉴스로 범벅이었다. 국회공직자윤리위원회의 2004년도 보고서에 의하면, 서민들은 불황으로 아우성이고 국회의원은 정자법 개정으로 돈도 없다는데 국회의원의 3분의 2가 작년 일인당 평균 9,373만원의 재산을 늘렸다 한다. "늘었다"가 아니고 "늘렸다"로 나와 있었다. 여기까지는 별 무관심이었다. 나는 원래 정치가는 여야를 막론하고 별로 안 믿고 있었기 때문이다. 문제는 바로 이어 나오는 법조인들의 재산증식 소식이었다. 사법부가 81퍼센트, 헌법재판소가 69퍼센트란다. 물론 그 고위 판검사들 이야기다. 모 부총재 재산증식 의혹이 며칠 뉴스에 오르내리다 이렇게 또 더해진 것이다. 나라를 이끌어 가는 전문직 그것도 고위전문직 종사자들이 이렇게 자세가 흐트러져서야 되겠는가.

그러면서 바로 교직에 대해 생각이 미쳤다. 교직도 전문직이다. 물론 고위는 아니지만! 그러나 그 직분을 이용하여 크게 재산증식을 했다는 이야기는 별로 없었다. 기껏해야 십 만원짜리 상품권 몇 장이나 일이십 만원 봉투 등의 촌지였다. 그래도 매스컴들은 떠들어 댔다. 이들 고위전문직의 그것에 비하면 정말 새발의 피다. 그런데 최근에 너무나 유감스럽게도 차마 입에도 담지 못할 비리가 터졌다. 교사, 학부모, 교장 합작의 성적조작 사건, 바로 답안지 대리작성 사건이다. 교직에 대한 사회의 기대, 학생들의 교사에 대한 신뢰와 존경, 그리고 무엇보다도 전문가로서의 자랑 … 이런 것들이 사라진 황폐한 교육현장, 참으로 걱정이다. 그러면 어떻게 할 것인가. 교육의 알파도 교사요 오메가도 교사라 하지 않았던가. 교사가 전문가로서 새롭게 자각하고 그에 합당한 교직윤리를 다져야 하지 않겠는가.

교직의 전문성, 이것은 우리 헌법 제31조 제 4 항에 크게 박혀 있다. 교사는 전문가로서 그에 합당한 의무를 수행하고 권리도 누려야 한다. 교직이 전문직이라 함은 무엇을 뜻하고 교사는 또 어떤 자세로 교육현장에 임해야 할 것인가.

전문직이란 무엇인가. 어느 특정의 분야만을 깊게 연구해 담당하는 직종이다. 그래서 전문가라 하면 역사적으로 의사, 판사, 목사, 교수가 그 대표적인 사람들이다. 그러나 최근에는 한 가지 일이나 기능에 뛰어난 사람, 예를 들면 여러 분야에 걸치는 인간문화재도 이 범주에 넣어 받는다. 교직도 물론 전문직이다. 그것을 증명하기 위해 일반적으로 전문직의 기준은 무엇인가를 밝혀보자.

전문직 기준의 첫째는 장기간에 걸치는 학업이나 수련이다. 적어도 대학은 나와야 한다든가 하는 것이다. 둘째는 사회적으로 공인되는 자격증의 소지다. 보건사회부 장관 명의의 의사면허증 등이다. 셋째는 계속연구다. 상위자격을 얻거나 진급을 하는데 꼭 연구결과나 실적을 요구한다. 연공서열로 그냥 올라가지 않는다는 말이다. 의사들의 인턴, 레지던트, 전문의 자격시험, 펠로우 과정을 생각하면 된다. 넷째는 자유재량권이다. 검사가 지니는 기소편의주의가 그 예다. 기소할 것인지 말 것인지 그 검사의 양심과 판단에 맡겨져 있다. 다섯째는 봉사성이다. 그 직업은 돈을 벌기 위한 수단이 아니요 공공에 대한 봉사이어야 한다. 목사해서 거금을 모았다든가 하는 말은 어불성설이다(우리나라에는 꽤 있다 하지만!). 여섯째는 직능단체다. 전문직으로 직업을 성실하게 수행할 것을 다짐하며 스스로 윤리규정을 마련하고, 회원들의 권익을 꾀하기 위해 단결 · 홍보하고, 더욱이 개개인으로서는 감당하지 못할 일을 해내는 단체교섭 · 행동 등을 위해 이 직능단체는 꼭 필요하다. 대한간호협회, 대합변호사협회 … 이름을 들면 한이 없다. 나는 민주사회를 위한 변호사 모임 약칭 "민변"에 각별한 애정을 갖고 있다. 어려움을 안고 있는 근로자, 시국사범, 양심적 병역거부자, 전교조 해직교사, 외국인 근로자 … 들에 대한 그들의 정성어린 헌신 때문이다.

교직은 전문직이다. 헌법에 법적으로 선언되었기 때문만이 아니다. 위 여섯 기준을 다 채우고 있기 때문이다.

교직윤리는 무엇인가. 전문직으로서의 교사가 지켜야 할 실천적 규범이다. 교원윤리강령 등을 이름이다. 표현은 다르지만 어느 나라나 이와 비슷한 것들이 있다. 우리나라의 경우 한국문화협회가 1954년 10월 9일에 제정한 사도강령(師道綱領), 대한교육연합회가 1958년 9월 19일에 제정한 교원윤리강령이 있다. 물론 최근의 교직단체 전교조, 한교총의 것도 있다. 그러나 그 내용은 비슷하다. 학생, 나라, 공공을 위해 성실하게 일하며 봉사하자는 말이다. 그 외에 또 다른 말이 있겠는

가. 있다면 다 사설이지!

직업의 윤리성에 대해서는 끝내주는 명저가 있다. 그것은 막스 베버의 『프로테스탄트의 윤리와 자본주의 정신』(1904-5)이다. 하이델베르크대학의 명교수로 그의 사회과학적 종교사회학자로서의 형안이 반짝이는, 현대의 고전적 저작이다. 그 핵심부분은 제3장 "마르틴 루터의 직업개념"이다.[9] 그 첫 머리에 직업은 경제적 개념이라기 보다 종교적 개념이란 선언이 나온다. 이것으로 해서 자본주의가 좋은 의미로 크게 발전하여 근대 유럽 융성의 기초를 이루었다는 논지인데, 그 논지를 다섯 사항으로 요약하면 다음과 같다.

첫째는 직업의 소명성(召命性)이다. 직업은 독일어로는 Beruf, 영어로는 Calling이라 하는데 다 하나님에게 불리움을 받아 맡겨진 자기 몫이라는 뜻이란다. 둘째는 직업의 생애과제성(生涯課題性)이다. 각자에게 가장 잘 알맞게, 하나님이 맡겨주신 일이기에 평생 그것을 열심히 수행하고 그것으로 자기실현을 해야 한단다. 셋째는 직업의 속세의무성(俗世義務性)이다. 그것으로 이 세상에 봉사하고 그러면서 하나님 나라를 예비하고, 또 그것이 하나님에 대한 유일한 봉사수단이 되어야 한단다. (이런 논리대로라면 사람은 놀고먹을 수 없으며 거꾸로 놀고먹는 자는 사람도 아니다!) 넷째는 직업의 등가·평등성(等價·平等性)이다. 모든 인간이 평등하다. 그 직업으로 다 같이 사회에 참여하고 그 사회 모든 이와 즐거움·괴로움을 같이 나누는 공동체를 이룩해야 한단다. 다섯째는 그 직업이 산출하는 결과물인 물질성화성(物質聖化性)이다. 직업으로 얻는 물질은 다 성스럽다, 아니 성스럽게 써야 한단다. 열심히 일해서 많이 벌고 그것을 사회와 이웃을 위해 좋게 써라, 물질을 금욕적으로 멀리 하지말고 긍정적으로 접근하란다.

정말 명교수다운 명쾌한 분석이다. 루터의 종교개혁 정신은 그 속에서 이렇게 약동한다.

5. 교사의 여러 업무

교사는 해야 할 일이 참으로 많다. 타 직종에 견주어서도 그렇다. 그 모든 일을 다 해나가자니 정말 입술이 부르트고 터질 때가 많다. 그러면서도 일을 잘 해냈다는 안도감을 느끼기보다 무엇인가 실수가 있지 않았는가, 못 다하지 않았는가, 나는 교직에 적성이 안 맞나 하는 아쉬움이 늘 따라다닌다.

나는 28세에 교직에 들어서 65세에 정년퇴직, 그래서 3년 간의 박사과정 휴직을 빼면 꼭 34년 교실을 지킨, 그야말로 외골수 교사였다. 퇴직 후에는 늘 옛 교직생활에서의 슬펐던 일, 즐거웠던 일 그리고 특히 아쉬웠던 일들이 생각난다. 그중의 하나는, 그 처음 5년 동안을 잘도 견뎌냈다는 안도감이다. 교직이 어렵다는 말은 미리 들었지만 그렇게 일이 많고 어렵고 복잡하고 힘들고 더러는 짜증이 나는 일임은 그 첫 현장에서 정말 실감났다. 특히 처음 1년은 어떻게 피곤한지 신문을 펼쳐들 여유도, 밥맛도 없을 정도였나. 5년이 지나자 이제는 할 만하구나 하는 자신감이 생기는데, 이때부터가 사실은 위기란다. 별로 전망이 없는 이 직종 때려치우고 다른 버스 타볼까 하는 속삭임에 귀가 솔깃해진다 한다.

교직은 이처럼 정말 어렵다. 수행해야 할 일이 너무 많고 지녀야 할 자세가 너무 부담스럽다. 사범대학 재학 시절 내가 교수님들에게 들은 이야기 그리고 나 자신의 체험에서 교직준칙을 몇 가지 들어본다.

우선 단정한 옷차림이다. 지저분한 복장은 좋을 턱이 없다. 넥타이는 자주 갈아야 한다. 단벌 신사에 단벌 넥타이, 얼마나 답답하겠는가. 여학생 중에는 저 선생님은 넥타이가 셋 밖에 없다고 떠벌이기도 하는 아이도 있단다. 교실에 들어가면 흑판부터 깨끗이 닦으면서 분위기를 조성해야 한다. 눈은 마음의 창문이란 말이 있다. 흑판은 교실의 눈이요 마음이요 창문이다. 흑판이 지저분하면 일이 안 된다. 이러다보면 학생들이 미리 흑판을 닦으며 협력하게도 된다. 교과서만 가르치지 말라. 교사는 교과서만을 가르치는 기술자가 아니고 그 교과를 통해서 삶을 가르치는 인생의 선배여야 한다. 50분 수업이라면 적어도 10분 정도는 학생들과 그 교과와 관련된 주제로 대화를 나누어야 한다. 그러면서 또 웃음, 폭소도 유도해야 한다. 이로해서 분위기가 밝아지고 서로 마음이 통해진다. 한 시간에 적어도 한 번 웃기자. 그러나 세 번이 한도다. 그 이상 웃기면 개그맨이 된다. 또 특별활동 기획 · 참여다. 가능하면 자주 학생 서클과 더불어 산에, 들에, 역사적 유적지 탐방에, 이래서 더불어 즐거움, 더욱 삶을 같이 나누는 역사의 동지임을 다져야 한다. 그런데 또 하나 있다. 즐겁게 수업을 진행하라, 그러기 위해서는 착한 아이, 수업을 즐기는 아이와 자주 눈을 마주치라는 것이다. 교실에는 꼭 말썽꾸러기, 공부를 싫어하는 아이가 있다. 이런 아이하고는 되도록 피해야 한다. 교사도 인간이기에 기분이 나빠져 수업을 망칠 수 있기 때문이다. 단 여학교에서는 이것이 금물이란다. 예쁜 아이만 본다고 당장에 말썽이 난단다. 그래서 눈을 천장에 두란다. 글쎄 어떨지, 믿거나 말거나다.

교직업무론, 이러면 너무 딱딱한 표현이 될까? 어떻든 이제 가닥을 잡아 정리해야만 할 자리에 이르렀다. 나는 평생을 페스탈로찌의 교육론을 연구한 사람이다. 그래서 교육의 문제마다, 페스탈로찌라면 이것을 어떻게 생각했을까 한다. 나는 이것을 페스탈로찌의 교직업무론이라 하여 다섯 가닥으로 정리하여 보련다.

교과지도: 뭐니뭐니해도 교사의 업무중 첫째는 전문적 교과를 능숙하게 가르칠 수 있어야 한다. 그러기 위해서는 가르치는 교과의 내용에 숙달해야 함은 물론 그것을 가르치는 방법에도 능숙해야 하며, 더욱이

그 교과내용과 교육방법의 이론적 배경도 몸에 지녀야 한다. “애국”을 예로 들자. 총들고 싸우며 국토를 지키는 전투만이 애국이 아니고, 뙤약 아래 김매며 식량을 생산하는 것도, 그리고 전쟁은 인류의 영원한 평화를 기하는 이상과 어긋나고 더욱 참혹한 살상·파괴를 가져오기에 절대반대 다 하는 “양심적 병역거부”도 애국임을, 적어도 그 애국의 변종임을 가르치며, 토론도 유도해야 한다.

생활지도: 학생 개개인의 생활이나 진로에 대한 상담과 지도다. 한 반에 학생이 40명 있으면, 그들 이름과 얼굴이 다 다르듯 그들이 안고 있는 문제와 그들을 담고 있는 환경 그리고 그들의 꿈 혹은 좌절의 정도가 다 다르다. 부잣집에 태어나 더구나 용모도 출중하고 학교성적도 뛰어난 아이, 이와는 반대로 가난하고 외모도 별로고 성적도 처지는 아이가 한 반에 같이 있다. 결손가정으로 사랑이란 모르고 그것을 선생님께 기대하는 아이가 있는가 하면, 그 사랑과 관심이 너무 넘쳐 지겨워서 “교사 따위” 쳐다보기도 싫다는 아이도 있다. 무엇인가 신체에 장애가 있지만 특수학급을 피하고 일반학급에 앉아 지친 얼굴로 지내는 외톨이도 있다. 이 많은 아이들의 그 갖가지 문제들, 정말 어떻게 할 것인가? 그러나 하나도 피할 수 없나. 이것이 교사의 숙명이다. 마치 정상아와 장애아를 같이 키우는 어머니처럼!

계속연구: 말솜씨는 그럴 듯한데 밑천이 짧으면 금세 탄로난다. 단막극에 나오는 개그맨은 그래도 통하지만 일년 내내 같은 학생들 앞에 같은 시간에 서는 교사에게는 이게 안 통한다. 그래서 계속 연구하며 계속 정진해야 한다. 꼭 무리하여 교육대학원에도 진학하라는 말이 아니다. 교사 자신이 교직을 천직으로 여기고 계속연구·정진할 때, 그 수업이 충실해질뿐더러 학생들에게도 깊은 영향을 준다.

교직단체 참여: 페스탈로찌는 역사상 처음으로 현대적 의미의 민중들의 자녀를 위한 초등학교를 세우고, 교사양성을 위한 남녀사범학교도

세우고, 교육의 중요성을 홍보하며 교사들의 권익을 옹호하기 위해 교육사상 처음으로 교직단체 "스위스교육협회"를 세웠다. 1806년의 일이니 꼭 2백 년 전의 일이다. "알을 품은 암탉은 알을 지키기 위해 사나워야 한다." 이 말은 나의 단골 메뉴 중의 하나다. 그래서 나는 페스탈로찌 학도로서 전교조에 협력했고 전교조에도 가입했고, 작기는 했지만 불이익도 당했다. 나는 이것이 지금 생각해도 떳떳하고 자랑스럽기까지 한다. 그렇다, 교사들은 교육이 중요하기에 그들 문제들을 국민에게 호소·홍보하며 협조를 얻고, 그들의 3대 권리인 교육자유권·문화생활권·신분보장권을 확보해야 한다. 이를 위해서는 교직단체 활동에도 참여해야 한다.

학원관리: 여러 종류의 주임, 교감, 교장 그리고 갖가지 위원회의 위원 등 학교 안에는 교사가 수행해야 할 보직이 많다. 이런 보직만 좋아하는 교사들은 교사로서는 실격이지만, 돌아오는 보직을 싫어서 굳이 마다하는 교사도 역시 실격이다. 물론 평교사가 편해서 좋다. 그러나 보직수행도 분명 교사의 업무 중 하나이기에 기피하면 직무유기다. 이와의 관련에서 이 자리에서 꼭 밝히고 싶은 나의 소신이 둘 있다. 하나는 교감은 물론이요 교장도 꼭 일주일에 한 과목, 적어도 자기 과목에 대해 수업을 해야 한다, 그래야 자신도 교사라는 것을 늘 의식한다는 것이다. 대학에서는 총장도 꼭 한 강좌는 해야 하고, 교수식당 치워버리고 대학식당에서 총장이 학생들과 같이 된장찌개를 먹으며 이야기도 주고받아야 한다. 그리고 또 하나는 이처럼 초·중등학교의 급식시간에 온 교사들이 그 식당에서 같이 학생들과 식사를 나누는 일이다. 이것이 갖가지 "급식비리"를 막는 일이기도 하려니와, 교사들이 어버이같이 그들에게 관심을 보이는 기회이기도 하기 때문이다.

6. 교사의 3대 권리

교권이란 말을 최근에 많이 듣는다. 교권이란 무엇인가. 사전에서 보면, 교사가 학생을 지도할 수 있는 권위와 권력, 그리고 종교, 특히 카톨릭이 교리상 지니는 권위와 권력 등의 두 가지 뜻이란다.

내가 생전 처음에 이 교권이란 말을 들은 것은 중학교 서양사 시간이었다. 그 "카놋사의 굴욕"이다. 무시무시한 권력을 장악하고 있는 로마교황 그레고리우스 7세에 파문당한 신성로마제국 황제 하인리히 4세가, 이탈리아의 한촌 카놋사에 찾아가 성문 밖에서 눈 위에 무릎을 꿇고 3일 동인이나 빌어 용서를 받았다. 그 후 황제는 이 굴욕을 되씹으며 복수에 성공했다. 중세는 이런 시대였고 교황의 절대권력, 그 "교권"은 이러했다. … 이런 이야기 끝에 나온 말이어서 교권은 참으로 무시무시한 인상이었다. 지금도 교리해석권을 쥐고 있는 교황은 이것으로 그 체제를 유지해간다. 갈릴레오의 지동설을 물리친 그 권력으로 지금도 가난한 가정의 일 나가는 주부들의 여러 산아제한 조치를 물리치고 있다. 그 교리들이 체제를 지키기 위함인지 사람을 위함인지 알 수가 없다. 예수님은 분명 안식일은 사람을 위한 것이라 했다. 그런데 아직도 교권을 놓고 종교간 종파간 교단간에 싸움이 끊이지 않고 그 피해는 고스란히 아무 권리도 없는 평신도들이 입고 있다.

또 하나의 교권 즉 교사가 지니는 권리는 어떠한가. 이것은 이와는 반대로, 아무 힘이 없는 교사들이 지니려 하는 것이어서 번번이 침해를 당한다. 또 그것은 말이 권력이지, 남을 지배하려는 것이 아니고 자기들이 편안하게 일을 할 수 있게 좀 도와달라는 호소나 청원 같은 것들이다. 소신대로 가르칠 수 있게 해주십사, 밥은 좀 먹게 해주십사, 쫓겨나는 일이 없게 해주십사 … 이런 거다. 권리라기보다 요청에 가깝다는 뜻을 이해해 주실 것이다. 그런데 이 호소까지 국가권력에 의해 부당하게 묵살 당하자 교사들은 교직단체를 결성하고 그 것으로 힘을 길러, 이제 그 호소를 권리로 이룩하려 했다. 그 권리는 여러 면에 걸쳐 많지만 졸이고 졸이면, 자유롭게 교육할 수 있는 권리인 교육자유권, 중산층 정도의 생활을 즐길 수 있는 문화생활보장권 그리고 부당한 인사조치로부터 보호받을 수 있는 있는 신분보장권, 이 셋이다. 나는 이것을 교사의 3대 권리라 즐겨 부르고 있다.

교원의 권리를 규정하고 각국에 권장한 국제회의로서 대표적인 것은 1966년 10월 5일 파리에서 UNESCO와 ILO 공동주최로 열린 "교원의 지위에 관한 정부간의 특별 회의", 그리고 30년 뒤인 1996년 제네바에서 열린 국제교육회의 등이다. 이런 회의에서의 건의 · 권고문에서 교권, 교육자유권, 생활보장권, 신분보장권 등이 어떻게 다져지고 있는가를 전 8 장 146조로 짜여진 UNESCO/ILO의 권고문에서 보면서 우리 한국의 현실의 문제들을 살피기로 하자.

교권: 교권을 살피는데 가장 결정적인 것은 교사의 지위인데 그것을 결정하는 요인을 제 1 조 제 2 항에서 이렇게 규정한다.

> 교원의 지위라는 말은 교원의 직무의 중요성 및 그 직무수행능력에 대한 인식의 정도에 따라 그들에게 주어지는 사회적 대우, 또는 존경과 다른 집단과 비교하여 본 교원의 근무조건, 부수 및 그 밖의 물질적 급부 등 두 가지를 다 의미한다.

이 조문을 잘 읽어보면 교원의 지위 결정요인은 예우(정신적 대우 존경 등), 근무조건, 봉급, 복지제도의 넷임을 알 수 있다. 내가 3대 권리라 한 것은 이 넷 중에서 예우를 뺀 것이다. 교장을 예우한다고 새마을 사업찬조대회 맨 앞 의자에 앉혀놓고, 협조를 잘 안 해준다며 면장이 학생들 보는 앞에서 교장의 뺨을 때렸다는, 한 시기의 엄연한 사실을 회상하자. 힘이 없는 예우는 아무 쓸모없다.

교육자유권: 이 권리는 특히 중요하다. 9개 조항으로 규정하는데 우선 원칙을 밝힌 제61조를 읽어보자.

> 교직은 전문직으로서의 임무를 수행하는데 있어 학문의 자유를 누려야 한다. 교원은 학생에게 가장 적합한 학습지도 보조자료와 방법을 판단하는데 있어 특별한 자격을 가지고 있으므로 소정의 교과과정의 테두리 안에서 당국의 원조를 받아 교재의 선정과 개선, 교과서의 선택, 교육방법의 적용 등에 중요한 몫을 담당해야 한다.

이 기준에 비추어 우리 현실을 볼 때 아쉬움이 많다. 교원이 전문직으로서의 자각을 못하고, 짜여진 교육과정을 기능공처럼 가르쳐야 하며, 갖가지 교원평가에 전전긍긍하고, 학생들에 대한 평가방식도 자유롭지 못하고, 학부모의 교사에 대한 이유 없는 불평 처리가 교육원리대로가 아닌, 교육행정 베이스로 무마되고 만다는 것 등이다.

문화생활보장권: 직업을 자신의 이익을 추구하는 영리직과 남을 돕는 봉사직으로 나눈다면 교직은 물론 봉사직이나. 그러므로 수퍼마켓의 주인은 "이달은 참 많이 벌었다"고 자랑해도 떳떳한데, 교사는 많이 벌었다면 죄가 된다. 그러므로 교사에게는 경제적으로 특별한 배려가 주어져야 한다. 그래서 봉급조항이다. 그 기준을 밝힌 제114조는 건너뛰고 구체적인 각개조항을 보자. 타전문직에 비해 손색이 없고 계속연구나 문화생활에 부족함이 없고 계속연구나 문화생활에 부족함이 없어야 하고(115조), 교직단체와의 협의에 의해 작성된 봉급표에 의해야 하며(116조), 기본봉급표에 있어 최저봉에서 최고봉에 달하는 기간은 10년

내지 15년을 초과하지 말아야 하며(122조), 봉급결정을 목적으로 하는 어떤 교원평가도 교직단체와의 사전협의 없이 적용되어서는 안 된다(124조).

이 기준에서 우리 현실을 보자. 교사의 봉급이 다른 전문직에 비해 현저하게 낮고, 계속연구나 문화생활을 즐기는 수준이 못되며, 더욱이 일반국민은 "정서적"으로 봉급표를 교직단체와 협의해서 정한다는 생각 등은 상상도 못하고 있을 정도다.

신분보장권: 이는 법에 의해 정해진 인사 · 임용상의 권리를 말한다. 이를 위해서 세밀한 규정들이 나오는데 그 중 몇 개만 보자. 고용기관과 고용조건에 관해서 발생하는 분쟁의 해결을 위한 교직단체의 활동의 보장(84조), 기구 개편에서 오는 불이익 예방(45조), 교육행정가의 기초자격을 교사로 정함(43조), 징계사항 · 절차의 교직단체와의 협의·자문(49조), 그리고 여교사의 권리보장(54-58조)이다. 끝으로 여교사의 권리 조항 다섯을 보자.

결혼이 여교사의 인사상 불이익이 되어서는 안 되며(54조), 임신과 출산 휴가를 보장하고(55조), 가정을 가진, 특히 아이를 갖는 교사를 위해 탁아소나 보육소 같은 설비를 고려하고(56조), 부부교사의 경우 동일지역, 인접지역에 근무토록 배려하고(57조), 가정사정으로 조기퇴직한 여교사는 우선적인 복직 기회를 제공한다(58조)는 등이다.

이런 기준에서 우리 현실을 보자. 교권침해사례가 너무나도 많다. 아동간의 자연사고에 교사가 책임을 지거나, 기구개편으로 신분상의 불이익을 당하거나, 근무조건 개선을 요구한 교사가 직위해제 되거나, 결혼한 여교사, 임신한 여교사, 가정을 가진 여교사에 대한 배려가 아주 미흡하거나, 매스컴에 의해 교직사회의 비리가 침소봉대되거나 우롱되는 따위다.

7. 바람직한 교사상

알을 품고 있는 암탉은 사나웁다. 알을, 새로 나올 생명을 지키기 위함이다. 수탉도 얼씬 못한다. 무엇이든 가까이 접근하면 쪼아대며 버틴다. 알을 안은 순간부터 이렇게 돌변한다. 참 신기하다. 기특하다기보다 엄숙하고 숙연해진다. 생명을 지켜야 한다는 그 책무, 이것을 본능적으로 수행하는 그 모습에 나는 교사로서 느낀 바가 많다. 우리는 과연 아이들, 학생들, 그들의 앞날에 큰 기대를 걸고 있는 부모들, 그리고 교육에 사회와 나라와 민족의 꿈을 걸고 있는 국민들에게 진정한 교사로서의 임무를 제대로 수행하고 있는가.

교수이기 이전에 교사로 자임해온 나로서는 이 물음에 온몸으로 맞서야 할 때가 있었다. 지금 생각해도 나의 판단이 옳았다는 안도감이 따른다. 바로 참교육 논쟁이 뜨거웠고 전교조 교사들이 천오백 명이나 교단에서 쫓겨나가던 때였다. 나는 교수로서, 더욱이 사범대학 훈장으로서 전교조에 가입했다. 사표를 강요당할 수 있다는 생각도 들었다. 그러나 육백 명 전교조 가입 교수들에 대해서는 신분상 불이익 처분이 없었다. 대학에까지 그 불길이 번지는 것을 정부는 무서워했기 때문이었으리라.

그 어두웠던 시절의 교사, 교수들의 모습들, 정말 안타깝고 처량하기까지 했다. 그런데 재미있는 것은, 바로 이런 교사들의 모습을, 3, 4십년 전의 일제시대의 한국인 교사들의 모습에서 그대로 보고, 이것을 다섯 유형으로 분류 · 분석한 글이 있다는 것이다. 의사이면서 교육이 좋아 민족사학 배화를 지키면서 조선어학회 사건 33인 중의 하나로 옥고도 치르고, 광복후에는 민족진영을 지키며 여운형의 비서실장도 하다 월북한 이만규의 명저 『조선교육사』 하권 제21장 "교육의 파멸기"(1937-1945. 8.14)의 "스승의 길"에서다. 한국 최초의 통사적 한국교육사인 이 책은 특히 그가 흥업구락부 사건으로 2년 7개월 배화여고보에서 강제퇴직당한 기간에 그 주요부분을 수집한 자료에 의한 것이다. 일제하의 한국교원의 어려웠던, 처량한 태도와 모습을 이렇게 다섯가지로 전한다. 요약하면 이렇다.[10)]

① 강한 민족적 양심이 일본인의 제도에 굴복하는 것을 허용하지 않고 일본어로 교육하라는 학무과 지시를 거부하고 교단을 떠난 이들이니 그 예가 오산중학교의 함 모, 중앙중학교의 문 모.

② 교단에서나 혹은 개인적으로나 학생을 대할 때 기회가 닿으면 민족적 양심을 억제하지 못하고 배일, 민족의식을 일깨우는 이들이니 그 수는 각처에 상당히 많음.

③ 교단 혹은 학생 개인에게 민족적 사상을 측면으로 넣어주었으나 요행이 법망에는 걸리지 않은, 요시찰 대상 교사로 그 수도 상당히 많음.

④ 양심이 있기는 하나 극히 미약하고 타협적이며 교육적 이념도 양심적 가책도 없는 이들이니, 교사의 대부분이 이에 속함.

⑤ 적극적 친일 경향을 가지고 일선, 이선에서 당국자에게 자진하여 아부하고 학생에게 의식적으로 친일 훈화를 하고 학교행정에서 자발적으로 친일한 이들이니 그 수는 극소수.

어쩌면 외과의사가 수술하면서 장기를 가려내듯 이렇게 잘도 관찰했고, 또 어쩌면 그렇게 군사독재정권 시대의 우리 교사들의 모습들과도 같은가! 나는 이런 다섯 유형의 교사들을 순교파, 지사파, 저항파, 순응파, 친일파라고 요약 명명한 바 있다.[11)] 문제는 교사들의 대부분을 점하는 넷째 유형 즉 순응파다. 이들이 올바른 자세로 올바른 의식으로 제 몫을 해야만 교직이, 교육이 그리고 사회가 바로 설 수 있다는 것이다. 식민시대에, 군사독재시대에 겪은 뼈아픈 역사적 교훈을 살려 우리가 교육의 밝고 맑고 올바른 꿈을 키우기 위해서 교사들이 다지고 또 다져야 할 사항들은 무엇일가? 나는 이것을 다섯으로 든 바 있다.[12)]

단체적 힘을 지닌 교사: 교육이란 귀한 직분을 지키기 위해서는 윤리적인 힘뿐만 아니라 단체적 힘도 지녀야 한다. 이런 뜻에서 교사의 3대 권리 즉 교육자유권 · 문화생활권 · 신분안정권을 지키기 위해 교사들은 보다 적극적으로 교직단체에 참여하여 단체적 교섭권을 확보해야 한다. 단 단체행동권 즉 태업이나 파업 등은 국민정서적 측면으로나 교육원리적 측면에서 금물이다. 젖먹이에게 젖을 물리기를 거부하는 어머니는 투사로서는 몰라도 적어도 어머니로서는 실격이다.

역사의식을 갖춘 교사: 교육은 개인적으로는 계속적 인격의 계발이요 사회적으로는 보다 밝은 앞날을 위한 개혁의 수단일진대, 더욱이 민족과 인류의 번영과 행복, 자유와 정의의 길을 여는 작용일진대, 교육은 본래적으로 미래지향적이요 그래서 역사와 더불어 가야 한다 할 것이다.

인격의 힘을 지닌 교사: 교육은 두 인격의 만남으로서만 올바르게 이루어진다 할진대, 교사는 우선 하나의 바람직한 인격으로 바로서야 한다. 이를 예부터 사표(師表)라 해왔다. 더욱이 인간소외현상이 온 사회에 만연되고 있는 현대에는 그 비중이 더욱 크게 요망된다 할 것이다.

전문적 능력을 갖춘 교사: 교사로서 수행해야 할 업무가 참으로 많다. 교과지도, 생활지도는 기본이요 담당 교과에 대한 계속연구, 교육을 지키기 위한 교직단체 참여 그리고 부장이다, 교감이다 교장이다 하는 보직으로서의 학원관리도 있다. 이 어느 하나도 소홀히 할 수 없다. 다 교사라면 당연히 맡아야 할 일들이기 때문이다. 이를 위해 교사들은 정말 피나는 노력으로 그 모든 영역에의 능력을 갖추어야 한다.

국민과 같이 호흡하는 교사: 우리 국민들은 참 착한 백성이다. 이 국민을 민중이라 불러도 좋다. 우리는 그 증거를 몇 들 수 있다. 4·19 때나, 부마항쟁 때나, 광주 민주화 운동 때나 약탈행위가 단 한 건도 없었다는 것이다. 이것은 정말 세계에 자랑하고도 남는다. 미국은 어떤가. 뉴욕에 정전이 되었을 때, 고층빌딩 옥상에 올라가 저녁 내내 총을 쏘아댄 사람이 있었는가 하면, LA폭동 때 상점을 약탈한 사람이 많았다. 상점에서 식품이나 옷, 심지어는 의자까지 꺼내 의기양양하게 짊어지고 가는 모습을 우리는 TV에서 보지 않았는가. 그러면서 안도했다. 우리는 저러지 않았다. 우리는 정말 자랑스러운 착한 백성이요, 민중이요, 국민이다. 교사는 이들과 같이 가야만 한다. 비록 발맞추기가 좀 어렵고 속도는 느릴지라도!

1) 외솔회, 『나라사랑』, 제89집, 1994, 〈해적이〉 26-27쪽.

2) 외솔회, 『나라사랑』, 제17집(정음사 1874). "김교신의 교사로서의 특질 분석," 41쪽.

3) "애국자로서의 김교신," 20쪽.

4) "김교신 선생의 인격," 81쪽.

5) "잊을 수 없는 스승," 97쪽.

6) "완벽한 생애, 단 하나의 삽화", 101쪽.

7) "나라 사랑의 참뜻을 심어 주신 스승," 104쪽.

8) "나의 의학 공부에 사명감을 주신 스승," 113쪽.

9) "Luther's Conception of Calling", Max Weber: *The Protestant Ethic and the Spirit of Capitalism*(London: George Allen & Unwin, 1930), pp. 79-92.

10) 이만규 『조선교육사』 하권. 을유문화사, 1949, 399-401쪽. 절판된 이 책은 1988년에 역시 Ⅰ·Ⅱ권의 개정판으로 재생을 보게 되었다. 『조선교육사』 Ⅱ, 걸음, 259-261쪽.

11) 김정환, "도산 교육사상의 발전적 계승책," 『도산사상연구』 제 1 집, 흥사단 출판부, 1986, 115-116쪽.

12) 김정환, 『전인교육론』(세영사, 1982), 248-240쪽 참조.

제 5 장

유아교육론

1. 천성적 교사 어머니
2. 엄마와 안방에서 – 페스탈로찌의 유아교육론
3. 동무들과 정원에서 – 프뢰벨의 유아교육론
4. 교구와 작업장에서 – 몬테소리의 유아교육론
5. 두 유형의 유치원
6. 우리 역사 안의 유아교육론
7. 한국 유아교육의 과제

1. 천성적 교사 어머니

낳실 때 괴로움 다 잊으시고/ 기르실 때 밤낮으로 애쓰는 마음/ 진자리 마른 자리 갈아 뉘시며/ 손발이 다 달토록 고생하셨네/ 하늘 아래 그 무엇이 높다하리오/ 어머님의 사랑은 가이 없어라.

어려서는 안고 업고 얼려주시고/ 자라서는 문기대며 기다리는 마음/ 아플사 그릇 될사 자식 생각에/ 고우시던 이마에 주름이 가득/ 하늘 아래 그 무엇이 크다 하리오/ 어머님의 희생은 가이 없어라.

누구나 다 아는 양주동의 어머니 노래다. "신라 향가"를 연구한 학자 양주동은 몰라도 이 어머니 노래는 누구나 다 안다. 이 국민가요 가사 하나만으로도 그는 우리 문화에 큰 공헌을 한 것이다. 이 노래를 듣고 누가 어머니를 생각하지 않으리오. 특히 우리 세대는 사랑만 받았지 효도 한번 제대로 못한 뼈저린 슬픔과 회한이 깊은 세대다. 주자십회(朱子十悔)가 있다. 그 중의 첫째가, 이제 막 효도하려 할 때는 이미 부모님이 안계셔, 후회 막급하다는 것이다.

진 자리 마른 자리 갈어 뉘시고, 안고 업고 얼려 주시고, 문기대어 기다리시고, 아플사 그릇 될사 … 어쩌면 또 이렇게 정감어린 우리말, 쉽고도 아름다운 말만 골라 쓰셨을까? 참으로 언어의 마술사다. '한떨기 국화꽃을 피우기 위해 … '의 서정주, '산꿩이 알을 품고 뻐꾸기 제철에

울건만 … '의 정지용, '내 고향 남쪽 바다 그 파란물 … '의 이은상, 참으로 경탄해마지 않을 우리말의 마술사들이다. 금이야 옥이야 하면서 아이를 키우는 어머니의 정성, 희생과 사랑을 노래한 양주동의 노랫말을 찬양하다 붓끝이 빗나갔다. 실은 천성적 교사, 하늘이 주신 귀한 교사로서의 어머니의 모습, 어머니의 소임, 그리고 그 어머니에 대한 간절한 당부를 담은 저 유명한 페스탈로찌의 34통으로 이루어진 『어머니들에게 보내는 편지』의 줄거리를 소개하고 음미하려 다짐했던 것이었는데 말이다. 이 편지는 그야말로 유아교육의 원리를 체계적으로 담은 고전 중의 고전적 저작이다. 우리는 유아교육 하면 프뢰벨과 몬테소리만을 연상하는데 이들의 스승이 바로 페스탈로찌다. 세계 최초로 유치원을 세운 프뢰벨은 실제로 페스탈로찌의 학원에 2년 동안 교사로 일했고, 몬테소리는 그 아이디어를 페스탈로찌에게서 많이 얻어 저작 속에 그 이름을 많이 담는다.

페스탈로찌가 제일 날리던 시대의 이베르당학원에 그리브스라는 성의 영국인 영어교사가 있었다. 원래 큰 상인이었는데 사업에 실패하고 교육에 새로이 뜻을 두고 이베르당을 찾은 것이다. 그는 페스탈로찌의 유아교육관에 특히 끌려, 이제 런던에 돌아가 유아원을 세우고자 하니 이와 관련해서 지침서를 달라 매달렸다. 그래서 얻은 것이 1818년 10월 1일에서 이듬해 5월 2일에 걸쳐 보낸 34통의 편지, 원명은 "유아교육에 관한 편지"(Letters on Early Education)다.[1] 이 편지는 원래 페스탈로찌의 모국어인 독일어인데, 독일어를 잘 모르는 그리브스를 위해 누군가가 영어로 번역해서 넘겨 주었고, 이것을 모아 위와 같은 제목을 달아 영국 출판사에서 1827년 단행본으로 발간됐다. 또 여러 가지 역사도 있고 사연도 많은 편지다. 이왕에 말이 나왔으니 그 역사와 사연도 한두 가지 들어보기로 한다.

우선 그 역사다. 이 영역판 단행본은 영국의 리버풀에서 1828년 그 발췌본이 나왔으며, 프랑스에서는 이 34통의 편지 중에 9통이 뽑혀 교육잡지에 소개되었다. 미국에서도 주목을 끌었다. 처음에는 『미국교육학회지』에 몇 번에 걸쳐 연재되다가(1829), 나중에는 단행본으로 『유아교육에 관한 페스탈로찌의 편지』라는 제목으로 간행되었다(1830). 그 후 영국에서 다시 중판(1850), 3판(1851)이 나왔고, 미국에서도 다시 재판(1898)이 나왔다. 편지 형식을 빌어 쓴 유아교육학의 체계 즉, 유아교육의 이념 · 내용 · 방법 · 체계 그리고 그 안에서의 천성적 교사로서의 어머니의 소임을 쉬운 말로 담은 명저이기 때문이었다.

다음은 사연 중의 가장 큰 사연 하나를 들자. 독일어로 쓴 이 편지들의 원본이 감쪽같이 사라진 일이다. 페스탈로찌의 필적 선명한 그 원본이 없어지다니! 런던은 물론이요 유럽의 온 도시의 도서관을 뒤졌지만 끝내 나타나지 않았다. 그래서 할 수 없이, 영어에서 독일어로 되번역하는 작업이 이루어졌다. 여러 사람에 의해 여러 제목으로 나왔는데 셋을 소개하면 첫째는, 『어머니와 자녀』(1924), 둘째는, 『대영제국의 어머니들에게』(1935), 셋째는, 『그리브스에게 보낸 편지』(1965)로다. 고전은 이렇게 생명이 길다. 아무래도 사연 하나를 더 들어야 할 것 같다. 그래야만 페스탈로찌의 유아교육의 이념이 이로해서 더욱 선명하게 드러나기 때문이다. 런던에서는 이 편지 간행 전부터 말썽이 난 사항이 있었다. 그의 이론체계가 "인간은 선하다"는 철학 위에 서 있고, 이것은 영국의 국교인 성공회의 교리와 어긋나니, ① 인간은 죄로 타락했고, ② 그리스도의 보혈로만 속죄되고, ③ 인간은 성령으로만 구원될 수 있다는 것을 밝혀달라는 것이었다. 이에 대해 페스탈로찌는 "종교는 모든 교육의 기초이기에 이른 시기부터 교육과정에 도입해야 한다는 게 나의 입장"이라고 짤막하게 대답하고 만다. 예나 지금이나 바리세인들, 교법학자들, 요새말로는 이쪽이나 저쪽이나 근본주의자들이 말썽이다.

이 편지의 내용은 다음에 미루기로 하고, 오늘의 주제, 천성적 교사로서의 어머니의 소임을 밝힌 1818년 10월 3일자 둘째 편지의 한 구절을 음미하고 맺기로 하자.2)

> 모성이 다음과 같은 단순하면서도 가슴 설레이며 고귀한 생각을 지닐 때 자신들의 의무가 무엇인가가 차츰 밝혀질 것입니다.
>
> "나의 자녀들은 영원한 생명을 누리고자 태어났다. 그러므로 하나님은 이 자녀들을 하나님의 참 자녀로 교육시키라고 나에게 맡기셨다."
>
> 저는 또 이렇게 말하고 싶습니다.
>
> "모성이여, 책임이 무거운 모성이여! … 하나님이 그대에게 주신 신심에 합당하게 노력하십시오. 지식이 모자란다고 한탄하지 마십시오. 사랑이 이것을 보완해 줄 것입니다. 방법이 미숙하다 한탄 마십시오. 섭리가 옆에서 거들어 줄 겁니다. 힘이 약하다고 한탄 마십시오. 성령의 힘이 그대를 굳세게 해 줄 겁니다. 성령을 바라보면서 그대에게 부족한 것, 그 중에서도 특히 용기와 겸손이라는 두 가지 크고 드높은 조건을 충족 받으십시오."

2. 엄마와 안방에서 - 페스탈로찌의 유아교육론 -

한국의 출산율이 급격하게 저하해서 세계에서도 최저 수준이라 한다. 아이를 낳고 키우는 재미는 본능적인 것인데 왜 이렇게 기피하는가. 육아에 돈과 시간을 너무 빼앗겨 직장생활을 제대로 못하고, 그래서 가정경제도 어려워지기 때문이란다. 이런 현실을 어떻게 타개해야 할 것인가. 육아에 대한 인센티브 즉 특별배려를 해야 한다. 유급휴가, 세제혜택, 직장안의 육아시설, 특별대우도 있을 것이다.

나는 페스탈로찌 연구로 30년 전 약 2년간 스위스의 취리히대학에서 공부하면서, 역시 스위스는 페스탈로찌의 나라답게 교육에, 특히 유아교육에 세심한 정책적 배려를 하고 있다는 것을 알았다. 우선 모유수당이다. 모유를 먹이는 모성에게는 지원금을 매월 지급한다. 지금 돈으로 한 30만원 될까. 당시의 나로서는 신기하게만 보였다. 다음은 직장에서의 모성 특별배려다. 집에 가서 모유를 먹일 시간을 준다. 꼭 모유가 아니더라도 육아를 위해서라면 여러 혜택, 예를 들면 육체노동, 야간근무, 잔업 등 면제 혜택 등을 준다. 그 대신에 봉급은 남성의 3분의 2 선까지로 조정할 수 있다. 그래서 직장도 어머니들을 별 어려움 없이 채용한다. 교육대학, 종합대학의 교직과정 이수생의 거의 3분의 2가 여학생이었다. 교직은 특히 여성에게 맞는 직업이며, 여성이야말로 천성적 교사라는 페스탈로찌의 교육철학이 이렇게 역사와 전통 그리고 현실의 정책에도 살아 있는 것이었다. 그래서 자원이라고는 알프스의 눈과 바위 밖에 없는 스위스가 이 교육 하나로 GNP 세계 제 1 이 되었구나 하고 감탄했다.

페스탈로찌의 34통의 유아교육 서한 중에서 아주 중요하다고 여겨지는 12통을 뽑아 요약해 본다. 그리고 주석에 그 주제어들을 독일어와 영어로 소개하기로 한다. 어머니의 천성적 교사로서의 소임을 다짐하는 둘째 편지 내용은 위에서 이미 본 바 있지만 더 요약해서 다시 쓰기로 한다.

제 1 신 어머니에 의한 조기교육

어린이의 조기교육은 대단히 중요한데 지금까지 퍽 소홀히 여겨져 왔다. 자선사업가들이 그간 유아교육활동을 하여 왔지만, 실은 그들보다 더 적합한 사람은 모성이다. 왜냐하면 모성에게는 하늘이 준 모성애[3]가 있기 때문이다.

제 2 신 천성적 교사인 어머니

하느님은 모성에게 신성한 임무를 주셨다. 그것은 그 자녀들을 영원한 자에게 이끌 교사로서의 임무다.[4] 그러므로 모든 모성은 자녀를 하느님의 아들로 키워내야 할 책임이 있다.

제 3 신 유아의 발달과정

모든 어린이는 인간본성의 소질을 지니고 태어난다. 망울채로 아직 피지 못한[5] 소질들을 어느 하나에 기울어짐이 없게 고루 꽃피우게 하는 것이 교육이다.

제 4 신 가장 중요한 것은 가슴

인간에게는 지적 소질, 신체적 소질, 심정적 소질이 주어져 있다. 이 중에서 가장 중요한 것은 심정적 소질이다.[6]

제 5 신 타고난 능력의 조화적 계발

세 소질은 고루 발전되어야 하며, 그래야만 심정적 소질의 개화를 정점으로 하는 인간성이 꽃피워질 수 있다. 모성은 바로 이런 소질들을 불러일으켜주는, 하늘이 임명한 교사다.[7]

제 6 신 일상생활 안에서의 신앙의 성장

믿음, 사랑, 순종, 감사, 인내심 … 등의 인간의 귀한 덕목들은 일상생활을 통해서 성장한다. 특히 그것은 어머니 팔에 안기는 기간에 싹튼다. 그러므로 이 기간에 이런 덕목들이 어린이의 제2본성[8]으로 자라게 몸과 마음의 대화가 모자 사이에 이루어져야 한다.

제 8 신 아동의 본성

성인은 유혹에도 빠지고 타락도 할 수 있다. 그래서 인간본성은 과연 선인가, 악인가 의심케도 한다. 그러나 분명한 것은, 어린이는 유혹이나 타락에 빠지기 이전의 본연선(本然善)을 하나님의 선물[9]로 가지고 태어난다는 사실이다.

제12신 극기훈련은 요람에서부터

참고 견디고 작은 것으로 만족하는 자기극복 훈련은 이른 시기부터 시작해야 한다. 건전한 몸과 마음을 키워내기 위해서는 적게 바라고 적은 것에 만족하는 훈련이 필요하다.[10]

제19신 첫 걸음마의 엄숙성

아이는 육체적으로 자라 첫 걸음마를 시작하며 이제 자립하여 어머니를 떠나려 한다. 그러나 염려하지 말라! 육체적 자립[11]은 정신적 자립을 촉진하며, 자기 발로 어머니를 떠난 아이는 성숙하여 다시 자기 발로 어머니에게 돌아오기 때문이다.

제23신 시각과 청각의 도야

시각과 청각의 훈련은 고상한 취미[12]를 자아내고 성취감을 자아낼 뿐 아니라 문화에 대한 감각, 예술에 대한 감각의 터전을 닦아준다.

제26신 모성을 일깨워 줄 교육

어린이를 교육시킬 모성의 교육[13]을 개선할 필요가 있다. 가정교육은 학교교육이 감당하지 못하는 귀한 몫을 지니고 있다. 그것은 어린이 개개인에 대한 세심한 배려, 정서의 계발, 친애감정의 촉발 등이다.

제31신 수·형·어에 의한 기초교육론

정신훈련, 직업훈련, 사고훈련, 지능계발을 위해서는 수·형·어에 의한 기초교육[14]이 필요하다. 수의 교육은 추상적 능력을, 형의 교육은 분석적 사고를, 그리고 언어의 교육은 명석한 표현능력을 키워준다.

34통 어느 하나 버릴 것 없으나 12통만 이렇게 골라 요약해서 읽어보았다. 이 외에도 체육교육론(제22신), 미술 · 조형 · 기하교육론(제24신), 직관교육(제28신), 노작교육론(제30신), 교육목적론(제32신)도 꼭 읽어야 할 부분이다. 교육목적은 무엇인가. 사람이 지닌 모든 능력을 계발하여 각 개인이 하나의 "전인적 인격으로 완성"[15)]하는데 있다 한다. 전인적 인격이다!

페스탈로찌의 작품 중에 비교적 많이 읽히고 있는 저작들을 들면, "옥좌 위에 앉아 있는 임금님이나 초가의 그늘에 누워있으나 인간의 본성은 다 같다"라는 말로 시작하는 교육격언집 『숨은이의 저녁노을』, 게르트루트라는 슬기로운 모성을 중심으로 깨어나는 농촌을 다룬 『린하르트와 게르트루트』, 새교육의 이념과 방법을 개진한 『게르트루트의 자녀교육법』, 그리고 인간의 본질을 추구한 『탐구』 등이다. 그런데 이 저작들의 주제들을 다 쉽게 풀이해서 편지형식으로 담은 것이 이 『유아교육 서한』이다. 꼭 유아교육에 한정되지 않은 작품임을 우리는 주목해야 한다. 페스탈로찌를 평생 연구해 온 나에게 누가 그의 작품 중에 딱 한 권만 추천해 달라 한다면 나는 단연코 이 『유아교육 서한』을 들고 싶다. 그 속에 그의 교육학체계, 즉 교육의 이념 · 내용 · 방법 · 체계가 다 고루 잘 서술되어 있기 때문이다.

3. 동무들과 정원에서 - 프뢰벨의 유아교육론 -

유치원의 창설자 프뢰벨은 우리에게 언제나 정원에 흐트러지게 피어있는 백합꽃 그리고 그 옆에서 노닐고 있는 천진난만한 어린이들을 연상시킨다. 유치원은 킨더가르텐(Kindergarten), 문자 그대로 "어린이들의 정원"인 것이다. 거기에는 흙장난할 수 있는 모래와 삽이 있고, 팔과 다리, 온 몸으로 즐길 수 있는 그네가 있고, 재잘거리며 같이 놀 수 있는 친구들이 있고, 이 모든 모습을 미소로 돌보는 언니같은 보모가 있다. 문자 그대로 킨더, 여러 어린이들이 노니는 가르텐이다. 책상에 앉아 교과서로 배우는 학교가 아니다. 이 유치원이란 명칭은 1840년 비로소 쓰이게 되었다. 그의 나이 59세 때였다. 그전에 이미 그는 두 번에 걸쳐 2년 동안이나 페스탈로찌 학원을 참관하며 교사로도 근무했다. 그러다가 특히 유아교육에 뜻을 두고 1837년 브랑켄브르크에 "은물"(恩物)을 가지고 스스로 공부하고 친구와 놀며 유희를 즐기는 학원을 창설하고, 이 학원을 이끌 사람들을 위한 "놀이와 유희를 위한 6개월짜리 강습소"도 차렸었다.

여기까지의 이야기로 우리는 프뢰벨의 생각이 은물, 놀이, 유희, 그리고 스스로 하는 자기교육 등으로 대표되는 자기활동 교육임을 짐작할 수 있다. "은물"은 무엇인가. 어린이의 자기활동을 돕게 하나님이 선물로 주신 은혜로운 교구(놀잇감)들이다. 독일어로는 주신 것이란 뜻의 가베(Gabe)이고, 영어로는 선물이란 뜻의 기프트(gift)다. 실은 이 은물 개념이 프뢰벨의 사상을 엿볼 수 있는 열쇠다. 여기에서 우리는 프뢰벨이 왜 그의 스승 페스탈로찌와 결별하고 자신의 학교, 유치원을 따로 세웠을까 하는 의문이 생긴다. 해답은 이렇다. ─ 페스탈로찌는 빈민대중의 경제적 구원과 교육방법의 성과에 취한 나머지, 인간교육의 핵심인 도덕·종교교육과 유아교육을 소홀히 하고 있다. ─ 그래서 프뢰벨은 종교교육을 알게 모르게 바닥에 깐 조기교육을 개척했고, 그리하여 페스탈로찌의 삼육론을 유아단계까지 확장하여, 스승의 못다한 면을 보완한 것이다. 그의 이런 생각이, 아니 사상이 가장 잘 드러나는 명제가 있다. 그가 45세에 쓴 유아교육의 불후의 명작 『인간교육』(1826)의 첫 줄 선언이 그것이다. "만물 안에 한 영원한 법칙이 깃들고, 작용하고,

지배한다." 이 첫 줄 명제는 이것을 부연하는 첫 절로 이어진다. 꽤 긴 절인데, 나는 이것을 다음과 같이 요약해 보았다.

> 만물 안에 한 영원한 법칙이 존재한다. 이 법칙은 바깥 것, 즉 자연 속에서도, 안 것, 즉 정신 속에도, 그리고 그 자연과 정신을 통일하는 것, 즉 생명 속에도 언제나 똑같이 또렷하고 두드러지게 나타났고 또 나타나고 있다.

이 영원한 법칙은 무엇인가. 프뢰벨은 이 첫 절에서, 자연 · 정신·생명을 "통일하는 존재는 신"이라고 분명하게 선언하고 있다.16) 바로 이 점이, 그의 유아교육론이 지나치게 범신론적 신비성을 띠리만치 종교적이라는 비판도 받고 있는 점이다. 여하튼 프뢰벨은 인간은 그 영원한 법칙이 드러나는 하나의 구체적 존재로서, 하나님의 속성을 내포하고 있고, 바로 그것을 발로시키는 것이 인간교육이고, 이를 이른시기 부터 시작해야 하며, 그 방법이 은물, 유희, 놀이, 작업 등으로 이루어지는 자기활동이라고 여겼다.

나는 이 프뢰벨에 관한 글을 대할 때마다 히로시마 시대의 은사 쇼지 마시코(莊司雅子) 교수를 회상한다. 유아교육, 프뢰벨, 이러면 전문학자치고 우리나라에서도 모르는 사람이 없는, 일본을 대표하는 세계적 학자다. 결혼도 않고 평생 프뢰벨만 연구한, 아름다운 여교수였다. 유언에 의해 그가 평생 봉직한 히로시마대학 옆의 교회에 프뢰벨의 유명한 말이 새겨진 비가 섰다. "오소서, 우리 어린이와 더불어 살고지고!"(Kommt, Lass uns unsern Kindern leben!) 석사과정 첫 학기, 쇼지 교수의 이 『인간교육』 원서강독으로 혼이 났고, 그 때 이 첫 줄, 첫 절 해독으로 꼭 100분이나 관계대명사 찾는 문법 등으로 땀을 흘린 기억이 새롭다. 쇼지 교수는 언젠가 한국의 학회에 오셔서,

유일한 한국제자라며 나를 찾으시기도 했고, 또 해마나 그 여성 이름 "마사코"로 연하장의 답장을 주셔서, 나의 신혼초에는 혹시나 하는 오해도 받고 웃은 일도 있는 분이다.

그의 유아교육론의 첫째는 전일성의 원리다. 전일성(全一性) 혹은 통일성이라고도 번역되는 그 원문은 아인하이트(Einheit)다. 이는 앞서 요약해서 본대로, 자연 · 정신 · 생명이 신이라는 하나의 존재의 섭리 가운데 있고, 그래서 만물이 그 신이 정한 아름답고 영원 · 불변한 질서 안에서 생성 · 성장 · 완성되어 감을 이름이다. 인간교육도 이 법칙에 따라야만 한다. 그래야만 옳다. 효과가 있다는 논리다. 종교적 감각 도야가 그래서 교육에서 으뜸이라 한다.

둘째는 은물교육론이다. 자기교육 혹은 자기학습은 요새말로는 자발적 · 자주적 · 자기활동 교육을 이름인데, 이것을 돕기 위한 교구가 은물이다.[17] 프뢰벨 자신도 이 은물을 "자기교수와 자기교육으로 유도하는 직관교수"를 위한 놀이기구이자 작업충동을 일으키는 교구라고 정의했다. 이 은물 사상은 그가 "유치원"이란 말을, 아름다운 자연 속, 꽃피는 동산에서 노니는 아이들을 상상하고 지어낸 2~3년 전에 생각해 낸 사상임을 주목하자.

셋째, 직관교육이다. 말로, 글자로, 머리로, 교과서로 배우는 교육이 아니고 손, 발, 몸, 놀이, 자연으로 배우는 교육이다. "하나님은 계시다"고 설교하지 말고, 꽃피고 새우는 동산의 아름다움, 동·식물의 신비스러운 생태 등 자연 속에 충만한 그 섭리 속에서 하나님의 존재와 뜻을 마음속으로 느끼게 하는 방법 등이다.

넷째는 소질의 계발교육이다. 신이 각자에게 귀한 몫을 주셨다. 그것을 일깨워 키워주는 일이 교육이고, 그래서 교사는 이런 어린이를 돕는 도우미라는 생각을 이름이다. 이 논리는 스승 페스탈로찌의 사상과 완전히 일치한다.

다섯째는 전인교육성이다. 어린이 속에 깃든 여러 능력을 조화롭게 계발하여 어린이도 하나의 인격으로 크게, 다방면의 교육이 필요하다 한다. 그래서 『인간교육』 안에는 음악교육, 수학교육, 언어교육 등 참으로 많은 교과교육이 담겨있다.

이렇게 자연적 환경에서 전인적 학습을 꾀하는 프뢰벨식 유치원이 최근, 교구를 중심으로 여러 기능과 개념의 계발을 기하며 조기개념학습을 꾀하는 몬테소리식 유치원에, 학부모들의 "선행학습" 열기도 있고 해서, 밀리고만 있는 현실이 아쉽기만 하다. 둘 다 같이 귀하기 때문이다.

4. 교구와 작업장에서 - 몬테소리의 유아교육론 -

거리 모퉁이 연립주택 2층이나 큰 빌딩 안에 몬테소리 유치원이란 간판을 흔하게 볼 수 있다. 그래서 처음에는 모두 의아해 한다. 유치원이라 하면 우선 여러 아이들이 같이 뛰노는 운동장, 흙장난하는 모래판과 삽 그리고 팔다리를 모두 움직이며 즐기는 그네, 이런 것이 있어야 할텐데 없다. 이게 바로 전통적 유치원 즉 프뢰벨 유치원과 다른, 새롭게 등장한 몬테소리 유치원이 결정적으로 다른 점이다. 몬테소리 유치원에 들어가 보자. 여러 종류의 정교한 장난감(교구)들이 벽 가득 차있고, 애들은 제 각기 자기 장난감으로 홀로 즐기고 있다. 자학자율 학습인 것이다. 그들 장난감을 가만히 보니 또 놀라웁다. 크기나 색깔이나 모양이 각기 몇 단계로 정연하게 구분되어 있고, 그야말로 수학적인 차등이 있다. 이렇게 정교한 교구로 이른 시기부터 여러 감각을 계발하는 것이다.[18)]

이처럼 새로운 유치원이 우리나라에서는 왜 이렇게 늦게 도입되었던가. 우선 그 역사가 다르다. 프뢰벨 유치원은 1840년, 몬테소리 "어린이집"은 1907년 창설이다. 다음은 그 종교적 색채다. 프뢰벨은 신교의 독일인, 몬테소리는 구교의 이탈리아인, 그래서 교육면에서는 신교가 먼저 들어와 세력이 상대적으로 컸던 우리나라에서는 몬테소리가 불리했다. 또 하나 있다. 이것은 나의 생각인데, 우리나라는 땅이 좁다. 그런데 공업화로 그 땅값이 올라, 꽤 넓은 공간 즉 운동장과 건물을 요하는 종래의 유치원들이 그 경제적 압박을 견디지 못하고 조금씩 학교 안으로, 구민회관 혹은 교회 안으로 흡수되는 대신, 운동장과 독자적인 큰 건물을 요하지 않는 새 유치원은 상대적으로 유리하게 번졌다. 또 하나 이것 역시 나의 진단인데, 그 조기의 감각계발 학습이 "선행학습"으로 여겨져, 이른바 입시경쟁교육의 고지 선점으로 선호된 점이라 하겠다.

몬테소리 유아교육 방식은 프뢰벨의 그것과 어떻게 다를까? 나의 몬테소리에 대한 학문적 관심은 20여 년 전에서 부터다. 나는 대학원의 현대교육사상 강의에서 20세기의 교육사상가들의 대표작으로 원서강독을 했다. 듀이, 브라멜드, 허친스, 니버그 그리고 민중교육론의 프레이리, 일리치 등이었다. 그런데, 나는 어느 날 거리의 몬테소리 유치원 간판을 보고, 다음 학기는 이것으로 하리라 마음먹었다. 그래서 택해진 텍스트가 그녀의 대표작 『마리아 몬테소리 – 몬테소리 박사가 직접 쓴 지침서』(1914)였다. 그 내용은 그녀의 대작 『몬테소리 방법』(1909)을 초심자들, 특히 어머니들에게 알기 쉽게 요점을 추려서 해설한 것이며, 그녀의 4대 대표작의 하나로 꼽힌다. 『몬테소리 방법』은 영역판으로는 376쪽이고, 『지침서』는 189쪽, 그것도 큰 활자로 그러니 약 절반이다. 그래서 가장 많이 읽히는 책이 되었다. 나는 이 책을 『유아교육 첫걸음』(양서원, 1992)이라는 제목으로 번역해 소개했다.[19)]

이 책 내용을 보기 전에 우리는 몬테소리가 어떤 사람인가를 조금은 알아야 하겠다. 그녀는 1870년 이탈리아의 작은 주 안코나의 킬라발레라는 마을에서 태어나 수재로 이름 높아, 이탈리아 역사상 최초로 로마대학 의학부에 입학한 여학생, 역시 최초로 의학박사 학위를 받은 여의사가 되었다. 그러나 그녀는 빈민가의 어려운 아이들, 특히 정박아에 가까운 정신지체 아동의 교육에 관심이 많았고, 프랑스의 정신의학자 세강도 연구했고, 그래서 정부에 요청, 빈민가에 "어린이의 집"(카사 데이 밤비니, Casa dei Bambimi)을 마련하여, 문화지체 아동들에게는 "교구"로 가르치는 것이 아주 효과적이라는 것을 여러 실험으로 발견했다. 나중에는 그 방법이 보통 아동들에게도 효과적이라고 입증이 되어, 위에서 본 바처럼, 정말 새로운 유아교육 방식으로, 우선 카톨릭의 세계, 그리고 점차 신교의 세계로 번진 것이다. 그녀는 1952년 81세의 나이로 그 아름다운 삶을 마쳤다. 단 불행한 면도 있었다. 첫 사랑 애인과 결혼 못하고 그 애인의 아들 하나, 사생아 하고만 평생 외롭게 살았기 때문이다.

『유아교육 첫걸음』은 장애인 헬렌 켈러가 받은 위대한 감각교육을 찬양하는 머리말, 어린이 교육의 과학화를 기하자는 제 1 장 서론, 그리고 어린이집, 방법, 동작훈련, 감각훈련, 언어훈련과 세계에 대한 지식, 자유, 쓰기, 악보 읽기, 셈하기, 그리고 도덕적 신조의 총 11장으로 짜여져 있다.[20] 그리고 교구를 넣어 두는 선반, 설거지 교구들에서 시작하여 끝으로 현대식 구슬 교구, 입방형 · 평방형 · 고리형의 구슬 교구들 등 총 66개의 그림이 담겨 있다.

몬테소리 유아교육론의 특징은 어디에 있는가. 첫째는 어린이의 발견이다. 어린이는 어른의 축소판이 아니다. 어린이 자신의 삶이 있고, 삶의 성장과정도 그 자신의 삶의 법칙에 따른다. 그러면 어린이를 어떻게 꽃피우게 할 것인가. 그들이 자유롭고 즐겁게 활동할 수 있는 환경 즉 교육적 환경을 마련해 주어야 한다.

둘째, 감각교육이 특히 유효한 시기의 발견이다. 어린이들은 2살 반에서 5살 반 사이에는 특히 감각을 통해서 사물을 이해하고 배운다. 눈으로 보고 손으로 만지고 귀로 듣고 혀로 맛보고 코로 냄새를 맡아야 한다. 또 손발을 움직여 활동하면서 배워야 하고, 기본이 되는 생각이나 행동은 되풀이되는 연습을 통해 익혀야 한다.

셋째, 자주학습이다. 학습의 주체는 어린이라는 인식이다. 무엇을 하고 무엇을 익혀야 할 것인가를 어린이 스스로 택하게 부추겨야 한다. 학습의 자유 말이다. 핀에 등을 꽂힌 표본실의 나비처럼 한 군데에 고정되지 않고 필요에 따라 장소도 옮기고, 개념을 자신의 관찰로 익히는 경험학습, 그리고 비록 더디지만 시행착오도 해가면서도 자신이 유도하는 결론 … 이런 학습이다. 이것을 "자주교육"(auto-education)이라 했다.

넷째, 생명 외경이다. 어린이는 흙도 일구어 꽃나무를 키우고, 먹이를 주며 동물도 사육하고, 아름다운 자연의 신비에 접해 생명의 아름다움과 귀함을 피부로 느껴야 한다. 자기가 파낸 땅 속에 꿈틀거리는 뭇 생명을 보며, 자신의 생명의 귀함도 알아야 한다. 이것을 그녀는 자연에 대한 외경심이라고도 했다.

다섯째, 평화교육사상이다. 평화는 인류의 영원한 이상이다. 교육을 통해 그 평화의 터전, 평화의 마음을 키워가자 한다. 그녀의 평화교육 방식은 소박했다. 환경 안에서 아늑함을 느끼고, 질서를 사랑하고, 건설적인 활동을 즐기고, 친구들과 즐겁게 노는 생활 그 자체였다.

몬테소리, 그녀의 유아교육론에는 프뢰벨과는 분명 다른 새로운 것, 귀한 것이 있다.

5. 두 유형의 유치원

이름은 같은 유치원이지만 프뢰벨유치원과 몬테소리유치원은 다른 점이 너무 많다. 물론 같은 점 역시 많지만. 어린이의 존중, 조기교육의 중요성 인식, 교구의 개발과 활용 … 등에서는 같다. 그러나 한쪽은 아름다운 정원에서 친구들과 유희를 즐기게 하는데, 다른 한쪽은 교구로 가득 찬 교실에서 자기가 좋아하는 교구를 꺼내 혼자 공부에 몰두한다. 한쪽은 직관적인 이해를 꾀하는데 한쪽은 논리적 인식을 중시한다.

단적인 그 예를 교구에서 하나씩만 들자. 프뢰벨의 제1 은물 6개의 색공(빨강, 노랑, 주황, 초록, 파랑, 보라)과 몬테소리의 각기 10개의 원기둥으로 이루어진 세 종류의 원기둥 세트 즉, 지름만 줄어드는 원기둥들(10개), 지름과 높이가 줄어드는 원기둥들(10개), 그리고 높이만 줄어드는 원기둥들(10개), 지름은 줄어들고 높이는 늘어나는 원기둥들(10개)를 보노라면,[21] 그 차이를 너무나도 잘 알 수 있다.

그러면 어느 편이 더 좋은가. 이에 대한 대답은 절대 금물이다. 마치 남자 아이와 여자 아이 중에 누가 더 좋은가 하는 물음 자체가 어리석고, 이에 대한 대답은 더 어리석다는 이치와 같다. 남녀는 서로 다르면서 서로를 필요로 하고 서로 상생하며 인류라는 종을 이어가듯이 이 두 유치원도 서로의 장점을 키우면서 유아교육의 발전을 기해야 한다고 할 수 밖에 없다. 그러기 위해서 우리는 어느 점이 서로 같고 어느 점이 서로 다르냐를 분명히 인식해야 한다.

같은 점도 많지만 우리는 이것을 크게 다음 다섯만으로 간추리자. 첫째, 학습의 주체가 어린이다. 어린이의 활동을 부추기고 그들이 스스로 공부하게 도와준다. 불필요한 간섭은 삼가야 한다. 우리는 어린이를 도운답시고 실은 성장을 막는 일이 얼마나 많은가. 참학습은 어린이를 세우는 학습이고, 올바른 교육방법은 따뜻한 미소를 보내며, 한 걸음 떨어져 지켜보며 부추겨주는 "소극교육"이다.

둘째, 교구를 많이 만들어 그것을 가지고 기본적인 개념들을 직관적, 혹은 논리적으로 이해 · 인식케 한다. 교구는 심심풀이로 가지고 노는 장난감이 절대 아니라 "교과서"에 해당하는 것이다.

셋째, 유아기 발달과정의 중요성 인식이다. 어린이는 어른의 축소판이 절대 아니다. 어린이에게는 어린이의 인식방식, 사고방식, 사는 세계가 따로 있다. 프뢰벨은 말한다. "어린이는 어린이로 키워야 한다. 그렇지 못한 어린이는 커서 어른이 되어도 어른답지 못하게 된다." 몬테소리는 말한다. "유아기에 흠뻑 어머니의 사랑을 먹고 자라지 못한 사람은 연상의 여인과 결혼하여 그것을 보상하려 들 것이다."

넷째, 정상과 결함의 성격 이해다. 욕심이 많은 어린이, 거짓말을 밥 먹듯 하는 어린이, 도벽이 있는 어린이를 대할 때, 어린이에 대한 우리의 믿음, 즉 인간의 성선설에 대한 믿음이 흔들린다. 그러나 이러한 그릇된 행동은 정상적인 성장을 거친 아이에게는 절대 나타나지 않음을 우리는 인식해야 한다. 그래서 이들을 정상적인 성장과정으로 되돌려주어야 한다. 결함은 결코 어린이의 인간적인(선천적인) 악에서 나온 게 아니다. 실은 자기에게 너무나도 무관심한 어머니나 아버지의 관심을 끌기 위한, 무의식적인 수단일 수 있다!

다섯째, 이상주의다. 교육을 통해 이상사회를 실현하자고 한다. 프뢰벨과 몬테소리 두 사람은 둘다 종교적 신념이 강한 사람이었다. 그래서 그것이 그들 유치원의 교육 이념에도 잘 나타나 있다. 앞서 본대로 『인간교육』의 첫 줄이 모든 피조물 속에 깃든 섭리의 찬가였다. 몬테소리는 어떠한가. 『유아교육 첫걸음』의 맨 끝의 장이 "도덕적 신조"인데, 그 속에서 이렇게 표명한다.[22)]

> 우리는 지금 육체의 빵 따위 문제보다는 훨씬 깊은 문제, 즉 인간의 내면적 삶과 그 절묘한 기능들이라고 하는 정신적 자양의 문제를 다루고 있다. 우리가 지금 다루고 있는 빵은 영혼의 빵이다.

두 사람의 생각이 다른 점, 그래서 이들 두 유치원이 다른 점은 무엇인가.

첫째, 학습단위에서다. 프뢰벨은 유희를 중시했기에 어린이의 학습단위는 7~8명을 하나의 동아리로 하는 분단 학습이 주가 되었다. 한편 몬테소리는 어린이들의 자기활동을 보다 중시했기에 개별학습이 보다 강조될 수밖에 없었다.

둘째, 준비된 환경에서다. 어린이의 학습을 위해 환경을 미리 좋게 마련해두는 데서는 같다. 그런데 그 환경이 프뢰벨의 경우, 쉽게, 극단적으로 말하면, 모래판에서 흙강아지처럼 놀게 도와주는 "자연적" 환경인데 견주어, 몬테소리의 경우, 앞서 본 4쌍 40개의 원기둥 교구에서처럼 조직적 · 과학적 · 분석적이어서 "인공적" 환경이다.

셋째, 지능에서의 강조면에서다. 상상력을 보다 중시하느냐, 지성을 보다 중시하느냐다. 어린이의 지능에는 두 가지 서로 다른 측면이 있다. 놀이와 꾸밈을 좋아하는 상상력이 하나, 실제문제를 잘 처리하는 지성이 또 하나다. 물론 프뢰벨은 상상력, 몬테소리는 지성 편이다. 어느 것이 어린이에게 더 중요한가. 논쟁은 계속되고 있다. 프뢰벨학파 사람들은 몬테소리학파 사람들이 어린이들에게 지나친 것을 요구하고 있다는 것이고, 거꾸로 몬테소리학파 사람들은 프뢰벨학파 사람들이 어린이가 정말 멋지게 자랑스럽게 해내는 것을 보지 못한 탓이라고 대꾸한다. 아무튼 한편은 상상 · 꾸밈 · 놀이를 어린이의 본성적인 것으로 여기고, 또 한편은 어린이도 현실성 · 정확성 · 작업성을 잘 발휘할 수

있다 한다.[23)]

넷째, 큰 세계와 작은 세계에서다. 프뢰벨 측은 인공적인 작은 환경보다 자연적인 큰 환경, 들과 산과 바다, 그리고 어른들의 삶의 세계가 어린이들에게도 진정 필요한 세계라 여긴다. 그런데 몬테소리 측은 어린이들을 위해 미리 잘 다듬어진 작은 세계를 보다 중히 여긴다. 그 작은 세계 안에서 능력을 잘 키우고 평화롭게 살아야만 장차 큰 세계에 잘 적응하고 평화롭게 살 수 있다 한다. 마치 나비가 활기차게 날개치려면 튼튼한 번데기 시절이 필요하듯!

다섯째, 세계관에서다. 하나는 범신론적이고 또 하나는 카톨릭적이다. 프뢰벨의 범신론은 어린이 속에서 우주의 질서, 창조의 신비 그리고 하나님을 본다. 어린이는 작은 우주라고 여겼다. 몬테소리의 카톨릭은 예수의 속죄와 복음, 천당과 지옥, 육체와 영혼, 현세와 내세 등 그 전통적 · 정통적 교리를 다 신봉한다.

6. 우리 역사 안의 유아교육론

30여 년 전에 나는 가까이 모시는 교수님에게서, "우리 겨레의 기적" 이야기를 듣고 감명한 바 있었다. 이렇게 조그마한 민족이 그 큰 다른 민족 사이에 끼어 시달리면서도 그 언어와 전통을 지키고 이렇게 5천 년을 살아남았으니 기적이 아닌가, 어디 세계에 그런 예가 있는가. 이런 말씀이었다. 지금이야 "한강의 기적"이란 말을 하도 들어서 기적 이야기가 별로 괴이하지도 않지만 그때만 해도 정말 허튼 소리 같이 여겨지는 때였다. 그 후 나는 전공영역도 아니면서 토인비 맛이나 볼까 하는 심정으로 시카고 어느 헌책방에서 그의 『역사연구』 제12권의

“재음미”라는 제목의 종합편을 구해서 읽다가 거의 비명을 지를 뻔 했다. 우리 조선 문화는 만발한 문화 31개 중의 하나이고 더욱 현재도 피어 있는 15개 문화 중의 하나라는 것이었다. 표로 선명하게 나와 있었다.[24)]그 후 나는 토인비가 동양의 전통적, 귀한 대가족 제도가 남아 있는 것이 한국이라는 그의 찬양의 글이 있다는 것도 들었는데, 이것은 아직 내가 고증은 못하고 있는 숙제 중의 하나다.

우리 겨레를 이렇게 지탱해 오게 한 힘은 어디에 있었을까? 가부장적 대가족제인 혈연공동체 교육의 힘도 그 중의 하나였을 것이라는 것이 나의 믿음이다. 그리고 이것은 나 자신이 조부모님으로부터 받은 유아교육 관련 여러 추억에서도 피부로 느껴지는 것이다. 쉽게 말하면 가정교육, 유아교육, 안방교육의 힘이다. 이와 관련된 우리 고전적 문헌에 무엇이 있을까. 나는 소혜왕후 한씨의 『내훈』(內訓)과 이덕무(1741-1793)의 『사소절』(士小節)을 음미코자 한다. 『내훈』은 3권 4책으로 짜여지는데 유아교육에 관한 가르침은 권3의 제5 모의장(母儀章)에 담겨 있다. 그 첫 절이 이렇다.[25)]

> 내칙(內則)에 이르기를, 무릇 자식을 낳아 여러 어머니와 마땅한 사람을 택하여 반드시 그 관대하고 여유롭고 자비로우며 은혜롭고 온화하며 어질고 공경스럽고 조심하여 삼가서 말을 드물게 하는 사람을 구하여 자식의 스승을 삼고자 하리라. 자식이 능히 식사를 하거든 오른 손으로 먹도록 가르치며 능히 말을 하거든 남자는 예하고 공손히 빠르게 대답하고 여자는 부드럽고 유하게 답하며, 남자의 띠는 가죽이고 여자의 띠는 실이니라. 여섯 살이 되거든 헤아림과 바야흐로 처할 곳을 가르칠지니라. 일곱 살이 되거든 남자와 여자가 한 자리에 앉지 않으며, 함께 음식을 먹지 않으니라. … 열다섯이 되거든 비녀를 꽂으며 스물이 되거든 혼인을 할 것이니 연고가 있거든 스물셋에 혼인을 할지니라. 예의를 갖추어 혼인을 하면 정식 아내가 되고 음란히 분망함으로써는 첩이 될 것이니라.

이렇게 출생에서 결혼에 이르기까지의 교육을 자세하게 깨우치고 있다. 위 글 중에서 헤아림이 무엇인지 또렷하지 않아 한자 원문을 보았더니 교지수(敎之數), 즉 수를 세는 것이었다. 중국의 유교적 교훈을 여기저기 따서 엮었기에 결코 독창적이라고는 할 수 없으나 자녀교육에 대한 그 정성은 이렇게 컸다. 『내칙』은 실은 예기의 한 부분이라 한다. 『사소절』은 자잘하지만 꼭 지켜야만 할 예의 · 범절이라는 뜻이며, 사전(士典), 부의(婦儀), 동규(童規)의 세 편으로 짜여져 있다. 이 중에서 동규 속의 한 절을 읽어보자.[26)]

> 어린이들은 경솔하고 수선스럽고 들뜨고 천박한 버릇이 많다. 행실이 완전치 못하고 일을 제대로 하지 못하는 것은 바로 이런 특성 때문이다. 그러므로 『주역』에서 말하였다. "무지 몽매한 아이들을 교육하여 바른 사람으로 만드는 것은 성인(聖人: 교사)의 공적이다" 라고.

우리에게도 이렇게 몬테소리에 몇백 년 앞서 소혜왕후의 『내훈』이 있었고, 프뢰벨에 40년 앞서 이덕무의 『사소절』이 있었던 것이다. 이런 귀한 고전들이 왜 그간 햇빛을 별로 보지 못했던가. 서양을 모방한 근대화 때문이다. 그러나 최근 우리 전통문화를 찾아 그것을 현대의 우리 교육에 살려내자는 학문적 자각이 일기 시작했다. 유아교육면에서의 그 성과를 우리는 두 저작을 통해 맛볼 수 있다. 손직수 교수의 『조선시대 여성교육 연구』(1982), 유안진 교수의 『한국 전통사회의 유아교육』(1990)이다.

손직수 교수는 이 연구에서 여성 자신의 교육, 어머니로서의 자녀 교육에 초점을 맞추고 있는데 그 결론에서 이렇게 마무리 한다.[27)]

> 우리는 전통사회의 여성들이 그 어려운 3강 중심의 수직윤리 속에서도

청한정정(淸閑貞靜)한 성품을 닦으려고 노력한 점과, 또한 어머니로서의 모의(母儀)를 다하기 위해 몸가짐을 바로잡으며 자녀교육을 한 점, 그리고 또 그 어려운 살림살이 속에서도 근검절약하여 길흉대사를 성의껏 치렀다는 점 등은 높이 평가해야 할 것이다.

또한 700쪽에 육박하는 유안진 교수의 15년에 걸치는『한국 전통사회의 유아교육』은 한국 전통사회의 가치 및 사고체계가 현대의 교육이론, 인간발달이론 및 심리치료 등의 이론에 어떻게 음미 · 재생될 수 있는가를 연구한 것이다. 우선 그 방법부터가 분석적이다. 태아단계(잉태 전~출생), 감각 및 동작훈련단계(출생~3세경), 무릎학교단계(3~5세), 자발적 학습단계(5~7세), 그리고 성(性)역할 교육단계(7~13세)의 5단계로의 우리 고전에서의 고증과 그것이 갖는 현대적 의의, 교육적 의의의 분석이다. 특히 무릎학교 단계 교육은 할머니의 무릎과 가슴에 안겨 받은 교육의 귀함을 분석한 것인데 이는 다른 연구에서는 별로 보지 못하는 참으로 독창적인 것이다. 성역할 교육단계 연구 부분의 결론의 일절을 음미하며 이 꼭지를 맺기로 한다.[28)]

훈육의 기제에서도 엄부자모, 형우제공(兄友弟恭), 연대책임, 이웃사촌 및 생활과 생활용품을 통한 다양한 접근이 훈육의 효과를 증가시킬 수 있었다. 이러한 다양한 접근을 통한 교육으로서, 조기의 무리한 성인역할교육의 부작용이 감소되었다고 해석할 수 있다.

7. 한국 유아교육의 과제

어느 세대나 자기네 세대를 제일 불행한 세대라고 본다하는데 참 맞다. 바로 우리 세대다. 초등학교 3~4년 때 제2차 세계대전, 중학교 2~3학년 때 해방, 대학 1~2학년 때 한국전쟁, … 이렇다. 그러니 이렇게 살아남아 있는 것만도 다행이요 기적에 가깝다. 남아 있는 삶이란 그야말로 보너스로 알고 편하게 지내고 즐길 일이다. 이런 우리 세대는 절대다수가 유치원이란 상상도 못했다. 유치원이란 대도시에나 있었고 그것도 대개 일본인을 위한 것이었다. 그런 우리에게도 지금 생각하면 실은 훌륭한 유아교육이 있었다. 바로 대가족제에서 오늘 가정교육, 소수 정예분자(?)를 가르치는 서당교육, 그리고 무엇보다도 또래끼리 마음대로 활개치며 노는 "골목교육"이 있었다. 그래서 우리 세대는 꼭 불행한 세대만은 아니다.

그런데 한 세대 건너 뛰어 우리 손자 손녀들의 세대는 어떠한가. 떨어져 살기에 할아버지 할머니의 가르침과 사랑도 제대로 받지 못한다. 매일 유치원 버스에 실려 끌려 다니고, 일주일에도 몇 군데, 피아노다 그림이다 무용이다 태권도다, 요새는 영어회화다 하는 학원에 다녀와야만 한다. 아빠는 회사일로 바빠 얼굴보기도 어렵다. 엄마는 언제나 공부하라고 다그쳐 아이를 밖으로 내보내고는 자기는 TV 앞에 앉아 아침부터 패륜 · 음란 · 허황한 홈드라마나 보다가 애들 과외비 마련한다고 낮에는 백화점 계산대 파트타임 아르바이트를 나간다. 아빠들 만나면 소주방에서 교육비 걱정이고 엄마들 만나면 노래방에서 애들 성적 걱정이다. 그런데 진작 그 교육이라는 것이 모두 놀이처럼 즐거운 것이 아니고 남을 딛고 일어서게 하는 피나는 경쟁교육이다. 그러니 똑똑한 아이일수록 이런 생활에 역겨움을 느끼고, 그것을 부모에 대한, 특히 그 교육에 관한 "주무장관" 엄마에 대한 반항으로 표출한다. 그래서 모자간 모녀간의 기싸움으로 즐거워야 할 가정은 바람 잘 날 없다. 그러면 어떻게 해야 할 것인가. 우리는 우선 유아교육이란 무엇인가를 살펴본 다음 그 과제들을 분석해보기로 하자.

사전적 정의에 의하면, 유아교육(early childhood education)이란 만 2세부터 초등학교 3학년 정도의 어린이를 위한 교육으로 되어 있다. 그러나 만 6세부터는 초등학교 교육에 들어서기에, 실은 생후 1년에서 만 5세까지로 보는게 옳다고도 한다. 이 시기를 다시 세 단계로 나누어, 1~2세의 보육단계, 3~4세의 유아원 단계, 5세의 유치원 단계로 나눈다. 각 단계 나이가 겹칠 수도 있다. 종류도 여러 가지다. 유치원의 경우 국·공·사립이 있다. 유아원의 경우는 특히 대학의 연구목적으로 설립한 대학부설 유아원, 유지들이 세운 사설유아원, 가난한 마을 자녀들을 위한 사회복지 유아원, 신자 자녀들을 위한 교회/사찰유아원, 주택단지 주민들이 세우는 협력유치원, 그리고 최근 나타나기 시작한, 몇몇 뜻있는 어머니들이 모여 서로 돌보는 "공동육아" 유아원들이다. 보육단계의 유아교육은 원래 여성들을 "산업선사"로 동원하는 선제주의 국가나 공산주의 국가에서 전문적 보모를 배치한 "탁아소"가 그 모델인데, 그 비교육성이 드러나 현재는 적어도 자유주의 국가에는 별로 없다. 단 큰 직장에서는 어머니들을 위해 보육시설을 마련해주는 추세에 있다.

유아교육에서 가장 중요한 것은 교육내용이다. 그 기간이나 종류 따위가 아니다. 우리는 앞서 프뢰벨유치원과 몬테소리유치원의 같은 점과 다른 점들을 분석해보았다.

그러면 일반적으로, 유아교육의 목적 혹은 기능은 무엇일까? 교육학자들은 이것을 크게 넷으로 나누고 있다.[29] 첫째, 국가발전 수단으로 보는 관점이다. 일찍이 플라톤의 교육론에서 본 탁아소 교육이념이나

1960년대의 미국의 헤드스타트 프로그램 등이 그것이다. 둘째, 가정기능의 대행이나 단순한 육아로 보는 관점이다. 어버이를 대신해서 어린이를 돌보고 보호하고 키워주는 기능이다. 셋째, 초등학교 준비교육으로 보는 관점이다. 이런 관점도 꽤 설득력이 있어 이미 오래 전부터 초등학교에 유치원이 파고들고 있다. 넷째, 조기교육 또는 재능교육으로 보는 관점이다. 우리는 몬테소리에도 이런 생각이 있다는 것을 이미 보았다.

이런 관점에는 교육심리학의 뒷받침도 있는 게 사실이다. 이 네 관점 중에서 어느 것이 가장 타당한가. 이것은 일반적으로 말할 수 없다. 시대에 따라, 상황에 따라 그리고 어린이 개개인에 따라 다를 수 있기 때문이다. 이 자리에서 문득 희대의 천재 철학자 플라톤의 익살스러운 말이 떠오른다. "똑똑한 놈만 골라 매질하라. 바보는 매질하지 마라"다. 바보는 약발이 안 들기 때문이란다. 같은 매도 이렇게 듣는 아이가 있고 안 듣는 아이가 있다. 그래서 교육은 어렵다는 것이다. 나는 여기에서 또 하나 유명한 명제를 들고 싶다. "교육에는 결코 자연과학에서처럼 보편타당한 이론이 성립될 수 없다." 내가 너무나도 좋아하는 독일의 쉬프랑어 등과 같은 문화교육철학파의 기본적 입장이다.

우리 유아교육은 어떤 과제를 풀어야할 것인가. 첫째, 취원율을 높이는 일이다. 한국교육개발원의 2004년 간추린 교육통계에 의하면, 유치원은 원아수 약 54만명에 취원율이 29.5%에 지나지 않는다. 취학률이 초등학교는 97.7%, 중학교는 진학률의 99.7%인데 말이다.[30)] 1992년부터는 취원 적령을 만 3, 4, 5세로 해서 취원을 정책적으로 확대 · 지원했는데 30%에 미치지 못하니 이게 큰 문제다. 좀더 자세히 보니, 1995년에 26.0%였던 것이 10년 지난 오늘에 경우 4%도 늘지 않았다. 여기에는 유아교육 필요성에 대한 부모들의 인식의 제고 그리고 국가, 지역자치체, 그리고 각 교육기관의 정책적 배려와 지원이 긴요하다.

둘째, 정책적 배려에서는 넷을 들어야 한단다. 나는 최근 정강희님의 "유아교육 정책의 문제점 및 개선 방안"(2003)이란 논문을 접해 이에 대한 인식을 새로이 했다. 관심은 어느 누구에 못지않은 사람이나 나는 유아교육 전문 밖의 사람이므로 위 논문에서의 결론 중의 정책적 제언에 전적으로 동감하고 이것을 소개하고 글을 맺기로 한다.[31)]

첫째, 유아교육의 공교육화다. 유아교육의 중요성으로 보아 당연하다. 둘째, 유아교육 정책의 적시성과 대응성 제고다. 교육환경의 변화에 교육정책이 발빠르게 대응해야 한다. 셋째, 유아교육 전문성 강화다. 이를 위해서 유아교육 교사들을 위한 재정적 지원이 긴요하다. 넷째, 유아교육 관련법의 일원화다. 그리하여 각 기관에 흩어져 있는 유아교육 관련기구들을 합리적 · 효과적으로 지원 · 감독하자는 것이다.

---

1) 페스탈로찌(김정환 옮김), 『페스탈로찌가 어머니들에게 보내는 편지』(양서원, 1989).

2) 위 책 초판에서는 14-16쪽, 개정판(1999)에서는 17-18쪽. 이 책의 초판에는 나의 "페스탈로찌의 「유아교육서한」 연구"라는 논문이 부록으로 담겨 있고, 개정판에는 이것이 빠지고 대신 나의 『전인교육 어떻게 할 것인가』(내일을여는책, 1997)의 제4장 전인적 가정교육론(181-217쪽)이 들어갔다.

3) maternal love; Mutterliebe.

4) My children are born for eternity; Meine Kinder sind fuer die Ewigkeit geboren.

5) a bud not yet opened; eine noch nicht geoeffnete Knospe.

6) The heart has, indeed, are pre-eminent claim on her education.; Das Herz hat taetsachlich einen hoechsten Anspruch auf ihre Aufmerksamkeit.

7) Thine is the province to assist in calling them forth; Deiner ist Amt, zu helfen, in dem du sie hervorrufst.

8) second nature; zweite Natur.

9) a gift of God; ein Geschenk von Gott.

10) to desire little, and to be satisfied with even less; Weing zu wuenschen und noch weniger zu frieden zu sein.

11) work without assistance; ohne Hilfe zu gehen.

12) good taste and good feelings; gute Geschmack und edle Gefuehle.

13) educating mothers; die Mutter zu erziehen.

14) the element of number, form, and language; die Grundbegriffe von Zahl, Form und Sprache.

15) the perfection of the whole being of man; die Vollkommung des gesamten menschlichen Seins.

16) 원문으로는 Diese Einheit ist Gott, 즉 자연·정신·생명은 원래 하나라는 뜻이다. 이 Einheit는 기독교에서 성부·성자·성령의 3위 일체성을 말할 때의 일체성(Drei-Einigkeit)이다. 영어번역으로는 The Unity is God다. F. Froebel. *Die Menschenerziehung*(1826), Berlin: Elsnerdruck, 1951, S. 7. 영어번역판은 *The Education of Man*, trans. W. N. Hailmann, New York: Appleton, 1896, p. 1.

17) 은물의 종류는 12가지인데, 첫째는 6개의 색공(빨강, 노랑, 주황, 초록, 파랑, 보라)으로 통일성과 완전성을 상징하며,…둘째는 나무로 만든 직경 6cm의 구, 원주, 입방체의 세 가지 물체 … 등이다. 이기숙·장영희·정미라·엄정애 공저, 『유아교육개론』(양서원, 2002), 86-88쪽 참조.

18) 몬테소리 해설서 중에 돋보이는 것이 다음 책이다. 이상금·지경애 공저, 『몬테소리 교육-이론과 실제』, 교문사, 1987.

19) Maria Montessori-*Dr. Montessori's own Handbook*, 1914,(New York: Schoken Book, 1965), 김정환 옮김. 『유아교육 첫걸음』(양서원, 1992).

20) 참고가 될 것 같아 이 각장의 제목을 영어로 소개하기로 한다. 1. Introductory Remarks, 2. A "Children's House," 3. The Method, 4. Motor Education, 5. Sensory Education, 6. Language and Knowledge of the World, 7. Freedom, 8. Writing, 9. The Reading of Music, 10. Arithmetic, 11. Moral Factors.

21) 몬테소리. 김정환 옮김. 『유아교육 첫걸음』(양서원, 1992), 53-54쪽. 그림 10, 11, 12, 13참조.(몬테소리의 *Dr. Montessori's Own Handbook*, New York: Schocken Books, 1965에서는 67쪽 참조)

22) 위 책 140쪽(원서 p. 186-7).

23) 상상·꾸밈·놀이는 immagination·make-belief·play, 현실성·정확·작업성은 reality·exactitude·work를 옮긴 말이다.

24) A. Toynbee, *A Study of History*, Vol. Ⅻ, Reconsideration(Oxford Univ., 1961), p. 559.

25) 소혜왕후 한씨 原文, 이규순 校註, 『內訓』(백양출판사, 1985), 155-6쪽.

26) 신창호 교수가 "학생은 어떤 존재였던가(3)"에서 이덕무의 동규를 어린이의 특성과 교육이라는 제호로 쉽게 풀이한 편역의 첫 절이다. 『처음처럼』(2003, 1/2 35호), 48쪽.

27) 손직수, 『조선시대 여성교육 연구』(성균관대학 출판부, 1982), 189쪽.

28) 柳岸津, 『한국 전통사회의 유아교육』(서울대학교 출판부, 1990), 656쪽.

29) 이기숙 외, 『유아교육개론』(양서원, 2002), 17-26쪽.

30) 교육인적자원부, "2004년 간추린 교육통계," 25쪽.

31) 정강희, "유아교육정책의 문제점 및 개선방안"(연세대학교 행정대학원, 2003), 98-99쪽.

제 6 장

가정교육론

1. 가정과 인생
2. 네 유형의 가정관
3. 가정의 일곱 가지 큰 기능
4. 가정교육의 다섯 가지 기능
5. 가정교육의 다섯 가지 방법
6. 흔들리는 한국 가정
7. 한국 가정교육의 다섯 가지 과제

1. 가정과 인생

가정이란 무엇인가? 무엇이길래 삶에 그렇게 큰 영향을 주는 것인가. 아니면 사회가 망가져 가정이 망가지게 된 것인가. 수신제가(修身齊家) 연후에 치국평천하(治國平天下)라 했다. 자기 몸과 마음을 가다듬고 집안을 가지런히 한 후에 비로소 사회에 나가 자기 몫을 하면서 나라에 크게 이바지하라는 뜻이리라. 그런데 우리 현실은 어떠한가? 최근의 여러 전직 대통령 어느 하나 이 수신제가, 그 중에서 수신은 몰라도 제가한 사람이 없다. 제가까지 한 대통령이 있었더라면 얼마나 좋았을까. 우리 국민들은 특히 사람을 대할 때 그 사람됨과 집안을 본다. 수신제가를 가장 귀한 도덕, 즉 이것을 모든 능력의 기본으로 삼는 동양문화의 귀한 전통 덕택 때문이다. 나는 감히 덕택이라 했다. 그 세계관이 아주 옳았다는 나의 믿음 때문이다.

가정이 얼마나 귀한 것이며 또 얼마나 즐겁고도 아름다운 곳인가. 그 단적인 증거가 하나 있다. 어느 학자가 세계에서 가장 많이 불리워지고 있는 노래가 무엇인지 조사했다. 1위는 가정의 즐거움을 추억한 노래, 2위는 고향의 아름다움을 기리는 노래, 그리고 3위는 서로의 사랑을 다지는 노래였다 한다. 여기까지는 별로였다. 대충 기대한 대로다. 그런데 문제는 또 여기에서부터였다. 가정을 기리는 노래의 빈도가 2위의 고향, 3위의 사랑을 기리는 노래보다 그 빈도가 압도적으로 많다는 것이었다. 그야말로 몇 곱이었다. 더욱, 가정의 노래는 동양이나, 서양이나, 남자나 여자나, 노년층이나, 청년층이나 다 좋아한다는 것이었다. 가정의 노래 중에서도 단연 으뜸은 "즐거운 곳에서는 날 오라하여도 내 쉴 곳은 작은 집 내 집뿐이리"로 시작되는 노래였다. 우리도 중학교 때, Home, sweet home, there is no place like home이라고, 영어도 익힐 겸 많이 불렀다. 그때 중학교 음악교과서에 꼭 나오는 필수곡이였을 것이다. 다음이 "켄터키로 날 보내주오 …"아니었을까. 우리 노래도 그렇다. 아마 "아빠하고 나하고 만든 꽃밭에 …"가 단연 1위요, "나의 살던 고향은 꽃피는 산골, 복숭아꽃 살구꽃 아기 진달래"가 2위쯤 아닐까.

나는 제자들 결혼식 주례를 꽤 많이 서 왔다. 힘이 들고 신경도 쓰여 우리과 졸업생에 한해 서준다는 원칙, 그리고 환갑까지만 서준다는 선언을 지켰는데도 아마 30쌍은 되었을 것이다. 모두 잘들 살아주어 얼마나 흐뭇한지 모른다. 주례사는 다섯 종류로 대충 짜놓고, 그 다섯 종류의 내용 중의 이곳저곳에서 한두 가지씩 뽑아서 새 것으로 "조합"해서 조립한다. 그래서 늘 새로 메모해서 근엄하게, 강의식으로 타이른다. 결혼식은 신성한 예식이라는 게 나의 기본적인 생각이다. 종교적 의식에 가까워야 한다. 그래서 일부러 웃기는 주례들을 보면 배알이 틀린다. 개그맨이나 할 일이지 하면서다. 또 잘 먹고 잘 살아라 따위 흔해빠진 이야기, 서로 사랑하라던가 하는 굳이 안 해도 다 아는 소리, 흰머리 파뿌리 될 때까지 해로하라는 따위 말은 절대 나는 안 한다.

그러면 내가 한 주례사는 대충 어떠한 것이었나. 하나는 결혼이란 두 집안이 혼사로 이어지는 것(結婚)이라기보다 두 사람의 영혼과 영혼의 만남(結魂)이라는 것에서 시작해서 만남의 귀한 특성을 여섯 가지로 풀며, 이 순간의 이 엄숙한 만남의 기쁨을 평생 잘 키워가라고 타이르는 것이다. 또 하나, 결혼이란 새로운 가정을 이루는 것인데, 그러면 가정이란 무엇이며, 가정의 문화 · 사회적 여러 기능, 그 중에서도 교육적 기능이 얼마나 중요한 것이냐 하는 것을 타이르는 것, 그리고 또 우리는 교육학을 전공한 사람들이기에 가정의 교육적 기능, 가정교육의 내용과 방법을 잘 살려 훌륭한 가정을 건설하여 그것으로, 그대를 우러러보는 사춘기의 제자들의 본이 되고 그것으로 국가 · 사회에도 이바지해야 한다고 타이르는 것 등이다. 그런데 이런 주례사는 다른 곳에서는 못 듣는 이야기인지 모두 경청한다. 그러나 몇 번 웃긴 기억이 난다. 신랑은 교사이니, 신부는 복장에 신경 써 주어야 한다, 하나의 넥타이로 일주일 내내 교실을 누벼서는 절대 안 된다, 학생들, 특히 여학생들은 얼마나 질리겠느냐, 넥타이만은 매일 바꿔라! 이 말만 나오면 모두 폭소하는 것이었다.

가정이란 무엇인가. 우선 우리말 사전에서 보자

-**가정**(家庭): 가족이 함께 생활하는, 사회의 가장 작은 집단. *결혼해서 한 ~을 이루다.(동아출판사, 『새국어사전』, 1990)

-**가정**(家庭): ① 한 가족이 살림하고 있는 집 안, 집의 울 안, ② 부부와 아들자식들이 공동생활을 하고 있는 사회의 가장 작은 집단. (민중서림, 『국어대사전』, 1997)

가정은 이렇게 결혼으로 맺어진 가족들이 집이라는 한 울안에서 공동 생활하는 것이자 곳이다. 나는 이것을 이렇게 쉽게 정의해 본다.

> 가정은 부모 · 자녀 등 근친을 중심으로 동거하며, 경제적으로 협력하고 자녀를 출산 · 육성하는, 인생에 있어 가장 중요하며, 또 국가· 사회의 핵심적 소집단이다.

가정의 가장 귀한 특질은 무엇일까? 우리말 사전에서도 강조하고 있듯이 "사랑으로 묶여 한 울 안에서 사는 집단"이 아닐까? 이 외에도 물론 더 있다. 사회학자들은 이렇게 푼다. ① 사회의 여러 집단 중의 최소단위 사회이며, ② "우리 의식"이라는 정감이 강한 집단이며, ③ 이익추구 사회가 아니라 이익을 나누는 협동사회이며 ④ 밖으로 드러내는 개방집단이 아니라 꼭꼭 숨어 즐기는 닫힌 집단이라고.[1] 이 모든 특질을 한 줄로 요약하면 어떻게 될까. "가정이란 사랑으로 묶여 사는 한 울 안의 집단"이겠고, 그 핵은 "사랑"이겠다.

끝으로 이 가정의 특질과의 관련에서 꼭 음미·찬탄해야 할 두 사람의 말씀을 들고자 한다. 첫째는 너무나도 유명한 괴테다. 그는 영어에서 꼭 "수입"해야 할 말이 "Home"이라 했다. Home이라 하면 정감이 담긴다. 그런데 독일어에는 가정이 das Haus다. 그러나 이것은 영어의 House, 가옥에 해당하고, 또 사랑스러운 여성명사가 아니고 목석같은 중성명사란다. 독일어에는 영어의 Home에 해당하는 명사가 따로 없다! 이것이 시적 직관으로 꿰뚫어 본 괴테의 한탄이었다. 또 한 사람은 20세기 지성을 대표하는 반체제 사상가이자 평화운동가 영국의 러셀의 말씀이다. 그는 말한다. 가정의 여러 기능은 시대의 변천에 따라 문화·사회적으로 많이 흔들리고 있다. 그러나 "사랑의 체험"을[2] 어린이에게 안겨 주는 이 일만은 변하지 않았고, 변하지 않고, 변하지 말아야 한다고.

2. 네 유형의 가정관

가정교육은 가정에서 나오고, 가정은 다시 그 가정을 구성하고 있는 가족에서 나오고, 또 그 가족은 또다시 각 성원의 권리와 의무의 인식과 수행의 총체로 될 수밖에 없다. 그래서 가정교육은 이 "권리와 의무의 인식과 수행의 총체"로 까지 거슬러 올라가 생각할 수밖에 없다. 그것을 우리는 가정을 어떻게 보느냐의 가정관이라 할 수 있다. 그런데 이 가정관이 문화 · 사회적으로 다르고, 시대에 따라 변천해서 문제다. 예를 들자. 부부 중심의 기독교적 가정관이 있다. 가부장 중심의 유교적 가정관이 있다. 이에 따라 가정교육의 윤리와 내용이 다르다. 또 예를 들자. 기독교적 가정관도 흔들려 레즈비언, 동성결혼도 합법화되어가는 과정에 있다. 기독교의 하나님의 창조의 질서를 어기는데 말이다. 유교적 가정관도 흔들려 야단이라 한다. 우리나라에서 보자. 동성동본 금혼 규정과 호주제 폐지론의 그 요란스러웠던 변천과정에서다. 전통 · 관습 · 역사를 내세우는 유림들, 개인의 권리와 자유 그리고 현실을 내세우는 여성계, 그리고 사회질서와 공공복리라는 칼자루를 쥐고 있는 대법원과 헌법재판소의 밀고 밀리는 싸움들을 우리는 너무나도 많이 또 오랫동안 보아왔다.

그런데 1958년 제정 민법 제89조의 동성동본 금혼 규정은 1997년 헌법재판소에 의해 헌법 불합치 결정이 나와 2005년 3월 2일 국회 본회의에서 그 개정안이 통과되었다. "동성동본 금혼 제도를 폐지하고 근친혼 금지 제도로 전환한다"는 게 그 골자다. 한편 1958년 제정 민법 제980조 이하에서 규정된 호주제는 1990년 그 일부가 개정되었고, 2005년 2월 3일 헌법재판소에 의해 헌법불합치 결정이 내려져, 2005년 3월 2일 그 개정안이 국회 본회의를 통과했다. 가장 서민들의 이목을 끈 사안 즉, 아이를 데리고 재혼할 때, 전남편 성을 갖는 아이는 …. 그 골자는 이렇다. "자녀의 복리를 위하여 자녀의 성과 본을 변경할 필요가 있을 때에 한해서 부(父) 또는 모(母) 등의 청구에 의하여 법원의 허가를 받아 이를 변경할 수 있다." 그래서 해묵은 논쟁은 소수의견, 반대의견도 있었지만 일단, 법률 차원에서는 끝이 났다. 그러나 문화 · 관습 · 철학의 총체 가정관의 면에서는 아직도 이어지고 있다.

우리나라의 가정은 지금 이렇게 도전을 받으며 바뀌고 있다. 이에 따라 가정교육도 흔들리고 있다. 가정교육의 토대, 기둥이 되는 가정관,

이것이 문화에 따라 시대에 따라 바뀌는데, 우리나라는 바로 이 가정관이 특히 급격하게, 정말 그 경제 성장처럼, 참으로 놀랍게(어떤 사람은 한심스럽다고도 하는데) 바뀌어, 다른 나라, 다른 문화권에 비해 더욱 큰 문제를 노출하게 되었다. 한국의 출산율이 세계에서 제일 낮다는 생각은 10여 년 전만 해도 상상도 할 수 없었다. 어떻게 할 것인가. 우리는 역시 차분하게, 흔들리는 가정관을 냉철하게(따뜻하게도) 바라보며 이것을 우리의 주요 관심사인 가정교육 윤리와 내용에 반영해야 하지 않을까? 앞서 우리는 여러 유형의 가정관이 있다 했다. 그것을 차분하게 살펴보자는 것이다. 나는 이것을 크게 넷으로 나누어 보련다. 국가사회주의의 전체주의적 가정관, 친족중심의 유교적 가정관, 부부중심의 기독교적 가정관 그리고 출가(出家)를 받드는 불교적 가정관의 넷이다.[3)]

첫째, 국가사회주의의 가정관과 이에 비롯한 가정관의 이론적 모형은 유명한 그리스의 플라톤의 『법률편』과 『공화국편』에 있다. 한때 나찌 히틀러에 의해 시도되었으나 망했고 현재에는 공산권 그것도 독재주의적 공산권에 의해 간신히 남아 있는 모형이다. 플라톤에 의하면, 교육은 국가의 가장 중요한 기업이기에 그 목적 · 내용 · 방법 · 체제 · 교직 · 업무 등이 다 국가의 통제와 지원으로 이루어져야 하며 가정교육도 예외가 아니다. 결혼도 우생학적 견지에서 통제되어야 하고, 병신자식은 계곡에 버리고 흠이 없는 아이만 집단으로 수용하고 교육시키며 오로지 국가만을 바라보고 크게 하고, 그래서 개인적 · 인간적 애정 따위에 매이지 않게, 누가 자기의 아버지고 어머니인지 모르게 하고, 크면 병영에 넣어 단련시켜 그 결과에 따라 세 계급 즉, 철인, 군인, 노동자로 선별한다. 여성도 남성과 완전히 같다 …. 여기에서 가장 주목되는 것은 가정도 오로지 국가를 위해 존재한다는 논리다. 진정한 의미의 가정과 가정교육은 있을 수 없다.

둘째, 친족중심의 유교적 가정관에서 보자. 혈연으로 이어지는 인간관계를 "천륜(天倫)"으로 여겨 사회적·시민적 관계보다 이를 절대 우선시한다. 그래서 부부관계는 한단 아래인 "인륜(人倫)"이다. 부자관계는 천륜인데 말이다. 가끔 이 천륜과 인륜을 반대로 말하는 결혼 주례들이 있어 웃음을 금치 못한다. 유교에서는 수신제가 연후에 치국평천하 하란다. 몸을 닦고 가정을 가지런히 하는 일을 아주 중시한다. 효는 백행지 본이라 하여 효를 충보다 귀히 여긴다. 충효일치라 하는 구호는 유교가 타락하여 체제순응 체제로 전락했을 때나 나온 사상이다. 여기에서 우리가 각별히 주목해야 할 것은 유교에서는 가정이 적어도 국가와 동격(同格)이라는 것이다. 나 개인은 이 논리를 굉장히 소중히 여긴다고 고백하고 싶다.

셋째, 부부중심의 기독교적 가정관은 어떠한가. 부부라는 인격적 관계가 가장 중시된다. 플라톤이 국민적 자질 충을, 유교가 혈연적 효를 중시하는데 비해 기독교에서는 남과 남이 서로 좋아 맺는 계약적 관계이자 인격적 관계 즉 사랑을 바탕으로 가정을 이룬다. 여기에서 우리가 각별히 주목해야 할 것은 충보다 효보다 사랑이라는 것이다. 성경에 나오는 그 숱한 사랑의 찬가들을 우리는 특히 눈여겨 보아야 한다.

넷째, 불교적 가정관은 어떤가. 여러 경전, 심지어 『팔만대장경』까지 훑어보아도 뭔가 그 가정관이 선명하게 들어나지 않는다. 그래서 제자뻘 되는 유명한 불교학자에게 문의했더니, 『육방예경』, 『옥야여경』, 『유마경』 등에는 좀 있다 했다.[4] 읽어보았더니 모두 단편적인 예나 비유이지 "철학"은 없었다. 아니다. 실은 너무나도 큰 철학이 숨어 있었다. 가정 안에서의 인간적인 활동과 애정이 실은 번뇌의 원인 중의 하나이니, 가정을 버리고 뛰쳐나가, 즉 "출가"해서 번뇌로부터 놓여나 참 자기로 돌아가야 한다는 철학이다. 출가는 탈가정이요 탈애욕이요 탈번뇌요 해탈의 지름길인 것이다. 가정과 가정교육에 대한 긍정적 논리는 위의 세 가정관에 비해 희미할 수밖에 없었다. 최근에 나는 재미있는 비유를 들었다. 청소년의 "가출(家出)"도 "출가"의 하나가 아닌가 했다. 너무나도 섬뜩한 비유였다.

가정교육의 이념, 내용, 방법, 체제, 어버이 상(像) 등은 가정관에 따라 아주 다르게 나타남을 우리는 미리 이렇게 알아 두자,

3. 가정의 일곱 가지 기능

가정이 수행해야 할 문화·사회적 기능은 무엇일까? 우리말로 "기능"이라 할 때 두 가지가 있다. 하나는 특별한 재주를 뜻하는 기능(技能)이요, 하나는 맡아야 할 작용이나 활동을 뜻하는 기능(機能)이다. 이 "맡아야 할 작용"을 역할(役割)이라고 써버리면 편한데 왜 굳이 피하고 이렇게 길게 쓰고 있는가. "역할"은 일본어이기 때문이다. 더욱 꼭 맞는 우리말이 있어 자랑하고 싶기 때문이다. 바로 저마다 맡은 "임무"라는 뜻의 "몫"이다. 나는 10여 년 전에 어느 자리에서 국문학과 교수에게 이렇게 "임무"라고 깨우침 받았다. 고마웠다. 나에게 한 말이 아니지만 꼭 나에게 한 것 같아 정말 고마웠다. 그후 나는 "역할"은 절대 안 썼다. 그리고 이 "임무"를 "몫"으로 바꾸었다. 학생들에게도 권장하고 자랑했다. "몫"을 쓸 때마다 그 선배교수 생각이 난다.

그런데 우리나라 국어사전의 "기능" 항에는 이 "몫"이란 말이 없다. 사전을 둘이나 들추었어도 없었다. 이러했다.

-기능: 사물의 작용이나 활용, 심장의 ~, 어떤 기관이 그 권한 안에서 활용할 수 있는 능력, 입법부의 ~.

-기능: ① 작용, 활동 ② 어떤 기관의 활동능력

몫이라 할 때 반드시 다른 기관과 관련해서 수행해야 할 작용이나 활동을 말한다. 신체에서의 심장의 기능처럼. 가정의 몫은 무엇일까? 가정이 학교, 사회, 국가 등과의 관련에서 수행해야 할 문화·사회적인 몫이다. 이 몫 중에는 공통적인 것도 있고 고유·독특한 것도 있다. 예를 들면 "교육"에는 다 책임이 있다. 그러나 "사랑의 체험"은 가정만의 것이다. 나는 이 귀한 생각을 멀리는 페스탈로찌에게서 그리고 가까이에서는 러셀에게서 깨우침을 받았다. 페스탈로찌는 말했다. "사랑은 사랑을 받음으로써만 배워진다." 그리고 그 사랑의 씨앗은 젖을 물리는 어머니와 젖을 빠는 아이 사이에서 시작된다 했다. 러셀은 말한다. "가정은 아이에게 사랑의 정서를 안겨준다."

이 러셀에 대해서는 나는 정말 하고 싶은 이야기가 많다. 대영제국, 해가 떨어지는 날이 없다는 나라 재상의 손자로 태어났으나 그 제국주의에 반기를 들고 반전운동을 하다가 구류도 당하고 자기 두 아이를 위해 제국주의 교육을 받지 않게 비콘힐이라는 사립학교를 친구와 더불어 세웠고, 사회주의를 흠모하고 소련에 갔다가 그 독재체제에 실망하여 줄달음쳐 돌아왔고, 결혼 전에 남녀가 서로 짝으로 만나 몇 년 동안, 아니면 상당기간 동거해서 실험해 보는 "우애결혼(혹은 실험결혼)"을 주장해서 기독교 사회의 분노를 샀고,[5] 만년에는 핵무기 폐기 운동에 진력했다. 그는 수학 중에서도 수리논리학의 대가요, 또 철학중에서는 수리철학의 대가였다.

이런 그가 사회운동가로 크게 전환해서부터는 "교육"에 대한 관심이 커져 『교육과 사회체제』라는 명저도 남겼다. 20세기 지성과 양심을 대표하는 그에게 1950년 노벨문학상이 수여되었다. 당연히 평화상이어야 하는데! 그 이유는 그 "우애결혼" 윤리가 기독교의 근본 윤리에 저촉되기 때문이란다. 이런 그가 또 소련의 집단적 탁아소 교육에 그 "사랑

없음"을 보고 질겁하고 돌아와 공산주의에 회의를 품기 시작했고, 특히 위에서 보았듯이 가정의 가장 귀한 기능으로 "사랑의 정서 기르기"로 본 것이다. 러셀이야기는 이만 하고 본론으로 돌아가자.

가정의 귀한 기능 즉 몫은 무엇인가. 여러 학자들의 이론일랑 다 거두고 다음 일곱 가지로 마름하련다.[6)]

첫째, 가정은 가장 중요한 **1차적 집단**으로서 그 성원이 얼굴과 얼굴을 맞대고 사랑을 나누는 인격적 관계를 다지는 곳이다.

둘째, 가정은 인간의 본능의 하나인 성적 욕구를 사랑으로 채우고 순화시키면서 합법적으로 **자녀를 낳는 곳**이다.

셋째, 가정은 자녀를 돌보아주고 **양육하는 곳**이다. 인간은 다른 동물에 비해 가장 연약한 상태로 태어난다. 그러므로 앞 세대의 따뜻한 돌봄이 없으면 자라지 못한다. 단적인 예를 하나 들자. 사람새끼는 탯줄을 끊은 지 만 1년이 되어야 겨우 두 발로 일어선다. 그런데 말의 새끼 망아지는 어미 말 궁둥이에서 뚝 떨어져 나와 6~7분 두리번거리다가 일어서서 그 콩나물 같은 연한 다리로 걷기 시작한다! 어미의 배려 없이도 살아남는 것이다. 어디 그 뿐인가. 사람의 새끼는 어미에게 말을 배운다. 엄마, 맘마, 아빠, 쉬 … 등이다. 언어를 배우지 않으면 사람이 못된다. 인간은 문화 안에서만 인간이다. 그런데 동물은 본능 안에서만 산다. 그래서 동물에게는 교육이 필요없다. 유명한 칸트의 『교육학 강의』 첫 머리에 그 유명한 명제가 이렇게 나온다. "인간은 교육을 필요로 하는 유일한 동물이다."

넷째, 가정은 **일용할 양식을 생산하고 소비하는 곳**이다. 이것을 가정의 경제기능이라고 한다. 가정은 가장 작은 하나의 경제 단위다. 김치를 담그고, 천을 떠다 재봉틀로 옷을 짓고, 벼농사를 지어 양식을 삼고 남으면 내다 팔고 … 이런 곳이다. 비록 오늘날 이런 활동이 많이 바뀌기도 해서, 가정의 생산적 기능보다 소비적 기능이 훨씬 커졌다고는 하지만, 가정이 최소의 경제활동 단위인 것만은 분명하다.

다섯째, 가정은 그 성원을 외부의 위해로부터 **보호하는 곳**이다. 우리 어렸을 때 생각이 난다. 골목에서 놀다가도 무서운 골목대장이 나타나면 다리야 날 살려라고 집으로 달아나 대문을 걸어 잠근다. 영국의 속담에도 있다. "가정은 성(城)이다"고.

여섯째, 가정은 그 성원의 **신분**을 정하고 그 신분에 합당한 삶을 누리게 하는 곳이다. 비록 오늘날 귀족이다, 평민이다, 양반이다, 상민이다 하는 봉건적 신분제도는 없지만, 그 집안의 경제적 지위, 가풍과 전통 등에 알맞은 교육이 의도적, 무의도적으로 이루어지는 곳이 가정이다.

일곱째, 가정은 성원에게 **안식과 휴식을 안겨주는 곳**이다. 특히 늙고 병들었을 때다. "즐거운 곳에서는 날 오라하여도 내 쉴 곳은 작은 집 내 집뿐이리"하는 노래가 이것이다. 최근 특히 문제되는 것이 이 기능이 사라져 가고 있다는 것이다. 성원간의 대화를 통해서 즐거움을 나누는 것이 안식 휴식 기능일텐데, 대화는 사라지고, 방마다 TV가 있어 아이는 아이대로 사이버 특공대를, 어머니는 어머니대로 홈드라마를, 아버지는 아버지대로 신문의 스포츠 섹션을 즐긴다. 그러다가도 어쩌다 눈이 맞으면 공부하라고 아이만 다그치니 어찌할 것인가. 이혼한 아버지가 욕구불만으로 술만 마시면 아이를 패고, 늙은 부모에게까지도 행패해, 그래서 여중생이 아버지를 넥타이로 목졸라 죽이는 사태까지 벌어졌다. 바로 오늘 아침 뉴스였다.

4. 가정교육의 다섯 가지 기능

가정에서 아이들은 무엇을 배우고 어버이는 무엇을 가르쳐야 할 것인가? 가정교육은 학교교육이나 사회교육에 비해 아직 어린, - 말귀도 잘 알아듣지 못하는 경우도 있는 - 사람을 대상으로 하는 교육이고 그래서 무의도적인 면이 많다. 어린이나 부모는 그저 "생각 없이" 배우고 가르친다. 그러나 그 영향은 아주 크고 평생을 지배할 수도 있다. "세 살 버릇 여든까지 간다"는 우리 속담도 그것을 말한다. 페스탈로찌는 인격형성의 기초, 인간교육의 터전을 가정으로 보았으며, 그래서 가정교육을 책임져야 할 어머니의 교육 즉 모성교육을 굉장히 중시하고, 『어머니에게 보내는 편지』라는 가정교육론도 남겼다.

우리 속담 "세살 버릇 여든까지 간다"로 돌아가자. 세 살이라 했으니 유치원에서도, 학교에서도, 훈장에게서도, 교사에게서도 아니다. 분명 가정에서 어버이에게서 배워 몸에 배인 것 아닌가. 우리말로 "배운다"함은 배속에 지니는 임신 "배인다", 익혀 몸에 "배인다"는 뜻도 있다고 들었다. 이 버릇이란 무엇인가? 우선 여러 종류가 있다. 지저분한 것도 지저분한 것인 줄 모르고 넘어가는 성벽, 예를 들면 자기 책상 한번 정리 않는 따위의 심리적 성향이다. 윤리적으로 비난받아야 할 사항, 버릇이 있다. 거짓말을 밥먹듯 하는, 술만 마셨다 하면 헐뜯는 사람 등이다. 또 사회적인 것도 있다. 예절이 바르지 못하거나 늘 안하무인격으로, 자기 멋대로 행동하는 따위다. 이 "버릇 잘 들이기"를 교육이론 속에서 크게 다룬 학자가 플라톤의 수제자 아리스토텔레스였다. 그는 말한다. "인간은 이성적 존재이기는 하지만 신체를 지닌 존재이기도 하기에 비이성적으로 떨어지기 쉬우니 이렇게 되지 않게 늘 좋은 행위로 길들이는 '습관형성'이 교육에서 가장 중요하다"고.

가정에서 의도적 혹은 무의도적으로 반복되며 습관적으로 익혀져 배우게 되는 귀한 것들, 그야말로 여든까지 가는 것들은 무엇인가. 우리는 그것을 다음 다섯으로 간추릴 수 있다. 모국어를 배우고 익히는 일, 행동양식의 틀을 익히는 일, 가치에 대한 감각을 익히는 일, 사랑을 체험하면서 익히는 일 그리고 종교적 감각을 익히는 일의 다섯이다.

첫째, **모국어**를 배우고 익히는 일에서 보자. 가정은 부모, 형제, 자매 그 뿐인가, 대가족제도에서는 삼촌, 고모, 할아버지, 할머니까지 온 종일 얼굴을 맞대고 대화를 나누는 곳이다. 그래서 어린이는 이 가정 안에서 언어를 익힌다. 첫 돌까지는 엄마, 맘마, 아빠, 쉬, 이렇게 겨우 네 단어를 익힌다. 불과 네 단어이지만 그것으로 의사표시를 한다. 언어가 의사표시의 수단이라는 것을 안다는 사실, 이 자체가 얼마나 귀한가. 그리고는 언어 능력이 급격하게 발동된다. 그래서 두 돌때는 18단어, 초등학교에 들어갈 나이 만 6세 때는 무려 그 백배인 1,800단어를 익힌다. 그 뿐인가. 이 무렵에는 문법적으로도 거의 완벽한 모국어를 구사하게 된다. 기초 단어 700개로 "기초 영어"가 가능하다 하니 만 6세의 어린이의 언어 실력은 얼마나 대견한가.

둘째, **행동양식**의 틀을 익히는 데서 보자. 다른 말로 하면 예의·범절을 익히는 일에서다. 만나면 웃으며 서로 인사한다던가, 밖에서 돌아오면 신발을 가지런히 놓은 다음 손발을 닦는다던가, 밥상 앞에서는 찬이나 국을 어떻게 먹어야 한다던가, 윗사람이 수저를 들기 전에 먹어서는 안 된다던가, 길을 걸을 때는 왼쪽으로 간다던가 … 이런 일을 어찌 다 열거할 수 있으리오.

셋째, **가치 감각**을 익히는 데서 보자. 가치에도 여러 가지가 있다. 이 물건은 쓸모가 있다거나 없다는 따위의 사용 가치가 있다. 또 나는 장미는 싫고 코스모스가 좋다는 등 개인적으로 서로 다를 수 있는 개인적 호오(好惡)도 있다. 그러나 우리가 가정에서 익혀야 할 가치는 어떤 쓸모나 개인적 호오와는 관계없이 누구나 다 좋다고 승인할 수밖에 없는 보편타당한 성질, 예를 들면 옳음(진), 착함(선), 아름다움(미)이다. 여러 가치, 예를 들면 위에서는 들지 못한 건강, 부귀, 장수 등 하고많은 가치들을 제쳐 놓고 이 진선미를 우리는 옛날부터 세 가지

기본적 가치로 여겨왔다. 바로 이런 가치들에 대한 감각을 아이들은 가정을 통해서 익히는 것이다. 올바르게 사는 아버지의 모습에서 진을, 늘 남을 보살펴주는 할머니의 모습에서 선을, 그리고 가구 하나라도 언제나 깨끗하게 차려 놓는 어머니에게서 미를, 그 개념을 언어로 알기도 전에 피부로 느껴 익히는 것이다.

넷째, **사랑**을 체험하고 익히는 일에서 보자, 우리는 앞서 반체제 사상가요, 기독교의 가정 도덕 · 윤리에 반기를 들고 우애결혼, 실험결혼, 계약결혼을 제안하여 큰 물의를 빚은 러셀, 그도 가정이 어린이에게 "사랑"을 안겨주는 곳, 그래서 이 점이 가정의 가장 귀한 존재가치 중의 하나로 여겼음을 깊이 음미한 바 있다. 그에 훨씬 앞서 페스탈로찌는 말했다. "사랑은 사랑을 받음으로써만 배울 수 있다." 사랑은 말이나 교과서로 배울 수 있는 것이 아니고 사랑으로 흠뻑 젖은 삶에서 그냥 몸에 배여 익혀진다는 뜻이다. 페스탈로찌의 유명한 말이 또 있다. "학교에서 선생님에게 도덕 시간에 배운 덕목들, 예를 들면 우정이다, 애국이다 하는 말들은 집에 돌아오는 길에 도랑을 넘다 잊어버린다. 그러나 어머니가 구워주신 빵을 이웃 친구와 나누어 먹으면서 느낀 흐뭇한 그 사랑의 정서는 평생 잊혀지지 않는다."

다섯째, **종교적 감각**을 키워주는 일에서 보자. 종교적 감각이란 무엇인가. 나는 그전에 이 종교에 대한 아주 쉽고 뚜렷한 정의를 대하고 놀란 적이 있다. 철학자들의 어려운 변설보다 몇 배 좋았다. 왈, 종교란 우리 인생이 어디에서 왔고, 무엇을 위해서 살고, 또 어디로 향해가고 있느냐의 세 근본적 물음을 하나의 물음으로 통일하는 "삶의 오리엔테이션"이다고. 제대로 된 인간이라면 이런 물음들을 피할 수 없다. 그래서 특정 종교를 믿고 안 믿고 하고는 아무 관계없이 제대로 된 인간은 다 "종교인"일 수밖에 없다. 그래서 종교 없이는 인간이 제대로 살 수 없다는 명제로도 이어진다. 이 종교에 대한 감각을 식탁 기도에서, 어머니가 혼자 몰래 드리는 골방 기도에서, 그리고 늘 감사하면서 사는 어른들의 삶에서 아이들은 익히는 것이다. 루소의 유명한 말도 있다. "젖먹이는 어머니의 젖과 더불어 종교를 빨아들인다."

가정은 이렇게 인생에서 가장 귀한 것들을 생활이란 습관을 통해서 익히게 하는 학교요, 더욱이 사랑으로 맺어진 인격적 관계의 정립으로 인생의 행복의 터전을 마련하는 도장이다.7)

5. 가정교육의 다섯 가지 방법

한국의 어버이들이 가정교육을 포기한지 오래되었다는 한탄의 소리가 높다. 그러나 그것이 꼭 필요하고 또 아주 중요한 것이라는 사실만은 다 알고 있다. 가정이 학교나 사회와 다르듯 가정교육의 방법도 학교, 사회의 그것과 다르다. 예를 들어보자. 가정교육은 일어나서 세수하고 밥먹고 … 잠자리에 이르기까지 하루 종일 이루어지고, 학교는 하루에 몇 시간만(그러나 토요일, 일요일은 빼고), 그리고 사회교육은 일주일에 한 시간 혹은 한 달에 한두 번, 그것도 출석해도 그만 안해도 그만, 이렇게 이루어진다. 가정에서는 매를 들 수 있으나 학교에서는 매를 들면 늘 말썽이 나고, 사회에서 만일 매를 든다면, 그것은 "사람이 개를 문 것"처럼 큰 이변이요 뉴스거리가 될 것이다.

가정교육의 방법이 학교나 사회의 그것과 다른 결정적인 것은 무엇인가. 물론 다 교육이므로 공통적인 것도 있지만 다른 것을 보자는 것이다. 그래야만 가정교육의 귀한 몫이 무엇인가가 더욱 분명하게 드러나기 때문이다.

첫째, 서로의 **신뢰와 사랑**이다. 아이는 어버이에게 자신을 완전히 내맡긴다. 이것이 신뢰다. 어버이는 아이에게 자신을 완전히 바친다. 이것이 사랑이다. 이래서 아이와 어버이는 서로 끌린다. 젖을 물으며 방긋거리는 젖먹이, 젖을 물리고 흐뭇해하는 어머니, 두 인격체의 이같은 끌림이 그 방법 중에서도 첫째가는 것이리라. 나는 그전에 인자한 어머니 자모(慈母)의 "자"자가 자석(磁石)의 "자"자와 같은 뜻이라는 글을 읽고 놀랐다. 자모의 자는 마음을 끄는 것인데 자석의 자는 철분이 있는 돌을 끈다는 차이이다. 루소는 여성은 젖으로 사람을 만든다, 젖 없는 어머니를 우리는 상상할 수 없다 했다!

둘째, **심신 양면**의 교육이다. 몸과 마음을 두루 살핀다는 뜻이다. 교육의 이상은 지덕체 조화의 삼육이다. 그러나 학교에서는 이 중에서 지 즉 공부 잘하는 아이에게 눈이 간다. 그러나 가정에서는, 삼육이란 교육이론은 몰라도 이 삼육을 본능적으로 해낸다. 예를 하나 들자. 혁명 직후 소련은 탁아소를 마을마다 세워 우선 여성들의 직장 진출을 돕고, 국가만을 바라보고 살면서 국가에 충성을 다하는 아이들, 국민들을 알만 잘 낳는 양계장의 닭들처럼 키우려 했다. 좋은 시설에다 전문적인 보모를 배치하고, 때맞추어 우유와 빵을 주고, 하루에 몇 시간씩 운동을 시켰다. 그런데 이들이 가난한 농촌의 가정에서 무식한 어머니 밑에서 큰 아이들에 비해 성장이 좋지 못했다. 더욱이, 탁아소 아이들은 방실방실 웃지를 않았다. 웃는다는 게 어린이의 가장 귀한 특징이 아니던가! 모두들 이런 결과에 놀랐다. 특히 교육학자들이. 이런 참담한 실험으로 얻어낸 결론, 발견점은 이것이었다. "어린이는 하루에 세 번 정도씩 어버이의 따뜻한 가슴에 안기지 않으면 마음이 안정이 안돼, 먹는 것도 살로가지 않는다". 먹이 못지않게 귀한 것이 사랑이다.

셋째, **엄부 자모** 교육이다. 아버지는 잘 잘못을 가려 엄하게 자식을 다구치고 어머니는 아이의 입장에서, 그 잘못이 자신의 허물인양 감싸, 이 두가지 사랑 즉 엄한 사랑과 자애로운 사랑으로 아이를 살려내는 방법을 이름이다. 사리를 밝혀 의(義)를 내세우는 부성(父性), 사랑으로 감싸는 모성(母性), 이 두 큰, 서로 상반되는 방법의 조화로 참된 가정교육이 이루어진다. 예를 하나 들자. 재작년에 대전국립묘지에 드신 노평구 선생님의 성서강의에서 들은 이야기다. 선생님이 어린 시절 무엇인가 잘 못하셔서 아버지는 심하게 매를 드셨다. 어머니는 내가 잘못이라며 선생님의 어깨를 가슴으로 감싸시고, 그 아버지의 매를 대신 맞으셨다. 선생님은 이래서 정말 잘못을 뉘우쳤다고 하셨다. 선생님은 기독교도 이렇게 체험한다 하셨다. 엄한 계율로 다스리는 모세의 율법으로 대표되는 구약의 세계, 그리고 죄를 대신 지는 예수의 십자가로 대표되는 신약의 세계, 율법과 사랑, 이 둘이 다 살아 있는 것이 기독교라 하셨다. 이 방법을 나는 의와 사랑이 서로 보완한다는 뜻으로 부성모성(父性母性) 상보(相補)의 원리로도 부른다. 아버지는 어린이를 사회인의 시각에서 객관적으로 평가하려 하고, 어머니는 한 인간의 시각에서 주관적으로 이해하려 한다. 이래서 둘 다 산다.

넷째, **개성**을 일깨워 키워 주는 교육이다. 어린이의 귀한 소질이나 능력, 그것에 주목하여 그것을 키워, 그래서 그 개성의 실현을 돕는 교육을 말한다. 또 각 가정이 지니는 가풍이나 전통이 몸에 배이게 하는 개성적 교육을 이름이다. 이에 비해 학교는 어떠한가. 뛰는 놈은 잡아라, 튀어나온 못은 때리라는 말도 있지 않는가. 그 귀한 개성이 도리어 다루기 힘들고 귀찮아서, 관리하기 편하게 학생을 평준화해서 표준적 · 평균적 · 규격적으로 만들려 한다. 예를 하나 일본에서 들자. 노벨 문학상을 받은 바쁜 몸으로, 상생(相生)의 생명사상에 공명하여 김지하 시인을 대선배로 여겨 한국까지 찾아온 오에(大江健三郎)의 이야기다.[8] 그의 아들은 장애아였다. 그런데 어느 날 그 아들이 음에 대해서만은 예민하게 반응하는 것을, 그야말로 요새 쓰는 말로 "동물적"으로 예민하다는 것을 발견했다. 바로 이것이다. 그것을 키워주자. 그래서 음악을 가르쳐, 이것으로 어엿한 사람구실을 하게 했고, 나중에는 CD까지 내고, 교향악단과 협주도 할 정도로 그 몫을 찾아 실현시켜 주었다. 그 눈물겨운, 감동적인 교육이야기의 자세한 소개는 다음 기회로 미룬다.

다섯째, 효과는 늦게 나타난다는 뜻의 **지효성**(遲效性)이다. 눈에 바로 띄지 않지만 가슴 속에 고이고이 간직되었다가 언젠가는 크게 꼭 나타난다는 것이다. 그러니 낙심하지 말고 계속 타이르라는 말이다. 그러나 일단 나타나기 시작하면 그 효과는 평생 지속된다. 감기 걸렸다고 바로 약국에 뛰어가 아스피린만 사다 먹이지 말고, 몸이 튼튼해지게 운동을 시키고, 아스피린 대신에 맞는 보약을 먹일 일이다. 세살 버릇 여든까지 간다 하지 않았던가. 가정교육은 직효를 노려서는 안 된다. 학교교육의 방법은 의도적 · 계획적 · 계속적인데 가정교육은 이에 비해 산발적 · 즉흥적 · 무의도적으로 이루어진다. 그러나 그 영향과 결과는 학교교육의 그것에 절대 뒤지지 않게 크다. 하나 예를 들자. 나는 장기는 꽤 세다. 할아버지에게 어려서 그 기본을 배웠기 때문이다. 물리지 말 것, 포를 잘 쓸 것, 아낌없이 버릴 것, 이 셋을 강조하셨다. 그 후 면상, 양귀마, 양귀상까지 내했어도 위 세 원칙이 몸에 배어 별 두려움이 없었다. 그런데 바둑은 10여 년이나 두었어도 5급이 약하다. 어려서 배우지 못해 기본이 안돼서다.

가정교육의 방법이 어찌 위 다섯뿐이랴.[9] 학교교육이나 사회교육과 다른 그 특질을 이해함이 더 중요하다.

6. 흔들리는 한국 가정

새는 둥지에다 알을 까고 새끼를 기르며, 여우는 굴에다 새끼를 낳고 보살피며, 인간은 가정에서 아이를 낳고 교육시킨다. 둥지, 굴, 가정, 이렇게 이름은 다르지만 앞세대가 뒷세대에게 정성을 다해 삶의 기술과 지혜를 가르쳐 종(種)으로서의 삶이 이어지게 하는 그 기능에서는 완전히 같다. 우리는 생명의 신비, 동물의 세계 등의 타이틀이 붙은 TV를 보면서 이러한 우주의 질서와 생명에 대한 외경의 념(念)을 새로이 한다. 그런데 문제가 있다. 새와 여우 등 동물들은 하늘이 준 그 아름답고 신비스러운 본능의 질서에 따라 변함없이 그 삶을 유지해 가는데, 인간만은 소위 문명이랍시고, 그 하늘의 질서, 자연의 질서를 어겨 자연을 파괴할 뿐 아니라, 그 삶의 터전인 가정까지 파괴해가고 있으니 말이다.

일찍이 이 같은 가정의 타락에 대해 크게 우려한 사람이 다름 아닌 교육사상가 페스탈로찌였다. 그는 "가정의 재건"이란 말을 많이 써가면서, 가정이 다시 하늘의 질서를 따라 제자리 찾자, 그렇지 않으면 교육이 망가져 인류의 미래가 없다고 논했다. 페스탈로찌 교육학 체계에서 가정교육의 비중이 큰 이유가 여기에 있고, 가정학 전공도 아니고 교육학자인 이 필자가 가정교육에 대해 이렇게 많이 논하는 연유도 여기에 있다. 페스탈로찌는 그의 명저 『숨은이의 저녁노을』이라는 교육수필집에서 이렇게 말한다.

> 인류의 가정적 환경은 첫째가는 그리고 가장 슬기로운 자연적 환경이며 … 인류의 모든 순수한 자연스러운 교육의 터전이다.

오늘날 한국의 가정은 특히 문화·사회적으로 크게, 그것도 하늘과 자연의 질서에 어긋나는 방향으로 변모해가고 있다. 그래서 가정 부재(不在), 또 그래서 가정교육 부재 현상이 야기되어 가고 있다. 교육의 면에서 특히 바람직스럽지 못한 방향으로의 변화현상을 다섯으로만 들어본다.

첫째, **가정관의 동요**다. 우리는 앞서 부부 중심의 기독교적 가정관, 가부장적 동양의 전통적 가정관, 가정의 비중을 희석시키는 사회주의적 가정관, 그리고 "출가적" 불교적 가정관을 비교하며 살펴본바 있다. 한국의 가정은 지금 어떠한가. 유교적 대가족제에서 기독교적 소가족제로 바뀌어 가는 과도기에 있다. 그래서 특히 가부장적 대가족제에 익숙한 앞세대와 부부 중심의 소가족제를 기하는 두 세대간의 갈등이 심하게 노출되며, 큰 사회문제의 하나로도 대두되고 있다. 전통적 가족제에서의 의무는 저버리고 권리만 내세우는 젊은 세대의 "얌채"짓에 대한, 신랄한 우스개 소리를 일전에 들었다. "금이야 옥이야 하고 키운 아들은 장가들면 채권자가 되고 얼마 안가서 집달리가 된다. 꽃이야 보배야 하고 키운 딸은 시집가면 얼마 안가서 친정에 와서는 몰래 훔쳐가는 절도가 되고 얼마 안가서 우리 그이 사업밑전 빌려 주라면서 재앙덩어리가 된다." 정말 이것도 저것도 아닌 것이다!

둘째, **소가족 현상**이다. 부부중심 가정이 다시 아들 하나, 혹은 딸 하나 밖에 안 낳는 소가족으로 바뀌고 있다. 5인 가족 정도가 바람직하고 적어도 4인 가족은 되어야 하는데 3인 가족이 많다. 그래서 아들은 다 왕자가, 딸은 다 공주가 되어, 도무지 교육이 안 된다. 모두 왕자병, 공주병 뒤치다꺼리에 몰려, 어버이들은 그들의 눈치 보느라고 할 소리도 못한다. 옛날처럼 할아버지가 회초리라도 드는 날이면 소동이 벌어진다. 어디 우리뿐인가. 인구증가가 GNP 성장률을 저하시킨다고 아이 하나만 낳게 규제한 중국의 가장 큰 문제가 실은 경제보다 아이가 부모의 말을 안 듣는 이 왕자병, 그래서 교육문제란다.

셋째, 가정의 여러 **기능의 쇠퇴** 현상이다. 가정에 여러 기능이 있다. 그 중에서도 몸과 마음을 편히 쉬게 하는 안식·휴식 기능, 일용할 양식을 생산하고 소비하는 경제 기능, 자녀를 낳는 출산 기능, 그 자녀를 가르치는 교육 기능은 가정의 4대 기능이라 하여 옛날부터 귀히 여겨져 왔다. 그런데 그 기능 하나하나가, 또 그 각 기능간의 조화도 없어져 가고 있어, 이것이 어린이의 인격형성에 크게 부정적으로 작용하고 있다. 하나씩만 예로 들자. 가정의 안식·휴식 기능은 주로 성원간의 만남, 얼굴의 맞댐으로 이루어진다. 그런데 지금은 어떠한가. 서로 딴 방을 차지하여 아빠는 스포츠 프로, 엄마는 홈드라마 프로, 아이는 만화를 본다. 아빠 엄마는 이러면서 아이와 마주치면 공부만 하라고 다그친다. 경제기능은 어떠한가. 요새 젊은 주부는 김치도 못 담근다 한다. 어머니들의 김치 담그는 과정에 한번도 참여하지 못했고, 호기심으로 한번 가까이 갔다가, "고3인 니가 지금 이런 것 구경할 땐가, 어서 가서 공부나 하라"고 추방당했기 때문이란다. 일용할 양식을 생산하는 과정을 겪지 않았기에 물질에 대한 고마움도, 부모님의 땀 흘리는 노동에 대한 감사의 마음도 없다. 반만 먹다 버리거나 돈도 휴지처럼 여기저기 흘리고 다닌다. 출산기능은 어떠한가. 하나만 낳을 뿐더러 그것도 제왕절개로다. 그래서 아이들은 이 세상에 모두 마취상태에서 태어난다는 말도 나왔다. 해산의 고통을 모르니 친정어머니에 대한 감사와 사랑도 별로다. 교육 기능은 어떤가. 교육은 과외 선생이 하는 것이고 돈이면 다 된다, 어버이는 돈 대는 게 전부다.

넷째, 성원간의 **인격적 결합의 불안정성**이다. 가족 구성원 서로가 인간적으로 사랑하고 존중하는 인격적 관계가 해이해졌다. 이혼률이 세계에서도 상위권이고, 부부싸움이 까딱하면 가스통 불지르기로 이어져 죄없는 아이까지 죽는다. 생명보험 몰래 들어 놓고 누구를 누구시켜 죽였다던가, 늙은 애비를, 병신 자식을 죽였다는 기사를 대할 때, 정말 너무들 한다는 한탄의 소리가 절로 난다. 경제는 세계 12위라는데.

다섯째, **종교적 감각의 감퇴다.**[10] 우리 삶의 세 가지 근본적 물음 즉 어디에서 왔고 무엇을 위해 살며 죽으면 어디로 가는 것일까 하는 물음을 하나의 물음 즉 삶의 오리엔테이션으로 통일하는 것이 종교적 감각이다. 이것이 있어 삶이 엄숙해지고 진지해진다. 가정의 여러 가지 예식 즉 관혼상제, 성묘, 시제, 추도식 등은 실은 이 종교적 예식인 것이다. 그런데 이런 예식들이 간소화 되는 것까지는 좋은데 그 정신은 사라지고 형식화·흥행화·상품화되어 하나도 다음 세대의 교육과 이어지지 못하고 있다.

새의 둥지, 여우의 굴에 해당하는 인간의 가정이 이렇게 망가져, 그 안에서 인간의 어린 영혼이 시들어가고 있다.

7. 한국 가정교육의 다섯 가지 과제

학문적으로는 어느 한가닥 이어지는 것이 없지만 나는 영국의 문명비평적 역사학자 아놀드 토인비의 말이라면 애들 말로 그야말로 깜박 죽는다. 그 말들이 너무 시적으로 아름답고 문제의 핵심을 찌르기 때문이다. 그의 말에 "20세기의 최대발견은 유럽이 불교를(동양을) 발견 한 것이다"가 있다. 동양의 사고방식과 종교를 좀더 이해하고 배워, 서구의 기독교가 독선을 벗고 철들어, 좀더 타문화에 관대해져, 기독교도 살리고 세계문화도 살려야 한다는 말씀이다. 나는 『역사의 교훈』이라는 그의 저서를 직접 읽고 퍽 감명을 받았다. 또 나는 우연히 시카고의 고서점가에서 그의 방대한 『역사연구』의 제12권 「재음미」편(*Reconsideration*)

을 대했다. 이 한 권만 대충 훑어보면 그 제11권까지의 내용도 대충 짐작은 가겠다는 계산에서 바로 이것을 구입했다. 그러다가 세계의 여러 문화의 흥망성쇠를 도표화까지 해서 논의한 제18장 "여러 문화들에 대한 재음미"를 대하고 정말 놀라고 또 기뻤다. 나로서는 정말 큰 발견이었다. 특히 한국문화 예찬에서다. 그 도표 내용을 요약해보면 이렇다.

> 5천년의 인류문화사에서 "만발한 문화" 31개 중에 한국문화가 있고 더욱 그 문화의 개화시기는 12번째다. 인더스문화는 한국보다 앞섰지만(3번째) 이미 3천 5백년 전에 사라졌다. 그러나 한국 문화는 현재도 피고 있는 15개 문화 중의 하나다.[11)]

이제 경제까지 12위라니 얼마나 자랑스러운가. 그런데 삶의 질은 30위권, 더욱이 청렴도는 뚝 떨어져 40위권이란다! 너무 괴리가 심하다. 교육이 잘못되어 있기 때문이다. 토인비에 대해 나는 또 하나 들은 바 있다. 서양에서는 전통적 가정이 붕괴되어 가고 있는데, 유일하게 그것이 잘 남아있는 곳이 한국이란다! 이 얼마나 귀한 말씀인가. 동양의 전통적 가정관이 중국에서는 공산혁명으로, 일본에서는 서구화로 사라졌고, 그것이 한국에만 남아 있다는 말씀일 것이다. 그런데 애석하게도 이 말씀의 출처를 나는 확인할 길이 없어 안타깝기만 하다. 우리가 간직한 귀한 가정관, 이것을 남이 더 알고, 정작 우리는 모르니 어이하리! 한국가정의 당면과제를 교육적 시각에서 살펴보자.

첫째, **가정교육의 중요성**을 국민 모두가 깊이 인식하는 일이다. 교육이라 하면 학교교육, 그것도 "국·산·사·자"(국어 · 산수 · 사회 · 자연) 교과교육만 생각하는 우리들의 그릇된 인식을 시급하게 바로잡아야 하겠다. 특히 어버이들은 천성적 교사로서의 자신들의 소임을 자각해야 한다. 내가 이 문제로 한번은 가정교육과(家政教育科) 여학생 하나하고 논쟁을 한 적이 있다. 가정(家政)과의 교과과정에 의·식·주 관련 과목만 있고 "교육" 즉 "가정교육"(家庭敎育)에 관한 과목이 왜 없는지 모르겠다는 나의 푸념에 대한 반발이었다. "가정의 기능이 어찌 의·식·주뿐이겠느냐"라는 나의 철학을 자기 과에 대한 빈정거림으로 오해했던 모양이었다. 얼마 후에 이 여학생이 나에게 사과했다. "선생님 생각을 제가 오해했나봐요."

둘째, 각급 학교의 **교과과정**에 가정교육에 관련된 내용을 보다 폭넓게 도입하는 일이다. 장차 행복한 가정을 건설하기 위해, 슬기로운 부모가 되기 위해서는 ① 인생에 있어서의 가정의 의의, ② 가정의 역사적 변천상, ③ 현대가정의 특질, ④ 가정교육의 고유한 내용과 방법적 특질, ⑤ 현대가정의 문화사적 전망 등에 대한 논의를 각급학교 교과과정에 그 수준에 맞는 언어로 도입해야 할 것이다. 나는 이런 이야기를 하면서, "특히 여학생들에게는 이런 내용이 필수로 과해져야 한다"고 강조했다가 맹렬 여성들에게 항의를 받은 적이 있다. 사회적인 남녀 차별로 가뜩이나 어려운 여성에게 이런 짐까지 하나 더 지게 하면 대입시에 불리해지지 않는가 하는 것이었다. 그래서 그 후부터는 "특히 여학생들"이란 말 대신에 "모든 학생"이라고 고쳤다. 후퇴인지 발전인지 나도 모르겠다.

셋째, 가정교육 진흥을 위한 **제도적 지원책**의 강구다. 언론들이 이 문제를 크게 인식하고 장기적인 프로그램을 세워 앞장선다던가, 몇 가정씩 묶어 몇 자녀들을 공동으로 교육을 하는 모임에 대해서는 경제적 지원을 한다던가 하는 것이다. 마을마다 반상회가 매월 열린다. 무슨 안내문 같은 것을 받아오는 것은 많이 보았고, 또 새마을이다, 공명선거다 하는 소책자도 있었다. 그리고 그 반상회에다 의식화교육은 용공교육이고, 전교조 교사는 빨갱이 교사라고 낙인찍는 소책자를 돌린 적도 있었다. 제자 중에 전교고 제자도 꽤 있었던 나는 그때, 이른바 국가권력에 대해 심한 반발을 느꼈다. 그 당시 일들은 회상하기도 싫다. 누구를 잡으려고 반상회를 이용하지 말고 이제 교육 특히 주부들을 대상으로 하는 가정교육을 부추기는 데로 반상회도 이용하고, 소책자도 마련해 뿌리면 좋겠다.

넷째, **가정교육의 원리**가 학교교육에 보다 긍정적으로 도입되어야 하겠다. 우리는 사랑의 교사라는 페스탈로찌가 체벌교육론에서 바로 그 사랑을 체벌찬성론으로 발동하여, 교사는 어버이의 권한을 위임받은 사람이기에 매로 때려서라도 아이를 단련시켜야 한다는 체벌찬성론자였음을 알아야 한다. 그 엄부자모적 원리가 학교에도 적용되어야 한다. 교직의 전문성과 기술성이 강조된 나머지 인간성과 인격성이 현저히 후퇴하여, 교실에서 교사가 어버이를 대신하는 폭발적인 그 큰 사랑을 나타내지 못하는 현실이 너무 아쉽다. 안암골에 정말 호랑이 같이 무서운 어느 영문학과 교수의 이야기가 전해지고 있다. – 한 학생에게 숙제로 과한 영어작문을 흑판에다 써보라고 했다. 그런데 안해 왔다. 그러자 "너도 사람이냐, 너희 부모는 지금 뙤약볕에서 농사지으며 너에게 꿈을 의탁하고 있다, 더욱이 너는 다른 친구까지 공치게 했다"면서 따귀를 갈겼다. 생전 처음으로 따귀를 맞은 이 수재는 교실문을 박차고 나가버렸다. 몇 주 후에 이 학생은 잘못을 뉘우치고 사과하며 돌아왔다. 이 호랑이 교수가 졸업생들에게 가장 안부 편지를 많이 받은 인기교수라고!

다섯째, 천성적인 교사로서의 **어머니들의 자각 촉구**다. 때려 부수고 짓는 "정치"는 퍽 "남성적"이다. 그러나 부추기고 기르는 교육은 "여성적"이다. 이 "여성적인 것"이 인류를 구원한다는 『파우스트』의 제 1 부 결론을 우리는 깊이 음미해야 한다. 그 "영원히 여성적인 것"(Das Ewigweibliche)은 무엇인가. 사랑과 꿈이다!

1) ① minimum society, ② we-feeling society, ③ community, ④ closed group.

2) Home gives the child experience of affection.

3) 여기서부터는 필자의 『전인교육론』의 "가정관 유형"(177~182쪽)의 내용을 간추린 것임.

4) 한문으로는 六方禮經, 玉耶女經, 維摩經이다. 우선 『옥야여경』에서 하나를 뽑아본다. 일곱 종류의 아내, 즉 어머니 같은 아내, 누이 같은 아내, 친구 같은 아내, 며느리 같은 아내, 종 같은 아내, 원수 같은 아내, 도둑 같은 아내가 있는데 이중 처음 다섯 종류의 아내가 되라는 부녀훈(婦女訓)이다. 『유마경』에서는 출가의 공덕을 찬양하면서 정 출가 못할 형편이면 "재가적 출가"(在家的 出家)를 하란다. 『육방예경』에서는 섬겨야 할 여섯 방향 즉 동서남북 상하가 각각 부모·스승·아내·친족·사문·종을 가리켜, 부모나 아내가 부각되지 않고 있다.(불교성전편찬회, 『불교성전』, 동국역경원, 1972 참조)

5) 친구로서 사귀며 동거하는 결혼이자, 서로를 탐색하는 기회를 부여하는 "실험결혼"이라고도 번역되는 영어 원어는 companionate marriage다. trial marriage로 쓰기도 한다.

6) 이 일곱가지 기능을 아주 간단하게 간추려 영어로도 다지면 이렇다. ① most important primary group, ② sex drive expressed, reproduction, ③ early care and nurture of the child, ④ unit of economic production, ⑤ protector, ⑥ assigning of status, ⑦ caring for members in sickness, misfortune or old age.

7) 가정교육 내용에 사회적 소임의 일깨움을 들 수도 있다. 각자가 사회에서 맡고 있는 귀한 몫이 무엇인가를 아버지의 직업, 할아버지의 모습 그리고 어머니의 나날을 통해 익히는 일이다. 특히 대를 물려 한 직업을 이어받는 가업, 예를 들면 신을 만드는 제화업, 양복을 재단하는 제복업, 그리고 고기를 다루는 푸줏간 등 가업이 다 귀하며, 그래서 그 가업이 집안의 성이 되어 있는 경우는 그렇다. 독일에서는 슈마허, 슈나이더, 메츠커, 영어에서는 슈메이커, 테일러, 붓쳐 등이다. 그런데 재미있는 것은 유럽에서는 도살업도 어엿한 전문직이요, 가업의 하나다. 스위스에서 메츠커(도살업)라는 어느 학자의 성을 대하고 처음에는 놀랐는데 금세 내가 인식 부족이라는 것을 느낀 적이 있다.

8) 오에 켄사부로(大江健三郎), 오에 유카리(글과 그림), 『회복하는 가족』(코단샤, 1995)

9) 이 다섯 외에 생활교육의 원리, 전인교육의 원리도 들 수 있다. 생활교육의

원리란 생활의 마당에서, 생활을 통해서, 생활을 소재로 가르침을 이름이다. 어머니가 아이를 데리고 세면장에서 같이 이를 닦으며, 이렇게 저렇게 닦는 것이 좋다고 본을 보여주는 교육이다. 전인교육의 원리란 생활에 필요한 모든 것, 문화를 이루는 모든 활동의 기초, 그리고 예를 들면 가족여행 등을 통해서 다양한 삶에 접하게 하여 인간으로서 갖추어야 할 넓은 소양과 교양의 터전을 마련하는 교육이다.

10) 종교를 믿고 안 믿고가 삶에 어떻게 큰 차이를 가져오는가. 그 단적인 예를 하나 보자. 미국에서는 보통 4분의 1이 이혼한다. 그런데 일주일에 한 번씩 교회에 같이 나가는 부부의 이혼율은 약 40분의 1이요, 더욱 놀라운 것은, 부부가 이마를 맞대고 집에서 성경을 읽는 부부의 경우는 약 400분이 1이라 한다.

11) 여기서 "만발한 문화들"이라고 내가 번역해 본 원어는 Full-blown Civilizations이다. A. Toynbee, *A Study of History*, Vol.XII, *Reconsideration*(Oxford Univ. 1961), p.559.

제 7 장

학교교육론

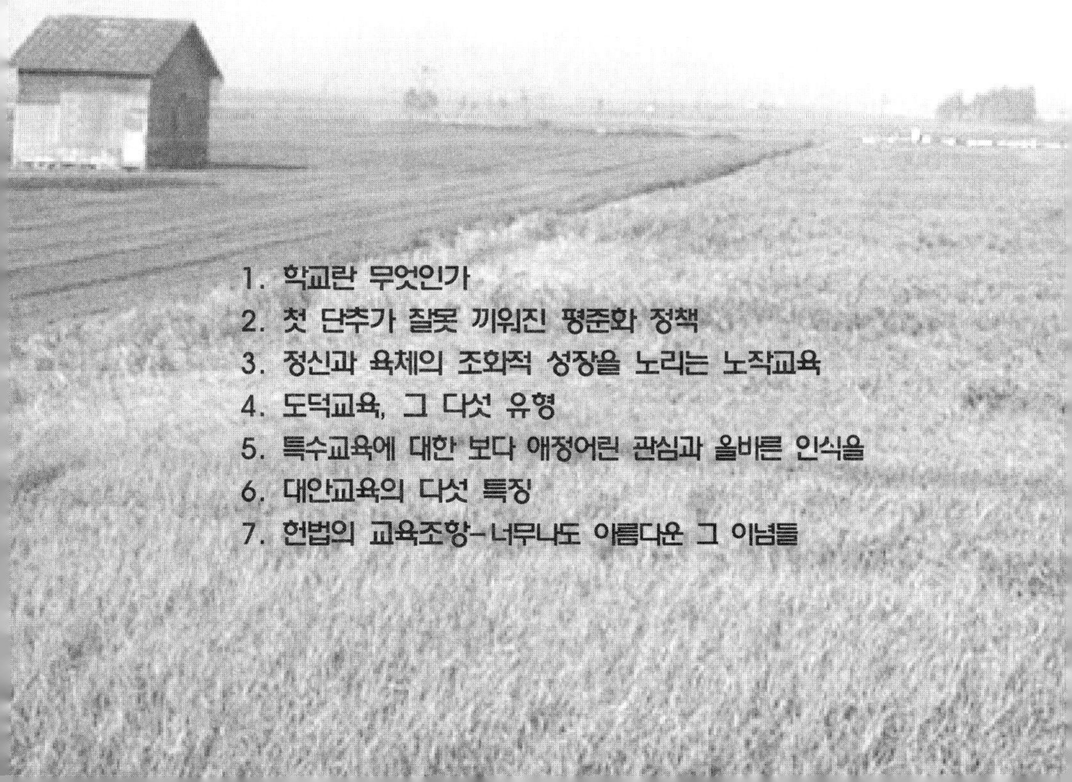

1. 학교란 무엇인가

인생이란 나면서 죽음에 이르기까지 배우며 성장하며 닦으면서 인격을 완성해가는 교육의 과정이다. 어디에서 많이 듣던 이야기 같다. 바로 공자의 말씀이다. 공자에 의하면 배움도 실은 실용적 지식이나 기술을 익히기 위함이라기보다는 자신을 닦는 과정이었다. 그 유명한 15에 관, 30에 입, 40에 불혹, 50에 지천명, 60에 이순, 70에 종심소욕 불유구다. 그래서 학문은 수기지학(修己之學)이었다.[1] 그러면 배우는 곳은 어디인가? 세상 모든 사람이 스승이요, 세상 모든 것이 배워야 할 것이요, 세상 모든 곳이 다 배움의 터라 할 수 있다. 그러나 그 배움을 일정한 학생, 일정한 시기, 일정한 장소, 일정한 교사, 일정한 내용으로 계획적 · 조직적 · 체계적으로 이룩하게 돕는 기구가 학교다.

그런데 그 학교에 실은 문제가 많다. 정작 배우는 학생을 위하기보다 국가나 사회의 인적자원으로 키우려해서 학습 주체인 학생은 온데간데 없이 수단이요 객체로 전락하는가 하면, 학생의 흥미와 욕구를 채워주기보다 나라에서 미리 정한 교과서의 내용을 머리 속에 때려 넣는 주입식 교육이다. 그래서 요새 가장 크게 부각되고 있는 이론은 학교체계와 교육체계는 부자들에게 유리하게 짜여져 있어 가난한 자들에게는 불리하게 작용해서 결국은 현존체제의 재생산, 좀 심한 표현을 쓰면 계급의 재생산을 하는 역기능을 갖는다는 것들이다.

그래서 우리도 목석이 아닌 사람이다, 우리에게도 자유를 다오

하면서 항의하다가 수업거부, 등교기피를 하는 “학교붕괴” 현상이나, 몇 년 전에 있었던 “가난을 대물림하고 싶지 않다”며 자식들과 지하실 셋방에서 자살한 어느 아버지 생각이 떠오르는 대목들이다. “학교”(學校)는 분명 그 한자 표기 뜻대로 배울 “학”, 울타리 “교” 즉 울타리로 둘러싸인 아늑한 배움의 터다. 그런데 이 “교”에 또 다른 뜻이 있다. “짐승을 잡기 위하여 나무로 엮은 우리”를 뜻하기도 한다. 사전에서 우연히 이 또 하나의 뜻을 발견했을 때 나는 놀랐다. 학교는 짐승을 잡아 길들이듯이 학생을 길들여 국가 · 사회에 바치는, 닭공장이나 인간 공장 같은 면도 있는데, 그 명칭에 벌써 그것이 박혀 있었다고. 그 부정적 측면의 인상 때문일까. 상류층 자녀가 주요대상인 옛날에는 태학, 국자감, 성균관 등 명칭만 썼다. 우리나라에서 “학교”라는 명칭이 오늘날처럼 널리 쓰이게 된 것은 서민의 자제까지도 같은 울타리 안에서 같이 배우게 하라는 학무아문 고시(1894) 때부터로 여겨진다. 배재(1885), 이화(1886)는 학당이요 경신(1886), 정신(1887)부터는 학교인데, 고시가 나온 1894년부터서는 학당은 하나도 없고 다 학교다. 덕택으로 우리 역사에서는 주로 서민층 자녀가 다니던 고구려 시대의 경당이나 서당 같은 배움터와 더불어 명칭은 “학교”로 통일은 했지만, 그 안에는 위에서 든 “계급 모순” 같은 역기능도 있다고들 한다.

나는 공자보다 맹자를 더 좋아한다. 그 이유는 이렇다. 맹자는 맹모삼천, 단기지교 등 서민적인 교육적 일화를 많이 남겼다는 것, 고대 중국에서는 교(教)자와 육(育)자가 낱글자로 따로 놀았는데 맹자가 교육이 갖는 이 두 큰 기능을 하나로 묶어 “교육”(教育)이란 합성어로 썼다는 것, 그리고 이것은 정말 최근에 안 일인데, “학교”(學校)라는 합성어도 맹자에 비롯된다는 것 등이다. 단 맹자가 교(校)가 갖는 역기능 즉 동물을 잡아 길들여 잡아먹는 울타리까지 생각을 했는가는 궁금 차원으로 덮어두기도 했다. 그런데 내가 우리 역사에서 맹자처럼 받드는 사람은 율곡이다. 그에게는 선조 15년(1582)에 왕명을 받들어 써올린 『학교모범』(學校模範)이 있다. 요새 말로는 표준적인 교칙이다. 그 첫 줄이 이러하다.

> 하늘이 뭇 백성을 내시매 사물이 있으면 법칙도 있다. 천부의 거룩한 덕을 그 누가 타고나지 않았을까마는, 사도(師道)가 끊어지며 교화(敎化)가 밝지 못한 까닭에 진작시킬 수가 없었다. 그래서 선비의 습속이 야박해지고 양심이 마비되어, 다만 명예만을 숭상하고 실행에 힘쓰지 않아서, 위로는 조정에 인재가 모자라 벼슬에 빈 자리가 많으며, 아래로는 풍속이 날로 퇴폐하고 윤리가 날로 무너져 없어지고 있다. 생각이 여기에 이르매 참으로 한심한 노릇이다 … 이에 성현의 모훈(謨訓)을 대략 본받아 『학교모범』을 만들어 …

이같은 아름다운 전문에 이어 교칙(준칙) 16가지가 구체적으로 나오는데 그 첫째가 뜻을 높이 세움(立志)이다. "뜻을 높이 세움이니, 배우는 자는 먼저 뜻을 세워야 하며 도로써 자신의 임무를 삼아야 한다." 율곡은 어쩌면 이렇게 서민적·논리적·구체적으로 교육을 논할까. 그래서 나는 단연 퇴계보다 율곡 팬이다.

학교란 무엇하는 곳인가. 지금까지 우리는 그것이 서민층까지 아우르는 배움터로 발전한 기관이고, 이에 따라 그 안에 역기능도 있음을 살펴보았다. 이제 그 주요 기능을 교육법에서 확인하자. 교육기본법은 제②조에서 교육의 목적을 홍익인간의 이념 아래 인격의 완성, 자주적 생활능력과 공민으로서의 자질을 갖추게 하여 민주국가 발전에 봉사하며 인류공영의 이상실현에 기여케 한다고 천명하고, 이 교육기본법의 전신인 교육법은 제 2 조에서 교육방침이라는 표현으로 교육목표(학교의 목표·기능과 거의 같은 뜻)를 구체적으로 다음 7개 사항으로 들고 있다.

① 신체의 건전한 발육과 유지, ② 애국·애족의 정신 배양, ③ 민족의 고유문화 계승·앙양, ④ 진리탐구의 정신과 과학적 사고능력 배양, ⑤ 자유를 사랑하고 책임을 존중하고 신의와 협동의 정신으로 조화로운 사회생활, ⑥ 심미적 정신 함양, ⑦ 근검노작하고 무실역행하는 건전한 소비생활

서양에서의 "학교"는 어떠했던가. 학교는 스쿨(school 영국), 슐레(Schule 독일)인데 그 어원은 그리스어의 "여가"를 뜻하는 스콜레(scholē 또는 skholē)에서 유래했다. 즉 학교는 일일랑 노예들에게 맡기고 한가한 시간을 즐길 수 있는 상류계층 자녀들을 위한 환담의 장소였다. 그런데 여기에서도 역시 학교(스콜레)란 명칭은 거의 쓰여지지 않았다. 플라톤의 학교는 아카데미요, 아리스토텔레스의 학교는 만나서 대화를 주고 받는 회랑 루세움(영어로는 라이시움)이었고, 중세에 와서 고등교육기관인 대학을 우니베르시타스(조합이라는 뜻)라고 썼다. "스쿨"이라는 명칭이 등장하는 것은 근세의 서민층 학교가 나타나면서부터다. 영국에서는 시골마을 성당 소속의 교구학교(parish school), 독일에서는 민중학교(Volksschule), 직업학교(Realschule) 등에서다. 대학입학을 위한 인문계 고등학교는 김나지움(Gymnasium)이라 했지 "스쿨"자가 안 붙는다. 이것이 고등학교(High School)라는 명칭으로 불려진 곳은 만민평등을 내세우는, 빈털터리 이민자들이 개척한 기회의 땅 미국에서부터다.

학교라는 호칭과 그 기능에 대해 이렇게 살펴 본 우리들의 결론은 이렇게 맺어져야 한다. 학교란 조직적으로 교육이 이루어지는 곳인데, 양의 동서를 막론하고 옛날에는 상류층을 위한 것이었고, 근세에 와서

비로소 서민층을 위한 새로운 교육체계가 생기면서 통일적으로 "학교"라는 명칭을 쓰게 되었다. 그래서 위에서 아래로 발전한 체계와, 아래에서 위로 뻗은, 생리가 다른 두 뿌리가 엉켜 있는 "학교"는 목적면, 기능면에서 여러 모순을 안고 있다.

2. 첫 단추가 잘못 끼워진 평준화 정책

같은 패전국이었는데 독일은 전통적인 자기네 학제를 유지해오고 있고 일본은 그것을 깡그리 바꾸어버렸다. 연합군 사령부는 이 두 나라에 대해 "호전적인 엘리트 집단"을 양성해온 그 복선형 학제를 뜯어고치라고 소리질렀다. 독일은 "나인"이었다. 학제 탓이 아니라고 맞섰다. 일본은 "하이"했다. 그래서 독일은 지금도 수학연한이 각기 다른 인문계 김나지움과 실업계 고등학교가 공존하는 복선형 학제다. 그런데 일본은 6·3·3·4제로, 그야말로 이제 모든 단계의 학교가 수학연한이 같은, 미국식 단선형이다.[2)] 우리는 어떤가. 말할 것도 없이 "네"하고 미국식 단선형을 두 손 들고 받들었다.

그런데 일본과 우리는 또 다르다. 같은 단선형이면서도 일본은 그 안에 복선형의 이념을 살리고 있는데 우리는 그것을 완전히 버렸다. "버렸다"기보다 청산해야 할 잔재라며 짓이겨버렸다. 그 복선형의 이념이란 무엇인가. 한 마디로 "능력 · 적성 · 신조"를 살리는 교육을 이름이다. 군사혁명정부는 무자비하게, "무식하게" 교육에 온통 칼질을 해댔다. 그 대표적인 것이 현재의 "하향 평준화"였다. 그 기미를 알아차리고 나는 소리질렀다. 그래서는 안 된다. "중용"을 지키라고! 꼭 33년 전의 그 글은 이러했다.

고교 학군별 선발 입시제를 제창

중학교 무시험 입학제가 순조롭게 진행됨으로써 앞으로 몇 년 후에 꼭 이루어져야 할 중학과정 의무화 실현에의 여러 기반들이 굳게 다져지고 있음을 경하해마지 않을 일이다. 이에 우리는 한걸음 더 나아가 고교입시제도의 개선에 좀더 깊은 연구와 관심을 가져야할 단계에 이르렀다. 일본의 몇 시군에서 성공적으로 진행되고 있는 고교 학군별 선발 입시제를 참고하면서 평소 필자가 생각했던 바를 간략하게 피력해 보고자 한다.

"학군"이란 비슷한 설립목적을 가지며 비슷한 학력수준의 학생을 수용하고 있는 "학교군"을 말하며, 학군별선발입시제란 이러한 하나의 학교군이 자기네의 전 입시정원을 공동출제로 일괄하여 선발한 다음 입학시험성적에 일련번호를 붙여 학군내의 각 학교에 고루 배정함으로써 군내의 학교간의 격차를 해소하려는 제도를 말한다.

서울에는 많은 고등학교가 있지만 이것을 이런 시점에서 분류한다면 ① 공립남자인문계, ② 공립여자인문계, ③ 사립남자미션인문계, ④ 사립여자미션인문계, ⑤ 사립남자일반(비종교)인문계, ⑥ 사립여자일반(비종교)인문계, ⑦ 공사립남자실업계, ⑧ 공사립여자실업계, ⑨ 기타계(부설실험학교, 종합고등학교, 특수학교 등)으로 나뉘어진다.

물론 이상적으로는 고교생도 자기집에서 가장 가까운 학교에 도보로 통학해야 하겠지만, 현실적으로는 이것이 불가능하므로, 우선 몇 개의 학군을 선정하여 실험적으로 학군별 입시제를 실시하여 본 다음, 그 결과를 분석 · 검토하면서 이를 단계적으로 확대시키는 방법이 좋을 듯하다. 실험적 학군으로서는 우선 공립남자인문계와 공립여자인문계가 가장 적당하며 이 두 학군의 규모는 각각 6, 7개교 정도면 충분하리라고 본다.

이 학군별선발입시제 역시 많은 문제점이 따르며, 이를 전면적으로 적용하는 데는 많은 난관이 예상되는데 그것은 크게 다음과 같은 것들일 것이다.

첫째는 각 학군의 입학시험 기간의 조절 책정의 문제일 것이다. 예를 들면, 공립남자인문계와 사립남자미션계 학군의 입시를 같은 기간에 실시하느냐 안 하느냐의 문제다.

둘째는 남녀공학의 이념 구현을 이와 병행시키느냐 않느냐의 문제다. 세계적 추세로 보아 명분상 적어도 공립은 남녀공학이 되어야 할 것인데 우리의 현실적 여건은 아직 이에 이르지 못하고 있다.

셋째는 통학거리에 따른 배정교 재조정과정에서 야기되는 잡음 제거의 문제일 것이다. 상술한 바와 같이 학생들은 입학시험의 성적 순위에 의하여 학교를 배정받게 되므로, 일례를 들면, 영등포의 학생이 수유동의 학교에, 그리고 거꾸로 수유동의 학생이 영등포의 학교에 배정될 수 있으므로, 이런 특수사례에 대한 배려가 불가피하며, 따라서 학군 내의 소수의 학생에 대한 배정교 재조정이 불가피할 것이다.

넷째는 전통을 자랑하는 이른바 일류교 출신들의 모교에 대한 지나친 애교심과 세인의 일류교에 대한 편견의 해소다. 우리 모교의 특성이 사라졌고 또 대입성적이 현저하게 떨어졌다고 푸념하는 일류교 동문들이 있을 것이고, 또 한편으로는 내 아들을 꼭 A학교에 넣고 싶었고, 사실 과거 같으면 꼭 A학교에 들어갈 실력이 충분하였는데도 이번 입시성적 총점의 "끝수" 장난으로 B교에 배정되었다고 푸념하는 학부형도 있을 것이다.

다섯째는 재학생들의 모교에 대한 자랑과 사랑의 감소가 문제될 것이다. 자기가 원해서 들어온 학교가 아니기에 말이다.

학군별 선발입시제의 전면적 적용에는 이런 문제와 난관이 가로놓여 있지만 학교간의 격차의 해소, 합리적 입시관리, 능력 · 적성 · 신조에 알맞은 학교에의 진학 권장, 그리고 무엇보다도 10년 후에는 닥쳐올 고교교육과정의 준의무화에의 기반조성을 위해서는 진지하게 논의되어야 할 과제라고 생각되며, 따라서 가까운 시일 안에 "실험학군"제가 실시되었으면 한다. 미국은 1979년까지는 초급대학과정을 의무화한다고 한다. 교육이 가장 강력하고 효율적인 "인간투자"임을 인식하고 우리도 이를 위한 제도적 기반조성에 보다 힘써야 할 때가 온 것이다(동아일보, 『시론』, 1973. 1.11).

일반 독자들에게는 좀 부연이 필요하리라. 위에서의 ①은 경기·서울·경복·용산·경동·성동 등이며 이것을 "1학군"이라 하자. ②는 경기·창덕·무학 … 2학군이요, ③은 배재·경신·동성·대광 … 3학군, ④는 이화·정의·정신 … 4학군, ⑤는 중앙·보성·휘문·양정 … 5학군, …이다. ⑨의 경우 사범대학의 부설이나 불교계, 기독계 중에서도 특수종파로, 예를 들면 안식교의 삼육 등이다. 또 "끝수"란 무엇인가. 1학군의 경우 그 여섯 학교에 번호를 매겨 우선 성적순으로 고루, 구체적으로는 에스(S)자 방식으로 나누어감을 이름이다. 1학군의 경우, 1, 7, 13 …이 경기다.

이 글이 나가자 당장 맞대고 항의하는 교수가 있었다. 하려면 철저히 해야지 그런 방식이 무엇이냐고. 그는 현재의 "지역군"을 학군으로 작업을 하고 있던 사람이었다. 칭찬을 해준 동료 교수도 있었다. 학군별 분류가 참 잘되어 있다. 그런 방식이라면 문제 없겠다. 나는 대찬성이라고. 그는 사범대학을 나오고 미국에서 학위를 취득한 사회학자였다.

같은 "학군"이란 개념에 나는 능력·신조·설립별을 살리자는 절충형·중용형·점진형 학군인데, 당시의 군사정부가 시행한 것은, 한 마디로 이 모든 것을 묵살한 혁명적인 "지역별 학군"형이었다. 그 결과가 "하향식 평준화"로 나타나 두고두고 말썽이고, 아무리 조금씩 해마다 손질해보아도 소용이 없었다.

그 첫 단추가 잘못 끼워졌기 때문이다. 칼질이 지나쳤다. 교육제도는 문화적인 것이다. 그것을 하루아침에 뜯어고칠 수 있는가? "로마법황도 문법만은 고칠 수 없다"는 서양 속담을 위정자들은 특히 귀담아 들어야 한다. 귀한 역사적 교훈으로 삼자.

3. 정신과 육체의 조화적 성장을 노리는 노작교육

식목일에 부모들이 어린이들을 산에 데리고 나가 소나무를 같이 심는다. 땅을 파고 묘목을 심고 흙을 덮고 물을 주고 끝마무리로 발로 살짝살짝 밟아준다. 이 얼마나 귀한 교육인가. 할아버지와 할머니가 물려준 이 산과 들에 대한 애정을 피부로 느끼게 하는 도덕교육이다. 또 이 나무가 10년 자라면 건축자료가 되고 가구재료로 된다는 것을 알게 하는 생산교육이다. 교과서에서 배운 소나무의 성질 — 예를 들면 그 덩치에 비해 뿌리는 너무나도 작다던가 하는 — 을 눈으로 확인하는 실물교육이기도 하다. 땀 흘리며 일하는 노동이 얼마나 귀하고 힘드는 것인가를 확인함으로써 일하는 사람들에 대한 고마움을 다지는, 그리고 또 이 사회는 각자가 맡은 일을 성실하게 수행함으로써 성립되는, 더불어 사는 공동사회임을 익히게 하는 시민교육도 된다. 그리고 자기 몸과 마음으로 나서서 하는 자발적인 자주교육이기도 하다.

그런데 이렇게 좋은 교육을 우리는 얼마나 소홀히 했던가. 우리 어린이들은 그 원수같은 입시교육, 학원교육, 과외교육, 학교에 유폐되어 억지로 시간을 때우는 "자율학습", 그리고 "국산사자"(국어 · 산수· 사회 · 자연 과목)라는 주요교과 학습에 숨이 막힐 지경이다. 그래서 그 감옥같은 학교에 가지 않으려고 등교거부, 냉혹한 부모의 잔소리에서 잠시나마 피하려고 가출, 논산신병훈련소의 하사관들처럼 닦달질하는 교사들에 항거하기 위해 기물파괴, 그리고 자기가 당한 고통을 남에게 씌워 그 한을 푸는 따돌림 등 그야말로 한 세대전의 우리들의 목가적인 교육환경에서는 상상도 할 수 없었던 현상들이 "교육"의 장에서 "마당놀이"처럼 자행되고 있는 것이다.

어떻게 할 것인가? 노작(勞作)교육의 이념과 방법을 조금씩 교육의 마당에 도입해 보는 것이다. 이것만이 해결책이라는 말이 아니다. 해결책의 하나라는 말이다. 공교육의 위와 같은 현상을 시정하기 위해 따로 나선 대안학교들이 하나같이 채택하고 있는 것이 이 노작교육임이 단적으로 증명한다. 노작교육은 이렇게 참교육의 방법의 하나이자 가장 효과적인 방법으로 급부상하고 있다. 그 대표적인 사례가 풀무학원이다. 이 학원에서는 노동이 아주 중시된다. 우리가 잃은 것, 바꿔 말해서 반드시 되찾아야 할 것 열 가지 중에 노동이 들어간다. 홍순명 교장의 교육실천기 "더불어 사는 평민을 기르는" 이라는 부제의 『풀무학교 이야기』의 첫머리에 나오는 글을 직접 뽑아 음미하자.[3]

> 셋째는 노동입니다. 인문학교에서는 노동을 가르칠 필요가 없다는 생각이나 실업학교에서는 인문과목을 소홀히 해도 좋다는 생각은, 사람은 머리만 있고 손은 없다거나, 손만 있으면 머리는 없어도 좋다는 생각과 같습니다. 공부와 노동은 함께 해야 합니다. 인격을 지 · 정 · 의의 구성체라 하는데, 노동으로 참 지식, 깊은 성취감, 어려움을 극복하는 의지가 발전합니다. 그래서 몸과 마음을 두루 건강하게 합니다.

노작교육의 인간교육적 의의를 참으로 쉽게, 간결하게 서술한 아름다운 글이다. 그런데 우리는 이 노작교육을 조금은 오해하고 있다. 우리나라의 대표적 중사전의 "노작교육" 항에서 보자. "〔수동적인 지식 중심의 교육이 아닌〕 아동의 자기활동에 의한 적극적 · 능동적인 교육"이라고 되어있다.[4] 다 맞다. 그런데 하나 빠진게 있다. "노동"이다. 용그림에 눈이 빠졌다할까. 매운탕에 매운맛이 없다던가 하는 그것이다. 이런 오해는 어디에서 비롯한 것일까? 노작교육을 자주적 · 적극적 학습을 노리는 수공적 활동으로 좁게, 말을 바꾸면 교육의 방법의 하나로만 생각하는 미국의 프라그마티즘 교육, 쉽게 말하면 실천적·행동적·실용적 교육의 철학에서 해석해냈기 때문이다. 그래서 그것이 위에서 우리가 보아온 것처럼 인격형성, 요새 많이 쓰이는 말로는 "전인교육"의 이념과 깊게 이어지지 못하는 것이었다.

좀 어려운 이야기여서 싫지만, 이 오해를 풀기 위해서는 "노작교육"이라는 개념이 역사적으로 어떻게 발생·전개되었는가를 보아야 한다. 그 이념은 지·정·의의 조화적 발전이라는 "삼육론"을 주장한 페스탈로찌의 "일하면서 배우고 배우면서 일한다"는 명제에서 비롯하며, 그의 추종자인 독일의 탁월한 이론가요 교육행정가인 케르쉔슈타이너(1854-1932)의 "노작학교"(노동이라는 아르바이트와 학교라는 쉴레의 합성어인 아르바이쓰쉴레Arbeitsschule) 이념으로 발전해온 문화적 인격도야의 일곱가지 논리 중의 하나다. 노작교육은 물론 일정한 직업에 대한 준비를 시키기도 하지만 어디까지나 그 직업에 대한 윤리를 체험시켜야 하고 더욱이 자기가 속하는 사회의 도덕화 즉 보다 아름다운 사회를 지향하는 정신적·문화적 공동체 활동으로까지 이어져야 한다는 것이다.[5] 풀무학원이 그렇게도 "더불어 사는"이라는 부제를 붙이면서 노작교육을 중시하는 충정을 우리는 높이 헤아려야 한다. 요는 노동의 생산성·기술성보다 협동성·도덕성이다. 요는 수공적 활동이 협동적 작업으로 이어져 근면·조심성·인내·자제·희생·봉사 등의 도덕성 함양으로 발전해야 한다. 요는 인격도야·시민도야·직업도야의 통일, 삼위일체성이라 하겠다.

인격교육, 국민교육, 이상사회 건설 등을 꿈꾸는 교육에는 그래서 꼭 이 노작교육 논리가 크게 차지한다. 강원도 산골 고향마을을 교육공동체(당시의 말로는 "학향"(學鄕))으로 키운 남궁 억은 식목, 교량공사, 도로공사, 묘포작업, 새끼꼬기와 집신짜기, 농기구 제작 등 작업을 연중 시행했다.[6] 이상향을 꿈꾸며 건전인격을 늘 내세운 안창호는 무실역행

(務實力行) 즉 참되고 실속있게 힘써 일하라 했다. 우리나라의 노작교육의 두 선구자들이라 할 것이다. 풀무학원의 노작교육에 대해서는 다시 소개할 기회를 갖기로 하고 여기에서는 이만 접는다.

우리는 이제 노작교육의 원리를 조금씩 시급하게 도입해야 하겠다. 학교는 꽃과 나무와 새 등을 어린이들이 직접 기르게 해야 한다. 가정에서는 가사노동, 예를 들면 김장철의 시장 보기, 무와 배추 절이기와 담그기, 저장 등, 또 농번기의 농촌의 여러 작업 등, 그리고 좁은 아파트이지만 그 안에 꽃과 나무와 금붕어 기르기 등, 이런 노작에 참여하고 그 과정에서 인간의 문화, 그것을 낳은 노동, 그 노동의 귀함과 어려움, 그 노동을 보람있게 수행하고 난 다음에 느끼는 충족감, 그리고 각 생명의 귀함과 더불어 사는 즐거움을 머리가 아닌 몸으로 느껴야 한다. 시의적절하게도 최근에 노작교육 이론서 『노작교육론』(전일균 지음)이 나와 참으로 다행이다.[7)]

4. 도덕교육, 그 다섯 유형

도덕 · 윤리가 땅에 떨어졌다고 한탄들 한다. 특히 우리같은 노인층은 매일 이런 이야기를 주고받으며, 또 그런 일을 당하고 분개도 한다. 그러면서 입조심, 말조심 하잔다. 봉변당하기 일쑤란다. 언젠가 지하철에서 젊은이 훈계했다가 계단에서 떠밀려 뇌진탕으로 죽은 노인이 있지 않았던가 한다. 그런데 이 도덕이야말로 인간에게, 그리고 교육에서 가장 귀한 것이 아닌가. 왜냐? 우리말 사전에 이렇게 잘 그리고 쉬운 말로 설명되어 있다.

도덕(道德) : 인륜의 대도. 사람으로서 마땅히 지켜야 할 도리 및 그것을 자각하여 실천하는 행위의 총체. (비) 도의(道義)

사람이면 마땅히 지켜야 할 기본이요 필수인데 이것이 지켜지지 못하고 있다함은 사람으로서 낙제란 말이요 실격이란 말이요 그래서 사람이 아니라는 말이 된다. 그래서 사람되라고 타이른다치면, 그런 공자 맹자 이야기는 신물이 나게 들었다, 더러는, 자신은 못하면서 남은 타이른다, 심할 경우에는, 똥묻은 개가 겨묻은 개 나무란다는 식으로, 되로 간 말이 말이 되어 돌아 온다. 그래서 입다물고 그럭저럭 지내자 한다. 이게 서민들이 느끼는 도덕교육의 현실이다. 그러나 학교에서는 또 다르다. 버젓이 윤리교과 전문교사가 있다. 사범대학에 국민윤리과가 있고, 그 안에서 그 교육의 이론을 배운다. 또 문제가 있다. 도덕 · 윤리에 대한 지식을 알고 있다고 해서 그것이 실천으로 이어지느냐다. 도덕은 원래 실천적 행위이기에 실천으로 이어지지 못한다면 그 지식은 무슨 소용이 있느냐다. 그런데 또 아는 것은 실천의 계기도 된다. 그러니 앎 자체도 중요하다는 이론도 있다. 그래서 예부터 "도덕이란 과연 가르쳐질 수 있느냐 없느냐"의 논쟁, 즉 도덕의 가교성(可敎性) 논쟁이 있어왔지만 논리적으로 납득할 수 있는 결론을 내지는 못했다. 그럴것이, 실천의 문제이기에 논리로만은 풀 수 없기 때문이다. 도덕교육의 이같은 성격 논의에 대해서는 조무남 교수의 역작 『앎과 삶, 그리고 덕』에 넘긴다.[8)]

그러면 손들고 말 것인가. 사람됨이 무엇인지를 가르치지 말아야 할 것인가. 이것은 우리가 사람됨을 포기한다는 말이다. 그래서 예부터 지식과 행위(실천)가 따로 놀지는 절대 않는다는, 따로 놀아서는 안된다는 지행합일설(知行合一說)이 있어 왔다. 특히 실천면을 중시한 미국의 진보주의를 대표하는 존 듀이는 이론은 실천으로 경험되고, 이렇게 한 단계 깊어진 경험은 이제 다시 이론을 더 다지게 하여, 서로서로 짝짝궁이 되어, 서로 발전하면서 삶을 성장시켜간다 했다. 이것이 "교육은 꾸준한 경험의 재구성"이란 그의 유명한 명제다. 사실 나는 교육철학자로서 오랫동안 풀지 못했던 "도덕의 가교성 여부"의 문제를 듀이의 교육논리로 깨우침 받아 거의 풀었다는 안도감을 느꼈다. 듀이에 의하면 교육은 원래 도덕교육이며, 그래서 모든 교사가 다 삶으로 보여주는 도덕교사여야 하고, 도덕적 지식을 외게 하는 도덕교과서 따위는 있을 수 없고, 그래서 도덕시간이나 도덕평가는 무의미하고, 모든 교과가 삶의 교육이기에 도덕교육으로도 이어져야 하는 것이었다. 그의 대표작 『민주주의와 교육』의 맨 끝장에 나오는 도덕이론을 내가 이렇게 각색해보았다.[9)]

듀이의 이 도덕교육론은 그 후 깊게 음미·평가되어 오늘에 이르고 있다. "모든 교사는 도덕교사다"는 표현으로다. 컴퓨터, 인터넷, 전자기자재 등 새로운 교구로 학생들은 혼자서, 집에서, 마음내키는 때에 공부할 수 있게 되어간다. 수학도, 회화도, 국문학도 이렇게다. 그러면 모든 교사는 할 일이 없어 해고되는 날이 올 것인가. 아니란다. 절대로 아니란다. 그럴 때일수록 교사의 고유·독특한 의의가 더 부각될 것이란다. 왜냐하면, 위와 같은 교육 기자재가 절대 가르칠 수 없는 것이 바로 "도덕"이기 때문이란다. 그것을 가르치는 것은 사람만이고, 바로 교사란다. 즉, 국어교사는 국어라는 지식을 가르치는 교사가 아니고 국어를 통해 인간의 역사와 삶을 보여주고 가르치는 교사이고, 수학교사는 수학이라는 지식을 가르치는 교사가 아니고 수학을 통해 역시 국어교사와는 또 다른 시각에서 인간의 역사와 삶을 보여주고 가르치는 교사란다. 나는 한 마디로 이런 새 상황을 이렇게 다지고 싶다. "이제 모든 교사는 지식을 가르치는 기술자가 아니고 참삶의 설계를 돕는 스승이어야 한다."

이미 결론은 났는데 그래도 위의 논의에 비추어 현재의 외국의 도덕교육 유형을 안보고 넘어갈 수는 없다. 종교교과형, 도덕·공민과형, 사회생활과형, 사상교육형 그리고 생활경험형의 다섯이다.[10)]

첫째, **종교교과형**이다. 서유럽형이라고도 불리우는데, 서유럽이 아니더라도 국교를 갖고 있거나 준국교 정도로 종교가 국민의 생활과 사상 깊숙이 영향을 미치고 있는 나라들의 유형이다. 대표적인 나라가 독일이다. 국민의 98퍼센트가 기독교 신자이며, 국민은 월수입의 10퍼센트를 교육·종교세로 내고 있고, 연방이 제정한 교육의 공동목표(연방안의 각 주가 힘써야 할)에 "하나님에 대한 외경, 기독교적 휴머니즘"의 이념이 밝혀져 있고, 연방의 헌법에서도 이같은 종교교육이 권장되고 있다. 회교권의 중동국가들, 불교의 나라 태국 등도 이런 유형이다.

둘째, **도덕·공민과형**이다. 프랑스형이라고도 불린다. 프랑스는 1882년에 종래의 종교·도덕과를 폐지하고 도덕·공민과로 개편하면서 초·중등학교의 필수로 과하여 오늘에 이르고 있다. 특정 종파교육을 추방하는 대신 종교적 심성도야를 강조하면서 ① 프랑스의 이상적 인간상을 기독교·자유·문화라는 바탕에서 정하고, ② 영원한 조국의 역사, ③ 국가와 국기에 대한 외경, ④ 인류애와 국제적 연대감, ⑤ 인류의 영원한 이상인 평화 등을 다지고 있다. 단 사립학교에서는 특정종파교육도 허용된다.

셋째, **사회생활과형**이다. 이것은 도덕과나 종교과를 별도로 두지 않고 사회생활과 안으로 흡수·통합하는 방식이다. 그 대표적인 나라가 미국이어서 미국형이라고도 한다. 미국 역시 그 전통으로 교육의 목표를 기독교 정신에 입각한 시민양성에 두기 때문에, 읽기·쓰기·셈하기라는 3R's에다 종교의 R(religion)이 하나 더해져 4R's라 하여 종교적인 내용이 큰 비중을 차지하며, 또 국기에 대한 맹세 등도 의무화한다. 단 공립학교에서는 금지되어 있는 종파교육도 사립학교에서는 자유다. 금지된 공립학교의 경우도 학부모가 서면으로 요구하는 경우에는 다른 학교에 가서 종파교육을 받을 수도 있다. 미국은 주가 교육의 권한을 쥐고 있기 때문에 종교교육 방식도 주마다 조금씩 다르다.

넷째, **사상교육형**이다. 이것은 전교과, 즉 온 교과를 통해 이데올로기를 주입하는 방식으로, 해체되기 전의 공산권 국가가 대표적이며, 공산국가형이라고도 한다. 이들은 공산주의의 이해, 계급의식과 사회연대성, 협동적 생산, 집단규율 등의 개념으로 모든 교과에 이런 내용을 반영하는데 그치지 않고, 과외, 특별활동, 학교행사, 노동, 학교 안의 소년·청년단 조직을 통해 유물사관을 몸에 익히게 한다. 나찌 히틀러 시대의 혈통우월주의, 일본제국시대의 황국사관 교육 등도 이런 방식이었다.

다섯째, **생활체험형**이다. 앞서 소개한 듀이의 진보주의 교육철학에 입각한 것으로, 도덕교육에 있어 ① 전문교사도 없고, ② 종교만을 다루는 특설 시간도 없고, ③ 평가도 없고, 그래서 온 교사가, 온 수업이, 온 삶이 바로 귀한 경험을 재구성하면서 꾸준히 삶을 갱신하고 진정한 자기실현을 이룩하는 도덕교육이라고 보는 것이다.

끝으로 최근에 나온 도덕교육 이론서를 하나 소개하고자 한다. 심성보(부산대)의 『도덕윤리학입문』이다. 특히 제1장의 "도덕성 개념과 도덕교육의 위상"이 우리에게 귀한 시사를 준다.[11)]

5. 특수교육에 대한 보다 애정어린 관심과 올바른 인식을

발을 절룩거리고 손까지 휘저으며 걷는 소아마비 애들 참 안쓰럽다. 까만 안경을 끼고 하얀 지팡이를 짚고 뒤뚱뒤뚱 나아가는 맹인들에게는 애처로움이 묻어난다. 좁은 이마에 옆으로 유난히 째진 눈매의, 좀 이상한 얼굴 윤곽의 뇌성마비 사람들을 보면 엉겁결에 눈을 딴 데 돌리고 싶어진다. 이 세상에는 몸이 안 좋아 이렇게 슬픈 사람, 딱한 사람들이 많다.

네 탓도 아니고 내 탓도 아니다. 숙명처럼 태어났고 평생 그 멍에에서 벗어날 수 없는 억울한 사람들이다. 그러나 가장 억울한 사람은 위에 든 소아마비, 소경, 뇌성마비가 아니고 정신지체, 정신박약아다. 팔다리도 이목구비도 멀쩡한데 그 놈의 뇌에 이상이 있어 "바보"가 되어 있는 애들이다. 그 아이를 팔에 끼고 걸어가는 어머니들의 모습을 대하면 딱 숨이 막힌다. 보는 사람이 이러니, 그 어머니는 어떠할까.

이런 장애아동이 태어날 경우 우선 땅을 친다. 세상에 내가 무슨 죄가 있어, 조상님의 무슨 업보로 … 하면서 통분 · 원망한다. 남 보기가 부끄러우니 밖에 나가지 말라, 집안 혼삿길 막힌다고 벽장 속에 가두기까지 하고, 심지어 너죽고 나죽자고도 한다. 얼마나 답답하면 그러겠는가. 그러나 좌절하지 말아야 한다. 농·맹·아의 3중 장애를 극복하고 학문에 정진해 박사학위도 몇 개 따고, 저명한 여류 교육자, 사회복지사업가가 되어 자신을 키워준 가정교사 설리반과 자기를 도와준 사회에 보답한 "20세기의 기적" 헬렌 켈러 여사(1880-1968)를 생각해야 한다. 그들에게도 교육이 가능하고 떳떳한 사람으로 살게 할 수 있고, 그 뿐인가, 자신의 "천분"을 살려, 성경의 표현을 빌리면, 하나님에게 영광을 돌릴 수 있는 것이다. 켈러여사에게는 많은 박사칭호가 있지만 이런 뜻에서 1931년, 필라델피아의 템플대학이 그녀에게 선사한 "인도문화박사"(人道文化博士)가 가장 격에 맞아 보인다.

원래 특수교육이라 하면 넓은 의미로는 영재교육과 장애자 교육을 다 포함하며, 일반교육으로는 다루기 힘든 아동을 대상으로 하는 "예외자 교육"인데, 보통은 후자의 장애자 교육으로 좁게 쓰이고 있다. 그리고 이들에 대한 교육을 우리 교육법(1949)에서는 제9절 특수학교의 3개 조항에서 규정하고, 더욱 이를 받아 특수교육진흥법(1977)에서 보다 자세하게, 구체적으로 규정 · 의무화하고 있다.

법에서 규정하는 특수교육대상자는 ① 시각장애자, ② 청각장애자,

③ 정신박약자, ④ 지체부자유자, ⑤ 정서장애자, ⑥ 언어장애자, ⑦ 기타 심신장애자이며 이들에 대해 국가와 지방자치단체는 초등학교, 중학교의 의무교육은 물론이요, 유아교육과 고등학교 단계에서의 교육도 무상으로 제공하도록 의무화하고 있다.

이런 특수아동의 발생비율은 보통 어느 정도일까. 영재아가 약 4%, 장애아가 약 4%, 그래서 합해서 약 8%다. 꽤 높은 비율이다. 이 중에서 영재교육에 대해 나는 교육학자이면서도 별로 관심도 없고 그 효과에 대해 기대도 안한다. 희대의 영재가 태어났다, 몇 살에 미분·적분까지 해서 대학에 들어갔다는 이야기들은 무성한데 그들의 후일담은 별로 없었기 때문이다! '밥은 열만 가한다고 되느냐, 뜸이 들어야 한다'는 게 나의 교육철학의 하나다. 뜸을 안 들이는 교육에 무슨 효과가 있겠는가! 발명왕 에디슨도 말했다. "천재는 1%의 인스피레이션 영감과 99%의 아스피레이션 땀으로 된다"고. 그래서 나는 특수교육하면 오로지 장애자 교육만 생각한다.

이 장애아동 발생비율은 우리나라에서는 얼마나 될까? 그 통계는 찾기가 어렵고, 다만, 학력으로 비교해보면, 전체 국민의 경우에는 고등학교를 졸업하지 못한 인구비율이 42.3%인데 비하여, 장애인의 경우 65.8%나 된다는 것이다.[12] 장애아동은 일찍 사망하기도 하고, 취학도 않는 경우가 많다는 사실을 말한다. 그들의 취학률은 어느 정도일까? 교육인적자원부 발행의 최신의 『2005년도 특수교육 실태조사서』에 의하면,[13] 특수학교, 특수학급, 일반학급에 재학하고 있는 특수아동은 유치원(3-5세)에서 학령인구 약 172만명에 추정 특수교육대상 학생수가 1만명, 특수교육 수혜율은 29.8%, 초등학교에서 수혜율 73.7%, 중학교에서 57.7%, 고등학교에서 60.9%, 이래서 3-17세의 우리나라 총 학령인구 964만 3천명, 그 추정 특수교육 대상자 9만 3천명, 재학생수 5만 8천명, 특수학교 수혜율은 평균 62.5%란다. 단, 장애전

담 및 장애통합 어린이집에서 수혜를 받고 있는 장애유아(5,601명)를 포함할 경우 유치원 특수교육 수혜율은 84.4%이며, 전체 수혜율은 68.5%가 된다 한다. 장애영역별로는 정신지체 57.6%, 학습장애 14.5%, 지체부자유 10.1%, 정서장애 10.0%, 청각장애 4.4%, 시각장애 3.7%, 건강장애 0.4%란다.[14)]

장애자 교육은 정서안정을 비롯한 치료 · 자활교육, 일상생활을 스스로 해나가게 돕는 신변 · 자기관리 교육 그리고 떳떳하게 자기 몫을 하며 사회생활을 하게 돕는 자립 · 직업교육 등이다. 장애자들이 주로 취업하는 직종은 공예, 포장 · 조립 · 운반, 농업, 전자조립, 제과 · 제빵, 정보처리, 산업디자인, 이발업, 서비스업 등이다. 장애자에게는 그에게 맞는 특수기능을 익히게 해서 그것으로 생계도 유지하고 사회에 이바지도 하고, 나아가 자기실현을 하며 행복한 삶을 개척토록 해야 한다. 나는 그 전에 퍽 흥미 있는 이야기를 들었다. 주유소에서 파이프로 주유하는 일, 이것은 정상인은 지겨워 대개는 며칠도 못한다. 그러나 장애인은 잘 해나간다. 지겹게 느끼지 않기 때문이란다!

특수교육 발전을 위해 우리가 풀어야 할 과제는 무엇인가. 셋만 들어본다.

첫째, 의식의 제고다. 그들에게도 교육이 가능하다는 인식을 우리 모두가 갖자는 것이다. 내가 이 문제에 깊은 관심을 갖게 된 것은 실은 칠궁 낙선재에서 이방자 여사를 만나면서였다. 벌써 40년 전의 일이다. 일본에서 은사 한분이 한국의 특수교육 관련 인사를 만나러 오셔서, 나를 애써 찾아 통역을 의뢰한 일이 있어, 그 때만 해도 특수교육 초창기여서, 전국에 몇 안 되는 특수교육기관으로, 대구사회사업대학의 학장, 마포구화학교의 교장도 만나고, 수원에 특수학교 자혜원을 창설하여 장애인에게 공예, 그 중에서도 칠보기술을 가르쳐 그것을 상품화해서 학교경영에도 보태쓰고 있던 이방자 여사를 칠궁 낙선재에서 예방도 했던 것이다. 그 때 나는 이 비운의 여사를 "황후"님 모시듯 업드려 큰 절을 올리려 했으나 여사께서 그러지 말라 하셔서 그만 두었는데 그 기억이 지금도 선명하다.

둘째는 통합교육이다. 어두운 골방에서, 병원에서, 시설에서 그들을 이끌어내어 밝은 학교에 보내야 한다. 그것도 일반학생과 같이 공부하게, 되도록 특수학교보다 일반학교의 특수학급, 나아가 일반학급으로 유도해나가야 한다. 이것이 세계적 추세이기도 하다.

셋째는 시설 · 기재의 정비 · 확충이다. 최근 지하철 역사마다 노약자를 위한 승강기가 있고, 학교마다 장애아동이 휠체어를 타고 나닐 수 있게 턱없는 계단들이 마련되고 있다. 그런데 아직도 모자라는 것들이 많다. 예를 들면, 이들에게 특히 맞게 마련된 정보화 관련 컴퓨터 학습자료 및 시설의 교육프로그램 및 확충이다.

6. 대안교육의 다섯 특징

"행복은 성적순이 아니잖아!"라는 유서를 남겨놓고 자살한 15세 소녀의 항의자살이 온 국민을 비탄에 젖게 한 충격적인 사건이 있었다. ㅅ사대부중 3학년 여학생이었다. 유서작성 날자와 시간까지 적혀 있었다. 1986년 1월 15일 새벽이라 했다. "O양의 유서"라고 나중에는 공개도 되었고, 같은 제목의 영화도 나왔다. 나는 너무나도 큰 충격을 받았다. 그래서 그 영화를 보러 갔다. 그런데 이게 웬일일까. 관객이 거의 없었다. 그 아픈 현실을 모두 안 보려 했던 것이다. 모두 쉬쉬 덮고 넘어가고 싶었고 모두 다 아는 일 굳이 영화로까지 볼 필요도 없었으리라고 느꼈을 것이다. 특히 교사, 학부모 그리고 무엇보다도 학생들은 그 충격을 감당하지 못했을 것이기에 아예 피했을 것이다. 나는 참으로 몇 년만에 영화관에 가서 관객과 더불어 눈시울도 좀 적실셈이었는데 완전히 허탕쳤다.

몇날 며칠 생각했을 꽤 긴 그 유서의 내용을 몇 토막만 다시 읽어본다.15)

난 1등 같은 것은 싫은데 … 앉아서 공부만 하는 그런 학생은 싫은데, 난 꿈이 따로 있는데, 난 친구가 필요한데 … 이 모든 것은 우리 엄마가 제일 싫어하는 것이지.

나에게 항상 수단과 방법을 가리지 말고 이기라고 하는 분, 항상 나에게 친구와 사귀지 말라고 슬픈 말만 하시는 분, 그 분이 날 15년 동안 키워준 사랑스런 엄마. 너무나 모순이다, 모순. 세상은 경쟁! 경쟁! 공부! 공부! 아니 대학! 대학! 순수한 공부를 위해서 하는 공부가 아닌, 멋들어진 사각모를 위해, 잘나지도 않은 졸업장이라는 쪽지 하나 타서 고개들고 다니려고 하는 공부.

난 로봇도 아니고 인형도 아니고, 돌멩이처럼 감정이 없는 물건도 아니다. 밟히다, 밟히다 내 소중한 삶의 인생관이나 가치관까지 밟혀버릴 땐, 난 그 이상 참지 못하고 이렇게 떤다.

하지만 사랑하는 우리 엄마이기 때문에 … 아, 차라리 미워지면 좋으련만, 난 악의 구렁텅이로 자꾸만 빠져들어 가는 엄마를 구해야만 한다. 내 동생들도 방황에서 꺼내줘야 한다. 난 그것을 해야만 해. 그치? 행복은 성적순이 아니잖아? 난 성적순이라는 그 올가미에 들어가 그 속에서 허우적거리며 살아가는 삶에 경멸을 느낀다.

난 눈이 오면 한껏 나가 놀고 싶고, 난 딱딱한 공부보다는 자연이 좋아. 산이 좋고, 바다가 좋고 … 하긴 지금 눈이 와도 못 나가는 걸. 동생들도 그러하고 … 너무 자꾸 한탄만 했지, 그치?

난 나의 죽음이 결코 남에게 슬픔만 주리라고는 생각지 않아. 그것만 주는 헛된 것이라면, 난 가지 않을거야.

비록 겉으로는 슬픔이 줄지는 몰라도 난 그것보다 더 큰 것을 줄 자신을 가지고 그것을 신에게 기도한다.

그릇된 교육에 경종을 울리며 항의자살한 것이었다. 이렇게 똑똑하고 다정다감한 소녀를 잃은 그 부모님 비탄이야 오죽 했겠고 또 그 학교 교사들과 친구들의 슬픔이야 오죽 했겠는가. 그런데 그 경종은 그야말로 우이독경이었다. 내가 텅텅 빈 영화관에서 느낀 소감이 바로 그것이었다. 그 항의자살 몇 달 뒤에 어느 아주머님은 "밤의 고교 교실"이란 글로 이 슬픈 교육의 현실을 고발하고 있다. 그 첫 절과 끝 절만을 다시 읽어 본다.16)

지난 달 여름방학이 시작될 무렵 자율학습을 받고 있는 여고생 질녀를 마중하러 여자고등학교에 간 일이 있다. 밤 열시가 가까운 시각, 거기는 학교라기보다 수요에 밀린 생산공장의 철야 작업장이었다 … .탈출구를 잃어버린 개는 쫓는 자를 물것이고 날개 부러진 새는 영원히 나는 법을 잊어버릴 것이다. 채 피지도 못한 때묻은 애늙은이가 되어 자신의 이익을 위해 남의 생명조차 안중에 없는 파렴치범이 되지 않는다고 누가 보장할 것인가.

주어진 사회의 틀에 짜넣는 체제교육, 물건을 만드는 도구로 여기는 생산교육 그리고 남을 이겨야만 살아남을 수 있다는 출세교육, 이것으로 오늘날 우리 학교교육은 망가지고 있다. 그래서 최근 전인교육, 인성교육이라면서 "인간교육"을 다시 찾자는 움직임이 나타나기 시작했고, 나아가 정규학교 밖에서 새로운 교육, 올바른 교육, 참교육을 하려는 "대안학교", 또 정규학교 안에서 이것을 조금은 반영하려는 "대안교육" 등이 각광을 받게 되었다. 그러면서 대표적 대안학교인 영국의 서머힐식의, 출석부도 없고, 시험도 없고, 숙제도 없다는 자유·자율·자치교육이 부각되고, 그 사례와 성과들도 이제 매스컴에 의해 일반국민에게 크게 소개되기에 이르렀다.[17] 경하해 마지않을 일이다. 그러나 그 대안교육의 기본적 성격이 무엇인가에 대한 교육철학적 논의는 아직 활발하지 않아 이념상의 혼란도 다소 있는 것 같아, 교육철학자로서의 나의 소견을 다섯으로만 요약해서 피력하고자 한다.[18]

탈관학성: 일반학교의 교육 즉 공교육이 바람직스럽지 못하기에 그 체계에서 뛰쳐나오려는 교육을 이름이다. 그런데 왜 탈공교육성이라 하지 않고 탈관학성이란 어중간한 표현을 쓰는가. 국가의 관리와 통제가 조금은 느슨한 사학 중에는 원리적으로 대안교육 프로그램이 조금은 있어 온 학교가 몇은 있어왔기 때문이다. 그러나 대다수의 사학은 유감스럽게도 그 전통과 역사와 건학정신을 잃고 관학과 거의 동일한 사이비 사학임도 잊지 말아야 한다.

문명비판성: 그릇된 이 사회, 이 문명에서 아이들이 참 인간이 되는 길을 잃게 되는 그릇된 교육에서 아이들을 구해내기 위한 교육이다. 그것은 위에서 우리가 읽어 본 "O양의 유서", "밤의 고교 교실"에서도 잘 알 수 있다. 대안교육은 말 그대로 "이것은 아니다, 다른 것이어야 한다"는 비판적 의식에서 출발한다.

협동생활성: 경쟁이 아니고 협동의 교육, 교과서 외우기 교육이 아니고 생활의 교육을 이름이다. 그래서 학생들을 거의 기숙사에 들게 하고, 교사들도 부모님들처럼 한울타리에서 기거하고, 한솥 밥을 먹으며 서로 사랑을 나누며 배우는 교육, 그 공동체안의 성실한 삶들을 통해 더불어 사는 사회의 모형을 체험으로도 익혀가는 교육을 이름이다.

노작교육성: 가장 효과적인 "인간교육" 방법은 "일하면서 배우고, 배우면서 일한다"는 노작교육임을 이름이다. 이 말은 원래 페스탈로찌에 비롯하며, 그 이념은 그의 정신적 제자로 노작교육론을 대성시킨 케르셴

쉬타이너에게 확대 · 체계화되어, 비단 효과적인 방법에 그치지 않고 도덕교육, 민주시민교육 그리고 교과교육으로 이어지는 교육의 원리의 하나로 자리매김 되었다.

박애평등성: 정의롭고 평화로운 사회를 건설하자는 꿈을 다지며 이상을 키우는 교육을 이름이다. 물질만능 문명을 비판한다거나, 전쟁에 반대한다던가, 계층간의 불평등을 시정하려는 교육이다. 특히 불평등의 경우를 구체적으로 든다면, 소외층 즉 농어촌, 광산촌, 도시 빈민층의 자녀들을 대상으로 하는 방과 후 프로그램에 속하는 공부방이나 아동·육아 협동조합, 어린이집 등이다.

7. 헌법의 교육조항 - 너무나도 아름다운 그 이념들

법이란 무엇인가. 여러 뜻으로 쓰인다. 우선 손님을 모시는 법 따위의 예의 · 범절이 있고, 성묘나 차례를 지내는 법 따위의 관습 · 습관이 있고, 만류인력의 법칙 따위의 자연의 이치가 있고, 부처님의 말씀 따위의 영원한 진리도 있다. 그러나 우리가 여기에서 음미하고자 하는 법은 사회의 질서를 유지하기 위한 규범으로서 특히 국가권력에 의해 강제되는 법률, 그 중에서도 특히 국가존립의 기본적 조건을 정한 근본법인 최고법규 헌법, 더욱이 그 중에서도 그 속에 담긴 교육에 관한 교육조항이다. 바로 대한민국 헌법 제31조다. 교육에 직접적으로 종사하는 교사는 물론이요 아이들을 학교에 보내는 학부모들 그리고 일하면서도 향학에 힘쓰는 근로자들, 갖가지 시설에서 배우면서 여가를 즐기는 노인들, 그리고 특히 사범대학생들은 꼭 한번은 읽고 음미해야할 것이 바로 이 교육조항이다.

그런데 우리는 법에 대해 안 좋은 인상을 갖고 있다. “법은 멀고 주먹은 가깝다”던가 하면서 법은 우리 서민들에게 별로 도움이 안 된다 한다. “악법이라도 법이니까 지켜야 한다”는 말로 유신체제에 항의 데모하는 학생들을 얼마나 많이 제적했던가. 단골로 들먹이는 이 소크라테스의 말이라고 전해지는 격언은, 실은 국가권력이 어용 윤리학자를 동원하여 만들어 낸 거짓말이고, 실은 소크라테스는 “악법에 항거하면서 죽었다”는게 실제적 진실이라 한다. 이제 고인이 된 그리스철학 전공 젊은 권창은 교수의 논문에서 이것을 읽고 나는 감명을 받았다. 학생들과 최루탄 냄새를 같이 나누면서 이 논문을 썼던 그 젊은 교수가 새삼 회상된다. 법이란 이렇게 무서운 것이다. 그러나 또한 국민의 권리를 보호해주는 것이기도 하다. 법은 의무 못지않게 권리도 담고 있음을 인식해야 한다. “법 없이도 산다”는 말은 실은 법의 보호없이는 살 수 없는 너무나도 딱한 사람이라는 역설적인 말이다. 사설은 이만 접고 이제 너무나도 아름답게 잘 다듬어진 우리나라 헌법 제31조 교육조항에 어서 들어가자.

① 모든 국민은 능력에 따라 균등하게 교육을 받을 권리를 가진다.

② 모든 국민은 그 보호하는 자녀에게 적어도 초등교육과 법률이 정하는 교육을 받게 할 의무를 진다.

③ 의무교육은 무상으로 한다.

④ 교육의 자주성·전문성·정치적 중립성 및 대학의 자율성은 법률이 정하는 바에 의하여 보장된다.

⑤ 국가는 평생교육을 진흥하여야 한다.

⑥ 학교교육 및 평생교육을 포함한 교육제도와 그 운영, 교육재정 및 교원의 지위에 관한 기본적인 사항은 법률로 정한다.

성문법인 헌법 안에 이렇게 교육의 의무와 권리를 몰아서 담고 있는 나라는 드물다. 미국이나 독일은 교육에 관한 권한을 자치권을 갖는 주에 이양하고 있어서 연방헌법에 이렇게 다듬어져 있지 못하다. 또 일반적으로 사회주의 국가에서는 교육을 특히 국가를 위해 봉사하는 대중교육에 중점을 두기 때문에 그 조항들이 여러 곳에 흩어져 있다. 그 예로 "조선민주주의 인민공화국 사회주의 헌법" 제43조는 이렇다.

> 국가는 사회주의 교육학의 원리를 구현하여 후대들을 사회와 인민을 위하여 투쟁하는 견결(堅決)한 혁명가로, 지덕체를 갖춘 공산주의적 새 인간으로 키운다.

그리고 제44조에서 교육과 생산노동과의 밀착한 결합, 제45조에서 11년제의 의무교육, 제46조에서 유능한 기술자 전문가들의 육성, 제47조에서 모든 학생들의 교육비 무상, 제48조에서 사회교육 강화, 제49조에서 학령 전 아동을 위한 탁아소, 유치원 운영의 국가부담으로 이어진다. 그리고 좀 다른 사항 같게 느껴지지만 뚝 떨어져 제55조에서 체육교육 진흥과 강화, 제63조에서 집단주의 원칙, 제75조에서 혁명유가족, 애국열사 자녀를 위한 특별한 보호, 제82조에서 집단주의라는 사회생활의 기초 선언 등 이렇게 흩어져 있다. 이왕에 북한 헌법 이야기가 나왔으니 하나만 더 이에 첨가하자면, 그 맨 끝의 제7장은 국장, 국기, 국가, 수도를 규정하는 네 개 조항으로 맺는데 그 맨 끝조는 이렇다. "조선민주주의 인민공화국의 수도는 평양이다."

나는 헌법학자도 아니요 교육법 전문가도 아니요 교육학 중에서도 교육철학 전공으로, 교직과정 이수 희망자와 사범대학 학생들이 교직에 대한 아름답고 엄숙한 꿈을 지니고 맨 처음에 듣는 『교육학개론』을 거의 30년 강의했다. 이 때 나는 꼭 한 시간 우리나라의 이 아름답게 다듬어진 헌법조항을 읽으며 음미하며 자랑하자고 다짐했다. 그러면서 내가 느낀 것을 네 가지만 들면 이렇다.

첫째는 오해다. 전에는 미처 몰랐다. 잘못 알았다는 등의 사항이다. 그 중의 가장 많았던 것은 의무교육 조항이다. 의무교육 연한이 6년이라고 못 박혀 있다, 그것이 중학교까지로 알았었다는 등이었다. 둘째는 우리 헌법에 대한, 그 교육조항들이 노래하는 꿈에 대한 애정이다. 특히 제4항 교육의 자주성 · 전문성 · 정치적 중립성 및 대학의 자율성 조항에 이르면 모든 학생들의 얼굴에 환한 미소가 번진다! 나도 눈시울이 뜨거워진다. 득천하영재교육지의 즐거움이란 바로 이런 것인가! 셋째는 시간이 너무 짧다는 한탄이다. 이 헌법의 정신을 구현하기 위해 마련된 교육에 관한 하위 법령들이 얼마나 또 많은가! 교육법, 유아교육진흥법, 독학에 의한 학위취득에 관한 법률, 사회교육법, 평생교육법 … 이렇게 이름만 들다 종이 땡 친다. 넷째는 법 자체에 대한 회의다. 대학이 군부에 의해 유린당하고 있었던 시대여서 법에 대한 불신이 짙게 깔려 있었다. 법이란 이상이지 현실이 아니다, 법은 강자가 약자를 지배하기 위한 수단으로 악용된다, 법은 기존질서를 유지하기 위한 수단이다 … 손들고 대들지는 않지만 이런 빈정댐이 모두 얼굴에 스치기도 한다.

이 여섯 개 조항 중에서 가장 중요한 제 1 항을 영어 번역으로도 읽고 끝내기로 하자. 나머지 항은 주석으로 돌린다.[19)]

Article 31 (1) All citizens shall have an equal right to receive an education corresponding to their abilities.

1) 이런 유교적 교육관을 쉽게 풀이한 저작에 다음이 있다. 신창호, 『공부, 그 삶의 여정』, 서현사, 2004.

2) 단선형 학제는 중등학교 단계에서 실업계나 인문계나 수학연한이 완전히 같아서 현재의 우리나라에서처럼 대학에 동격적으로 접촉될 수 있는 학교제도요, 복선형 학제는 인문계, 상업계, … 기타 계열의 수학연한과 그 교육내용이 현저히 달라서 대학에 동격적으로 접촉될 수 없는 학교제도를 이름이다. 전자를 갈래가 없다해서 "스푼형", 후자를 갈래가 셋이라 해서 "포크형"이라 한다. 나는 이것을 "수저형", "쇠스랑형"이라 한다. 이 "쇠스랑"이란 말이 나오면 학생들은 좋아서 웃는다. 이게 훈장들의 즐거움일까.

3) 홍순명, 『풀무학교 이야기』(내일을여는책, 1998), 7쪽.

4) 『새국어사전』(동아출판사, 1994), 450쪽.

5) 김정환, 『페스탈로찌의 교육철학』(고려대학교 출판부, 1995), 68-70쪽.

6) 이만규, 『조선교육사』 하권(1949), 417쪽.

7) 전일균, 『노작교육론』(내일을여는책, 2005). 제2장의 노작교육의 역사에 대한 서술과 제6장 케르센쉬타이너, 듀이, 슈타이너 세 사람의 노작교육론 비교가 빼어나다.

8) 조무남, 『앎과 삶, 그리고 덕』, 교육과학사, 2002.

9) John Dewey, *Demacracy and Education*, Macmillan, 1916, "Theory of Morals", 346-360.

10) 김정환, 『전인교육론』, 세영사, 1982, 제5장 도덕교육의 유형(97-115쪽) 참조.

11) 심성보, 『교육윤리학입문』(내일을여는책, 1995), 15-25쪽.

12) 유혜경, "한국 장애인교육의 현황과 나아갈 방향의 모색", 『특수교육연구』, 제9권 제2호(2002), 31쪽.

13) 교육인적자원부, 『2005년도 특수교육실태조사서』, 4쪽. - 이 자료를 비롯하여 특수교육 관련 십여종의 최근 문헌을 수집하여 필자에게 건네준 서울시 강서교육구청 김정화 장학사에게 이 자리를 빌어 사의를 표하고 싶다.

14) 위의 책, 3쪽.

15) 교육출판기획실(엮음), 『교육시선집 내 무거운 책가방』(실천문학사, 1987), 138-144쪽.

16) 조규순, "일사일언", 조선일보, 1986년 8월 14일자.

17) 서머힐에 대해서는 학교탐방기까지 붙은 전문연구가 김은산 교수의 번역 『서머힐』(양서원, 1987)이 있다. 현재 우리나라의 대안학교는 초등학교 단

계에 고양자유학교(경기 고양시 덕양구)를 비롯해서 11개교, 중학교 단계에서 간디학교(충북 제천시 덕산면)를 비롯해서 8개교, 고등학교 단계에서 간디고등학교(경남 산청군 신안면)를 비롯해서 12개교, 중·고등통합 과정에서 하자작업장학교(서울 영등포구 영등포동)를 비롯해서 7개교다. 『민들레』 통권 제25호(2003, 1-2) 및 김정환·강선보 공저, 『교육학개론』, 박영사, 2005(개정판), 148-149쪽 참조.

18) 현대의 교육개혁 운동과 그 안에서의 유럽 여러 나라의 "대안교육"적 학교들의 탐방기록인 아주 귀한 문헌이 있다. 송순재 교수 지음, 『유럽의 아름다운 학교와 교육개혁운동』(내일을여는책, 2000).

19) CONSTITUTION OF THE REPUBLIC OF KOREA
Article 31 (1) All citizens shall have an equal right to receive an education corresponding to their abilities.
(2) All citizens who have children to support shall be responsible at least for their elementary education and other education as provided by law.
(3) Compulsory education shall be free of charge.
(4) Independence, professionalism and political impartiality of education and the autonomy of institutions of higher learning shall be guaranteed under the constitutions as prescribed by law.
(5) The state shall promote lifelong education.
(6) Fundamental matters pertaining to the educational system, including in-school and lifelong education, administration, finance, and the status of teachers shall be determined by law.

제 8 장

사회교육론

1. 사회교육이란 무엇인가

교육에 거의 결정적 영향을 주는 것이 둘 있다. 유전과 환경이다. 하나는 나면서 타고 나오는 것으로 평생 바뀔 수 없다. 조상으로부터 피와 살로 물려받은 소질, 그래서 유전이라 한다. 머리가 좋은 애, 기억력이 좋은 애, 그림을 잘 그리는 애, 음악만은 끝내주는 애, 그리고 키가 늘씬한 애들이 있다. 그런가 하면 그 정반대도 있다. 이런 유전적 요인은 마치 얼굴 색깔같이 평생 변할 수 없는 축복이자 숙명일 수도 있다. 이에 비해 환경이란 가변적이다. 변할 수도 피할 수도 바꿀 수도 있다는 말이다. 환경이란 무엇인가. 인간을 둘러싸고 직접적 혹은 간접적으로 영향을 주는 조건이나 형편이다. 이 환경을 우리는 크게 자연적 환경, 문화적 환경, 사회적 환경의 셋으로 나눌 수 있다.

산과 바다와 들 등 이것이 자연적 환경이다. 설악산, 동해, 호남평야 … 다 얼마나 좋은가. 그 정기를 받아 호연지기를 키워 큰 인물들이 나온다. 안동의 도산서원, 지리산의 화엄사, 그리고 북악을 배경으로 자태를 뽐내는 경복궁, 그 중에서도 특히 경회루 등 … 이것이 문화적 환경이다. 역사와 전통이 스며 있는 것들이다. 네 벽으로 둘러쌓인 학교, 안테나로 온 세계 소식을 듣고 전하고 요리하는 방송국이나 신문사, 그리고 남녀노소 각계각층의 사람을 싣고 쉴새없이 굉음을 내며 달리는 지하철 … 등 이것이 사회적 환경이다.

이 세 환경 어느 하나 소홀히 할 수 없다. 좋게도 나쁘게도 작용한다.

그런데 자연적 환경과 문화적 환경은 좋게 작용할 확률이 높은데 사회적 환경은 나쁘게 작용할 확률이 너무나도 크다. 그것은 요새 세상이 돌아가는 꼴을 보면 바로 안다. 지하철 의자 밑에 강아지의 그것을 치지 않고 달아난 여대생이 카메라에 잡혀 온 국민을 분통터지게 했는가 하면, 바로 그것을 신문지로 감싸 치우는 노인네의 모습에 동년배인 나는 서글픔이랄지 비애같은 것을 느꼈다. 우리 세대는 일제, 해방, 6·25, 4·19, 5·16, 5·18 … 이렇게 견디며 싸우며 열심히 살면서 가르쳤는데 그 결과가 이것인가?

사회교육이란 무엇인가. 이왕에 환경이야기를 자세히 했으니 그 개념을 이용해서 다듬어본다. 사회교육은 환경적 조건을 개선하며 돕는 사회인 대상의 교육이다. 교육의 세 마당 별로의 구분에 의한 가정교육, 학교교육, 사회교육 중에서 학교교육은 제외한다. 가정교육은 여기에 포함시키기도 하고 하지 않기도 하는데, 우리나라 평생교육법(2001년 1월 29일 공포)에서는 포함하고 있다. 우리나라는 "사회교육"을 점차 "평생교육"으로 부르며, "사회교육법"(1982)도 이렇게 "평생교육법"으로 개정했다.

> 평생교육법 제 2 조 제 1 항[정의]: "평생교육" 이라 함은 학교교육을 제외한 모든 형태의 조직적인 교육활동을 말한다.

이렇게 우리나라는 사회교육에 가정교육까지 포함하고 있다. 이왕에 법조항이 나왔으니 몇 조항 더 들면, 제 4 조는 사회교육의 목적을, 모든 국민에게 평생을 통한 사회교육을 부여하여 국민의 자질을 향상하게 함으로써 국가사회의 발전에 기여케 하고, 그 교육의 기회균등과 학습자의 자유로운 참여와 자발적인 학습을 제공하고, 정치적 · 파당적 기타 개인적 편견의 선전의 방편으로 이용되어서는 안 됨을, 제 9 조에서는 국가 및 지방자치 단체가 그 시설, 전문요원의 양성, 교육자료의 개발, 경비의 보조 기타 방법으로 이를 돕도록 노력해야 함을, 제24조와 25조에서는 시민단체와 학교는 특성에 맞게 사회교육을 실시해야 함을, 제26조에서는 신문·방송·잡지 등 대중매체를 경영하는 자는 당해매체의 운영에 지장이 없는 범위 내에서 그 매체를 동원하여 이에 기여해야 할 것임을, 제32조에서는 위의 규정들을 어길 경우에는 500만원 이하의 벌금에 처할 것임을 규정하고 있다.

그야말로 완전무결한 법령이다. 세계에 이렇게 다듬어진 평생교육법을 지니고 있는 나라는 없다. 왜냐하면 "사회교육"이라는 개념이 나라와 문화권에 따라 너무나도 다르기 때문이다. 영미권에서는 성인교육(adult education)이라 하고 주로 성인들의 여가 선용을 돕는 활동을 의미한다. 독일, 스웨덴, 덴마크 등에서는 주로 "민중교육"(독일어로의 Volksbildung)이라 하고 민중들의 인간적·시민적·애국적 의식을 고양하는 계몽교육을 의미한다. 덴마크 그룬트비의 평민대학 등을 예로 들 수 있다. 그래서 이들 나라 사람들에게는 social education(사회교육) 이란 개념이 없어 그것이 무엇인지도 모른다. 이것이 교육용어로 쓰여진 나라들은 인도, 한국, 일본 등 주로 원래는 유럽에 비해 학교교육이 현저하게 뒤진 나라들이다. 의무교육이 보급되지 않아 읽기·쓰기·셈하기도 못하는 국민이 수두룩할 때, 뜻 있는 청년들이 "브나로드"(민중 속으로)라면서 농촌에 뛰어들어, 문맹퇴치 교육을 했던 나라들이다. 그래서 "사회교육"하면 지금도 뜻이 통하는 나라들이다.

법에는 대개 시행령이 있다. 이 사회교육법의 그것은 대통령령 제11230호(1983. 9. 10)로 공포되었는데 우리는 여기에서 또 한번 놀란다. 그 내용이 너무나도 구체적으로 잘 다듬어져 규정되어 있기 때문이다.

이렇게 완전무결한, 선진적 "평생교육법"에는 어두웠던 과거가 있다. 바로 그 전신 "사회교육법"(1982)은 실은 군사독재정권의 "새마을 사업"의 들러리이기도 했다! 구체적으로 그 양상을 살펴보자.

> 제 2 조 사회교육의 영역 : … 다음 각호의 영역을 그 주요내용으로 한다. 1. 국민생활에 필요한 기초교육과 교양교육, 2. 직업 · 기술 및 전문교육, 3. 건강 및 보건교육, 4. 가족생활교육, 5. 지역생활교육 및 새마을 교육, 6. 여가교육, 7. 국제이해교육, 8. 국민독서교육, 9. 전통문화 이해교육, 10. 기타 학교교육 외의 조직적인 교육활동

그 교육내용이 너무 광활하다. 그래서 결과적으로는 해도 좋고 안해도 좋은 것이 있는가 하면, 그래서 거꾸로 이것만은 꼭 해야 한다고 정치적, 행정적, 자의적으로 다그칠 수 있는 내용들이 있다. 위의 제 5 항 지역사회교육 및 새마을 교육이 그 전형적인 것이다. "초가집도 없애고 마을길도 넓히고 … " 하는 새마을 노래가 농촌과 공장과 방송국에서 울려 퍼진 시대가 있었다. 이 사회교육법은 바로 이런 시대의 산물이었다. 완전무결한, 그야말로 세계에 그 유래가 없는 법이었다. 그러나 그것은 정치적으로 악용될 수도 있었다. 야누스적이었다. 그 유신체제에 접근하고 내면화하고 확산시킨다는 "국민윤리" 교과가 각급단계 학교에 도입되던 시대이기도 했다. 실제로 악용될 수도 있던 "독소 조항"도 있었다. 이 시행령의 제 3 조 규정들이다. 10인 이상에 실시하는 30시간 이상의 교육에서는 꼭 그 1할 이상의 "국민교양에 필요한 교육내용"을 포함해야 하는데, 그것은 국민정신교육을 위한 국사교육, 국민윤리교육, 환경교육, 경제교육, 통일안보교육, 새마을교육이라 지정하고 있다.

"새마을교육"은 어쩐지 "유신교육" 냄새가 나지 않는가. 법이 공포되기 전해에는 제12대 전두환 대통령이 간접선거로 당선되었고, 바로 몇 달 전에는 김대중이 무기에서 징역 20년으로 감형되고 이어서 대학생

들에 의한 부산미문화원 방화사건이 있었다.

사회교육법은 이런 시대의 법이다. 유래 없는 좋은 법인데 그 태생의 한계로 악용될 수 있었다. 우리는 이제 그 후신 "평생교육법"을 선용해야 한다.

2. 성년식을 보다 뜻있게

5월의 산야는 푸르르고 미풍이 향기롭다. 1년 중에서 가장 상쾌한 계절일 것이다. 한국은 춘하추동 네 계절이 분명하고 이에 따라 산과 들, 사람들의 옷과 음식도 달라진다. 이렇게 변화무쌍하고 아름다운 나라는 세상에 없다. 나는 언젠가 스위스 사람이 한국의 풍치를 부러워하는 글을 읽은 적이 있다. 바로 어쩌면 그렇게 한국의 산과 들, 그리고 옷과 음식, 사는 모습들이 변화무쌍한가, 그것이었다. 스위스는 눈과 바위, 푸른 산, 푸른 들, 그리고 양복과 비프스테이크 밖에 없단다. 특히 5월의 한국은 좋다. 그런데 이 5월은 또 가정의 달이다. 5일은 어린이의 날, 8일은 어버이의 날, 15일은 스승의 날이다. 또 16일은 성년의 날이다. 즐거운 날들이 온통 이 5월에 몰려있다. 몰아넣었다. 제일 좋은 계절, 마음까지 푸르른 우리 민족의 삶의 지혜와 멋이 아닐까. 그 어느 하나 교육적으로 귀하지 않음이 없겠지만 이번에는 성년의 날에 대해 생각해보기로 한다.

어느 민족이나 성년의 날, 성년식 같은 게 있다. 그런데 우리 민족은 이날 그 예식을 잘 받들어 온 민족으로 정평이 나 있다. 정말 동방의 예의지국으로서 그 예식·절차도 엄히 지켜왔다. 그 모습이 얼마나 신기하고 흥미로웠는지 일찍이 『위지동이전』 "한전"(韓傳)은 이렇게 전한다.

여러 젊고 용감한 자들을 모아, 등가죽에 구멍을 뚫고 그곳에 새끼줄을 꿰뚫은 다음, 그 끝에 돌멩이를 달고 키만한 장대에 의지하며, 가래처럼 그것을 끌며 종일 소리 지르며 힘쓰게 한다.[1)]

이렇게 글로만 전해지는 모습이 한 풍속화가의 그림에 담겨 미국의 산타페시 뉴멕시코 박물관에 소장되어 있다 한다. 나는 그것을 일본의 교육학자 우메네(梅根)가 문화사적 관점에서 쓴 『세계교육사』의 삽화에서 보고 지극히 놀랐다. 정말 실감 났다. 아메리카 인디언의 풍속이라는데, 정말 한자도 틀리지 않는 우리 고대 한족의 성년식 때의 바로 그 "고행"의 모습이다. 내가 심성보 교수와 같이 번역한 책에 그대로 담겨 있다.[2)] 이같은 고행은 무엇인가. 성년이 되어 그 사회의 일원이 되기 위해서는 그 절차의 하나인 "통과의례"를 거쳐야 하는데 그것이 대개 이 같은 고행인 것이다. 요새는 그 고행들이 없어지고 화려한 원복가관식(元服加冠式) 등으로 축하한다. 성인이 입는 화려한 민속의상을 입히고 관까지 씌워주는 예식이다. 여성에게는 관 대신에 족두리를 얹고 비녀를 꽂게 한다.

이같은 고행은 민족, 부족마다 다르다. 나일의 누예족은 집단 수용하여 두 귀와 이마에 여섯 개의 칼자욱을 내어 진통을 참게 하고, 케냐의 마사이 족은 머리를 완전히 깎은 다음 자기 몸에 상처를 입혀 피를 내고 그 피를 머리에 바르고 2개월 동안 무기를 들고 산과 들을 헤매이게 한다. 고행은 여성들에게도 적용되었다. 로데시아의 벤바족은 초경을 맞는 여자들을 모아 뜨거운 음식을 먹이고, 케냐의 난디족은 대상 여성의 음핵을 절개한다. 우리 한국에도 이같은 고행이 있었다. 서울 백운대 정상에 뜀바위가 있다. 이 두 큰 바위와 바위 사이의 벼랑 위를 뛰는 것이었다. 그런데 한 30년 전에 바로 이 뜀바위에서 사고도 있었다. 스커트 입은 여대생이 뛰다 갑자기 벼랑 사이에서 부는 바람에 스커트가 날려 엉겁결에 그것을 가리려다가 떨어져 중상을 입었다. 모두들 등산에 왠 스커트냐며 안타까워 했던 기억이 난다. 개성 천마산에는 깎아지른 벼랑이 있는데, 거기에는 안고 도는 안돌이 바위와 등대고 도는 등돌이 바위가 있어, 이 두 곳을 통과해야만 위에 오를 수 있다 한다. 이런 고행을 거쳐야만 비로소 그 사회의 명예로운 일원, 성년으로 인정했고, 그 성년식행사들은 온 동네의 잔치요, 무용이요 그리고 약혼이나 성적 결합 허용으로 이어졌던 것이다.

원시사회에도 이렇게 귀한 "교육"이 있었다. 그 고행의 종류와 정도는 다소 다르지만 그것은 온 사회의 가장 귀한 행사요 축제였다. 가장 극적인 것이 위에서 소개한 "한전"에서의 모습이다. 우리 민족은 이렇게 교육을 잘해왔다. 그래서 이 조그마한 반도에서 강대국의 시달림을 받으면서도 살아남았다. 나아가, 그 문화도 지키면서다. 그 저력이 참으로 대단하다. 우리는 지금도 그 저력으로 무역량으로는 세계 12위까지 오르지 않았는가. 그런데 문제는 바로 그 원동력인 교육이 최근 망가진데 있어 너무나도 안타깝다. 더욱이 국제적 신임도나 청렴도는 저 밑바닥이라고도 하니 말이다.

이왕에 원시사회, 고대의 성년식과 고행 모습을 소개했으니, 그 시대 그 사회의 교육 이야기 셋만을 더 추가해본다.[3] 그 첫째는 영아살해다. 잘 크지 못할 아이를 죽이는 일이다. 너무 잔인하지만 집단의 이동, 유지에 불가피하다 여겼다. 플라톤의 교육론에도 이와 비슷한 생각에서 스파르타의 풍습으로 아이를 버리는 계곡 이야기가 나온다. 다음은 동족 표지다. 몸이나 얼굴에 동족임을 나타내는 표지를 낸다. 유대민족의 할례 따위다. 또 생활의 모방이다. 움막 짓기, 배 만들기, 활 만들기, 수렵하기 … 등 성인들의 생산 활동을 어린이가 거들면서 배우는 일이다. 위의 성인식과 이 같은 집단보존, 동족표지, 생활모방 활동이 원시사회의 네 가지 큰 교육이었고, 비록 모습은 많이 달라졌다 해도 그 이념은 지금에도 이어지고 있다.

세 아이의 성년식 날에 나는 어떻게 했던가. 저녁을 사면서 온 가족이 축하한다고 악수하고, 맥주를 따라주며, 오늘부터 성인으로 취급할 터이니 몸과 마음을 새롭게 다져라 했다. 넥타이, 와이셔츠를 포함하여 양복도 생전 처음으로 맞추어 주었다. 양복은 싫다는 것을 억지로 입혀보고 좋아들 했다. 그때는 학생들이 거의 미군 작업복을 까만색 물들여서 입고 다닐 때라 그 양복은 몇 번 입지도 못하는 무용지물이 되고 말았다. 그때는 모두 마음도 경제도 이렇게 여유가 없는 때였다. 지금 생각하면 아쉬운 대목이다. 이제 우리는 마음도 경제도 옛날에 비해 훨씬 나아졌다. 교육학자로서의 성인식에 대한 나의 생각을 들면 이렇다. 성년식은 현재의 어린이날이나 어버이날에 비해 소홀히 다루어지고 있으나 그 의의로 보아 이럴 수 없는 것이 아닐까. 안 입는 정장은 말고 가볍게 입을 수 있는 간의한복 한 벌 정도는 선사해야하지 않을까. 성묘도 하고 족보도 다시 보면서 조상의 은덕을 기려야 하지 않을까, 이렇게 성년식의 위상을 높일 일이다. 어린이날, 어버이날은 가족 단위로 잘 치러지고 있으나 성년식은 이에 비해 희미하다. 그러니 사회적 차원에서 이를 부추겨야 한다는 것이다.

3. 조기 영어교육 폐해 - 언어주권을 지키자

오늘 아침 KBS의 일요진단 주제는 "조세주권"이었다. 어느 외국 회사가 우리 어느 은행을 인수하고 단시일에 팔아넘겨서 무려 1조원이나 이득을 남겼는데 세금은 한 푼도 안 내도 되느냐의 문제였다. 그러면서 그 사회자 입에서 나오는 말이, 분통이 터져서 못 견디겠다는 서민이 많다는 것이었다. 시중은행 8개 중에서 3개가 이미 외국에 팔렸단다. 주식시장에 나와 있는 돈의 42%가 외국 자본이란다. 이들은 장기 투자자본이라기 보다 단기 투기 자본인데, 그들이 벌어서 가져가는 이익이 엄청나단다. 지난번에 내가 신문에서 본 기사로는 지난 7년간 이들 외국자본이 주식시장에서 벌어간 돈과 우리나라 무역수지가 맞먹는다 했다. 나는 너무나도 놀랐다. 주식시장의 그 불쌍한 "개미군단"하며 생산과정에서 혓빠지게 일하는 노동자 생각이 나서였다.

그런데 국제화 시대에서는 어떻게 막아낼 도리가 없는 것인가. 나는 이 문제로 해서 "언어 주권"이란 개념이 떠올랐다. 우리 모국어가 침해당하고 망가지는 현상을 막아내야 하는데 하는 것이었다. "문화 주권"이란 말은 그간 쓰여 왔다. 그러나 "언어 주권"이란 말은, 교육학자로서의 내가 "모국어 지키고 키우기"라는 뜻으로 번득 생각해 낸 개념이다. 그것이 오늘 아침 일요 진단 사회자 박선규 님의 "조세 주권"이란 말에 되살아나, 일요일 쉬어야 할 날인데도 서재로 달려와, 그 분통이 삭기 전에 이 글을 쓰기로 나섰던 계기다. 회화중심 조기영어교육의 폐해를 지적하며 언어주권을 세우자는 것이었다. 386 옛 안암골 제자의 그 분통이 나에게 이렇게 촉발되어서다.

내가 이 언어 주권이란 말을 생각해 낸 것은, 실은 우리 집 근처의 골목들 간판에서 본, 너무나도 철 없고 서글픈 미용실 간판들 때문이었다. 미용실, 머리방 하면 될 것을, 헤어 컷까지는 좋아도 헤어 샵, 헤어 매니어, 헤어 매직, 헤어 칼리지, 그리고 미라클 헤어 … 이렇게 까지 어지러웠다[4]. 윤이 흐르는 곱고 까만 머리는 사라진지 한참 오래이고, 이제 우리 모국어까지 이렇게 침해당하고 망가져가고 있다. "언어는 존재의 집이다"라는 명제가 있다. 우리 생각이나 문화는 언어 속에 녹아 들어있다는 말이다. 그래서 언어와 그 교육이 중요하고, 특히 모국어와 그 교육은 교육에서 가장 중요한 네 교과 "국·산·사·자"(국어 · 산수·

사회 · 자연) 중에서도 첫 손가락에 꼽혀왔다. 우리겨레가 일제에 의해 망가질 때, 가장 혹독했던 것이 "조선어 말살" 정책, 즉 학교교육에서는 일본어만을 사용하라는 "국어상용" 정책이 아니었던가.

그런데 우리는 우리들 자신이 이렇게 우리말을 철없이 망가뜨리고 있다. 하지만 이것보다 더 우려할 것은 초등학교 3학년부터 회화중심의 영어교육을 시행하고 있는 현상, 또 앞으로는 학교마다 원어민 교사를 배치한다는 시책이다. 입만 열었다 하면 국제화다, 세계화다 하면서 그것만이 밥을 먹여준다 한다. 그러나 그 국제화나 세계화도 교육의 인간화나 민족화 토대 없이는 사상의 누각이고, 일시적 경제성장도 장기적으로는 경제의 예속화로 이어질 것임을 왜 모르는지. 조기영어교육으로 앞으로 우리말, 우리얼, 우리살림이 더 망가지지 않을까? 이렇게 큰 문제들일랑 이만 거두고 교육학자로서의 내가, "중고등학교, 대학에서 10년이나 배웠어도 입도 뻥긋 못한다"고 도입한 조기영어교육에 반대하는 이유를 다섯 가지로 간추려 피력하면 다음과 같다.

첫째, 모든 국민이 균등하게 받아야 한다는 의무교육의 원리에 어긋난다. 초등교육은 분명 의무교육이기에, 그 영어교육도 의무교육의 원리에 맞아야 한다. 그래서 그 교육과정도 기초적 · 보편적 · 일반적이어야 한다. 기초적이라 함은 읽기 · 쓰기 · 셈하기 등과 같이 모든 국민에게 기본적으로 요구되는 필수적 지식이란 뜻이요, 보편적이라 함은 모든 계층 즉 부자나 가난한 자나 기회가 같다는 뜻이요, 일반적이라 함은 모든 과목의 기초를 가르친다 함이다. 그런데 조기영어교육은 이 세 원리, 그 중에서도 특히 보편성 원리에 어긋난다. 도농 격차, 계층 격차가 심하기 때문이다.

둘째, 우리가 존중해야 할 민족교육의 원리에 어긋난다. 민족교육이란 무엇인가. 각 민족은 다른 민족의 지배를 받아서는 안 된다는 독립성, 각 민족은 그 문화적 개성으로 세계 문화에 이바지해야 한다는 문화적 정체성, 한 민족은 여러 개의 국가로 분열되어서는 안 된다는 통일성, 모든 국가는 민족을 단위로 구성되어야 한다는 기본단위성, 그리고 법 앞에는 모든 민족이 동등하다는 평등성이란 다섯 이념을 받드는 교육이다. 그래서 민족교육에서는 민족의 얼과 문화, 역사와 전통을 특히 중시하고, 이것들을 담아내는 "모국어" 교육을 핵으로 여겨, 수업은 원칙적으로 모국어로 한다는 "교육용어 모국어" 이념을 받든다.

셋째, 일상적인 생활경험과 어긋난다. 효과적인 학습에는 일상적인 생활경험의 뒷받침이 필요하다. 영어교육에는 영어를 낳은 영어권 문화의 일상생활이 뒷받침 되어야 한다. 이 생활경험의 뒷받침은 초등학교 단계에서 더욱 크게 작용한다. 중등학교 단계에서는 눈으로도, 머리로도 배우지만 초등학교 단계에서는 몸으로, 실생활로 … 한마디로 삶으로 배워야 하기 때문이다. "아버지 안녕!"이 "하이 대디!"로 바뀌는 게 얼마나 어려운가. 정말 우습다기보다 애처롭다.

넷째, 둘을 동시에 섬겨야 하는데서 오는 정서불안정이다. 이중모국어를 갖는 아이들은 일반적으로 정서가 불안정하다 한다. 그것은 우리도 잘 이해할 수 있다. 자기를 낳아주신 어머니, 자기를 키워주신 어머니, 이 두 어머니를 동시에 섬겨야 할 어린 아이를 생각해보라. 초등학교 단계에서 두 언어를 배우고 쓰면 이렇다.

다섯째, 단일언어, 단일민족인 우리 국가에 맞지 않는다. 한 국가이면서 여러 언어의 여러 민족으로 나뉜 국가가 있다. 스위스, 캐나다 등이 그 예다. 이런 나라에서는 국어(national language)가 여럿 있다. 스위스는 독일어, 프랑스어, 이태리어, 레트-로만어의 넷이고, 캐나다는 영어와 프랑스어의 둘이다. 이런 나라들은 국민의 통합을 위해 이른 시기부터 "모국어" 아닌 "국어" 즉 다른 민족의 언어를 배우는데, 그것도 초등학교 4학년 때부터다. 모국어를 거의 완전히 익힌 다음부터다. 그래야만 또 다른 국어, 즉 자기 모국어인 제 1 국어 아닌 다른 민족의 모국어인 제 2 국어의 학습효과도 좋단다. 우리나라처럼 단일민족, 단일언어 국가가 초등학교 3학년 때부터 외국어를 가르치는 나라는 없다. 정말 웃기는 이야기, 한심스러운 이야기다!

조기영어교육으로 더 이상 우리 문화, 우리 언어, 우리 얼, 우리 경제가 망가지고, "기러기 아빠"로 비유되듯 아이가 망가지고 가정이 망가지는 일이 없기를 비는 마음 간절하다.(2005년 4월 24일 씀)

4. 독서의 귀함과 즐거움 - TV는 멀리 책은 가까이

해외여행을 갈 때마다 나는 책을 두어 권 새로 사서 읽고 난 다음 교민들이나 아이들에게 주고 온다. 재작년 여름 약 한 달 동안의 뱅쿠버 여행 시에 그렇게 한 책은 『백범일지』와 톨스토이의 『민화집』이었다. 작은 책자라 숲 속에서, 공원에서 그리고 해안 벤치에서도 읽기가 쉬웠다. 여행중의 글 읽기 맛은 참으로 감미롭다. 『백범일지』는 몇 번 읽어도 질리지 않는다. 그 흙냄새 때문이다. 『민화』 역시 그렇다. 시원한 샘물을 마셔 갈증이 풀리는 것 같다. 이 순간들의 즐거움을 위해 내가 지금껏 땀흘려 일해 왔는가 하는 생각도 들었다. 『파우스트』의 한 장면, "이제 행복하다, 시간이여 멈춰라!"란 이런 느낌인가. 정말 책만 있으면 행복하다.

퇴직 후 책을 대하는 느낌이 달라졌다. 바로 일용할 양식으로 다가왔다. 어떤 사람은 퇴직 후에 바싹 늙는다 했다. "할 일이 없다, 오늘 하루 그 원수같은 시간을 무엇으로 채울고나, 우선 나가야지 하면서 현관까지 나와서 구두는 신었는데, 아차, 갈 곳이 없구나!" 한단다. 그런데 나는 아니다. 이제 책 읽기는 강의에 써먹을 돈벌이 수단이 아니고 바로 여가 즐기기, 새 세상 대하기 그리고 삶의 즐거움 누리기 바로 그것이다.

하루라도 책을 대하지 않으면 꼭 밥을 굶은 듯, 밖에서 아직 돌아오지 않는 가족을 기다리 듯 어떤 허전함과 아쉬움을 느낀다. 안중근 의사가 여순옥 안에서 쓰신, 그 손도장이 박힌 휘호 一日不讀書口中生荊棘(일일부독서 구중생형극: 하루라도 글을 읽지 않으면 입 안에 가시가 돋힌다)는 참 귀하다. 어디서 따온 말씀인지 창작이신지 궁금했다. 그러나 안 의사의 "동양평화론"을 읽고 난 다음 창작하고도 남을 분이라고 여기게 되었다. 무인의 뼈 속에 스며 있는 이 선비정신, 이 얼마나 귀한가. 이순신의 "한산섬 달 밝은 밤에 …" 서도 이것을 느낀다. 그런데 나는 몇 년 전 『인간 호치민』 속에서 그의 한시(漢詩)를 읽고 너무나도 감명을 받았다.[5)]

그대는 다만 한 마리 예사 닭
그래도 아침마다 큰소리로 새벽을 알린다.
꼬끼오, 한 소리로 모두의 잠을 깨운다.
그런즉 그대의 공이 결코 작지 않다.

베트남은 천년이나 중국의 지배를 받은 탓에 베트남의 지식인은 거의 한자를 안다. 알다 뿐인가. 이렇게 시도 쓴다. 이 시는 1925년 그가 35세 때, 프랑스 식민지 조국의 독립투쟁에 중국의 도움을 받고자 중국에 갔다가, 중국의 복잡한 사정 즉 민족진영과 공산진영의 싸움 탓에, 뜻을 제대로 이루지 못하고 도리어 요주의인물로 낙인 찍혀, 이리저리 끌려 다니다가 어느 날 농촌의 새벽 닭우는 소리에 감명을 받아 읊은 것이다. 참 대단한 군인이요, 선비요, 시인이다. 그는 또 교향곡 지휘도 하는 고전음악 애호가이기도 했다. 이 책 표지사진은 바로 그가

1960년 중-소 대립 이후 중국과 소련 및 각국 대표단 앞에서 "단결가"를 지휘하고 있는 모습이다. 호치민이 게릴라들로 구성한 악단으로 베토벤의 교향곡 제6번을 지휘하고 있는 모습, 이것은 그림이 아니고 사실이다. 이 한 사람이 있어 베트남은 세계에 고개를 높이 들 수 있다. 장하다, 멋지다, 이게 진정한 선비다. 20세기의 성인은 슈바이처, 20세기의 지성인은 러셀, 20세기의 기적은 헬렌 켈러라 한다. 나는 20세기의 "선비"일랑 단연 호치민으로 받들고 싶다. 나에게 묘안이 하나 있다. 우리나라 사관학교 입시과목에 "창작시"를 필수로 넣는다. 온 세계가 놀라고 찬탄할 것이고, 우리 군개혁은 저절로 되리라! 진짜 저절로다. 저절로라는 우리말 참 좋다.

독서에서 얻는 귀한 것들은 무엇인가. 이루 헤아릴 수 없이 많고 사람에 따라 다르며 그래서 예부터 많은 독서론도 나왔을 것이다. 나는 다섯만 들어본다. 첫째는 역사에 대한 이해다. 『태백산맥』이다. 아마 젊은이 중에 이 책을 읽지 않은 사람은 없을 것이다. 역사란 과거가 아니고 바로 현재다. 둘째는 인간에 대한 이해다. 『죄와 벌』이다. 꿈과 현실, 사랑과 미움, 자만과 참회, 이렇게 인간의 실존적 모습이 그 속에 있다. 셋째는 시대의 이해다. 러셀의 『교육과 사회체제』다. 교육을 국가가 장악하여 어린이를 국수주의자로 만들어, 식민지 쟁탈전을 정의의 전쟁이라 찬양하고 죽어가게 한다. 그 거짓을 꿰뚫어보아라 한다. 넷째는 문화의 이해다. 토인비의 『역사의 교훈』이다. 여러 문화에 그 나름의 귀한 것들이 있고, 각 문화가 서로 만나 풍요해진단다. 다섯째는 여가의 즐거움이다. 『삼국지』다. 이 책만 쥐었다 하면 시간 가는 줄을 모른다. 이렇게 재미있을 수가 있나! 위 다섯을 다시 줄인다면 교양과 지성을 닦는 덕이리라.

이렇게 귀한 독서, 즐거운 독서, 보약처럼 좋은 독서를 왜 멀리하는 것일까. 그 맛을 모르기 때문이다. 책에서 돈이 나오냐, 밥이 나오냐 한다. 엊그제 나는 놀랍고 무서운 통계에 접했다.6) 한국인이 책, 신문, 잡지 등 활자매체를 읽는 데는 고작 주당 3.1 시간으로 인도의 10.7 시간의 3분의 1에 불과하고, 더욱이 30개국 평균치인 주당 6.5시간의 절반에도 미치지 못한다. 그런데 이와는 정 반대로 배신 · 폭력 · 패륜· 음란 · 허황의 사랑놀이 홈드라마 등 TV시청에는 주당 15.4시간 쏟는다 한다. 독서를 못하게 말리는 주범이 TV다. 그것은 바보상자에 그치지 않고 이제는 온통 개그맨이 판치는 저속한 오락상자요, 망측한 스토리로 말초신경을 자극하는 애욕상자요, 치고받고 속이고 죽이는 폭력을 미화하는 범죄상자요, 그러면서 국민의 눈을 잠시도 떼지 못하게 하는 정치상자요 절대 손해 안보는 노다지 만년흑자상자다. 그러니 온 사회가 이 TV에서 놓여나지 않고서는 독서는 없고 국민의 교양과 지성은 바랄 길 없다.

끝으로 내가 최근에 읽은 귀한 책을 하나 소개해본다. 정말 필생의 대작 『한국잡지 백년』7) 전 3권이다. 개화기에서 해방 전후까지 우리나라에서 간행된 약 800종의 잡지를 해제한 세권 다해서 약 2천쪽이나 되는 방대한 저작이다. 그 속에 우리 역사, 인물, 싸움과 미움, 희망과 절망, 문화와 교양 … 한 마디로 우리 민족의 모든 것이 압축되어 담겨 있다. 역사의 새벽을 알리는 개화기의 첫 잡지 『대조선독립협회보』(1896) 등이 거기 있고, 민족 앞에 부끄러운 친일잡지 『동양지광』(1939) 등, 그리고 빼앗긴 땅에서 나온 농민잡지 『농민』(1923), 기생들의 동인지 『장한』(1927) 등도 거기에 있다. 독립운동에 동참하는 심정으로 추려 엮었다는 이 책을 나는 거의 두 달이나 걸려 완독하고 이 민족의 애환을 새로이 하고 저력에도 감탄했다.

5. 가훈을 마련하자

어렸을 때 할아버지에게 되게 야단을 맞은 일이 있다. 동내 개구장이 친구와 놀다가 늦어 그 집 어머니의 권에 못이겨 밥을 먹고 왔더니, 그걸 노하신 것이다. "그런 상것들 집에서 밥을 먹고 왔다니!" 하신 것이다. 그러면서 또 양반자랑을 하셨다. 당시의 나로서는 억울한 일이었다. 동학농민혁명군의 첫 함성이 울린 고부의 두승산을 매일 바라보며 큰 나로서는, 이른바 "반상"개념에 대해서는 극히 회의적이다. 민중이 나라를 지켜왔다는 함석헌의 "씨올"사상, 즉 "민중"사상에 끌리면서도, 겨레의 문화를 지켜온 세력이 실은 농촌의 중산층이 아닌가 하는 생각이 더 앞선다. 이것은 농촌의 중산층이 문화의 계승층이라는, 내가 좋아해마지 않는 교육철학 즉 문화교육철학의 논리의 한가닥이기도 하기 때문이다.

"농촌의 중산층", 이러면 모두 웃을 것이다. 농촌이 망한 마당에 그런 것이 어디 있느냐 하리라. 그러나 농촌 자를 빼고 중산층은 어떤가? 이것은 지금도 엄히 존재한다. 사실 한국인은 70%가 자기는 중산층이라는 자부심을 갖고 있다는 통계도 있었다. 그래서 이 중산층 의식에 우리 교육은 주목해야 한다. 중산층의 특질은 무엇인가. 우선 경제적 자립 의식이다. 의식주 문제는 해결 되었다는 안정감이다. 가정에 대한 강한 애착과 연대감이다. 가정의 행복을 최대의 행복으로 여긴다. 직업에 대한 성실성이다. 열심히 일하고 그것을 즐거움으로 느낀다. 사회봉사다. 제대로 된 중산층 사람들은 남을 돕고, 마을이나 사회, 국가를 위해 뜻있는 일을 하는데 큰 보람을 느낀다. 그리고 가장 귀한 특징이 바로 이것 즉, 교육에 대한 열성이다. 더욱 이 모든 특성들이 그들의 교육에 대한 열성에 수렴된다. 우리 겨레는 지금도 교육에 온 삶을 다 거는 "교육전쟁"을 치르고 있다. 바로 그 중산층 의식 때문이다. 꼭 출세지향성, 권력지향성 때문이라고 나는 결코 생각하지 않는다. 그 의식이 정신적 저력이 되어 20세기의 기적 중의 하나, 적어도 경제 하나는 세계 10위권을 이룩한 것이다.

그런데 이제부터가 문제다. 바로 그 "교육"인데 그것이 경제성장을 위한 기술인력 양성으로 치달아, "인간교육", 요새 많이 쓰이는 말로 전인교육, 인성교육은 그 자리를 찾지 못하고 있기 때문이다. 공교육에서 이것을 못할 양이면 사교육에서, 학교에서 못할 양이면 가정교육에서 이것을 해야 하는데 현실은 어떤가. 사교육과 가정교육이 도리어 공교육, 학교교육의 들러리를 서고 있다. 이런 현실을 조금이라도 개선하기 위한 방안의 하나로 나는 가훈(家訓) 마련하기를 권장하고 싶다. 가정은 인격형성의 터전을 마련하는 곳이다. 더욱이 위에서 보아왔듯이, 우리 겨레는 교육에 열성을 다하는 중산층 의식이 강했다. 그런데 학교붕괴다, 교실붕괴다 하는 상황이다. 그러니 가정이 수수방관할 수 있느냐? 집집마다 가훈을 마련하여 아이들에 대한 부모의 정성을 보이자. 각 가정에 내려오는 가풍, 가업, 집안에 내려오는 독특한 음식문화 등에 대한 인식도 일깨워, 어린이 하나하나를 물건만 잘 만드는 기술자만이 아닌, "문화를 지키고 즐기는 온전한 인간"으로 키우자, 이것이다.

가훈이라 하면 비웃는 사람도 있으리라. 그 숱한 교훈, 급훈, 주훈 … 등이 어디 실효가 있었던가. 그러나 가훈은 다르다. 몇 대에 걸쳐 집안에 내려오는 것이고, 아침 저녁 밥을 먹듯이 매일 쳐다보며 생각을 다지게 하고 조상들, 어버이들의 정성을 그것을 통해 더욱 느끼게 하는 것이기 때문이다.

위대한 인물 뒤에는 위대한 어머니가, 위대한 가정이 있었다. 나는 그 뒤에 또 가훈들도 있었다고 하고 싶다. 그 전부터 가훈에 대해 관심이 많았지만, 나는 최근에 나온 『명문가 이야기』, 『끝내 세상에 고개를 숙이지 않는다』를 대하고 명문가 뒤에 꼭 바로 이 가훈이 있었다는 사실을 확인했다. 앞의 책은 우리나라의 오백년을 이어져 온 명문가 15가계를 골라, 명문가가 된 비결을 분석한 것이다. 그 예를 맨 앞에 나오는 경북 영양의 시인 조지훈 종택에서 보자. 그 가훈이 "삼불차"(三不借), 재물과 사람과 문장을 빌리지 않는다는 것이다. 이 가훈으로 370년 가풍을 지켜, 조지훈 같은 지조예찬 시인을 낳고, 그 산골마을에서 박사만 14명이나 배출되었다 한다. 빌리지 않는다는 세 가지 중 "사람을 빌리지 않는다"는 뜻은 무엇인가. 양자를 안 들인다는 것이다. 그래서 한 피로 이어져 다 꼿꼿하게 살아왔다는 것이다.[8)]

뒤의 책은 17세기 명가의 내력과 가풍을, 충절과 학문으로 명가의 전통을 지켜온 안동 김씨 청음 김상헌 가문, 타협하지 않고 지성의 강단을 지켜온 반남 박씨 서계 박세당 가문, 출사와 은거의 조화로 명가의 전통을 지켜온 한산 이씨 아계 이산해 가문, 문형의 문한 명가 연안 이씨 월사 이정구 가문의 네 가문 이야기다.

이 중 넷째의 문형(文衡), 문한(文翰)은 무슨 뜻인가. 문형은 조선조 때의 홍문관, 예문관을 종괄하는 대제학에 대한 손칭, 문한은 명문장가의 명칭이다. 이 집안은 조선왕조 최초로 3대가 나란히, 명예로운 대제학을 지냈다 한다.

이 네 집안 중에서 아계 가문에서 보자. 아계는 고려조의 충신 목은의 손자이며 그 가문에서 고종조의 문신이자 학자이며 순국의사에 이르는 13대 동안 문과 합격자 7인, 사마 합격자 12인이 배출됐다.[9)] 이 책에는 가훈 소개가 없는데, 내가 한참 전에 찾아 놓은 목은 즉 아계의 할아버지의 계자손시(戒子孫詩), 즉 자손을 타이르는 시로 이를 대신한다. 가훈과 같기 때문이다.

한산 이씨 목은 선생 계자손시

귀하게 되고 천하게 되는 것은 자신이 현명하게 행동하는데 달려 있고, 어리석고 어진 것은 원래 어릴 때 잘 가르쳐 기르는데 있는 것이다. 너희들은 마땅히 짧은 시간이라도 놓치지 말고 아껴서 우리 가문을 일으킨 문효공(文孝公)의 뜻을 저버리지 말라.

조부님은 양반자랑은 하시면서도 나에게 가훈을 물려주시지 않았다. 그래서 나는 고희를 맞아, 세 아이들에게 유언 겸해서 남긴 "고희를 맞은 소감과 다짐"(2001년 초가을)속의 끝부분에서 그것을 이렇게 적어 다짐했다.

우선 사람으로 일깨워 키우자. 지식이나 기술 그리고 쓸모는 그 다음다음이다.

나의 전인교육론의 표어중의 하나다. 출판사를 하는 나의 제자 황덕명 님이 서예가인 어느 교사에게 부탁해서 액자에 넣어 나에게 선물해 주었다.

6. 한국교회 개혁론

교육이야기에 왜 교회개혁론이 끼어드느냐? 교회란 종교를 믿는 사람들이 모여 의로운 삶을 다지기도 하고, 참회도 하고, 이웃과 삶의 즐거움을 나누며 감사하는 곳이다. 그러나 가장 중요한 것은 코이노니아 즉 생활공동체, 문화공동체, 교육공동체인 데 있다. 그래서 마을에서 제일 큰 건물은 교회와 학교다. 유럽을 여행하면 이 종교의 힘을 여실히 볼 수 있다. 쾰른의 대성당, 파리 노틀담, 런던의 웨스터민스터 사원, 취리히의 프라우엔 킬헤 등이다. 농촌 교회 옆에는 꼭 마을의 공동묘지가 있고, 큰 사원 지하에는 다 그 교회 및 지역의 공로자들의 관이 묻혀 있다.

종교란 무엇인가. 삶이 어디에서 왔고, 무엇을 위해 살고, 또 우리 삶은 어디로 가는 것인가? "삶의 오리엔테이션", 즉 이 세 가지 물음을 하나의 물음으로 묶어 "믿음" 하나로 푸는 삶이 아닐까?[10] 그래서 삶을 아름답게, 의롭게 가꾸고 키우는 교육에는 종교, 혹은 종교적 차원의 믿음이 뒷받침 되어야 한다. 그 단적인 예를 우리는 전형적으로 마르틴 루터의 종교개혁에서 볼 수 있다. 믿음이 새로워져 삶이 새로워지고, 그래서 교육이 새로워져 겨레와 나라가 새로워지고 융성해진 것이다. 국민 대중을 위해 성경을 모국어로 번역하고, 그 성경을 읽게 하기 위해 초등학교를 세우고, 읽기 · 쓰기 · 셈하기라는 3R's에다 종교라는 R을 하나 더 부여 4R's로 하는 교육의 전통은 여기에서 비롯한다.[11] 이것을 종교와 교육의 친화성(親和性)이라 한다. 역사상 최초로 초등학교 의무교육을 꾀한 나라는 고대의 이스라엘, 그리고 근대에 와서 그것을 제대로 시행한 나라는 독일인데 그 뒤에는 루터가 있었다. 루터는 교육을 얼마나 중시했는지 자기는 목사가 아니면 교사가 되려 했다 한다. 학교는 대개 교회 안에서 시작해서 독립해 나갔다. 초·중·고교에 종교담당 전문교사가 있고, 대학마다 신학부를 거느리는 전통, 더러는 한 대학에 신교 신학부와 구교 신학부가 같이 있고, 또 농촌 한 교회에서 시간차를 두고 신교와 구교가 같이 예배를 드리는 독일의 전통은 이에 비롯한다. 한 마디로 교회는 지역협동체의 핵이다.

그런데 우리나라 종교와 교회는 어떠한가. 한심하기 이를 데 없다. 내가 존경해 마지않는 참여파 원로이신 홍근수 목사님의 글에 이렇다.[12]

기성 종교, 기성 교회는 그리스도의 교회가 아니고 오히려 그리스도를 못박아 죽인 권력자들의 교회일 뿐이다. 기성교회가 설교하는 하나님은 진정한 기독교의 하나님이 아니고 다만 종교를 업으로 삼고 있는 제사장들의 하느님일 뿐이다. 기독교는 철두철미하게 "수고하고 무거운 짐을 진 자들을 위한 사회운동"으로 시작되었음을 깊이 인식해야 한다.

나는 민족적 · 민중적 · 토착적 기독교를 받드는 이른바 김교신, 함석헌, 노평구 등의 "무교회"파라는 초교파적인 기독교를 이상으로 믿음을 키워오고 있다. 요새는 특히 이 초교파적 기독교의 논리로 개개의 교회에 대한 거부감도 없어져, 가족과 이따금 교회예배에도 나가 목사님, 장로님들과 악수도 나누고, 교회식당에서 천 원짜리 국수를 먹으며, 예수님도 한몫하신 가나의 결혼식의 향연 같은 분위기를 즐긴다. 사실 나는 내 세 아들 결혼을 주관해준 이 교회에 애착이 깊다. 그런데 늘 아쉽게 느껴지는 것은 예배 출석자가 거의 다 노인들이라는 것이다. 정말 뒤에 앉아서 보면 하얗다. 강원도의 서리 맞은 고랭지 채소밭의 무배추 같다면 너무나도 서글플까. 교회가 왜 이 지경이 되었는가. 그것이 진정한 삶과 믿음, 더욱 젊은이들과 이어지지 못하고 있기 때문이 아닐까. 그래서 교육학자인 나지만 너무나도 안타까워 이렇게 교회개혁론에까지 언급 안할 수 없게 되었다. 나의 생각을 다섯 가지만 들겠다.

첫째, 교회의 대형화를 바로잡아야 하겠다. 세계 50대 개신교 교회 중에서 한국교회가 23개나 된다며 하느님의 은혜요 놀라운 기적이라고 자랑한다. 그러나 이런 교회에서 인간적인 만남, 마을 사람들과 나누는 삶의 즐거움 그리고 목사님과의 은혜로운 사귐 등을 나눌 수 있을까? 우리 교회들, 작고 아담하게 바뀌어야 한다.

둘째, 교회의 사회참여 비중을 높여야 하겠다. 그 예산의 39퍼센트가 교회유지비이고 교육, 선교, 사회봉사비는 16퍼센트에 불과하다 한다. 헌금 종류는 유럽 교회에는 없는 십일조 헌금 등 38가지나 되는데 주변의 골목 쓰레기는 치울 생각도 않는다고 나무라는 사람도 있다. 교회는 공동체로 돌아가야 하고 그러기 위해서는 개인구원 못지않게 사회구원에도 힘써야 하겠다.

셋째, 기복성을 바로 잡아야 하겠다. 예배를 드리는 것은 하나님을 찬미하고 이 삶을 주신 것을 감사하고, 늘 흔들리는 제 모습을 회개하기 위함이지 그 대가로 복을 받기 위함이 아니다. 하나님 앞에 믿음을 고백하고 호소하며 간구는 할지언정 "흥정"을 해서는 절대 안 된다.

넷째, 관용성 제고라 하겠다. 하나님은 우리에게 네 이웃을 사랑하라, 네 적까지도 사랑하라 하셨다. 자기를 사랑하는 자에게만 인사한다면 무슨 소용이 있느냐 라고도 하셨다. 그런데 기독교는 종교 중에서도 아주 비관용적인 종교가 되었다. 토인비는 『역사의 교훈』에서 기독교가 불교로부터 이 관용성을 배우라 했다. 기독교의 종파싸움, 경영권 싸움, 교리논쟁 따위에는 아주 진저리가 난다. 성경 하나 찬송가 하나 공유 못하는 한국교회, 참 안타깝다.

다섯째, 교회의존적 신앙 방식을 바로 잡아야 하겠다. 성경 읽기보다 교회 출석을 더 중시하고 교회에 대한 봉사를 사회에 대한 봉사보다 우선시하는, 그리고 더욱 교회라는 "회당"을 "성전"이라고 호화롭게 장식하고 자랑하는 그릇된 믿음의 방식을 바로잡자. 최근 학교에서는 부모와 같이 하는 행사나 여행도 "교육"으로 여기고 "결석"을 권하기까지에 이르렀는데 교회는 아직도 주일 예배만을 뜻하는 "주일성수론"만을 고집하니 참 딱하다.

최근 교회 안팎에서 개혁의 움직임이 눈에 띄게 많아지고 활발해져 참 다행이다. 등록교인 75만명, 장로가 1,480명이나 되는 대형교회 당회장 목사님이 70세 정년을 앞두고 앞으로는 개인구원보다 사회구원에 더 힘쓰겠다고 다짐(반성)했고, 담임목사도 성전도 간판도 없는 그래서 더 꽉 차 보이는 교회도 생겼고, 목사와 승려가 서로를 추켜세우며 "남의 신앙을 인정하지 않는 것이 폭력의 원인"이라고 양심 선언했고, 신자 수 100여 명의 "예수님 닮은 작고 아름다운 교회"를 지향하는 목사님도 계시다.

이래서 우리 교회도 그 안에 민초들의 삶과 교육을 담고 옳은 방향으로 한 걸음씩 전진하고 있다.

7. 공동체 실현을 기하는 사회교육

고독과 자유에 흠뻑 젖어 꿈을 즐기는 때가 있다. 누구나 젊은 날 한번씩 겪는 귀한 때다. 조숙한 아이에게는 중3 전후에서 시작되는 사춘기, 늦둥이는 대학 초년생 프레쉬맨 때다. 인생의 질풍노도, 성난 파도처럼 상념이 밀려왔다가 또 파도처럼 밀려나가는 폭풍의 시기, 인생의 위험하고 귀한 시기, 그리고 그 한 때를 성실하게 맞서 이겨낸 사람이 있는가 하면, 반대로 빈정대고 버둥거리다 어느새 넘겨버리는 사람이 있다. 인격이 톡톡 여무느냐, 쭉정이로 날리느냐다. 그런데 요새는 그 귀한 시기를 온통 입시준비를 위한 학원과외다 선행학습이다 해서 골방에서, 학원 거리에서 허비하고 있으니 안타깝기 그지없다. 한마디로 꿈을 잃은, 아니 꿈이 무엇인지조차도 모르는 군상 그것이다. 카알라일의 유명한 비유가 있다. 벽돌 하나하나가 단단하게 다듬어져 있지 않고서야 어찌 건물이 제대로 세워지겠는가란다. 철근이나 철골이 없었을 때의 비유다. 요새 말로는 철골이겠다. 요새 젊은이들은 이 질풍노도의 시절을 정면으로 성실하게 맞서 고민을 하지 않았기 때문에 바로 이 철골, 인생과 사회와 국가와 인류에 대한 아름다운 생각 즉 이상, 요새말로는 비전, 옛 우리시대 말로는 인생관, 사회관, 국가관 … 한마디로 "세계관"이 없다. 그래서 일이 터질 때마다 우왕좌왕, 우면좌고 요동친다. 이 귀한 시기를 놓친 탓이다. 안타깝다.

우리 연배들의 젊은 시절만 해도 그렇지 않았다. 비록 물질적으로는 가난했지만 정신적으로는 부자였다. 그래서 그 정신에 날개를 달고 이상을 향해 달렸다. 이상이란 무엇인가. 유명한 정의가 있다. "이상이란 절대 도달할 수 없는 바로 그것이다. 그러나 방향만은 분명한 그것이다." 질풍노도 시절에 우리 젊은이들이 환희와 좌절의 과정에서 배워야 할 것은 바로 이 "방향"이 아닐까. 저게 동쪽이고 그리로 가야 제대로 길을 간다는 오리엔테이션, 바로 삶과 사회의 방향설정이다. 이에 대해서는 독일의 교육철학자 나토르프의 유명한 "사회적 이상주의"라는 논리가 있다. 우리가 사는 바로 이 사회 안에 그 이상을 실현시키려는 것이 "사회교육학"이라 한다. 사회적 이상주의, 사회교육학, 다 그가 만들어낸 말이다. 그는 평생을 두 개의 P, 플라톤과 페스탈로찌만을 연구했다.[13] 그들이 인류의 2대 이상주의자라 했다.

하나의 P는 교육을 국가가 철저하게 장악하고 인간을 국가목적의 수단으로 길러 써먹는 "국가이상주의"요, 하나의 P는 인간 하나 하나가 이 지구와도 맞바꿀 수 없는 귀한 생명이요, 그래서 그들이 인격으로 완성되게 돕는 일이 국가라 여기는 "인격이상주의"이다. 그런데 나토르프는 그 둘의 조화, 즉 위에서 아래로의 국가사회주의 교육철학과 아래에서 위로의 인격계발의 교육철학의 두 이상주의 교육철학의 변증법적인 통일을 "사회적 이상주의/사회교육학"이라 했다. 이 도식적 구도 해설에는 나 자신의 생각과 해석도 좀 착색 · 가미되었음을 양지해 주시기 바란다.

진정한 의미의 사회교육학은 무엇인가. 이른바 교육의 세 마당이라

하여 구분되는 가정교육, 학교교육에 대비되는 그 사회교육의 체계가 아니다. 링컨의 말투를 빌린다면, 온 사회에 의한, 온 사회성원의, 온 사회를 위한 교육, 나토르프의 말로는 사회 안에 이상을 실현하는 교육이요, 내가 여기에 좀 말을 보탠다면 정신적 공동체 교육, 생활공동체 교육, 그리고 온 성원 대상의 나면서 죽음에 이르기까지 이루어지는 학습공동체 즉 평생교육체계를 이름이다. 우리나라는 "인력자원" 교육 하나로 경제 12위권의 경제대국을 이룩했다. 그 위대한 저력을 가지고 이제는 인류와 겨레의 이상을 이 사회 안에 실현시키려는 "시민교육" 즉 진정한 의미로의 사회교육학 체제를 모색 · 구축하여, 인격적 자유와 경제적 평등이라는 두 이념을 동시에 실현시키는 이상사회 건설에의 꿈을 다져 나가야 한다. 이런 꿈이 환상이 아니고 가능성으로 우리에게 다가오고 있다. 그 세 사례를 소개한다.

첫째는 광명시의 평생학습도시 건설 계획이다. 광명시는 우리나라에서는 처음으로 1999년 평생학습도시 선언을 했고, 그 운동은 전국에 퍼져 2005년 현재, 시·군·구 총 21개 지역에 이르고 있다. 책임연구원, 전문연구원, 연구조원 그리고 평생교육학 전공으로 영국에서 학위를 취득한 젊은 이병곤 원장을 비롯한 4명의 당연직 연구원으로 잘 짜여진 기구다. 광명시를 살기 좋은 정신적 공동체로 키워가자는 의욕이 넘쳐흘러 보인다. 민족자본으로 키워낸 유한양행은 우리나라 최초의 사내(기업체 내) 고등학교 유한공업고등학교를 세워, 젊은 직원들에게 교육의 기회를 제공한 사회교육의 선구적 기업임은 우리가 다 아는 바다. 그 전통과 이상은 이 광명사회교육원 운영에도 참여 · 투영되고 있다. 유한킴벌리 사장은 이 교육원이 주최한 제 3 회 평생교육 국제심포지움에서 "어떻게 하면 사회와 직장, 가정이 상존하는 길을 갈 수 있을까, 직장에서 20~30년간 일하다 보면 가정과 사회에서 완전히 소외된 불행한 인간이 되는 것을 막을 수 있을까"고 고민했다면서 기존의 2개조나 3개조로 편성되었던 생산구조를 4개조 3교대 체제로 바꾸고 필요한 최대의 인원보다 33퍼센트 더 뽑아왔다 한다.[14] 직장의 정신적 협동·공동체화다.

둘째는 풀무골 농민들의 생활공동체다. 유기농업을 주축으로 하는 생산·유통·소비 협동체제를 이름이다. 충남 홍성군 홍동면 팔괘리, 옛 이름으로는 풀무골 소재 풀무학원은 조상으로부터 물려받은 이 땅에 뿌리를 박고 사는 "위대한 평민"을 기르는 교육의 도장임은 익히 알려져 있다. 옛날에는 그 지역의 가난한 농민의 자녀들을 대상으로 했던 이 학원이 "전인교육"의 이념과 성과가 동쪽의 거창고등학교, 서쪽의 풀무학원, 이렇게 널리 알려지면서, 이제 뜻있는 중산층의 자녀들이 전국에서 몰려오는 "명문교", 풀무농업고등기술학교로 성장했다. 그 졸업생과 그 지역 주민들을 중심으로 하는 생활공동체는 그대로 나토르프가 기리던 사회적 이상주의 체제의 한 모습이기도 하다. 그 기관지가 우리나라 지역신문의 선구 "홍성신문" 그리고 "아름다운 홍동"[15]이다.

셋째는 개방대학 체제다. 대학이 강좌를 시민에게 개방하거나 시민을 위해 별도로 강좌를 개설하는 체제, 원격교육 방법 등을 병용하며 일하면서 배우고 정규대학의 과정을 밟을 수 있게 도와줘 학위까지 수여하는 방송통신대학 등의 교육체계를 이름이다. 문자 그대로 평생교육의 이념으로 학습사회를 이루려는 체제다. 그 대표적인 사례로 2001년에 발족하여 재학생 6천명으로 급성장하고 있는 한국디지털대학교를 들어 본다.[16] 정보통신, 소프트웨어 및 관련 멀티미디어 기술을 이용하여 가상공간을 주 학습장으로 하는 원격교육이며, 그 협력기관은 고려대학교, 삼성SDS, KBS, 동아일보, 국립극장, GM대우, 서울역사박물관, 부동산114, 한국관광공사, 포천중문의과대학이며, 개설학과는 디지털미디어디자인학과, 디지털 정보학과, … 평생교육학과 … 부동산학과 등 총 12개 학과인데, 이 중 내가 교육학자로서 특히 관심이 있는 평생교육학과를 보면 전임교수가 3명, 외래교수가 18명이나 되며, 취득할 수 있는 관련자격증도 평생교육사, 청소년지도사, 청소년상담사, 사회복지사, 보육교사(사회복지학과 복수전공시) 등이 있다.

1) 『魏志東夷傳』 중의 韓傳, 諸年少勇健者 皆鑿背皮以大繩貫之, 又以丈許錘之, 通日喚呼作力.

2) 梅根 悟, 김정환 · 심성보 역, 『세계교육사』(풀빛, 1990), 31쪽

3) 같은 책, 제1장 원시시대의 교육 (21-45쪽) 참조.

4) 한국통신 서울 전화번호부 업종편 미용실 항목에서 더 찾아본다. 미용타운, 헤어뱅크, 헤어뉴스, 헤어라인, 헤어스토리, 헤어콜렉션, 헤어설계모드, 헤어필, 헤어피부스튜디오, 뷰티살롱, 헤어클럽, 헤어아트, 헤어카고, 커팅클럽, 헤어샤르디, 헤어코디, 헤어데이, 헤어터치네스, 헤어칼라, 프로헤어, 뉴헤어, 헤어코아, 스킨케어, 헤어토피, 헤어쁘레나, 헤어시티, 헤어별장, 헤어코디션, 헤어드레서, 헤어가이드, 헤어스태프, 뷰티플라자, 헤어갤러리, 헤어 크리닉, 헤어플러스, 헤어큐, 헤어센스, 헤어환타지, 헤어월드, 헤어챌, 헤어모드, 헤어모션, 헤어스켓치, 메이크업플러스, 헤어미팅, 헤어스쿨, 미용실오페라, 미용실하이로비, 미주헤어, 헤어센터, 헤어파크, 헤어쇼, 헤어콘서트, 헤어코아, 헤어파셀, 헤어보그, 헤어마트 등이다. 한편 우리말 이름은 가위소리, 가위손, 가위와빗, 머리치장, 머리마을, 헤어별장, 머리가예쁜사람들, 머리만들기, 머리깍쟁이, 머리사랑, 머리에무슨일이생겼나, 머리세상, 머리친구들, 머리하는날, 멋내기연출 등이다.
우리말에 비해 영어가 압도적으로 많음을 알 수 있다. 영어로 해야 더 폼어나고 장사도 잘 된다는 것 아니겠는가.

5) 찰스 펜 지음 · 이우회 옮김, 『인간 호치민』(녹두, 1995), 85쪽. 원 한시는 이렇다. 爾只平常一雙鷄 朝朝報曉聲 一聲啼 一聲喚醒群黎夢, 爾的功勞也不低 (주석 262쪽)

6) 오길주, "올해 책 몇권 읽으셨나요", 동아일보 오피니언(2005, 6, 30)

7) 최덕교 편저, 『한국잡지백년』(전3권)(현암사 2004).

8) 조용헌, 『명문가 이야기』(푸른역사, 2002), 21쪽.

9) 김학수, 『끝내 세상에 고개를 숙이지 않는다』(삼우반 2005), 195쪽

10) 종교란 삶의 오리엔테이션(life-orientation; Lebensorientierung)으로서, 우리 삶이 어디에서 왔고(from where; Woher), 무엇을 위해 살며(to what : Wozu), 삶은 어디를 향해 가느냐(for where: Wohin)의 물음을 하나로 푸는 믿음(belief; Glauben)의 체계다.

11) 읽기(reading), 쓰기(writing), 셈하기(reckoning)의 r에다 종교(religion)의 r이 더해진 것을 이름이다.

12) 홍근수 목사님은 나의 『김교신 -그 삶과 믿음과 소망』(한국신학연구소, 1994)에 "증언"을 써 주셨다. 나는 목사님이 감옥 안에 계시는 줄 모르고 "증언"에 넣을 짤막한 글을 부탁드린 것인데 써서 보내주셨다(위 책 336-

338쪽). 나중에 알고 얼마나 부끄러웠는지 모른다. 이 자리를 빌어 그 무례를 사과드린다.

13) 나토르프(Paul Natorp 1854-1924)에게는 『플라톤의 이상론』(1903), 『페스탈로찌의 이상주의』(1919), 그리고 『사회교육학』(1907), 『사회적 이상주의』(1920) 등의 저작이 있다.

14) 문국현, "뉴패러다임 경영에서 바라본 평생교육의 필요성", 『평생학습사회, 선언에서 실현으로』(광명시평생학습원, 2004), 109쪽.

15) 유기 농가들을 중심으로 하는 『홍동』은 2005년 2월 현재 통권 제6호에 이른다. 부제가 "아름다운, 자급순환하는 생태마을 이야기"다.

16) 『한국디지털대학교』(2004) 참조.

제 9 장

체벌교육론

1. 체벌사고로 자살한 교사
2. 체벌도 필요하다
3. 사랑의 매인가 분풀이 폭력인가
4. 사랑의 교사 페스탈로찌의 매
5. 체벌 찬반론
6. 체벌 3원칙
7. 회초리 문화와 법원 판례

1. 체벌사고로 자살한 교사 - 나의 슬픔과 분노

체벌을 가한 교사가 고민하다가 자살한 충격적 사건이 있었다. 1983년 6월 9일자 일간지들은 이 사건을 대서특필했다. 학생을 때려 장파열로 입원하자 고민 끝에 극약을 마시고 교무실 복도쪽에 피를 흘리며 숨져 있는 표철(表哲) 교사, 교직에 꿈이 많았을 26세의 젊은 체육교사(서울 도봉구, 월계중학교)의 사진은 우리를 더욱 슬프게 했다. 불행한 이 사건은 더욱, 체벌이 과연 교육의 한 방법으로 용인될 수 있느냐, 없느냐의 열띤 찬반 논쟁으로도 이어졌다. 사건의 경위를 한국일보(6월 9일자)는 이렇게 전한다.

> 표 교사는 지난 2일 상오 11시께 2학년 17반 체육시간에 운동장에서 학생들을 10명씩 1개조로 조를 짜 구보를 시켰는데 그 중 1개조가 제대로 구보를 하지 않자 10명을 세워놓고 주먹으로 복부를 2대씩 쳤다. 이때 정재화(13) 군이 주먹을 피하자 표 교사는 정군의 어깨를 잡고 무릎으로 복부를 두 번 찼다. 정군이 복통을 일으키자 표 교사는 양호실로 옮겼다가 다시 서울대학병원으로 이동했는데 진찰결과 내장파열로 밝혀져 1시간여에 걸쳐 수술을 받고 입원했는데 이 사고로 고민해 왔다는 것이다.

각 신문은 이 불행한 사건을 며칠 동안 특집으로 다루며 사설에서, 논평에서, 논쟁에서 체벌의 문제점들을 다루었다. 긍정적인 면도 있다는 찬성론도 많았고 부정적인 면이 더 많다는 반대론도 많았다. 그러나 나의 주목을 끈 것은, 체벌은 교육의 방법으로는 절대 용인될 수 없는 수단이며, 이것은 교육의 문제라기보다는 인권의 문제라는 논지였다. "체벌"은 그냥 벌이 아니고 교육의 방법으로 쓰는 것이기에 꼭 "체벌교육"으로 붙여써야만 한다고 여겨 온 나이기에, 이 논리는 절대 수용할 수 없었다. 우리는 동기와 결과를 엄히 구별해야 한다. 표 교사는 분명 좋은 동기로 체벌을 가했는데 그 방법이 미숙해서 나쁜 결과를 가져온 것이다. 더욱이 표 교사는 교육에 남다른 열정을 가졌음이 다음 유서로도 분명하다.

일학년 9반 학생들에게

칠십명 학생들 모두를 씩씩하고 용기 있는 강한 남학생으로 만들고 싶었다. 나의 정열과 혼신의 힘을 쏟아 앞으로 생활에의 밑거름이 될 생활신조를 심어주고 싶었다.

나의 실수로 담임이란 직책을 물러나며 약한 선생님, 추한 선생님의 모습을 보여 미안하다.

너희 모두를 사랑했다. 열심히 공부해서 이 나라의 훌륭한 사람이 되라. 6월 실력고사엔 모두 좋은 성적을 내 부모님들을 기쁘게 해드리도록 하자.

미안하다.

키가 작은 원문이로부터 키가 제일 큰 희석이 모두의 이름과 얼굴, 좋은 점들만 기억하마.

1983. 6. 5 표철

표 교사가 제자들에게 남긴 이 유서를 읽고 나는 더욱 슬펐다. 왜 꼭 죽음을 택해야만 했느냐는 안타까움이었다. 이렇게 제자들에 대한 사랑이 많았던 교사를, 이 사회는, 나는 감히 이런 어휘를 쓰지만,

"그릇된 교육철학"으로 비난하기에 바빴다. 동기보다 결과에 중점을 두는 것이었다. 지금 나의 책상 위에는 당시의 신문 스크랩이 수 십장 있다. 나는 체벌교육 찬성론자이고 더욱이 이 표 교사는 우리 사범대학 체육학과 출신의 제자였기 때문이다. 과는 다르지만 사범대생 대상으로 내가 하는 교육학 강의를 한두 과목 들었음직 했고, 신문에 나온 그 사진을 보니 그 모습이 어렴풋이 떠오르기도 했다.

신문의 사설을 보자. 찬반 양론이었다. 대표적인 것 둘을 골라본다. 반대 입장의 한국일보(6월 10일)는 "그래도 체벌은 용인 못한다"는 제목으로, 현실은 딱하지만 체벌금지의 이상은 저버릴 수 없다, 체벌을 교권의 일부로 인정하고 면책할 수는 없다 했다. 찬성 입장의 교육신보(6월 13일)는 "어느 교사의 죽음"이라는 제목으로, 표 교사의 자살은 부상학생에 대한 자책감 때문이 아니고, 어머니에게 남긴 유서에서와 같이, 무사안일, 의식과 자존심이 없는 교육, 사랑이 없는 교육에 대한 항의로 해석할 수 있다 했다.

논평은 어떠했던가. 온통 슬픔과 동정이었다. 조선일보의 사회부 기자 권문진은 "스승의 죽음"(6월 10일자)이라는 기자수첩난에서, 당신의 "씩씩하고 용기 있는 강한 남학생으로 만들고 싶었다"는 유언을 전해들은 어느 부모는, "당신과 같은 교사에게 내 자식을 맡기고 싶다고 했다"고 전한다. 한국일보의 송대수 기자는 "그는 극복했어야 했다"(6월 10일자)라는 제목으로, 모든 일이 정상 참작이 없이 행정적 차원에서만 처리되는 차가운 현실 앞에서 소대장 시절 DMZ를 누비던 용기도, 정성을 다해 키워주신 어머니도, 사랑하는 애인도 그의 죽음을 붙잡지 못했다며, 표 교사와 더불어 현실을 비탄한다.

열띤 논쟁도 불러 일으켰다. 여기서도 찬반 양론이었다. 이화여대 교우회가 마련한 "학교에서의 체벌"에 대한 토론회(6월 11일)에서 박준희 교수를 필두로 교사들은 모두, 감정개입 없는 사랑의 매는 용인되어야 한다고 입을 모으는데, 이화여대병원의 정신과 이근후 교수는, "체벌을 가하는 교사의 인격이 완전한 성숙단계라고 보기 어렵고 또 체벌 기준이 모호하므로 반대"라 논하면서, 심지어 "자신은 체벌합법화에 대해서도 반대"라 했다. 또 교사들은 찬성쪽이고 학부모는 반대쪽이라는 분위기도 전한다.

ROTC장교로 군복무를 마치고 큰 꿈을 안고 교사가 된 그가 첫 직장에서, 더구나 석 달만에 자살한 이 사건은 나에게 큰 슬픔, 그리고 분노를 안겨주었다. 왜 분노인가. 전문가 아닌 일반인들의 상식적 수준에서의 체벌절대불가론, 또 표 교사의 자살까지에 이른 학교 안에서의 여러 가지 행정적 조치 등에서 풍겨지는 의혹, 즉 한 젊은 교사의 목숨까지 건 너무나도 삭일 수 없는 억울함 때문이다. 표 교사는 어머니에게 보낸 유서의 마지막 부분에서, 학교측에 제출한 사건의 경위서나 시말서는 자기가 쓴 것이 아니고, 더욱이 사표도 제출한 적이 없다는 것을 추신으로 밝히고 있다. 죽은 자는 말이 없다지만, 죽어가면서 거짓말을 할 표 교사가 아닐 것을 우리는 믿기에 이렇게 분통이 터지는게 아닐까. 교육행정가의 얼버무림, 예나 지금이나 같다.

체벌은 체형이나 벌금 따위의 처벌이라기보다는 물리적 자극을 주어 사람되게 일깨워주려는 교육방법의 하나다. 그러니 체벌이라 하지 말고 꼭 "체벌교육"이라 해야 한다는게 나의 지론이다. 그것은 교육이기에 교육원리적 입장에서 논의되어야지, 여론이나 행정 베이스로 처리되어서는 절대 아니될 것이다.

2. 체벌도 필요하다
-표 교사, 자책자살인가 항의자살인가

26세의 젊은 교사가 첫 직장에서 취임 넉 달만에 체벌사고로 자살을 했다. 누군들 애통하지 않고 안타깝지 않으리오. 그러나 평소 그를 가깝게 대한 동료들이나 특히 가족들에게는 그야말로 단장의 슬픔이었을 것이다. 그를 대학에서 길러낸 교수의 한 사람으로 나 역시 그러했다. 그러나 이 사건은 실수를 저지른 표 교사의 "자책" 자살로 마무리 되어 갔다. 바로 이때 나는 표 교사가 어머니에게 남긴 유서를 일간지에서 읽고 놀랐다. 실은 "항의" 자살일 수도 있다는 것을 알게 된 것이다. 그는 유서의 부기에서 어머니에게, 학교에 제출한 경위서, 시말서, 사표나 퇴직서는 자기가 쓴 것이 아니라고 다짐하고 있기 때문이다. 교육행정당국이 이 문제를 좋은게 좋다는 식으로 처리하려 했던 것이 명백하다. 그래서 나는 분을 참지 못하고 『고대신문』에 투고했다. 6월 21일자 "탁류세평"의 "체벌도 필요한 것"이라는 제호의 글은 이렇다.

> 우리 사범대학 체육교육과 출신의 젊은 표 교사의 자살은 우리에게 큰 충격과 슬픔을 안겨주었다. 특히 1학년 9반 학생들에게 남긴 유서의 끝 구절, "키가 작은 원문이로부터 키가 제일 큰 희석이 모두의 이름과 얼굴, 좋은 점들만 기억하마" 를 대한 우리는 이렇게 사랑이 많고 직무에 충실한 교사가 왜 죽어야만 했는지 원통한 마음 금할 길 없다. 그의 씩씩한 얼굴과 성실한 자세를 강의실에서 대한 것이 엊그제 같은 우리로서는 더욱 그렇다.
>
> 이 사건에 대한 일간지의 사설들은 하나같이 체벌부정론뿐이었다. "교사와 학부모가 협력해서 체벌을 안해도 되는 교육풍토와 환경을 만드는 것을 우리의 목표로 삼아야 하는 것은 분명하다" (동아일보, 6월 9일)던가,

"체벌금지의 이상은 저버리지 못한다" (한국일보, 6월 11일)던가, "체벌만 아니었다면 이런 불행은 생기지 않았을 것이다" (서울신문, 6월 10일) 등이다. 결과야 어떻든 체벌을 교육의 한 방법으로 찬성하는 입장에 선 사설은 하나도 없었다.

이래서 한 나라의 대표적 일간지의 사설들이, 표 교사가 그 유서에서 항의했듯이, 무사안일주의를 택하는 행정 베이스에 말려들고 말았다.

체벌이 귀한 교육방법의 하나라는 것은 옛날부터 깊게 인식되어 왔다. 성경에는 "의부(義父)는 매를 들지 않지만 친부(親父)는 매를 든다"는 말이 있다. 자식을, 그 인격을 사랑하기 때문이다. 사랑의 교사로 일컬어지는 페스탈로찌는 "강훈련에는 체벌이 필요하다" 했고, 로크도 "거짓말장이는 매로 다스려야 한다" 고 말하고 있다. 체벌의 타당 여부의 기준은, 경우와 방법에 따라 가려져야 할 것이지 원칙으로 정해질 문제가 아니다. 그러기에 나라마다 이에 대한 인식이 다르고 규정이 다르다. 과거 대법원의 몇가지 판례는, 필요한 경우 교사의 보도(輔導)방법으로 인정되어야 할 것으로 합법화되어 있다. 무조건 금지한 것은 무사안일을 원하는 문교부, 교육감, 교장, 장학사 등 교육행정가들이었다.

이렇게 볼 때 이번 사건에 대한 일간지들의 사설은 분명 사실을 잘못 인식한 것이다.

또 우리가 유감스럽게 생각하는 것은 표 교사가 자살에 이르기까지의 경위에 대한 자세한 보도를 거의 하지 않는데 있다. 마치 표 교사가 책임을 느끼고 자책자살한 것처럼 단정하고 있는데 이것은 사실과는 좀 달라보인다. 일간지에는 공개 안 된, 어머니에게 남긴 유서가 말해준다.

어머님께

요즘 며칠간 더 피로하시고 늙어 보이는 어머님을 대할 때마다 미어지는 가슴을 감당할 수 없었습니다.

28년간 제게 쏟아주신 정성을 저버리고 저는 6월 2일 체육시간에 학생을 때려 다치게 했습니다. 제가 배우고 제가 가르치고 제가 생활해온 모든 것이 무너져버리는 일이었습니다.

강하게 살려고 바둥대는 호랑이의 이빨과 발톱을 뽑아버리고 가늘고 길게 살기를 모든 사람들은 바라고 있습니다. 어머님 말씀대로 달걀로 바위를 치는 일이겠지만 한알의 달걀이 되어 흔적이라도 내보겠습니다.

불효라는 것, 인륜을 저버린 저의 행동을 용서해 주십시오.

장사꾼 같은 교사들과 무사안일 사랑 없는 교육, 사명감 의식 자존심 없는 행동들은 내 양심과 내 이성으로는 받아들일 수 없습니다.

식이와 누님들 자형들 조카들에게 미안합니다.

1983. 6. 5 큰아들 철 올림

P.S. 학교에 제출한 사건의 경위서나 시말서는 제가 쓴 것이 아니고 사표나 퇴직서는 쓴 일이 없습니다. 치료비는 없는 것으로 압니다.

『교육신보』(6월 13일)에 전문 소개된 이 유서에서 보면, 표 교사의 자살은 자책자살만은 아니고, 사랑 없고 무사안일을 일삼고 가늘고 길게만 살고 있는 한국의 교육현실에 대한 항의 자살이기도 하다. 그가 항거하려 했던 것이 무엇이던가?

동료교사들에 따르면, 학생체벌사건이 일어난 그 다음날인 3일, 표 교사는 사건의 경위서와 시말서를 작성하여 교장에게 제출하였으나 "문구(文句)상의 문제"로 반려돼 서너 차례 재작성하여 제출했지만 끝내 교장에게 거부되고 결국 다른 체육과 교사가 사건의 경위서를 대리작성했다는 사실이 밝혀졌다고 한다(『교육신보』, 6월 13일).

결국 그는 어두운 교직의 현실, 그리고 이에 비롯한 어두운 사후수습방법에 항의하고 죽었음이 분명하다. 다시 말하거니와, 그의 죽음은 결코 자책이나 비관에서뿐 아니었다. 일간지들이 보지 못했거나 다루지 못한 점을 우리는 특히 주목해야 한다! "고민자살"이란 제호로 쓰여진 일간지들의 기사에 우리는 흔들리지 말아야 한다. 그러나 우리에게 한가닥 위로를 주는 글도 한 일간지에 있었다. – 일순의 고통을 참아낼 수 있는 죽음보다, 살아서 더 큰 "스승의 뜻"을 펴보려는 용기가 당신에게 부족했다는 것이 더없이 안타까울 따름이오. 우리는 당신 같은 "책임 있는 교사" 가 아쉽기 때문이오. 그러기에 당신의 "경솔" 을 나무라고 싶은 거요 - (조선일보 6월 10일, 기자수첩 "스승의 죽음," 권문한 사회부 기자)

이제 유명을 달리한 그의 유언에도 있듯이, 호랑이의 이빨과 발톱을 차마 뽑아버리지 못하고 살다 간 그의 죽음을 헛되이 하지 않기 위해 우리가 다져야 할 일은 무엇인가. 어두운 현실에 지치지 말고 끝까지 삶에의 의욕을 불태우는 일, 그리고 체벌의 의의와 방법에 보다 깊은 인식을 갖춘 성숙한 교사가 되는 일이다.

이 글이 나가자 평소 나와 가까이 지낸 바둑친구 체육교육과 선병기 교수는, 우리가 쓸 글을 당신이 선수쳐 써 주었다며 찬의를 표했고, 학생들도 그 글을 잘 읽었다는 눈인사로 나를 대했다. 더욱이 표 교사의 어머님이 자식을 잃은 슬픔을 같이 해준 나에 대한 고마움을 담은 사신을, 볼펜으로 손수 써서 보내왔다. 표 교사를 더 깊이 아는데 도움이 될까 해서 지면관계로 주석에 돌려 소개키로 한다.[1] 유서까지 모두 공개된 사건이니 굳이 숨길 이유가 없다.

생각하면 이 사건은 세 주체가 합작해서 저지른, "일진이 나빠" 빚어진 사건이 아닐까? 넉 달전까지 DMZ의 소대장으로 전선을 누볐기에 아직 군사문화 때가 덜 빠진 표 교사, 장난기로 반항해본 학생, 그리고 다반사로 여겨 처리하려 했던 교육행정 당국자다. 이 셋이 다 정범이요 주범이고 공범, 아니 공동정범이 아닐까?

3. 사랑의 매인가, 분풀이 폭력인가 - 성경에서 본 다섯 가지 큰 사랑의 매

우리 세대는 할아버지와 할머니에 대한 향수가 짙다. 할아버지가 말씀반 울음반으로는 때리신 매, 그리고 할머니가 몰래 가만히 숨겨두셨다가 주시는 곶감 등이다. 비교적 얌전하고 공부도 잘했던 나도 몇 번 할아버지에게 맞은 기억이 난다. 공부 않고 놀다가 늦게 돌아와 엉겁결에 거짓말로 둘러댈 때 등이었을 것이다. 특히 나는 할아버지의 사랑을 많이 받았다. 할아버지가 3대 독자이셨는데 나까지 독자였기 때문이다. 이 손자가 얼마나 귀여우셨을까? 요새 잘 쓰이는 말로, 정말 눈에 넣어도 아프지 않으셨을 것이다. 그런데 이따금 매를 드셨다. 물론 종아리를 걷고 회초리로 몇 대 맞는 사랑의 매다. 나뿐이 아니다. 우리 세대에서는 야구방망이로 맞거나 고막이 터질 지경의 따귀 따위는 없었다. 그렇게 심한 악동도 없었고 그렇게 무서운 교사도 없었다. 그냥 "매 맞았다"며 서로 비식비식 웃었지 "체벌을 당했다"고 분통을 터뜨리는 일은 상상할 수도 없었다. 참으로 목가적인 시대였다.

그런데 지금은 어떠한가. 체벌 이야기만 나오면 온통 거부 반응이다. "나도 안 때리는데 지가 무엇인데 때리느냐"라고 덤빈다. 심지어 교무실에까지 가서 교사의 멱살을 잡고 시비를 걸고 사표내라, 고소한다, 야단이다. 사고가 나면 교사들도 서로 못본 체하며, 교장은 그 자살한 표 교사 예대로 얼버무려버린다. 그래서 당사자인 교사만 불이익을 당한다. 그러니 좋은 목적으로도 체벌을 가하지 못하게 된다. 한대 딱 때려주며 그 못된 짓하는 아이에 대한 교사 자신의 "사랑과 관심"을 표하고 싶어도, 학교의 분위기, 사회의 분위기가 이러니 어이 하리. 에라, 나만 유별나게, 모나게, 요새 유행하는 말로, 각을 세울 필요가 어디 있나. 편하게 조용하게 살자. 이래서 누이 좋고 매부 좋고, 좋은 게 좋은 것 아닌가.

체벌 문제에 대한 나의 관심은 유별나다. 위의 표 교사 자살건에 대한 나의 논평에서도 알 수 있으리라. 이제 우리는 체벌 문제를 비껴가지 말고, 정면으로 대결해서 "원리적"으로 다져야 하겠다. 이것이 교육철학자로서의 나의 의무다.

우선 나는 그 실마리를 내가 꽤 많이 읽는 성경에서 찾아 본다. 구약의 『잠언』에는 "매를 아끼면 아이를 버린다"는 속담을 비롯해서 매에 대한 말씀이 많다. "세살 버릇 여든까지 간다. 마땅히 따를 길을 어려서 가르치라"(22장 6절)면서 "아이들 마음에는 어리석음이 뭉쳐 있다. 채찍을 들어 혼내 주어야 떨어져 나간다"(동 15절)고 충고한다. 매는 하나님의 사랑의 발동이요 사람을 일깨우기 위한 귀한 수단이라는게 구약과 신약을 관통하는 기독교의 매의 철학, 교육의 철학이다.

매에 여러 가지 깊은 뜻이 있다. 첫째는 나쁜 버릇을 고쳐주기 위함이다. "나는 그 아비가 되고 그는 내 아들이 되리니 저가 만일 죄를 범하면 내가 사람 막대기와 인생 채찍으로 징계하려니와...."(사무엘하 7:14)의 말씀이다. 둘째는 보호다. "내가 사망의 음침한 골짜기로 다닐지라도 해를 두려워 않을 것은 주께서 나와 함께 하심이라. 주의 지팡이와 막대기가 나를 안위하시나이다"(시편 23:4)한다. 셋째는 징벌이다. "내 부친은 가죽채찍으로 너희를 징치하였으나 나는 쇠채찍으로 너희를 징치하리라"(열왕기 상 12:11)한다. 넷째는 숙정(肅正)하기 위함이다. "노끈으로 채찍을 만드사 양이나 소를 다 성전에서 내어 쫓으시고 돈 바꾸는 사람들의 돈을 쏟으시며 상을 엎으시고 … 아버지의 집을 장사하는 집으로 만들지 말라 하시니 …"(요한복음 2:15-16)다. 이 "숙정"이란 말이 어렵다면 깨끗하게 함이라 해도 좋다.

위에 든 매의 네 가지 뜻 즉 교정 · 보호 · 징벌 · 숙정이 다 교육을 위함이다. 그러나 매의 또 하나의 뜻, 가장 중요한 의의는 다섯째, 각성의 촉구다. 즉 일깨우기 위해 심한 자극을 주는데 있다.

> 얘야, 너희는 주님의 견책을 가볍게 여기지 말며 꾸지람을 하실 때에 낙심하지도 말라. 주님께서는 사랑하시기 때문에 견책하시고 아들로 여기

> 시기 때문에 채찍질하신다. 하느님께서 여러분을 견책하신다면, 그것은 여러분을 당신의 자녀로 여기시고 하시는 것이니 잘 참아내십시오. 아버지로 자기 아들을 견책하지 않는 사람이 어디에 있습니까? 자녀라면 누구나 다 아버지의 견책을 받기 마련입니다. 그러므로 여러분이 이런 견책을 받지 못한다면 여러분은 사생아(私生兒)나 다름 없고 참 아들이 아닙니다. …

친자식이니까 때린다, 사생아는 때리지 않는다, 매맞을 자격이 없기 때문이란다! 히브리서 12장 5절에서 8절까지의 유명한 말씀이다. 단 여기에 하나 주석이 꼭 필요하다. "사생아"에 대비해서 "친 아들"이라 했는데, 공동번역에서는 "서자", "참 아들"로 하고 있다. 사생아나 서자는 뜻이 같으니 좋다. 그러나 이것이 한자 표현이니 "참 아들"은 역시 한자 표현의 "적자(嫡子)"로 맞추어야 하지 않을까? 한자를 없애면 이렇게 불편하다!

이 아름답고 명쾌한 글에 무슨 말로 무슨 토를 달으리오. 다만 이 글에 나오는 채찍질이 그리스어 원문은 문자 그대로 "때린다"인데[2], 마르틴 루터의 번역에서는 매질(giesseln)이란 말로 쓰이지 않고 "먼지를 깨끗하게 털어낸다"는 뜻의 스토이벤(staeuben)이란 말로 쓰여지고 있다는 것만 음미하자. 우리는 이 점을 각별히 주목해야 한다. 우리 몸과 마음, 영혼에 덕지덕지 찌든 먼지를 깨끗하게 털어내 새롭게 태어나게 한다, 제 모습으로 되돌아가게 한다는 일깨움, 바로 이 뜻이다. 루터는 역시 위대한 번역자이기도 했다.

체벌, 사랑의 매냐, 분풀이 폭력이냐? 우리는 문제를 너무 단순화해서 이자택일, OX 문제로 돌려 왈가왈부, 누구는 가다 하고 누구는 부다 하면서 사건이 터질 때마다 똑같은 사람들이 똑같은 논리로 입씨름 하면서 세월을 보내왔다. 그런데 최근에는 추가 한쪽으로 기우는 느낌이다. 체벌의 부정적인 측면을 부각시켜, "아이고, 내 자식을..."하는 어머니들의 정서에 힘입어, 아예 법적으로 금지해버렸으면 좋겠다는 입장으로다. 그러나 우리는 이제 체벌이 나쁜 짓에 대한 징벌이기보다 일깨워 키운다는 교육이라고 생각하자. 이런 뜻에서 나는 "체벌"이라는, 형벌 같은 나쁜 인상을 풍기는 말 대신에 교육이라는 인상을 풍기게 "체벌교육"이라고 해야 옳다고 제안하고 싶다. 형무소가 "교도소"가 된지가 언제인데 말이다. 체벌, 절대 분풀이 폭력일 수 없다.

4. 사랑의 교사 페스탈로찌의 매

난데없이 연구실에 전화가 왔다. KBS란다. 한참 전의 일이었다.

- 선생님 체벌문제로 시끄러운 것 아시지요. 교수님은 페스탈로찌 연구가로 알고 있습니다. 페스탈로찌는 사랑의 교사이기에 매는 안 들었겠지요?
- 그게 무슨 말씀이요. 사랑의 교사이기에, 부모를 대신해서 매를 들어야 한다면서, 체벌에 항의한 부모에게 보낸 편지가 있습니다.
- 그러면 한번 나오셔서 체벌찬성론 입장에서 말씀해 주시지요.
- 저는 말주변도 별로 없어 그런데 나가 본 적 없습니다. 마침 강의시간과도 겹치고 해서 …

우리의 이야기는 이렇게 끝났다. 나는 원래 TV에 잘 나가지 않는다. 한 번 되게 혼이 났기 때문이다. 햇병아리 교수 시대의 일이었다. MBC의 "노인문제 세미나"에서 나는 주로 노인의 적극적 역할, 즉 손주들의 교육에 몫을 다하면서 소외를 극복하자 했다. 다른 대담 교수는 국가가 노인의 복지문제를 제도화해야 한다 했다. 나의 소외극복론, 그의 복지증진론, 다 좋은 말이었다. 그런데 나중에 편집해서 나온 뉴스에는 온통 복지문제였다. 나는 자리만 지켜준 셈이다. 나간 것을 후회했다. 더욱이, 그때 느낀 것은, TV는 언론이라기 보다 연예에 가깝다는 것이었다. 대담 사회자 아나운서의 얼굴과 몸에서 풍기는 화장 냄새에도 그런 것이 … 이런 이야기는 이제 그만하고 본론으로 돌아가야지.

페스탈로찌는 사랑의 교사이기에 매를 안 들었을 것이라고! 이것은 큰 오해다. 강한 신체적 훈련에는 매가 꼭 필요하다고 여겼다. 항의한 학부모에게 교사를 대신해서 그가 보낸 답변서 – 그의 6252통의 편지만을 모아 논 유명한 『페스탈로찌 서간 전집』(전 13권)의 제 6권에 실린 "모렐 님에게"라는(서한번호 1356번) 편지 내용 – 가 그 대표적인 것이다.

페스탈로찌의 이벨당학원은 당시 유럽의 귀족 자녀와 스위스의 고위층, 부유층 자녀들이 앞다투어 지망하는 명문교였다. 이 학원에서는 체육을 중시했다. 페스탈로찌의 지·덕·체 "삼육" 그대로였다. 조를 짜 유니폼을 입고 깃발들고 집총훈련도 했고, 운동시합, 소풍, 여름에는 수영, 겨울에는 스케이트 타기, 학부모의 요구에 의해 펜싱이나 무용 등을 하기도 했다. 그런데 귀한 집 자식들이라 – 우리 말로는 발에 흙을 묻히지 않고 키운 귀하신 도련님들이라 – 문제도 생겼다. 교사 하나가 학생에게 체벌을 가했다. 그랬더니 그 아이는 부모님에게 학교 안간다고 어리광 부렸고, 아버지는 학원장 페스탈로찌에게 항의서한을 보낸 것이었다. 이에 대한 답변편지는 "스케이트 타기와 신체훈련"(1808)이란 제목으로 그의 『선집』이나 『전집』에는 빠지지 않고 수록되는 귀한 문헌이다. 특히 체벌에 대한 그의 입장을 잘 보여주고 있기 때문이다. 그 내용을 중심으로 조금은 착색해 가면서 그의 체벌에 대한 철학, 즉 체벌의 필요성을 다섯 가닥으로 다듬어 본다.

첫째는 강한 훈련과정에서다. 예를 들자. 스케이트 타기는 아이들의 자세를 바르게 하고 행동을 민첩하게 하며, 찬바람을 쏘이면서 하는 즐거운 놀이인데, 이것을 거부하다니!

둘째는 교사의 부모 대리성이다. 교사는 어버이를 대신하는 사람이기에 필요에 따라 매를 들 수 있다.

셋째는 나쁜 버릇 교정이다. 안하무인격으로 교사에게 대들고 동료를 거들떠보지 않고 규칙도 무시하는 아이들은 체벌로 교정되어야 한다.

넷째는 잘못에 대한 대가 치름, 즉 보상이다. 돈으로서가 아니다. 회초리 한 대로다. 그것으로 이제 "때웠다"하면서 마음의 부담에서 놓여난다.

다섯째는 부추겨줌, 즉 고무해 주기 위함이다. "너는 가정도 좋고 머리도 좋다. 그런데 그렇게 몸이 약해서야 어떻게 되겠는가. 자, 한 바퀴 더 돌아라." 이러면서 회초리로 한 대 치는 것이다. 우리말에도 있다. "팽이는 쳐야 돌아간다"고. 자기각성을 촉구하는 계기, 이것이 회초리다.

페스탈로찌는 "친애하는 모렐님께, 귀하의 편지를 받은 이후로 우리는 귀하의 아드님을 스케이트장에 내보내지 않고 있습니다"로 시작하는 이 편의 끝을 이렇게 맺는다.3)

> 귀하의 아드님이 점점 명랑해지고 활발해지기 시작해서 저는 기뻐하고 있습니다. 그러나 저녁 때에는 다릅니다. 너무 잠을 이기지 못합니다. 몇몇 과목에서는 정신집중이 안 되는 듯 합니다. 그러나 몇몇 과목에서는 만족스러우리만치 진보를 이루고 있답니다.
>
> 이베르당에서 페스탈로찌 올림

페스탈로찌의 6,252통 서한 중의 하나다. 이 많은 편지를 언제 다 썼을까? 여기에는 학원의 경영상의 문제, 교육 계획, 교육당국에 보내는 건의서, 항의서 등, 그리고 소식을 전하는 공식적 문서, 요새말로는 뉴스 레터도 꽤 있다. 그러나 그는 밤새워가며 편지를 쓰는, 그것도 꽤 길게, 공식적으로가 아니고 인간적, 개인적으로, 그러나 어디까지나 "교육철학적"으로 쓰는 사람이었다. 우리가 지금 음미한 편지에서도 그 면모를 엿볼 수 있다. 그래서 그의 논문, 논평, 강연, 저서 등만 모은 전29권의 『페스탈로찌 전집』 못지않게 이 『페스탈로찌 서한 전집』 전13권도 귀하다. 나도 이 서한전집을 연구하기 위해 재차 스위스에 건너가 취리히의 시립도서관의 페스탈로찌 기념실에 소중하게 보관된 친필 편지 몇 통을 보고 감명을 새로이 했다. "한국에도 페스탈로찌 연구가가 다 있었더냐"는 그들의 호기심어린 눈빛을 도리어 나에 대한 부추김으로 알고, 꼬박 반년 걸려 써낸 그 열매가 페스탈로찌의 "서간전집에 담긴 믿음 · 소망 · 사랑"(1989)이었다.[4)]

이런 이야기로 흐르면 안되는데, 나는 평생을 페스탈로찌 연구로 바친 사람이기에, 내 머리 속에는 온통 페스탈로찌 밖에 없어 이렇게 흐르기만 한다. 양해를 바란다.

자 이제 끝을 맺어야 한다. 페스탈로찌, 그는 사랑의 교사였기에 매를 드는데 찬성이었다. 특히 강한 신체적 훈련에는 매가 필요하다고 여겼고[5)], 체벌은 강한 훈련과정에서 부모를 대신해 교사가 가할 수 있어야 하고, 규칙을 어기는 안하무인격의 아이들의 행동을 교정하는데 필요할 뿐만 아니라 그들의 잘못을 보상하게 하여 심리적 부담에서 해방도 시켜주는 약이다. 그러나 이 모든 체벌은 궁극적으로는 아이들을 일깨워 참 자기를 회복하게 도와주는 것이어야 한다는 논리다. 성경에서의 채찍 논리 그대로다.

체벌에 찬반 양론이 있다. "백가지 말도 회초리 한 대만 못하다"(百言

不如一打)는 찬성론자가 있다. 그런데 "백번의 회초리도 말 한마디만 못하다"(百打不如一言)는 반대론자도 있다. 엄연한 사실이기도 하다. 두 입장 다 일리 있으니 어이하리. 사랑만 있으면 된다고 해야지!

5. 체벌 찬반론 - 그 역사적 전개 과정

우리는 문제를 지나치게 단순화해서 쉽게 결론을 내린다. 그럴 경우 가냐 부냐가 극명하다. 체벌은 절대 안 된다, 체벌은 절대 필요하다, 이런 식이다. 그러나 형식논리로 전개되는 수학의 명제 이외에는 "절대 가", "절대 부"는 없다. 모든 변화하는 현상에는 서로 모순되는 두 성질이 공존한다. 빛은 파동이냐, 빛은 질량이냐, 이것이 그 예다. 살아있는 생명, 피가 뛰는 동물, 그 중에서도 정신과 영혼을 갖고 있는 인간의 경우는 더욱 그렇다. 인간의 여러 활동 중에서도 "교육"은 더더욱 그렇다. 매를 맞고 더 잘되는 아이가 있는가 하면 더욱 나빠지는 아이도 있고, 아무 반응도 없는 그야말로 복석같은 아이도 있다. 그래서 교육은 어렵나는 것이고, 교사의 무엇은 개도 안 먹는다 했다.

속담처럼 전해지는 백언불여일타(百言不如一打: 백마디 말도 회초리 한대만 못하다)에, 이와는 정반대의 뜻을 담은 백타불여일언(百打不如一言: 백대 회초리도 한 마디 말만 못하다)이 있다. 어느 명제가 옳은가? 수학의 명제가 아니기에 정답이 없다. 체벌은 체벌교육이라고 해야 옳다고 말한바 있다. 그것이 징벌이 아니고 교육이니까 어려운 것이다. 긍정적인 면도 있고 부정적인 면도 있다. 극약이 잘 듣는 경우도 있고 죽음에 이르는 경우가 있듯이.

예로부터 교육에는 매가 꼭 따라다녔다. 단원인가 혜원인가 하는 풍속화가가 그린 서당 풍경에도, 훈장님께 매를 맞으며 아픈 체 엄살을 떨고, 그 모습을 보고 모두들 웃는, 정감 넘치는 장면이 있다. 그래서 모든 시대에 이 체벌은 문제로 제기되어 왔다. 앞서 우리는 페스탈로찌의 견해를 살폈다. 이제 각 시대를 대표하는 세 학자, 즉 고대에서는 플라톤과 퀸틸리아누스, 근대에서는 로크의 체벌관을 간추려보기로 하자. 중세의 기독교적 체벌관은 앞서 본 페스탈로찌의 것으로 대신하자. 그는 근대 사람이지만 체벌교육면에서는 중세기독교적이었기 때문이다.

플라톤은 체벌의 긍정적 측면을 많이 논했다. 그의 말로 전해지는 우스개 소리가 있다. "똑똑한 놈만 골라 때려라. 바보는 때리지 말라. 헛수고다." 첫째, 각성 촉구다. 인간은 덕을 추구해야 할 존재인데, 이와는 반대로 육체적 쾌락 따위에 마음이 끌려가고 있으니 매로 바로잡아야 한단다. 이 근처에서 아주 재미있는, 그야말로 극작가 지망생이었던 플라톤다운 비유가 튀어 나온다. "바보는 때리지 말라"는 것이다. 바꾸어 말하면 똑똑한 놈 골라 때리라 한다. 이쯤 되면 매 맞는 것은 영광이다! 둘째, 응당한 책임, 대가 치름, 보상이다. 나쁜 짓을 저지른데 대한 대가를 치러야 한다. 그래야만 정의가 실현된단다. 셋째는 그릇된 행동 저지다. 못된 짓이 계속되고 습성화되지 않게 막아주어야 한단다. 모두 그의 『프로타고라스』에 나오는 이야기다.[6] 참으로 그리스를 대표하는, 아니 인류의 지성을 대표하는 플라톤 다운 명쾌한 분석이다.

로마를 대표하는 교육학자 퀸틸리아누스는 플라톤과는 정반대로 체벌의 부정적인 측면을 밝혀내고 있다. 그는, 체벌은 모욕적이고 비효과적이어서 능력이 있는 교사라면 피해야 하는 것으로 보았다. 그의 명저 『웅변 학교』의 제1권에 체벌에 대한 논의가 구체적으로 이렇게 전개된다.[7] 첫째, 노예 대상이다. 노예는 자기 일이 아니니까 매맞아야 일한다. 그러나 자유인의 아이들은 그렇지 않다. 둘째, 졸렬한 방식이다. 말로 잘 지도하지 못하는 교사가 쓰는 가장 졸렬한 교육기술이다. 셋째, 습성화다. 여러 번 맞으면 이골이 나서 효과도 없어진다. 매맞지 않고서는 공부를 않기에 때리는데! 넷째, 공포심과 정신적 압박감이다. 겁에 질려 움직이는 아이, 모욕을 당하기 싫어 얼버무리는 아이들이 된다. 다섯째, 타인에 대한 나쁜 영향이다. 나쁜 아이의 매맞는 광경에서 좋은 학생들까지도 공포에 질린다. 참으로 로마를 대표하는 대교육자다운 명논설이다! 단 우리가 여기에서 한 가지 조심해야 할 것은, 당시의 교육은 체벌위주의 교육이었고, 그래서 이런 비판적 논의가, 적어도 개혁을 주장하는 사람들에게 설득력이 있었다는 것이다.

존 로크라 하면 우리는 철학자로만 생각하고 『인간오성론』만 떠올린다. 그리고 "아, 그 인간정신의 백지설인가"한다. 그런데 그는 『교육에 대한 몇 가지 소견』(1693)이란 명저도 남긴 교육철학자이기도 했다. 사실 그는 영국의 신사도 교육의 이념을 최초로 체계적으로 제창한 사람으로 높이 평가되고도 있다. 그는 체벌에 대해 위의 두 사람과는 조금은 다른 생각을 갖고 있었다. "타인으로부터의 칭찬이나 견책은 어린이 교육방법으로서는 다 해롭다"고 그는 여겼기 때문이다. 왜냐? 어린이에게는 몸과 마음의 강한 훈련이 필요한데, 그것은 오로지 자신의 욕구와 성향을 스스로 극복하고, 이성을 통해 자신을 부성할 줄 아는 강인한 의지의 형성으로 이루어지기 때문이란다. 교육방법으로서의 체벌에는 문제가 있단다. 첫째, 육체적 고통 배격이다. 왜냐하면, 무엇을 얻거나 피하려고 행동하는 것은 노예근성의 소치이기 때문이다. 둘째, 명예감정 호소다. 명예감정은 인격이 지니는 가장 소중한 것이고 이것은 절대 손상되면 안 된다 한다. 셋째, 단 하나의 체벌 사항은 거짓말이다. 거짓말이야말로 자기 인격을 부정하는 가장 비열한 행위이기 때문이란다. 교육을 어디까지나 이성의 계발로 보았기에 그 방법도 어디까지나 인간에 고유한 이성적 능력에 호소해야만 한다는 로크의 색다른 체벌론의 골자는 이러하였다. 거짓말만은 체벌로 다스려야 한다는 말이 참 재미있다. 정직성이 약자(부녀자까지 포함)에 대한 배려와 더불어 신사기질의 으뜸이기 때문이다.

플라톤, 퀸틸리아누스, 로크, 이 얼마나 귀한 사람들이고 그들이 다듬어 놓은 저작들, 얼마나 귀한 것인가. 고전 중의 고전이다. 고전이란 무엇인가. 시대를 대표하는 지성들이, 인류의 영원한 물음, 그리고 그 시대가 풀어야 할 과제와 온 힘, 온 몸을 던져 씨름한 결과를 다듬어 우리에게 남긴 귀한 정신적 유산이다. 그래서 우리는 고전을 읽어야 한다. 이 체벌 논의만도 모두 얼마나 훌륭한가. 그래서 나는 고전 앞에서는 자꾸만 고개가 숙여지고 작아지기만 한다. 어느 유행가 가사에서 읽었던가. “당신 앞에만 서면 왜 자꾸만 작아지는지 …”

그런데 지금, 참 문제다. 이 귀한 고전이 버려지고 있다. 체벌 논의만 하더라도, 그 기나긴 논의의 역사는 버려지고, 설문조사로, 그것도 단순하게 OX식으로, 단세포적으로 반응하는 사람을 대상으로, 몇 퍼센트가 찬성이고, 몇 퍼센트는 반대고 한다. 나는 이런 설문조사에는 절대 응하지 못한다. 너무 오래 깊게 넓게 생각해 왔기에 말이다. 철없는 말장이들 앞에서는 침묵이 웅변일 수도 있을지! 원리는 다수결로 정할 수 없다. 지동설을 다수결로 정할 수 없듯이!

6. 체벌 3원칙 - 그 현실과 대책

학교 안에서의 체벌이 크게 문제되는 일은 드물다. 체벌을 교육의 한 방법으로 거의 인정하고 있기 때문이다. 그런데 간혹 사고가 나서 사회적으로 큰 물의를 일으키는데, 그것은 그 방법이 졸렬했다거나, 당하는 학생이 이유없다고 여기고 학부모에게 일러 항의하는 극히 이례적인 경우다. 그러면 매스컴은 그 "선정적인" 필치로 문제를 확대부각시켜, 왈가왈부 논평들을 소개하고, 그러다가 며칠 지나면 또 다른 사건이 터져, 새로운 문제로 국민들의 관심이 쏠리고, 그래서 체벌문제는 거의 일과성의 문제로 흐지부지 되고 만다. 체벌문제에 관심이 많은 나도, "법적"으로는 무엇이 어떻게 어느 정도까지 바뀌고 나아졌는지 잘 모른다. 사실, 대법원 판례도 그렇다. 지도상 "불가피한 경우"를 제외하고는 체벌을 가해서는 안 된다 했다. 그런데 그 불가피한 경우란 어떤 경우인가? 여기에 대해서는 말 못한다. 그것은 결국 교육현장의 교사들의 판단에 맡겨질 수밖에 없다. 마치 의사가 환자의 병을 진단하듯이 교육전문가로서의 교사가 "불가피한 경우"를 판단할 수밖에 없다.

그런데 여기에 또 문제가 있다. 의사가 오진할 수도 있고, 환자 체질이 유별나서 그 약처방이 잘 안 맞을 수도 있다. 교사의 체벌 역시 그렇다. 그것이 정당한 교육적 체벌이었는데, 그 결과는 예상 밖에 비교육적일 수 있다. 의사의 경우 강력한 직능단체 대한의사협회가 의사의 입장에서 잘 도와주지만, 교사의 경우, 우리가 이미 표 교사의 체벌사고에서 고찰했듯이, 우선 학교 안에서 당하고, 장학사에 당하고 … 믿고 의지하고 싶은 그 교식난체는 또 세 개나 난립해 서로 입장이 다르고, 이래서 참으로 교사는 별로 도움을 받지 못한다. 교사들은 정말 힘없이 당한다. 정말 "호박에다 침 놓기"로 당하기만 한다. 그러니 진짜 교육은 포기하고 월급쟁이로 편안하게 살자는 무사안일주의, 패배주의가 만연한다. 체벌이 법적인 금지사항은 아닌데 금기사항, 터부로 되어 있는 이유가 여기에 있다.

체벌의 장단점, 순기능과 역기능, 긍정적인 면과 부정적인 면 등의 논의는 그만 하자. 이제 그 효과가 아주 좋았던 예 하나만 더 들고, 체벌을 가할 때 꼭 지켜야 할 사항을 체벌 3원칙이라 하면서 나의 소신을 피력코자 한다.

지금은 교육철학회 회장이요 강남대학의 중진인 박의수 교수의 귀한 체험담이다. 벌써 30여 년 전이다. 그때 박 교수는 보성고등학교 야간부 고등학교 교사를 하면서 내 강의를 들으며 대학원 공부를 했었다. 30세 전후였다. 담임반 학생(2학년) 하나가 말썽이었다. 못된 짓은 다하고, 심지어 가출까지 했다. 학교에서는 징계(퇴학) 안 할 수 없는 처지였다. 그때 박 선생이 선수 쳤다. 자신이 먼저 징계(체벌)해서 퇴학을 모면케 하자는 전략이었다. 어머니 말고 아버지를 불러 오라, 아버지 동의 아래서 나에게 매를 맞는다. 이래서 3자 합의가 되어 여러 선생이 지켜보는 교무실에서 체벌이 가해졌다. 하키 스틱으로 열대 맞는 거였다. 그건 여간 아픈게 아니고, 또 여간 힘드는 것이 아니다. 힘껏 내려치면서 서로 울었다. 그 후 그 아이는 새사람이 되어 졸업도 했다. 매맞은 다음부터 학생의 박 선생을 보는 눈빛이 달라졌다. 나를 사람 대접해서 고맙다는 눈빛이었다 한다. 세 사람 한 몸 되어 울면서 하나의 새 삶을 연 것이다. 99마리 못지않은 길 잃은 양 한 마리를 찾은 것이다.

현재 가해지고 있는 체벌의 종류도 수도 없다. 내가 그전에 소개한 것만도 이렇다.8)

(1) 손바닥을 회초리로 때리기
(2) 손으로 뺨을 때리기
(3) 귀를 잡아 당기기
(4) 갈구리 빵
(5) 발바닥을 회초리로 때리기
(6) 종아리 때리기
(7) 엉덩이 때리기
(8) 잘못한 아동끼리 박치기 하기
(9) 출석부나 책으로 머리 때리기

(10) 아무 곳이나 때리기
(11) 손등으로 입 때리기
(12) 머리카락을 잡아 당기기
(13) 손톱으로 꼬집기
(14) 자로 머리나 손바닥을 때리기
(15) 꿇어 앉아 있게 하기
(16) 팔을 위로 올려 서 있게 하기
(17) 눈을 감고 추운 곳에 서 있기
(18) 책상이나 걸상을 들고 서 있기
(19) 벌 청소 하기
(20) 벌 공부 하기
(21) 토끼뜀 뛰기
(22) 몸통 뻗기
(23) 장거리 달리기
(24) 걸상이나 자갈 위에 꿇어 앉기
(25) 분필을 입에 물고 서 있기

……

이외도 많단다. "원산폭격"도 있다는데 옛 세대인 나는 설명은 들었어도 모른다. 표 교사 자살 이후 나는 교육학개론 시간에 꼭 교과서에는 없는 "체벌특강"을 한 시간 했다. 위의 체벌 종류 열거 시 "손톱으로 꼬집기"가 나오면 모두 폭소한다! 늘 그러했다. 그런 방법만은 절대 안 된다는 무언의 동의이리라. 체벌은 충동적 · 보복적으로 하지 말고 이성적 · 공개적으로 하고, 사전에 꼭 동의를 얻어야 한다. 그 3원칙은 이렇다.

첫째, 규정성이다. 이런 경우는 꼭 체벌을 가한다는 규정을 사전에 알린다. 도둑질, 기물파괴, 약한 친구 골리기, 부정 시험, 소란 피워 수업 방해, 교사의 지시나 지도에의 공개적 반항, 이유 없는 장기 결석, 타인에 대한 인격 모독 등이리라. 학교마다 다를 수 있고 담임반마다 또 추가 될 수도 있다. 요는 사전에 서로 이렇게 "계약"을 하는 것이다.

둘째, 공개성이다. 밀실에서 집행하지 말고 밝은 방에서, 동료교사들의 입회하에서 정정당당하게 집행하자는 것이다. 학부모의 동의를 얻고 입회까지 해준다면 금상첨화다. 이래서 교사도 감정을 조절할 수 있고 또 학생도 여러 선생님들의 훈계도 듣고, 자기가 결코 억울하게 당하고 있다는 생각을 않게 된다. 또 밀실의 경우 힘없는 작은 교사가 역도선수 같은 우람찬 학생에게 사고 당할 수도 있다.

셋째, 통고성이다. 이러이러한 사항으로 누가 언제 누구를 어느 교사의 입회하에 어떤 방법으로 체벌을 가했다는 사실을 문서로 정리하고, 그것을 교장에게, 그리고 필요하다면 학부모에게도 통고하는 것이다. 영국의 명문학교에는 특히 학과성적을 기록하는 통지표와 더불어 꼭 이같은 "체벌부"가 전해지고 있다. 체벌은 교육전문가로서의 교사의 고유권한에 속한다. 그런데 유감스럽게도 이것이 학교 밖의 기관에 지나치게 노출되어 지나치게 간섭받고 있다.

7. 회초리 문화와 법원 판례

이제 체벌 논의를 마무리하면서 법원 판례 몇 개를 소개하기로 하자. 그런데 하나 빠뜨린 것, 아니면 내가 일부러 뒤로 미루어 놓은 것이 있다. 그것은 체벌의 정의(定義)이다. 우리나라의 대표적 『교육학용어 사전』에서 보자.[9]

체벌; 體罰; corporal punishment: 훈육의 한 방법으로 특정의 행동을 중단하도록 하기 위해 고통을 가하는 것. 체벌은 신체적 고통을 가할 뿐 아니라 심리적 좌절감이나 갈등을 유발하고, 동료 학생에게도 영향을 미치게 되기 때문에 이의 사용을 둘러싸고 논란이 있어 왔다. 특히 이는 부정적(否定的) 자아개념을 유발하는 경향이 있으며, 그 효과도 의문시되기 때문에 사용하지 못하도록 권장하거나, 또는 법령이나 행정지시를 통해서 금지하는 것이 세계적 추세이다. 그러나 일선의 교사나 부모의 대부분이 체벌을 훈육의 방법으로 사용하여야 한다는 입장을 취하고 있기 때문에 체벌이 아직도 널리 사용되고 있다.

참 잘 정리되어 있다. 그러나 체벌의 긍정적인 측면보다 그 역효과에 우려를 나타내고 있어 아쉽기도 하다. 체벌의 현실, 이것에 대한 진술은 정확하다. 그것이 우리의 "교육문화"로 여겨지고 있는 현실 말이다. 실제로 여러 여론조사의 결과에 의하면, 체벌은 교사의 학생에 대한 관심과 교육에 대한 정열을 나타내는 필요악이며, 그러기에 중고생의 거의 80퍼센트가 체벌을 당한 경험이 있지만, 그 중고생의 역시 80퍼센트가 체벌에 찬성하고 있고, 교사나 학부모의 찬성률도 이와 비슷하게 나타난다. "교육문화"의 하나인 체벌을 왜 교육 밖에서 자꾸만 문제 삼을까? 그것은 "체벌"의 "벌"(罰)에 대한 나쁜 인상, 즉 "벌"이 재판에서 과하는 "형벌"을 연상케해서 그러지 않을까?

잠시 이 형벌에 대해 살펴보자. 형벌에는 나쁜 짓에 대한 대가를 치른다는 응보형이 있고, 나쁜 짓을 미리 예방하자는 목적형의 두 가지가 있다. 체벌은 그것을 학교 안에서의 형벌로 치더라도 분명 목적형인데, 체벌 반대론자들은 이것을 도리어 응보형으로 치우쳐 보려한다. 또 법원의 형벌에는 사형, 징역, 금고, 벌금, 구류, 과료, 몰수의 7가지나 있는데, 체벌에서는 위의 어느 하나도 없다. 체벌이 형벌이 아님이 분명하다. 어떤 좀 머리가 돈듯한 사람이 어느 일간지에 체벌 대신에 학생에게

"벌금"을 과하자 제안했는데, 이쯤 되면 교육의 교자도 모르는 사람이다. 체벌과 형벌은 이렇게 다르다. 하나는 문화이고 하나는 법이다. 하나는 주로 미성년자 대상이고 하나는 주로 성년자 대상이다.

"교학상장"이란 말씀이 있다. 교사와 생도가 서로 사랑하고 서로 배워 서로 성숙해간다는 귀한 교육의 진리를 이름이다. 체벌에 관한 논문이나 글은, 내가 이 문제에 대해 특별히 관심이 많았기에 대충 제목만 보아도 그 내용을 짐작할 수 있다. 그런데 얼마전에 나는 눈이 번쩍 뜨이는, 생전에 처음으로 대하는 글귀 "삼십절초(三十折楚)의 문장", "오십절초의 문장"이라는 표현을 대했다. 고려대 강선보 교수의 "교육적 체벌방법론" 중의 "체벌문화"라는 절에서다.[10] 과거시험에 급제한 수재들의 문장을 보고 왕이나 시험관이 칭찬해주는 말인데, "삼십절초"는 급제할 때까지 서당 등에서 스승에게 맞아 부러져 나간 회초리가 삼십대는 되어야 나오는 좋은 문장이란 뜻이고 "오십절초"는 그보다 더 좋은 문장이란 뜻이란다. 나는 이 논문을 읽으며, 나의 제자인 강교수에게 새로운 배움을 받았다. 생전 처음 대한 귀한 격언 "삼십절초", 바로 교학상장이었다.

자, 이제 법원 판례로 들어가자. 그야말로 삼십절초, 오십절초로 귀한 자리에 오른 판관들의 판결은 어떠했을까? 거의 우리 교사들 편이다. "교육문화"에 대한 따뜻한 배려와 동감에서이리라. 그전에는 『교권판례집』이 대한교육연합회에서 거의 격년으로 나왔다. 나는 이것을 많이 인용·소개했었다. 그런데 요새는 그런 것이 없단다. 인터넷으로 뽑아보면 되기 때문이란다. 두어 전문가에게 부탁해서 얻은 꽤 많은 판례 중에서 세 가지만 소개해 본다.

판례 1: 대법원 1976. 4. 27 선고 75도 115판결

– 중학교 교장 직무대리자가[11] 훈계의 목적으로 교칙위반자에게 뺨을

몇 차례 때린 것이 처벌대상이 되는지 여부
- (이 정도는) 감호교육상의 견지에서 볼 때 사회상규를 벗어난 것으로 볼 수 없어 교사는(교장직무대리자) 처벌의 대상이 되지 아니한다.

판례 2: 대법원 1990. 10. 30 선고 90도 1456판결
- 국민학교 5학년생을 지휘봉으로 엉덩이와 허리를 때려 6주간의 치료를 요하는 상해를 입혔다. 교사의 행위는 정당한가.
- 학생에게 교탁을 잡게 하고 길이 50cm, 직경 3cm 가량되는 나무 지휘봉으로 엉덩이를 두 번 때리고, 아파서 무릎을 굽히며 옆으로 틀자 다시 허리부분을 때리며 6주간의 치료를 요하는 상해를 입혔다면, 징계권 행사의 한도를 넘어선 것이기에 정당한 행위로 볼 수 없다.

판례 3: 대구지법 1996. 12. 27 선고 96노 170판결
- 교사가 교내에서 흡연하고 거짓말까지 한 학생을 체벌한 데 대하여 정당행위를 이유로 무죄를 선고한 사례
- 교사가 학생을 때린 그 폭행의 정도가 그리 무거운 것이 아니라면 그 체벌을 무죄다.

어버이에게 받는 체벌은 법이 또 어떻게 판단할 것인가. 우리나라에는 별로 유별난 예가 없다. 그 교육문화, 체벌문화 때문이리라. 그러나 바로 몇 달 전 우리를 놀라게 한 사건이 캐나다에서 터졌다. 기러기 아빠의 통분 때문에 빚어진 사건이었다. 그렇게 힘들여 보냈는데, 아이가 학교도 안가고 놀고만 있다는 아내의 전갈에, 재차 비행기 타고 가서, 얼마 전의 아이와의 약속대로(!) 때렸더니, 담임선생이 상처를 보고 고발해서 구속될 처지에 … 문화의 차이에서다.

참여정부는 어떠할 것인가. 국가인권위원회(2002.9.10)의 교육부장관에의 권고로 그 입장을 엿볼 수 있다. 체벌의 근거인 초·중등교육법과 동법 시행령의 관련조항을 개정해서 체벌금지를 적극적으로 수용할

태세란다. 더욱이, 교육대학, 사범대학생들에게 체벌이 과연 적절한 징계제도인지에 대한 교육의 기회를 주어야 한다는 의견도 있다 한다.12)

체벌은 폭행이니 원천적으로 법으로 금지해야 한다는 입장이 있는가 하면, 또 이와는 반대로 그것은 "문화"의 한 부분이니 법으로 그렇게 쉽게 바뀔 수 없다는 회의론도 있다.13) 나는 끝으로 한마디 하련다.

"로마 교황도 문법은 바꾸지 못한다." 교육문화도 "문법"에 속하지 않을까

1) 金丁煥 선생님 雨中에 안녕하십니까. 저는 六月六日에 죽은 表哲이의 어미 되는 사람입니다.
六月二十一日字 高大新聞의 先生님의 『濁流世評』의 글을 읽고 너무나 감사해서 감히 乱筆을 들었읍니다. 용서하세요.
순간적으로 아들을 죽이고 너무나 큰 슬픔에 비탄에 빠져 있는 中 선생님의 논리정연한 말씀, 표철의 편에서 쓰신 글 … 저의 가슴에 한줄기 빛이 되어 감사의 눈물이 소리없이 흘러 나립니다.
四男妹를 다 大學까지 천신만고 끝에 혼자서 공부시키고 위로 두 딸을 출가시키고 哲이가 취직이 되어 3個月間 얼마나 대견하고 기뻤는지 ….
성실하고 孝子였읍니다. 課外工夫가 한창이던 때 한 달도 課外를 못시켰는데 高大에 合格한 일, ROTC 軍복무중 근검절약해서 어미에게 送金해준 일, 大學院 진학하겠다고 그 박봉 中에서 재형저축을 들어 除隊할 때 七拾萬원짜리 통장을 갔다 주던 일, 면세품(전축, 녹음기, 세탁기, 가스렌지 等)을 사다주던 일들.
이대부속유치원 이대부속초등학교 영락중 이대부고에 다닐 때 언제나 무엇이든지 뽑혀서 어미를 늘 기쁘게 해주었든 哲이였었읍니다.
의지하던 아들이 저 세상에 간지 꼭 한달 열흘, 따라죽지 못하는게 한스럽습니다.
불쌍한 어미를 두고 먼저 간 哲이가 한없이 원망스럽습니다.
그 영혼이나마 하나님이 보호해 주셨으면 하고 바랄뿐입니다.
오는 17日에 그 애 墓에 가서 선생님의 글을 읽어줄 작정입니다.
내내 건강하고 안녕히 계십시요.

감사합니다.

7월 14일 표철 母 올림

2) 채찍질은 여러 겹의 가죽끈매니 쇠줄로 때리는 것으로 그리스어 원문으로는 mastigoō(μαστιγοω)이며 영어로는 심하게 꾸짖고(scourage), 채찍질하고(chastise), 매로 때림(whip) 등으로 번역된다. 더욱 영어의 chastise에는 세련하다(refine)는 뜻도 담긴다.

3) 페스탈로찌의 여러 종류의 『선집』과 『전집』에 대해서는 필자의 『페스탈로찌의 교육철학』(고려대학교 출판부, 1995)의 제 1장의 주석(36쪽)을 보시기 바람. 이 서한은 쉬프랑어(외 몇 분) 편집의 전13권 『서한전집』에서는 제6권(23-24쪽)에, 바움가르트너 편집의 선집에서는 제7권(151-152쪽)에 담겨 있다. 단 발신날짜가 위 『전집』에서는 2월 5일, 『선집』에서는 2월 8일이다. 쓴 날짜, 발송날짜의 차이일까?

4) 필자의 위 『페스탈로찌의 교육철학』의 제10장(313-341)에 수록되었음.

5) 이 서간에서의 체벌은 구체적으로는 "때리기"(schlagen)였고, 그것은 또

"신체적 징벌"(koerperliche Strafen)이고, 이것은 또한 교사의 "권리"(das Recht)인 것이었다. 위 『서간전집』의 25쪽 참조. 절대로 이 필자의 "창작"이 아님을 그 원문으로 이렇게 밝혀두는 바이다.

6) 『프로타고라스』, 323c-324b. 스테파느스판 텍스트의 323에서 324쪽에 있다는 뜻이고, c와 b는 그 판의 한쪽을 5등분해서 c는 세 번째, b는 두 번째 칸이라는 뜻이다.

7) "웅변술을 배우는 학교"라고 해야 뜻이 잘 이해된다. 로마 시대는 정치가가 되는 것이 꿈이고, 그 정치가의 자질 중에 웅변술이 으뜸으로 꼽혔기에 이런 표현이 나왔다. 전12권이다. 그에게는 『웅변술 쇠퇴원인론』이라는 저술도 있다.

8) 김정환, 『전인교육론』(세영사, 1982)의 제 8 장 체벌교육론 참조.

9) 서울대학교 교육연구소(편), 『교육학용어사전』(하우 1994), 689쪽.

10) 강선보, "교육적 체벌방법론 - 사랑의 매에 관하여", 『처음처럼』(내일을 여는 책 2003. 5/6호), 26-38쪽.

11) 초·중등교육법 제18조(학생의 징계)에는 학교의 장(長)만이 "교육상 필요할 때에는 법령 및 학칙이 정하는 바에 의하여 학생을 징계하거나 기타의 방법으로 지도할 수 있다"고 규정하고 있다. 그래서 교사는 여기에서는 교장 직무대리자가 된다.

12) 윤용구(강원대 법과대학 교수), "교원의 학생체벌에 대한 형법적 고찰", 『형사법연구』 제21호(2004.6.), 128-157쪽.

13) 조선일보 "이규태 코너"에서는 여러 번에 걸쳐 문화권에 따라 체벌에 대한 인식이 다름을 논하고 있다. 영국, 미국, 캐나다, 호주, 뉴질랜드 등 15개의 주로 영국계의 체벌 인정국, 유럽 여러 나라와 일본, 이스라엘, 소련 등 57개의 체벌 금지국, 그리고 어정쩡한 절대다수의 나라들이다. 그러나 인정국인 미국에서도, 추세라지만, 2003년 현재, 주법으로 금지하고 있는 주는 28개주에 지나지 않는다. 위 윤영구 교수 논문 187쪽 주83) 참조.

제 10 장

민족교육론

1. 겨레를 일깨워 키워야 - 민족교육의 원점 논의

겨레란 무엇인가.

겨레는 우선 피다. 조상으로부터 물려받은 피다. 그 피로 인해 사람의 겉이 달라진다. 키가 컸다 작았다, 머리가 노랗다 까맣다, 얼굴이 넓었다 좁았다 한다. 그런데 이런 외형은 민족 즉 겨레를 결정하는 특징 중의 하나이지만 실은 결정적인 것이 아니다. 이런 유전적 특질로 인류를 구분할 때 우리는 그것을 인종이라고 하기 때문이다. 백인종, 황인종, 흑인종 이렇게다. 중국인, 한국인, 일본인은 같은 황인종이다. "황민족"이라고는 않는다. 그러나 민족은 그 인종의 하위개념이기에, 그 피의 숙명적 요인을 이어받는다. 혈액형에 A, B, O …가 있듯 겨레는 우선 피다. 물론 좀 섞이기도 한다. 물려받은 피를 떠나서 민족은 존립할 수 없다.

둘째, 겨레는 삶이다. 삶의 빛깔이다. 이어받은 삶의 색깔이 분명 있다. 그래서 민족마다 삶의 모습과 방식이 다를 수밖에 없다. 오랜 역사를 통해 그 빛깔이 정착되어, 자기의 고유한 색으로 토착되었기 때문이다. 이 삶의 빛깔 — 삶의 모습과 방식을 우리는 문화라 하겠다. 민족마다 문화가 다르다. 그것을 우리는 민족문화라 한다. 공통점도 있지만 실은 다른 점이 더 많다. 아름다움을 좇는 데는 같지만 좋아하는 색은 서로 다르다. 중국의 한(漢)민족은 노란 색과 빨간 색, 일본민족은 보라색과 까만색, 그리고 우리 한민족은 하얀색과 황토색이다. 음식에서도 그렇다. 탕수육, 초밥, 매운탕 이렇게다. 언어가 다른 것은 말할 것도 없다. 그런데 재미있는 것은 행동양식이다. 중국인, 일본인, 한국인은 겉이 비슷하기 때문에 서로 잘 모른다. 그러나 먼 발치에서 보아도 금새 "탄로"난다. 두 손 모아 의젓하게 한번 인사로 끝나면 중국인, 가볍게 몇 번 계속 머리를 숙이면 일본인, 그리고 인사인지 아닌지 얌전하게, 그야말로 하는둥 마는둥 하면 한국인이다. 인사하는 모습만도 이렇게 다르다. 이왕에 이런 말이 나왔으니 통계를 하나 덧붙이련다. 일본인은 남의 집을 방문할 때 우선 현관에서 인사를 서너번, 안방에 앉아 차마시며 서너번, 말끝마다 서너번 … 나오면서 서너번, 이러다 보면 다해서 23번이나 된다는 통계다. 이런 삶과 빛깔이 이어져 전통이 되고 그것이 쌓여서 문화가 되고 그래서 민족의 문화, 민족의 역사, 민족의 개성이 된다.

셋째, 겨레는 두레다. 같은 삶의 색깔 따라 공동체를 이루어 사는 조직을 이름이다. 두레, 두레꾼, 두레-농사, 두레먹다, 두레-반상, 두레-상, 두레-우물, 두레-질, 두렛-날, 두렛-논, 두렛-일 … 이렇게 우리 사전에는 두레도 많다. 이 중에서 특히 "두레-먹다"를 읽다가 농촌 출신인 나는 더욱 누레에 실감이 났다. "여럿이 모여 앉아 먹다, 농부들이 음식을 장만하고 모여서 놀다"였다. 겨레는 이러한 두레다. 민족은 공동체다. 그래서 모여 산다. 중국인은 세계 어느 나라에 가서도 중국인촌을 형성한다. 그래서 중국본토까지 안가고도 그 차이나타운에서 중국을 볼 수 있다. 요새는 이 타운보다 더 문화적인 개념의 커뮤니티 즉 공동체라는 말도 쓴다. 우리에게도 이제 그것이 많이 있다. LA의 Korean Community 등이다.

넷째, 겨레는 힘이다. 겨레를 지탱하는 것은 또 힘이라는 말이다. 힘이 있는 민족도 있고 힘이 없는 민족도 있다. 그 힘 따라 커지는 민족도 있고 없어지는 민족도 있다. 그래서 겉은 멀쩡한데 속은 텅

빈 민족, 즉 자기네 삶의 빛깔을 완전히 잃은 민족도 있고, 지구상에서 사라져버리는 민족도 있다. 슬라브 민족, 게르만 민족, 이 얼마나 큰 민족인가. 그런데 이 두 큰 민족 사이에 끼어있는 작은 민족들은 얼마나 재앙인가! 게르만의 독일에 먹힌 폴란드, 슬라브의 소련에 먹힌 발트 3국 …등 일반적으로 동구권이라 하는 수 십 민족들의 수난의 역사가 이를 말한다. 우리 한 민족 역시 주변 큰 민족에 시달린 약하고 작은 민족이 아니었던가. 힘이 있어야 민족이지 힘이 없으면 민족도 아니다. 힘을 잃은 유대민족은 중세 천년을 이방인 디아스포라로 온 유럽을 떠돌아 다니며 갖은 천대, 멸시를 받아야만 했고, 그 극이 나찌의 유대인 집단수용소 학살이었다.

다섯째, 겨레는 뜻이다. 자기를 지켜나가려는 의지다. 그 강도는 약한 나라일수록 더 크다. 자기를 키워준 병든 어머니, 못난 어머니에 대한 자식의 사랑같이 말이다. 이 뜻에서라면 이스라엘 민족이 정말 끝내준다. 세계 각국에 흩어져 살면서도 자기네의 언어와 종교를 지키고 사는데 그치지 않고, 온갖 술책으로 사막의 땅에 조그마한 나라를 세워서는 충성을 다한다. 그 충성의 도가 지나쳐 중동이 화약고인 것은 세상이 다 아는 바다. 그러면 그 뜻을 키워주는 것은 무엇인가. 교육이다. 그 성원의 겨레에 대한 사랑을 꾸준히 일깨워 키워주는 민족교육이다. 그 예를 이스라엘에서 들자. 키브츠로 상징되는 공동체 의지 고양의 교육, 이것으로 그들은 살아남았고 발전해왔다. 그들은 정말 교육에 전력 투자했다. 그래서 민족국가를 형성했고, 노벨상을 다른 민족에 비해 거의 독차지 하고 있다.

자 이래서 우리는 하나의 귀한 결론을 얻을 수 있다. 그것은 이렇다.

> 민족은 바위처럼 생명 없이 주어져 거기에 있는 것이 아니고, 한 생명체로서 발전할 수도, 소멸될 수도 있는 문화공동체이다. 그리고 그 공동체

의식을 부추겨 주는 것이 민족교육이다.

최근 아주 괴이한 말을 자주 듣는다. 이런 국제화 시대에 무슨 민족의식이냐는 식의 논설들이다. 일본과의 관계에서는, 총리의 야스쿠니 신사 참배, 교과서 왜곡, 독도 등의 문제에서, 중국과는 고구려사 문제에서다. 좋은게 좋다, 조용조용 해결하자며 민족의식이 드러나는 것을 삼가자는 논조들이다. 심지어 민족주의 따위는 구시대의 유물이다 따위 논조도 있었다. 그러나 이는 강대 민족의 입장이다. 민족주의는 두 얼굴의 야누스적 성격을 갖는다. 강대국은 이것으로 약소민족을 지배하려 든다. 패권적 민족주의, 국수주의적 민족주의 그리고 교묘하게 그 무서운 발톱을 감춘 "국제주의적" 민족주의다. 이 국제주의적이란 뜻은 무엇인가. 소수 민족의 언어와 문화 등을 존중하는척 하면서, 군사·경제적으로는 지배하여 자기네 패권일랑 지켜나가자는 것이다.

그래서 소수 · 약소민족은 거꾸로, 살아남기 위해서는 도리어 민족의식을 일깨워 이에 맞서야 한다. 이것이 자주 · 독립적 민족주의다. 그것은 우리 근대사에서, 더욱이 3·1 운동 이후의 일본의 회유적 문화정책에 속지 않고 외쳐댄 우리 자주 · 독립운동에서, 그리고 이 이념을 뒷받침한 우리 민족교육에서 특히 잘 드러난다. 국제화 시대에 더욱 살려야만 할 민족교육, 우리는 그 이념과 방법을 다음에서 보자.

2. 민족과 민족국가

인종과 민족은 무엇이고 또 어떻게 다른가. 인종이라면 쉽게 알 수 있다. 아프리카의 흑인종, 아세아의 황인종 그리고 유럽의 백인종이다. 이 셋이다. 그런데 아프리카 주민이 다 흑인종은 아니다. 이집트나 알제리는 지리적으로는 아프리카이지만 그 사람들의 얼굴은 좀 까무잡잡하고 얼굴 윤곽이나 체형은 유럽 사람에 가깝다. 흑인종이 아니다. "중동인"이다. 같은 아시아라지만 인도인들은 역시 유럽인들에 가깝다. 종족으로도 인도-유라시아라 한다. 황인종이 아니다. 그래서 혼합은 있지만 인종적 구별은 일단 이렇게 쉽다. 피부, 모발, 코, 눈, 얼굴의 윤곽, 머리의 모양, 신장, 체격 등 신체적 형질로 겉으로 분명하게 드러나기 때문이다. 그리고 이 같은 신체적 특질들은 선천적 · 유전적 특질이기에 변할 수 없다. 바나나족이란 말을 들었으리라. 미국에서 태어나 그 교육을 받아 속은 하야나 겉은 노란 바나나로, 미국에 정착한 일부 동양인, 한국교민들을 말한다. 색은 변치 않는다.

민족이란 무엇인가. 의식주 등 생활양식, 풍속, 습관, 종교, 언어 등 문화적 특질로 구분되는 인류의 분류방식이다. 이 문화적 특질을 우리는 위에서 삶의 색깔이란 비유로 든바 있다. 같은 황인종인데 일본과 한국은 관습, 습관 그리고 언어가 다르다. 신체적 특질로는 거의 구별할 수 없다. 아니, 거의 구별이 불가능하다. 그러나 언어로는 확연하게 구별된다. 하나의 비극적 보기를 들자. 1923년의 관동대지진 때의 일본 자경대에 의한 조선인 학살이다. 그 사실을 일본의 고등학교 검정교과서 『일본사』는 이렇게 전한다.[1)]

> 지진과 화재의 대혼란으로 『조선인이 폭동을 일으켰다, 방화했다』는 유언이 돌아, 정부도 계엄령을 공포하고 군대 · 경찰을 동원하는 한편 자경단을 만들게 했다. 관동 전역에서 철저한 『조선인 사냥』이 행해지고, 공포심에 몰린 민중과 일부 관헌에 의해 수 천명의 조선인과 약 2백명의 중국인이 살해 당했다.

전공도 아니면서 내가 애써 구해 읽은 일본의 검정교과서에 이렇게 사실을 객관적으로 진술한 것이 있었다. 그런데 내가 하고 싶었던 말은 실은, 일본인 노동자와 조선인 노동자를 자경단원과 관헌이 어떻게 구별했느냐다. 악명 높은, 비극적인 물음 "쥬고엔 고짓센"(십오원 오십전)이다. 일본어 발음에는 탁음(濁音)이 있다. "쥬, 고, 짓"이 다 탁음이다. 한국어 발음에는 이 탁음이 없다. 그래서 이 물음에 거의 탄로나고 학살당했다. 소문이 아니고 사실이었다. 이것을 "쥬고엔 고짓센의 비극"이라 한다.

문화적 특질이란 그 집단에 태어나 배워 익힌 것들이다. 그래서 후천적 · 획득적이다. 이를 간단하게 "교육적"이라 할 수 있다. 그래서 그 교육의 여하에 따라 민족은 흥할 수도 망할 수도 있다. 교육학자로서의 나의 억지소리가 절대 아니다. 정말 민족은 교육의 산물인 것이다.

그런데 이 "민족"이란 의식은 고대나 중세에는 거의 없었다. 더욱이, 민족을 하나의 단위로 해서 국가를 건설하자는 "민족국가" 의식도 거의 없었다. 웃기는 이야기가 하나 있다. "신성로마제국은 하나도 신성하지 않았고, 로마에 있지도 않았고, 힘 있는 제국도 아니었다." 이것은 독일왕 오토 1세가 962년 로마의 교황 요하네스 12세의 손으로 제왕관을 받은 이후, 1806년 프랑스 2세가 나폴레옹에 의해 제위에서 물러날 때까지의 834년 간의 독일국가를 말한다. 그런데 독일 안의 수백(많을 때는 약 400)의 봉건군주들이 국가로 분열되어 있었기 때문에 게르만의 "민족국가"가 절대 아니었다. 국가로서의 주권 따윈 상상도 못할 허울뿐인 것이었다. 고대는 물론이요 서양 중세도 종교가 거의 전부여서 하나의 민족으로서의 통일국가 따위는 상상도 못했다.

민족의 개념은 근대의 자본주의 국가의 성립과 더불어, 비로소 그 국가를 지탱하는 가장 강력한 이데올로기의 하나로 제고된 의식이다. 그리고 그것은 위에서 살펴보았듯이, 강대국이 쥐면 약소국을 지배하는 국수 · 침략주의, 거꾸로 약소국은 강대국의 그 지배로부터 해방되려는 자주 · 독립주의의 온상으로 기능했다. 이를 민족주의의 야누스적 성격이라 한다. 또 긍정적인 면과 부정적인 면도 있다. 부정적인 면으로는, 약소민족의 강대민족에의 저항의식을 교묘히 이용하여 등장하는 독재정치 따위다. 동구권의 루마니아, 중동권의 이라크 등에서 그것을 볼 수 있었다.

민족국가는 어떤 이념들 위에 발생 · 발전해 왔는가. 우리는 그것을 크게 다음 다섯으로 들 수 있다.

첫째 **독립성**이다. 한 민족은 다른 민족의 지배를 받아서는 안 된다는 생각이다. 서로 삶의 양식 즉 문화가 다른 민족이 한쪽은 지배다 한쪽은 복종이다 하는 관계에 놓여서는 안 된다는 것이다. 그 큰 인도가 그 작은 영국에 백년이나 지배를 받았고, 티벳은 지금도 중국으로부터 독립하려 애쓰고 있다. 남의 이야기만이 아니다. 우리도 36년간이나 일본에 지배당했다.

둘째 **정체성**이다. 민족은 저마다 삶의 양식이 다르다. 그것을 문화적 개성이라 할 수 있다. 모든 꽃이 저마다 그 모습을 달리 하듯, 민족도 저마다 그 문화적 개성을 달리 한다. 모든 꽃이 그 개성으로 꽃의 세계를 풍요롭게 수놓듯이 민족도 저마다의 그 문화적 개성으로 인류의 문화를 풍요롭게 해야 한다.

셋째 **통일성**이다. 한 민족은 한 국가로 통일되어야 한다는 이념이다. 한 민족은 여러 나라로 분열되어서는 안 된다. 남·북 베트남은 1976년, 동 · 서독일은 1990년 그리고 남·북 예멘도 똑 같은 1990년에 통일되었다. 예멘의 경우 꽤나 복잡했다. 북예멘은 오스만 제국의 지배후 1918년 왕국, 62년 공화국이 되고, 남예멘은 영국의 지배에서 1967년 독립, 그러다가 이 두 예멘이 23년만에 통일 된 것이다. 우리는 분단 60년이다. 참으로 부끄럽다.

넷째 단위성이다. 모든 국가는 민족을 단위로 해서 형성되어야 한다는 이념이다. 다른 말로 바꾸면, 모든 국가는 민족국가이어야 한다는 생각이다. 그런데 여기에는 좀 부연이랄지 단서가 필요하다. 합중국가나 연방국가 체제가 그것이다. 스위스, 러시아, 미국 등이다. 스위스는 독일, 프랑스, 이탈리아, 그리고 1퍼센트도 안되지만 옛 로마의 후예, 네 민족의 연방국가다. 약소국으로 그럴 사정이 있었다. 미국은 다민족·이민국가이기에 그렇게 되었다. 러시아는 강대민족이 약소민족을 수없이 그 안에 거느리다가 드디어 분리·독립시키고 말았다!

다섯째, 평등성이다. 모든 민족은 법 앞에 평등해야 한다는 이념이다. 넓이로나 인구로나 중국과는 비교할 수도 없는 우리 한 민족도 중국과 법 앞에서는 동격이란 이치다.2)

3. 역사에서 본 여러 모습의 민족주의

이쯤에서 지금까지의 논의를 정리하고 우리가 최종적으로 다듬어 보고자 했던 우리 민족, 민족교육 그리고 과제에 대한 논의의 터전을 굳혀보기로 하자.

"겨레란 무엇인가. 그것은 같은 피와 같은 삶의 색깔로 묶인 두레라 했다. 그 두레를 하나의 힘의 터전으로 하는 겨렛나라는, 사람들의 긴 삶의 발자취에서 보면 얼마 안 되었고, 그래서 우리의 꿈인 겨렛나라를 참뜻으로 이루지 못한 나라들이 많다. 바로 우리도 그 중의 하나다. 그래서 우리는 그 꿈을 키우기 위해 시방 겨레를 가꾸는 젊은이 기르기에 힘써야 할 어렵고도 보람있는 자리에 이르렀다."

순 우리말, 아름다운 우리 글로만 이렇게 써보았는데, 한자어에 더 익숙한 우리에게는 도리어 답답하게 느껴질는지 모르겠다. 굳이 위 문장을 이 자리에서는 한자적 어휘로 다시 바꾸지 않고 넘어가기로 하자. 그런데 영어로 무엇인가만은 일단 적고 가자. 주로 유전적 조건으로 정해지는 인종은 race, 주로 문화적 조건으로 정해진 민족은 nation, 그리고 그 민족의 발전을 기하는 민족교육은 national education이다. 단 nation이라 할 때, 민족이란 뜻 외에 하나의 정부 밑에 통합된 국민의 뜻이 있다. 후자의 뜻으로 미국 국민을 들 수 있다. 미국은 이민해 온 다민족 혼성국가이기에 "미국 국민"이라 하지 "미국 민족"이라 하지는 않는다. 이렇게 삶의 색깔은 같을지 몰라도 피는 같지 않기 때문이다.

민족국가라는 개념 즉 한 민족이 자기네의 국가를 이루어 힘을 지니고 겨루는 정체, 그리고 그 민족국가의 발전을 기하는 민족교육은 자본주의의 발전과 더불어 생긴, 그래서 역사적으로는 비교적 최근의 것이라는 것을 나는 누누이 이야기 했다. 그것은 인류가 철드는데 그렇게 오래 걸렸다는 것을 다짐하기 위해서다. 그 모습을 다음에 간단하게 훑어보자.

첫째는 **부족적 패권주의**다. 한 아버지에게 이어받은 피와 강토에 대한 사랑이다. 한 겨레이면서 그 안의 부족들끼리 서로 패권을 다투며 통일을 하여 흥하기도 하고, 통일 싸움의 과정에서 힘이 쇠잔해 망하기도 한다. 이것이 인류의 역사상 최초로 나타나는 민족주의의 한 예이다. 그 대표적인 예가 그리스민족, 우리 한민족이다. 아테네, 스파르타가 서로 패권다툼 했고, 아테네가 이기기는 했지만 힘이 약해져 북방의 마케도니아에 정복·통일되고 만다. 우리 또한 그랬다. 고구려, 백제, 신라가 서로 패권다툼하다가 외국 당나라 힘을 끌어들인 신라에 의해 통일되는 역사의 비극이 벌어졌다. 함석헌은 『성서적 입장에서 본 조선역사』에서 이것은 통일의 위업이 절대 아니고, 도리어 겨레의 역사의 등뼈가 부러진 세 사건 가운데 첫째 사건이라고 슬퍼했다. 집단에 대한 충성심이 민족으로까지 승화되지 못하고 부족차원으로 머무는 이 배타적이고 군국주의적 사고방식을 우리는 부족적 패권주의라 한다. 신라의 화랑도에 이런 성격도 있었다. 영어로는 패트리오티즘(patriotism)이라 하는데, "패트리" 즉 "아버지"에 대한 충성심이란 뜻이다.

둘째는 **문화적 민족주의**다. 이스라엘 민족이 그 전형적인 예다. 이스라엘 민족은 나라를 잃고 중세 천년을 온 유럽의 유랑민 즉 무국적자로 떠돌아 다녔다. 그러나 그들을 묶어주는 것이 있었다. 언어와 종교다. 이들은 자기 민족에게 내려온 이 정신적 문화유산을 꿋꿋하게 지키며, 그래서 나라와 영토는 없었지만 겨레로서는 존재했다. 그들의 민족에 대한 사랑은 정신적 · 종교적 · 탈부족적 · 탈영토적이었다. 열두 부족이 있었지만 서로 패권싸움 안했고, 영토는 없이 여러 나라에 이방인으로 흩어져 살았다. 자기네 문화만 지키면 자기네 민족은 존립한다는 문화적 민족주의(cultural nationalism)을 여기에서 볼 수 있다. 우리나라가 일제하에서 나라는 잃었지만 그 숨은 민족교육으로 겨레로서는 살아 있었음도 이런 예라 할 것이다.

셋째는 **정치적 민족주의**다. 근세에 발생한 민족국가주의, 즉 영토, 국민, 주권과 민족의식을 갖춘 정치체제를 이름이다. 왜 정치적인가. 중세 천년의 초민족적 로마 카톨릭 지배하에서 벗어나려고 의도적으로 민족의식을 일깨워 정치적으로 독립을 기하는 사상체계이기 때문이다. 마르틴 루터의 종교개혁, 그 힘으로 게르만의 영혼이 일깨워지고, 그 후속타로 피히테의 『독일국민에게 고함』 등에서 강조된 "게르만의 영혼의 각성교육"으로 독일의 통일, 독일이라는 하나의 민족국가가 등장한다. 다른 민족들도 이에 따랐다. 이러한 새 유형의 국가를 민족국가라 부른다. 그 이념은 민족의 독립성 · 정체성 · 통일성 · 단위성 · 평등성임은 위에서 이미 본 바다. 우리 겨레는 이같은 민족국가의 다섯 이념에 비추어 볼 때 아직도 멀었다. 정체성도 흔들리고 통일도 못하고 강대국들의 세력 판도에서 우왕좌왕하고 있지 않는가. 우리도 온 힘을 다해 이 정치적 민족주의(political nationalism)를 본받아야 한다.

넷째는 **국제주의**다. 이것이 어떻게 민족주의와 이어지는가. 각 민족 국가가 자기네의 이익과 생존을 위해 서로 단합하는 체제이기 때문이다. 영어로 국제주의를 internationalism이라 부르는데, 이 어휘에도 분명 nationalism이 들어있다. 이 국제주의에는 투쟁적인 것과 협력적인 것 둘이 있다. 자본가에 착취당하고만 있는 만국의 노동자여! 초민족적 단결·투쟁을 통해서 자본주의 체제를 무너뜨리고 프로레타리아 독재체제를 이룩하자. 이런 공산주의 사상이다. 그러나 민족을 벗어날 수 없었다. 슬라브의 소련, 한족의 중국을 보라. 한편 협력적 국제주의는 UN, EC 등이다. 각 국가가 자기네 이익과 주권 일부를 양도하고 서로 협력하여 블록을 형성하고, 그래서 자기 나라와 그 백성들에게 보다 큰 이익과 힘을 안겨주자는 체제다. 투쟁적 국제주의는 이미 거의 역사의 뒤안길에 사라졌지만 협력적 국제주의는 더욱 번지고 있는 추세다. 그런데 아직 여기에 문제가 많다. 협력은 힘이 비슷한 나라끼리만 가능하다. 격차가 심한 나라들끼리는 어렵다. 우리는 어떠한가. 남한, 북한의 격차도 심하고 진정한 의미의 협력도 잘 안 되고 있기 때문이다. 온 힘을 다해 격차를 줄여가야만 한다.

다섯째는 **신민족주의**다. 양극적 냉전 이데올로기에서 벗어나 자기 민족의 발전을 최우선적으로 기하자는 새로운 유형의 민족주의, 그래서 새롭다는 '네오'를 사용해서 neo-nationalism이라 한다. 특히 이데올로기나 강대국에 의해 타의에 의해 분단된 민족의 생존과 통일에의 의지가 강렬하게 들어나는 체계다. 동서 두 독일, 남북 두 베트남, 역시 남북 두 예멘은 이 새로운 이데올로기로 이미 민족의 통일을 이룩했다. 우리 남한, 북한만이 아직 남아 있다. 그래서 세계의 웃음거리, 장난거리가 되어 있다. 부끄럽다 뿐인가 창피하다.

4. 민족교육의 다섯 유형

아프리카 사람들은 참 딱하고 불쌍하다. 현대 인류의 발상지이고 그래서 역사도 가장 길텐데 실은 제일 가난하고 문화생활도 제일 뒤져 있다. 유엔 가맹 2백 국가 중에 아프리카 나라가 거의 반을 차지하고 있는데, 그 세가 무색하게 하나도 힘을 발휘하지 못한다. 수백년 동안 백인들의 노예가 되었고 수탈만 당해왔다. 기독교를 믿는다는 유럽 나라들이 흑인은 사람도 아닌 동물 취급을 해왔다. 오죽하면 슈바이처가, 밀림 람바라네에 병원을 차리면서 백인이 흑인에게 지은 죄를 "속죄"하기 위함이라 했던가. 선교다 봉사다 하는 명분으로 학살과 착취를 해온 백인의 일말의 양심을 대변한 말씀이다. 소위 백인들의 선교로 흑인들의 토착적 문화는 파괴되고 또 그나마 명맥을 유지해 왔던 공동체는 분열되었다. 그래서 독립자존을 외치던, 그래서 경제원조 따위는 그 독립자존을 도리어 해치는 것으로 여겼던, 김교신과 함석헌의 신앙의 스승인 일본의 우찌무라 간조는 예외적으로 이 슈바이처에 동감하고 헌금을 보내면서 서신교환도 했다.[3] 이 두 위인의 한탄은 한마디로 이러했다. "아프리카가 저렇게 존재하는 한, 기독교인의 양심은 거짓이다."

타국의 사이비 지원 없이 아프리카 여러 부족과 민족이 분열과 학살을 되풀이하는 현실을 타개할 수 있는 길은 없을까. 우리는 그 실마리를 민족국가 형성과정의 역사에서 찾을 수 있다고 믿는다. 현재 아프리카에는 만가지 언어가 존재한다 한다. 그것은 분열을 거듭하여 부족이 만이나 된다는 말이다. 이 부족들이 우선 민족 단위로 통일되게, 경제적으로 결속되게, 그리고 각 민족끼리 패권싸움을 지양하게 도와주는 일이다. 바로 이것이 그 원인 제공자인 백인들의 책무다. 민족국가, 민족교육에 눈뜨게 도와주는 일이다.

민족교육에도 여러 유형이 있다. 각 민족이 처해있는 역사적 정치적 상황에 따라 그것이 달리 나타난다. 그리고 그것은 평화를 지향하는 세계사의 진전에 긍정적으로 나타나기도 하고 부정적으로 나타나기도 한다. 이것을 다섯으로 나누어 본다.

첫째, **자주 · 독립적 민족교육**이다. 강대민족에 정치적으로 예속된 민족이 자기 민족의 정치적 독립을 기하기 위해 그 터전이 되는 자기 민족의 문화와 역사에 대한 교육에 힘씀을 이름이다. 특히 문화와 역사에 대한 교육은 언어교육과 더불어 감을 주목하자. 우리는 일제하 어두웠던 시대에 이러한 유형의 민족교육에 힘썼고, 그래서 한민족으로서의 얼과 정체성을 지니며 해방의 그날을 기했던 것이다. 그리고 이런 유형의 민족교육에 현재도 모든 피지배민족들이 최우선적으로 합법적 혹은 불법적으로 힘쓰고 있다. 일제하의 우리 한 민족이 그 대표적 사례이기도 하다. 우리는 외솔 최현배의 『우리말본』으로 상징되는 우리말 사랑 교육, 함석헌의 『성서적 입장에서 본 조선역사』에서 그 전형을 볼 수 있다.

둘째, **교포 계도적 민족교육**이다. 해외에 흩어져 사는 자민족의 자녀들에게 민족의 정체성을 지니고 보람 있게 살게 도와주는 교육이다. 미국은 세계 도처에 아메리칸 스쿨을 세워 자기네의 학제로 자기네 교육에 힘쓰고 있다. 또 유명한 것이 중국인의 화교학교들이다. 우리도 일본에 한국계, 조총련계의 두 계통의, 이념적으로는 극대극으로 다르다는 민족교육학교군을 가지고 있다. 비록 귀화해서 국적은 다를지라도 그 얼은 우리 민족에 속하게 하는 교육, 이것이 교민교육의 핵심이념이다. 나는 이 문제에 대해 관심이 많아 신문 스크랩도 하는데, 현재 외국에 사는 우리 교민이 약 5백만이라 한다. 아세아, 북미, 중남미, 유럽, 중동, 아프리카에 약 2백만, 중국에 약 2백30만, 소련에 약 50만이라 한다.[4] 10여 년 전의 통계이니 지금은 더 많을 것이다. 영토에는 "문화적 영토"라는 것도 분명 있다. 예를 들면 북간도 같이 말이다. 이 500만 재외 동포교육도 내국민 교육 못지않게 힘써야 한다.

셋째, **회유적 민족교육**이다. 이는 지배민족이 피지배민족을 효율적으로 지배하기 위해, 피식민의 민족교육을 제한적으로 허용하는 회유교육을 이름이다. 이것은 민족학원, 민족교과 교육 허용으로 나타난다. 민족학원은 소수민족을 위한 학교, 민족교과 교육은 일반학교에서 허용하는 몇 개의 교과, 보통은 피지배 민족의 언어, 역사 교육이다. 피지배민족의 숨통을 완전히 막으면 목숨을 걸고 반항하거나 죽어버려 쓸모가 없어진다. 그러니 조금은 살려 잘 써먹자는 술책이다. 3·1운동 이후의 문화정책이 이것이다. 일제는 처음에는 초등학교 교사도 칼을 차고 교단에 서게 할 정도로 철저하게 무단정치를 했다. 그러다가 민족의 큰 저항에 부딪쳤다. 그래서 방법을 조금 바꿔 문화정책으로 돌린 것이다. 학교도 몇 개 세우게, 신문사도 몇 개 만들게 허락했다. 이래서 한국인도 조선총독부의 중견관리로 등용될 길이 열렸다. 이것이 실은 위기였다. 민족의 정예들이 그 회유책에 말려들어 얼을 잃어갔던 것이다.

넷째, **침략적 민족교육**이다. 국수주의적 민족교육을 이름이다. 나찌 히틀러 시대의 침략주의 교육, 제국주의 시대의 일본의 군국주의 교육이 그 전형이다. 혈통우월주의, 과장된 지적 우수성, 그리고 날조된 사명이 꼭 나란히 같이 간다. 히틀러는 말했다. 게르만 민족의 혈통이 가장 순수하다, 게르만 민족이 세계에서 가장 우수하다, 그러니 게르만 민족이 세계를 지배해야 세계에 번영과 평화가 온다고. 여기에는 또 하나 꼭 독재체제가 같이 간다. 히틀러의 선동강연은 꼭 이랬다 한다. 그는 부르짖는다. "한 피, 한 언어, 한 민족이여!" 그러면 옆에 배석한 막료가 응한다. "한 영도자여!" 그러면 만면의 미소를 띄우고 히틀러와 군중이 이런 차례로 환호한다. "그러므로 독일 민족을 세계의 우두머리로!", "히틀러

만세!"

다섯째, **통일지향적 민족교육**이다. 타의에 의해 분단된 민족이 재결합을 모색하는 민족교육이다. 미소 두 나라가 이념적으로 대립하고 있을 때 여러 민족들이 둘로 분열되어 있었다. 동서 독일, 남북 베트남, 남북 예멘, 그리고 우리 남북한이다. 다른 나라들은 다 통일을 이룩했다. 독일은 1990년, 베트남은 1976년, 예멘은 1990년이다. 단 예멘의 분열은 역사가 길고 또 그 분열이 미소의 이념대립 때문만은 아니다. 그러나 강대민족에 의해 타의에 의해 분단된 면에서는 같다. 인구 1450만을 거느리는 아라비아 반도의 남부의 이 공화국은 북쪽이 오스만제국, 남쪽이 영국의 지배를 오랫동안 받아오다 통일된 것이다.

우리 민족은 아직 통일을 이루지 못한 부끄럽고 창피하기까지 한 민족, 유일한 분단민족으로 남아있다. 평화적 통일이 우리에게는 물론이요 인류에게도 크게 기여한다는, 그리고 남북한이 운명공동체라는 인식을 보다 깊이해야 하겠다.

5. 민족교육의 여섯 이념

재일동포 약 60만명 중에 우리말을 제대로 듣고 말하고 쓰는 사람은 몇 퍼센트나 될까? 그 중에는 3대에 걸쳐 산 사람, 국제결혼한 사람, 일본 학교만 다녀 민족 따위 개념도 모르는 사람, 귀화하는게 살기는 편하지만 차마 못하고 미루고 있는 사람, 조총련계 조선인 학교나 한국민단계 한국학원을 거친 사람, 한국계 기독교회에 열심히 나가는 사람, 교민계 기업이나 기구에서 열성적으로 일하는 사람 그리고 겉으로도 일본인과 한국인(조선인)은 구별 안 되기에 속은 더구나 알 수 없는 사람들 … 이렇게 다양하다. 나는 10여 년 일본에서 학창시절을 보냈기에 재일동포 사회를 너무나 잘 안다. 우리 때만 해도 일본에 대학생은 아주 드물었고, 한국인이 대학에 들어가는 일도 귀했다. 또 대개 일본식 이름으로 지원했고 태반이 졸업증서에도 일본식 이름이었다. 그러다가 취직시험 때 대개 들통이 난다. "가짜이름"을 달고 다니는 인간적으로 불성실한 사람은 아무리 우수해도 싫다는 것이다.

그래서 뒤늦게 학적부 이름을 한국식으로 "개명"하느라 법석을 떠는 일이 많았다고도 들었다. 대학 사무직원이 나를 일본인으로 여기고 처음에는 내 멀쩡한 한국이름 김정환을 김정 환(金丁 煥)이라고 써넣는 웃기는 일도 있었다. 이런 재일동포 사회에서 우리말을 제대로 아는 사람, 듣고 말하고 쓸 줄 아는 사람은 딱 두 부류다. 조총련계 조선인학교를 나온 사람들, 그리고 한국인 교회에 다니는 사람들이다. 조선인 학교 여학생들은 교복이 또 하얀, 긴 옷고름이 달린 저고리와 주름이 잘 선 까만 치마다. 뒤에서는 일본 여학생들 교복과 구별이 안 되지만 앞에서는 그 저고리가 확 눈에 띈다. 그래서 일본의 철없는 아이들이나 극우 깡패들에게 조롱도 당하고 옷을 찢기는 경우도 허다하다. 조선인 학교의 민족교육은 이렇게 철저하다. 눈에 띄는 교복을 고집하는 것은 그 수난을 통해서 더욱 민족혼이 일깨워져 단련된다는 "수도승의 탁발 방식"을 연상시킨다. 이들은 정착하되 귀화는 하지 말고 민족의 일원으로 떳떳하게 우리 식으로 살라고 가르친다.

나는 일전에 사이타마 축구장에서 열린 월드컵 아시아 예선 조일전(朝日戰)에 조총련계 재일동포인 일본 프로축구선수가 당당하게 국가대표로 나가 관중에게 – 물론 일본인 관중을 포함해서 – 갈채를 받는 모습, 그리고 그 제 2 차전을 준비하기 위한 중국에서의 전지훈련에 나가는 그 조총련계 선수가 조선계 여권으로 당당하게 일본의 공항을 나가는데 많은 "오빠부대"들이 환호하는 모습을 일본 NHK 12시 뉴스에서 보았다. 참 떳떳하고 의젓하고 멋졌다. 친공이다 반공이다 하는 이념을 떠나서 참 흐뭇했다.

한국계 교민들의 민족의식은 조총련계에 못지않아도 자녀들의 민족교육에는 의식의 도가 조금 얕다. 자녀들이 민족의식을 간직하고 국제결혼만 안해 주었으면, 모나지 않게 일본사회에 잘 적응해 살아주었으면, 그리고 노부모를 별로 공경하지 않는, "효도"라는 개념이 희박한 일본사람들을 본받지만 말았으면, 출세길이 확 열린다면 귀화해도 상관 없다, 이왕에 팔자소관으로 이렇게 끌려왔으니 할 수 없다, 모두 숙명으로 돌리고 살자, 이런 식의 적응·동화·정착·귀화주의다. 나쁘다 할 수만은 없다. 단, 좀 아쉽다 할 것이다. 그런데 기독교인만은 다르다. 우리말로 성경을 읽고, 우리말 찬송가를 부르고, 우리 옷을 입은 아주머니들과 이야기를 나누며, 우리 김치와 콩나물국으로 교회에서 점심을 같이 하기 때문이다. 교회라는 사회교육기관에서 이렇게 민족교육을 받는다. 덤으로 받는 살아 있는 교육이다.

이런 민족교육은 앞 절에서의 분류로는 해외동포계도적 유형이다. 그러나 우리가 여기에서 더 무게를 두고 생각해야 할 것은, 일반적으로, 민족을 기본단위로 해서 성립한 근대의 민족국가의 교육이념이다. 우리는 이것을 정치적 민족국가라고도 했다. 교육을 통해 국가가 주관해서 의도적으로 민족의식을 일깨워, 민족과 국가에 유용하고 충성심을 갖는 국민을 양성하기 때문이다. 그것은 크게 다음 여섯 이념으로 짜여진다.

① 모든 국민에게 평등한 교육의 기회를 주어야 한다.
② 교육은 공공적인 작용이므로 정치나 종교의 지배를 받아서는 안 된다.
③ 수업은 원칙적으로 모국어로 행해져야 한다.
④ 모든 교육기관은 일정한 기준에 따라 제도적으로 통일되어야

한다.

⑤ 적어도 초등교육은 의무화되어야 하며 학부모 또는 국가가 그 책임을 진다.

⑥ 교육내용은 국가에 대한 충성심 함양과 부국강병, 공민적 자질의 향상을 기하는 것이어야 한다.[5)]

교육의 기회균등, 교육의 공공성, 모국어 중시, 국민 교육제도의 확립, 초등교육의 의무화, 국민적 자질 육성, 이 여섯 이념으로 근대의 민족국가는 교육에 힘써, 위대한 국민으로 위대한 국가를 이룩하려 했다. 단 이런 민족교육은 강대국이 그것을 쥐면 침략주의의 들러리를 서기 쉽고, 약소국이 쥐면 문화적 정체성을 유지하며 살아남을 수 있다는, 그래서 긍정적인 면과 부정적인 면을 동시에 지니는, 두 얼굴의 야누스 같은 것이라는 지적을 위에서 이미 한 바 있다.

이 여섯 이념은 우리 헌법의 제31조에 역시 여섯 개 항으로 "거의" 담겨져 있다. "거의"라 했다. 다가 아니다. 예를 들면 "수업용어는 모국어로"의 이념은 안 담겨 있다. 이것은 각 단계 교육기관이 알아서 할 일이며, 굳이 법조항으로 명시 안해도 될 일이라는 입상일 것이나. 그러나 여기에 함정이 있다. 강대민족들은 굳이 이것을 명시 안해도 그 민족문화가 흔들리지 않지만, 약소민족은 이것을 명시 않으면, 즉 법으로 강제 않으면 강대국, 강대민족의 문화에 동화되거나 휘둘린다. 왜 모국어가 그렇게 중요한가. 굳이 하이데거의 이름을 들먹일 필요도 없이, "언어는 존재의 집" 즉 "한글은 배달겨레의 문화의 총체"이기 때문이다. 이런 이념에 비추어, 대학에서 영어전용 개설과목 20퍼센트 논리는 참을 수 있어도 초등학교 3학년부터의 회화중심 영어교육 조기도입은, 적어도 교육학자인 나의 양식으로는 참을 수 없다.

또 하나, 교육의 기회균등 이념이다. 우리나라에는 남녀 격차,

도농 격차, 계층 격차가 엄히 존재하고 있다. "차별"은 이제 공개적으로는 없어졌지만 "격차"는 여전히 존재한다. 교육의 기회균등 이념을 조소앙은 일찍이 삼균주의(三均主義), 즉 정치, 경제, 교육의 세 측면의 균등(평등)으로 제창했다.[6] 대한민국 임시정부의 초대 국무원 비서장이요, 해방 후는 사회당 창설자요, 한국전쟁 때 납북당한, 그의 시대를 한참 앞서간 논리다. 동족상잔으로 우리가 잃은 가장 큰 것은 이렇게 몇십 년 동안 온갖 고난으로 달여 키워낸 민족의 인걸들을 많이 잃은 일이다.

6. 일제말기의 민족동화·말살 교육 풍경

아무래도 이 근처에서 일제말기 어두웠던 시대의 교육의 이모저모를 민족교육의 시각에서 그려내 보이는 것도 좋겠다. 슈만의 "어린이 정경", 무소르기스키의 "전람회 풍경"이란 곡들이 있다. 바로 그 정경·풍경들이다. 어떻든 내가 직접 보고 겪고 느낀 일들을 그려내어, 그것들이 우리가 지금까지 보아온 민족교육의 논리에서는 어떻게 크게 어긋나 있었던가, 아니 망가뜨려져 있었던가를 확인해보자는 것이다.

나의 세대, 나의 환경, 나의 체험이란 단서가 붙어있음을 미리 양해해 주시기 바란다. 나의 세대란 중학교 2~3학년 때 해방을 맞았다는 나이임을, 나의 환경이란 호남평야의 한 모퉁이 중산층 가정 출신임을, 나의 체험이란 분명 한국인인데 학교에서는 모두 일본어로 공부해야만 했던 시절의 갈등상황을 이름이다. 그 하고많은 정경·풍경 중에서 다섯만 그려보기로 한다.

첫째 **교육기회의 박탈**이다. 우리 또래의 나이에 지금의 초등학교,

그때의 심상소학교에 다닌 애들은 반도 안 되었다. 대도시는 몰라도 우리 농촌에서는 그랬다. 나는 소학교에서도 입학시험을 치렀다. 교실에 반듯한 금을 10여 미터 정도 그어놓고 그 위를 걸어보라는 것이었다. 나는 홍당무가 되어 뒤뚱뒤뚱, 그것도 손발도 제대로 맞추지 못한 것이었는데 합격은 되었다. 의무교육은 당시 상상도 못했다. 그래서 수업료를 매월 냈다. 두껍고 노란 봉투, 겉에 12개월 칸이 있고, 담임선생 도장도 몇 개 찍혔고, 손때가 까맣게 묻은 그 봉투가 생각난다. 그 수업료, 보통 집에서는 월사금이라 하는데, 그것이 꽤 부담이 되는 가정이 많아, 선생님에게 꾸지람 듣는 아이도 많았다. 또 하나는 "월경 추가료"다. 다른 지역에서 오는 애들은 몇십 전씩 더 냈다. 당시에는 면단위에도 소학교가 없는 곳이 있었다. 그 애들이 우리 마을 학교에 올 경우, 소속 군이 다르면 추가료를 냈다. 우리 마을에서 뻔히 보이는 마을에서 온 친구가, 군이 다르다해서 더 냈다. 이처럼 지금으로서는 웃기는 일들이 당시에는 많았다.

둘째 **남녀의 멀쩡한 불평등**이다. 우리 소학교는 한 학년 한 반이었다. 한 반 학생수는 40명 전후였다. 그런데 여학생은 10명 정도 밖에 안 되었다. 반은 고사하고 3분의 1도 안 되는 4분의 1정도였다. 사내 아이들도 안 보내는데 계집 아이를 무엇 때문에 보내느냐, 더구나 돈도 없는데, 살림이나 가르쳐 머리가 세지기 전에 시집을 보내면 그만이지. 대개 이런 생각이었을 것이다. 나는 2년간의 서당을 거쳐 만 7세에 소학교에 입학했기에 아주 어린편에 속했고, 나보다 6살이나 많은 애도 있었다. 여학생들의 경우도 그랬다. 그래서 소학교를 졸업하고 3~4년 지나 시집을 간 애들도 많았다. 그 말만한 여학생들에게 나는 정말 꼬마 동생 같았다. 여학생들이 교실 책상의 맨 앞줄에 한두 줄 앉고, 그 뒤에 키의 순서로 남학생들이 앉는다. 나이도 어리고 키까지 작았던 나는 늘 여학생 바로 뒷좌석이 지정석이었다. 공부는 딴전이고 앞좌석

여학생의 머리를 잡아당기며 장난만 친 일, 그리고 딱 한번인데, 키도 크고 나이도 많은 남학생의, 반에서 제일 예쁘장한 여학생에게 보내는 연애편지를 꼬마인 내가 전해준 일이 생각난다.

셋째, **철저한 민족 차별**이다. 우리 마을에는 일본인 소학교도 있었다. 호남평야의 일본인 경영 큰 농장이 있어, 일본인 직원, 그리고 한국인 소작인들을 위한 병원 관리자, 파출소의 일본인 경찰관 자녀들을 위한 것이다. 한 학년 한 반에 겨우 전교생 60명도 안 되었다. 그런데 그 일본인 소학교는 우리보다 격이 높은 "고등"소학교였다. 소학교 6년을 졸업하고 중학교에 안 가는 애들을 위해 2년 더 공부하는 과정을 곁들인 것이기 때문이다. 역사는 우리가 훨씬 길고 규모도 몇 배나 큰데 그들은 "고등"이고 우리는 "심상"(尋常-보통이라는 뜻)이다. 그런데 더 웃기는 일이 있었다. 한 달에 한번씩 하는 그 악명높은 신사참배 때다. 일본인 주민들을 위한 신사를 우리에게도 시키면서 일본인 학생을 꼭 먼저 시키는 것이다. 역사로도 덩치로도 우리가 앞서야 하는데 말이다. 일본인에게는 우월감을, 한국인에게는 열등감을 심어주는 의식이었다.

넷째는 **인문교육의 봉쇄**다. 한국인들에게는 인문교육은 되도록 봉쇄하고 실업교육을 장려했다. 인문교육이란 무엇인가. 문학, 철학, 역사, 예술, 사회학 등을 주축으로 해서 문화에 대한 교양, 인간적 각성과 역사의식에 눈뜨게 하는 학문이다. 일제는 그래서 이것이 싫었고, 대신 자신들에게 쓸모 있게 봉사하는 실업교육을 더 중시했다. 이쯤에서 중등교육 단계 이야기에 들어서야 하는데, 그전에 그 배경으로 내 고향 소개를 꼭 해야 한다. 내 고향은 그 넓은 호남평야 남서쪽 일각임은 앞서 소개한 바 있다. 내 고향은 남쪽 바다도, 청포도가 익어가는 곳도 아닌, 황금의 벼이삭이 파도치는, 그 이름도 벼의 호수 화호(禾湖)리다. 공업경제 이전의 농업경제 시대에는 그래서 이 호남이 제일 부자 동네였다. 그래서 거꾸로 대지주도 많고 중산층 자작농도 많았고 또 빈농들,

더욱 땅 한 뼘도 없는 극빈자들도 많은 지역이다. 그래서 동학농민혁명의 발상지 이평, 전봉준의 생가가 십리 안팍으로, 일차 궐기를 한 고부의 두승산이 남쪽 삼십리에 보이는 곳이다.

이 호남평야를 보듬고 있는 전라북도는 지금보다는 훨씬 도세가 컸다. 그런데 일제시대에 인문계 남자 중학교는 공립으로 셋, 사립으로 둘, 이렇게 5개뿐이고 실업학교는 다 공립으로 6개나 되었다. 이 외에 사범학교가 딱 하나였다. 공립중학교 중 둘, 즉 전주남중, 군산중은 일본인 학교요 나머지 하나 전주북중만이 한국인 학교였다! 사립 둘 중의 하나는 호남의 중산층이 세운 순수 민족사학 고창중이요, 나머지 하나 전주 신흥중은 신사참배 거부로 폐교된(1937) 종교계 학교다. 전주북중과 전주남중은 교복부터가 달라, 거리에서도 서로 째려보기 일쑤였다. 같은 호남의 광주 서중과 동중도 그랬을 것이다. 그런데 참 서글픈 일은, 이 이야기는 특히 우리 세대의 치부이기도 해서 말하기도 안타까운데, 분명 부모가 한국인인데 일본인 중학교에 굳이 다닌 애들이 있었다는 것이다. 일본 이름의 명찰을 교복에 달고서 말이다. 이 명찰만은 우리 한국인 중학생도 같았다. 창씨개명이 강요된 뒤였기에 말이다. 창씨개명 않으면 상급학교 진학이 어려웠다. 우리는 여기에서 하늘에 한 점 부끄럼 없고자 노래한 윤동주가 일본의 대학에 가기 위해 1942년 1월, 히라누마(平沼)라는 일본식 성으로 개명했었음도 양해해 주어야 한다.

다섯째, **민족의 동화 · 말살 교육**이다. 일본과 한국은 뿌리가 같다는 동조동근론(同祖同根論), 그래서 천황이 내지(內地) 일본과 반도 조선을 같이 사랑한다는, 일시동인(一視同仁) 이라는 내선일체, 그리고 이에 터한 황국신민정책에 우리 민족은 정말 질식 직전이었다. 중학교 2~3학년에 해방을 맞은 우리 세대는 그래서 우리 말, 우리 역사, 우리 문화 교육은 상상도 못했다. 다 일본 것이었다. 그 단적인 증거를 대자.

내가 다닌 조선인 소학교 교사 7명 중에 한국인 교사는 단 둘이었다. 또 내가 일년 낙방하고 간신히 들어간 조선인 공립중학교 전주북중의 약 30명 교사 중 한국인은 단 세 분이었다. 학교의 규모도 작았다. 한 학년 3개반, 5학년까지 다해서 학생수 겨우 750명이었다. 이런게 동화·말살정책의 단적인 증거다. 그러나 한국인만 다녀서 즐거움도 있었다. 한국인 영어 교사는, "피(P), 이 발음은 일본인에게는 어려운데 우리에게는 바로 'ㅍ'발음이다" 하셨을 때, 그리고 B29가 나는 하늘 아래 교정 한 구석에서 이승만, 김일성 등의 이름을 소곤소곤 나누며 그날이 올 수도 있다고 회심의 미소를 나누었던 일들이다. 학생만은 다 "조선인"이었기 때문이다.

7. 민족교육의 역사와 과제

"해방은 도적같이 왔다"는게 함석헌의 논리다. 엎드려 감사하고 기도드릴 따름이라 한다. 민족의 모든 역사가 하나님의 뜻 안에 있단다. 예수처럼 죄없는 몸으로 인류의 죄를 대신 받는 고난으로 인류를 하나님의 자녀로 이끌듯, 한민족은 죄없이 세계의 다른 민족의 죄를 대신 받는 고난으로 인류사에 평화라는 새 시대를 여는 장엄한 제사장적 민족이라 한다.[7] "조선민족은 옛날은 좋았으나 지금은 너무나 못났다"는 게 이광수의 논리다.[8] 그래서 이렇게 식민지 백성으로 전락했단다. 이 겨레의 못난 점들을 뜯어고쳐야 한단다. 책임이 우리에게 있다는 논리다. 그러나 이와는 달리, 우리 민족의 주권을 되찾자는 무력항쟁 독립운동에 몸을 바친 투사들도 많았다. 김구의 『백범일지』, 장준하의 『돌벼게』, 그리고 김준엽의 『나의 광복군 시절』에 이런 논리가 맥맥히

흐른다. 김준엽은 말한다. "철들면서부터 일본을 혐오하고 더욱이 동경 유학을 하면서 쌓이고 쌓인 반일감정을 이제 항일행동(抗日行動)으로 응결시켜야 한다"고 여겨, "학병"에서 광복군으로 탈출하는 대장정의 길을 택했다 한다.9)

자기 나라와 겨레를 사랑하는 마음은 누구엔들 없으리오. 그러나 그 어두웠던 식민 하에서의 사랑의 방법은 이렇게 달랐다. 함석헌은 그러면서도 민족사학 오산학교에서 이 겨레의 섭리적 사명을 일깨우는 민족교육에 힘썼고, 이광수는 『민족개조론』으로 단점만 많이 들면서 겨레를 헐뜯는 나머지 훼절하여 민족교육으로까지 이어가지 못했고, 광복군 김준엽은 해방 후에 민족교육의 전당 고려대학을 평생 지키면서 한국현대사에서의 대한민국 임시정부의 정통성을 견지하는 학문에 힘썼다.

우리는 민족교육의 이모저모를 여섯 번에 걸쳐 살펴보기도 하고 또 따져보기도 했다. "민족교육"이라 할 때 그 뜻이 넓기도 하려니와, 강대 민족과 약소 민족의 이에 대한 입장이 다르고, 더욱이 교육현장에서의 모습이 극명하게 상반될 수 있다. 이는 우리가 위에서 본바, 자주독립적 유형과 식민회유적 유형의 차이에서도 분명하다. 또 위의 세 사람의 논리에서도 그렇다. 그러나 우리는 이제 해방의 그날을 기하면서 교육의 현장에서 민족교육에 힘쓴 겨레의 스승들의 논리들을 음미하며, 이에 터해 세계화다 국제화다 외쳐대는 우리 교육의 현실에 혹 큰 함정이 도사리고 있지 않나 반성해야만 자리에 이르렀다. 많은 겨레의 스승들 중에서 이념별로 분류하여 각 한 사람씩 출생년도 차례로 다져보면 다음과 같다.

① **한서 남궁 억의 주체적 국사교육**: 자주적 민족사로서의 교육을 이름이다. 선생은 중국사를 중심으로 하는 종래의 교육을 『동국통감』, 『삼국사기』 등에 약동하는 민족의 생명을 담아내는 동화체의 『조선이야

기』(1929) 등을 지으며, 역사교육에서 모화사상을 극복하려 힘썼다.

② **남강 이승훈의 민족사학**: 막 미국에서 돌아 온 젊은 안창호의 강연에 감명을 받고, 이 겨레를 구하는 길은 교육밖에 없다, 그것도 민족의 얼을 키우는 민족사학 밖에 없다고 깨닫고, 꽤 큰 돈도 번 상업의 길을 버리고 교육에 투신한다. 그리하여 고향에 오산학교를 창립하여(1907) 민족의 얼의 도장을 마련, 많은 인재를 육성했다. "교육입국"의 논리를 대표하는 큰 스승이다.

③ **도산 안창호의 흥사단**: "죽더래도 거짓은 없어라." 이것이 도산이 평생 부르짖은 말씀이다. 우리 국민 하나하나가 거짓 없는 삶으로 인격혁명을 이룩하면 우리 독립도 구렁이 허물 벗듯 꼭 오고야 만다는게 선생의 신념이었다. 그의 민족교육론의 특색은 온 국민을 대상으로 하는 국민교육성, 교육을 개개인의 전인적 완성으로 보는 인격교육성, 그리고 정치, 경제, 문화 등 모든 민족기업의 초석을 거짓없는 성실한 삶으로 다지자는 윤리지상성이다.

④ **인촌 김성수의 민족기업**: 선생은 젊은날 특히 교육에 큰 뜻이 있어 민족사학 중앙중학교를 창립하고(1915), 또 가난한 백성과 겨레의 경제를 일으키고자 경성방직회사를 설립하고(1919), 그리고 민족의 언로를 트고자 동아일보를 창립하고(1932), 나아가 민족의 정예를 기르고자 보성전문학교를 인수하여(1932) 오늘날 고려대학교로 발전시켰다. 비록 최근 과거사 문제와의 관련에서 선생의 가문과 선생 자신의 언행에 대한 비판이 조금 있기는 하지만, 교육·산업·언론의 민족의 3대 기업을 하나로 묶어 힘썼다는 것은 높이 평가받아야 할 것이다.

⑤ **외솔 최현배의 우리말 교육**: 선생은 배달의 말과 글로 배달의 겨레의 얼을 가꾼 겨레의 교사요, 겨레의 교수요, 겨레의 지사다. 일찍이 근세의 교육개혁자 페스탈로찌 연구로 경도제국대학 철학과에서 교육학 전공으로 한국인으로서는 최초로 페스탈로찌 연구가가 된 교육학자

외솔이 왜 우리말 학자로 큰 삶의 전환을 하셨는가. 이 비밀을 푸는 열쇠는 바로 페스탈로찌의 "문화의 기초로서의 언어"라는 교육철학이다. 문화의 총체인 언어를 살려 겨레를 살리고자 했다. 그의 3대 저작 『조선민족 갱생의 도』(1926), 『우리 말본』(1935), 『한글갈』(1940)에 역력하다.

⑥ **함석헌의 섭리적 민족사 교육**: 선생의 사관을 우리는 고난사관, 섭리사관, 종교사관, 민족사관, 그리고 하나님에게 채여 움직인다는 피동사관 등 다양하게 부른다. 이 모든 생각을 하나로 묶는다면 섭리적 민족사관이라 하겠다. 모든 생명에 하나님의 뜻과 그 몫이 있듯이 이 민족에게도 그것이 있으니, 그것이 바로 남을 대신해 받는 고난으로 세계사에 평화의 새 시대를 여는, 참으로 장엄한 몫이며, 그러므로 그날을 예비해야 할 이 겨레는 꼭 독립을 해야 한다는 논리다. "역사를 지어내시는 이가 아가페라면 조선역사의 궁극적 의미가 아가페에 있는 것은 틀림없는 일이다" 하신다. 김교신 주필 신앙월간지 『성서조선』에 연재한 필생의 대작 "성서적 입장에서 본 조선역사"의 다섯째 "조선사의 기조"(1934년 6월)의 첫 절 명제다.

⑦ **김교신의 섭리적 민족지리 교육**: 우리나라는 큰 나라에 둘러 쌓인 약소국이기 때문에 그들의 침략으로 바람잘 날이 없다는 지정학적 숙명론을 극복하고, 한국의 지리적 조건처럼 좋은 곳이 없다면서, 참으로 하늘이 주신 은혜로운 곳이라고 찬양해마지 않는 "조선지리소고(小考)"(『성서조선』 1934년 3월호)의 논리를 나는 민족지리관이라고 명명하여 본다. 선생은 민족적 · 민중적 · 토착적 기독교를 꾀하고 함석헌 등 6인과 『성서조선』을 창간하고, 민족의 영혼적 각성을 기하며, 만년 평교사로 민족사학만 골라 일하다 "성서조선" 사건으로 감옥에 갇혔고, 출옥 후 요샛말로 노동 일선에서 "산업선교"하다 해방을 넉 달 앞두고 44세로 타계했다. 함석헌과 김교신은 백성과 더불어 살아야 한다는

생각에서 아호 갖기를 거부했다. 그래서 호가 없다.

우리의 과제는 무엇인가. 국제화, 세계화의 시대일수록 위 모든 선각자들의 민족교육 논리와 사상을 놓치지 말고 음미·발전시켜야만 한다는 것이다.

1) 이시이 스스무(石井 進)외, 『일본사』, 山川출판사 2002, 307쪽.

2) 영어로 표현하면 독립성은 independency, 정체성은 identity, 통일성은 unification, 단위성은 unity, 평등성은 equality다.

3) 우찌무라 간조(內村鑑三, 1861-1930)는 서구적 교회중심 기독교에 반대하고 민족의 얼을 담아낼 수 있는 "무교회" 기독교를 제창하는 한편 군국주의 교육의 온상인 교육칙어 경배를 거부하고 제일고등학교(현재의 동경대학 교양학부 격) 교수직에서 추방당한 반전 평화주의자다.

4) 한국일보 1989년 6월 9일자, 『지구촌 한민족 특집』 "망국의 한과 굶주림의 한 안고 떠난 1세들, 미지의 땅에 깊은 뿌리 심고" 등.

5) ① equal opportunity, ② public education, ③ mother tongue, ④ obiligatory education, ⑤ national system of school, ⑥ loyalty.

6) 조소앙(趙素昻 1887-?). 이문원 지음 『한국의 교육사상가』, 문음사 2002, 404-414쪽 참조. 이 책은 한국의 사상가들을 교육사상면에 초점을 맞추어 해설한 것으로, 제 1 부 신라에서는 원효, 설총, 최치원의 세 사람, 제 2 부에서는 최충, 안향, 이색, 정몽주의 네 사람, 제 3 부 조선전기에서는 권근, 김굉필, 조광조 등 8명, 제 4 부 조선후기에서는 송시열, 유형원, 이익 등 12명, 제 5 부 근·현대에서는 이기, 이상재, 박은식 등 22명의 생애, 사상, 교육사적 의의를 담고 있어, 한국 교육사상사의 흐름을 쉽게 개관할 수 있다.

7) 함석헌, 『뜻으로 본 한국역사』 『함석헌전집』 제 1 권, 한길사, 1983, 385쪽.

8) 이광수, 『민족개조론』 대성문화사, 1967, 82-83쪽.

9) 김준엽 『나의 광복군 시절』, 『장정』 제 1 권, 나남, 1987, 25쪽.

제 11 장

통일교육론

1. 분단민족 백성의 슬펐던 기억들
2. 분단 하의 두 민족 비교
3. 분단 하의 두 독일의 교육적 접근
4. 분단상황 극복을 위한 각계의 논의들
5. 우리 민족의 통일교육 논의들
6. 통독과 우리 통일교육론
7. 통일에의 꿈을 키우자

1. 분단민족 백성의 슬펐던 기억들

우리보다 더 혹독한 민족분단의 슬픔을 겪고 있는 민족이 있다. 중동의 쿠르드 민족이다. 인구가 1천 2백만명이 넘고 몇 천 년의 역사와 문화를 지니고 있으면서도 하나의 민족국가를 형성하지 못하고 주변의 여러 큰 나라에 흩어져 살면서 갖은 수모와 학살을 당하고 있다. 강대민족에 둘러싸인 과거의 우리처럼. 그러나 우리는 지금은 둘로 분단은 되었지만 둘 다 당당한 민족국가다. 쿠르드는 이게 아니다. 쿠르드의 나라 "쿠르디스탄"을 이룩하려 투쟁을 해오는데, 이웃 모든 나라가 총칼로 이를 짓누른다. 이들은 현재 주로 네 나라에 흩어져 산다. 이란에 350만, 이라크에 370만, 터키에 397만, 시리아에 25만이다. 그런데 이 "종주국" 네 나라가 서로 싸우면, 자국 안의 쿠르드 조직이나 독립당이 상대국의 그것을 이용한다. 더욱 미국은 중동의 패권을 누리기 위해 이들 나라를 이용한다. 그래서 같은 무슬림 공동체라면서도 종족싸움, 종파싸움이 그칠 날이 없다.

이 중에서 최대 피해자는 물론 쿠르드족이다. 1979년 미국이 중동의 최대 거점으로 삼던 이란에서 호메이니의 이란혁명이 성취되어 신정체제가 출범하고, 이라크에서는 사담 후세인 군사 독재정권이 출범한다. 그러자 미국은 이 두 큰 나라 싸움(1980-88)에 또 훈수를 하고, 이 두 나라는 또 쿠르드족을 서로 이용한다. 이란은 이라크의 쿠르드민주당과 쿠르드애국동맹(PUK)을 지원하고, 이라크는 이란의 쿠르드민주당을 지원한다. 요컨대 두 나라는 서로 상대국 안의 반정부세력을 이용한 것이다. 이 전쟁 말기에 저 악명높은 쿠르드족 5천명 학살사건이 발생했다. 이라크의 쿠르드족 거주지역에 침입한 이란군을 격퇴할 때, 그때에는 미국의 군사원조를 받던 이라크가 대량의 화학병기를 썼고, 그 때, 이란군뿐 아니라 5천명의 쿠르드족을 학살한 사건이다. 이렇게 덤으로 죽었다. 아니 더 정확하게 말하면 이렇다. 강대국들끼리 꿩먹고 알먹고 식의 술책에 학살당했다! 중동의 이같은 싸움들 뒤에는 꼭 종파싸움이 도사린다. 소위 보수·복고주의적인 종교근본주의자들 때문이다. 예수님이 그렇게 싫어했던 바리새인들, 교법학자들이 싸움의 원인을 제공하기도 하고 싸움의 들러리를 서기도 하고, 외국세력을 끌어들이기도 하고, 그래서 독재정권의 하수인이 되어 세도를 누리는데, 그 희생자는 바로 죄없는 이같은 백성들이다.

남의 이야기가 아니다. 바로 우리 이야기일 수도 있고, 나 자신의 이야기이기도 하다. 나는 일본에서의 오랜 학창시절에, 그리고 "민족의 분단"이란 상상도 못하는 스위스에서 2년 공부하면서 정말 그 슬픔을 너무나도 뼈저리게 느낀 사람이다. 내가 교육학자로서는 드물게 "민족교육"이나 "통일교육"에 이렇게 관심이 많았던 것도 이 탓이다. 이와 관련한 서적은 눈에 띄는 대로 읽었다. 더욱이 쿠르드민족에 대한 나의 깊은 동정도 이런 서적 덕택이다. 최근에 내가 사서 읽은 책은 일본인 다까사끼의 『민족대립의 세계지도』(2002),[1] 사카이의 『이라크 전쟁과 점령』(2004),[2] 그리고 세기의 지성 MIT의 촘스키의 부르짖음 『이라크 공격을 중지해야 할 열 가지 이유』(2003)[3] 등이다. 이 책들을 대하면서 나는 내가 겪은 슬픔을 회상하며 다음 세대에는 이것을 결코 겪게 해서는 안 된다고, 또 이를 위해 교육학자로서의 내가 해야 할 일을 작으나마 힘써 해야 하겠다고 다짐했다.

내가 일본과 스위스에서 겪은 분단민족 백성으로서의 슬픔을 다섯 가지로만 크게 들면 다음과 같다.

첫째는 모멸감이다. 세상에, 같은 민족끼리 그렇게 싸울 수가 있느냐, 되게 못나고 되게 못 된 민족이라는 그들의 멸시에서 느껴지는 모멸감이다. 특히 일본에서 그러했다. 재일교포 60만이 3·1절이나 8·15 해방기념일을 잊지 않는 것은 좋은데 그 행사에 늘 불상사가 따랐다. 민단계와 조총련계가 서로 다른 장소를 이용하여 식을 올리고는 꼭 세를 서로 과시하기 위해 행렬을 하는데, 그들끼리 서로 맞부딪혀 싸운다. 그러면 연도에서 바라보던 일본인들이 소리지른다. "죠센진, 싸울려면 너희 나라에 돌아가서 싸워라!"

둘째는 차별이다. 일본인들은 섬나라에서 자기들만 아기자기하게 살아왔기 때문에 "요소모노"(타지에서 온 사람)에 대해서 전통적으로 거부감을 갖고 있다. 다른 민족인들 이게 왜 없겠는가? 그러나 일본인의 경우 그것이 심하다. 이것을 결벽(潔癖)감이라고 말하는 사람도 있다. 그래서 "요소모노"에 대한 차별이 심하다. 일본의 역사에서의 "4대 차별"이라는게 이래서 나왔다. 북방의 아이누족 차별, 남방의 오끼나와 사람 차별, 부락민(部落民) 차별 그리고 "죠센진" 차별이다. 부락민 차별이란 무엇인가. 원래 도살업 등을 직업으로 하는 천민들이 모여서 사는 마을을 이름인데, 이들 직업 중에는 "하나야"(꽃파는 직업), "게다야"(나막신 파는 직업으로 구두방까지 포함), 장례업까지 꽤 넓은 직업군 주민 지역으로, 일반인의 마을과 떨어져 있어 특정지역적 성격을 지니는 혐오지역이다. 부락민도 원래 외래인이었다는 생각도 깔려 있다. 그런데 재일교포들은 남쪽이나 북쪽이나 이들 일본인 부락에 들어가 살거나, 이렇게 잘 모여살기에 부락민처럼 차별을 받는다. 민족분단으로 강제로 끌려가 살고 있으나 이제는 고향에 돌아오지 못한 슬픈 백성의 모습이다.

셋째는 분열에서 오는 힘의 쇠잔이다. 재일동포 60만은 전 일본 인구의 0.5퍼센트, 천명 중의 다섯이다. 그런데 힘을 규합 못하고 사사건건 싸우기만 한다. 일본 경찰은 교묘하게 그 사이를 비집고 들어가 양쪽에다 다른 쪽 정보를 흘려 싸우게 유도도 한다. 재일동포 속에 똑똑한 청년들도 많다. 그 고난으로 단련된 유능한 사람도 많다. 그런데 이런 사람일수록 그 분열상으로 보이는 조국의 앞날에 회의를 느끼고 귀화한다. 그러니 교민사회는 더 맥이 빠질 밖에!

넷째는 몰이해다. 왜 우리가 이 모양이 되었는지 이해해주지 못한데서 오는 오해다. 나는 스위스 취리히 대학에서 두 번에 걸쳐 약 2년간 연구교수 생활을 했고, 나의 페스탈로찌 연구 덕택으로 한국에서의 대학 교수 봉급에 해당하는 장학금을 스위스문화재단 프로헤르베티아로부터 받았다. 약 30년 전의 일이다. 그런데 아내나 가족을 대동하지 못했다. 외교관 등 외에는 부부 동시 출국 허가가 안 나왔기 때문이다. 북으로의 망명 가능성 우려 때문이라 했다. 나는 스위스 문화재단과 교수들로부터 되게 부부 사이가 나쁘다거나, 장학금을 반만 쓰고 반은 아꼈다 한국에 가져 갈 샤일록으로 억울하게 오해도 받았다. 그래서 편법을 써서 아내를 불러 들였다. 아내가 다른 국제학술회의에 참석하는 길에 들렸다는 형식으로였다. 끝의 4개월은 이렇게 해서 그들의 오해를 풀었다.

다섯째는 동포 기피다. 갖은 수속을 하고 고생을 하며 유학한 사람들, 또 만리타국에서 시달리며 일하는 교민들, 서로 얼굴만 보아도 통하는 것이 있어 같은 피, 배달겨레 동포라는 것을 직감한다. 그런데 반갑다기보다 경계심이 먼저 발동한다. 이쪽인가, 저쪽인가. 특히 일본의 경우 이게 심하다. 동포라하여 저녁 한끼 잘 얻어먹었다가 돌아와서 조사받고 되게 혼이 났다는 등의 이야기는 약과다. 유럽이 더 문제였다. 국경 세관원이나 경찰의 여권검사 때, 동구권의 경우, 당시만 해도 중립권, 우리로 하면 "적성권"이기에, 그 곳을 다녀왔거나 통과했다는 기록이 여권에 찍히면 큰일이다. 그래서 나는 온 유럽을 유레일패스를 이용하여

기차로 여행하면서도, 동독지역을 거쳐가기가 무서워, 베를린 구경을 못했다. 동포 대하기가 무서웠다. 스위스의 경우 중립국이기에 북한대사관과 우리 대사관이 수도 베른에 가까이 있다. 남북을 가리지 못하는 택시 기사 때문에 낭패당했다는 이야기도 있다. 사실일 것이다.

2. 분단하의 두 민족 비교 - 독일과 우리

오늘 아침(2005. 5. 26) 신문 문화란에 눈이 번쩍 띄는 사진과 한줄 글이 있었다. 분단 조국의 동·서독을 왔다갔다 하면서 통일을 부르짖었던, 이제 늙은 가수 볼프 비어만(70)의 사진과 "아침 이슬 부를 때 가슴이 뛴다"는 그의 소감이었다. 김민기의 그 노래가 꼭 자신의 통일을 염원했던 삶의 역정을 부른 것 같다, "긴 밤 지새우고 저 거친 광야(통일)의 길로 꿋꿋하게 나아가야 한다"고 격려까지 한다. 나의 가슴도 뛰었다. 그런데 바로 또 나의 가슴을 울렁거리게 한 기사가 있었다. EU 즉 유럽 연합의 헌법 비준 현황 그림이었다. 25개국 중에 상당수가 이미 비준을 마쳤고, 금년에 많은 나라가, 그 중에서도 프랑스는 이번 29일에 국민투표로 들어가는데 반대파도 만만치 않다는 것이다. 정말 유럽의 25개국이 458개 조항의 헌법으로 하나의 나라가 될 것인가. 정말 부럽기도 하고 무섭기도 하다. 한 민족이면서 둘로 갈라져 세계의 웃음거리, 장난거리가 되어 있는 우리 현실이 새삼 한심스러워서다.

그 그림 중에 EU에 가입 아니해서 한 가운데 뻥 구멍이 뚫린 듯 하얀 나라가 있었다. 스위스다. 인구 6백만의 작은 나라, 자원이라고는 알프스의 눈과 바위 밖에 없는 나라, 그리고 독일계, 프랑스계, 이탈리아계, 또 1%도 안 되지만 옛 로마민족의 후예인 로만슈계의 네 혼성

민족의 나라 스위스였다. 참으로 장하다. 영세중립, 세계평화 중재자(적십자 운동) 그리고 오로지 외국으로부터의 침략을 막는 향토방위군으로만 구성된 민병대 이념, 이것들을 주축으로 하는 국가의 이상을 지켜나가기 위해서다. 나는 페스탈로찌 연구와의 관련에서 스위스의 이모저모를 보아오다가, 지정학적으로나 경제적으로나 아주 불리한 나라 스위스가 오늘날 세계 제 1 의 GNP를 자랑하는 나라가 된 비결을 찾는 "스위스학(學)"에 사로잡혔다. 그래서 혼신의 힘을 기울여 쓴 것이 『스위스 –꿈의 나라 실속의 나라』(정우사, 1983)였다.

그런데 재판은 커녕 초판 천부도 제대로 나가지 않고 절판되고 말았다. 내 딴으로는 동양의 스위스 한국도 스위스처럼 우선 영세중립을 국가의 이상으로 세우고, 스위스는 "무장중립"으로 이루지 못했지만 우리는 "비무장 중립"으로 나가, 교육과 문화발전에 힘써 힘을 기르고, 세계의 여러 나라를 도우면서, 그야말로 우리 역사의 예언자 함석헌의 표현대로 세계의 "제사장 민족"이 되자 했다. 그러나 이 책의 제목이 관광국 소개 같았는지, 출판사가 작아서였는지, 나의 "국가의 이상"론이 너무 높아 시기상조였는지, 나의 기대는 산산이 부서지고 말았다. 영세중립제, 향토민병제, 대통령 윤번제, 철저한 지방분권제, 거의 모든 중요사항의 국민 투표제 … 등이 꿈만 같고 또 당시의 군사정권 하에서는 빙탄불상용(氷炭不相容)이어 판금 대상이 될 우려도 있었다. 사실 이 책은 그럴 우려 때문에 출판을 꼭 2년이나 늦추었다. 젊은이들이 많이 읽어 나라와 겨레의 이상을 사색하는 계기를 마련하고자 했는데 이꼴로 끝났다. 속으로는 많이 팔릴 줄 알았는데! 그래서 나의 한으로 남아있다.

우리 남북들, 이쪽이나 저쪽이나 어쩌자는 것인가. 스위스의 이상을 본받아 양쪽이 서로 접근하고, 독일을 본따 통일을 이룩하는, "아침이슬" 애창자 비어만의 충고대로 저 거친 광야(통일)로 꿋꿋하게 나아가야 한다. 나는 교육학자로서 스위스의 이상들과 독일의 지혜들을 묶어 우리 겨레의 "통일교육학"을 모색해 왔고, 그간 논문도 읽고 써 왔다. 그 중에서 몇몇 부분들을 고르고, 최근 눈에 띈 논조들을 더해 소개하면서, 이 통일교육학에의 나의 작은 소임을 작게나마 다지고자하는 바이다.

우선 독일이 1949년 둘로 분열된 후 서독의 주도적 노력으로 1990년, 분단 41년만에 통일을 이룩한 과정을 크게 돌아보자.

독일은 분단 23년만인 1972년 12월 "양독간의 기본조약"을 체결하고 다음 12개 조항으로 상호접근을 위한 제도적 틀을 마련한다.

① 상호불가침, ② 인권존중, ③ 평등, ④ 평화공존, ⑤ 분쟁의 평화적 해결, ⑥ 영토와 국경의 존중, ⑦ 국제관계에 있어서의 독립성의 존중, ⑧ 무장해제를 위한 공동의 노력, ⑨ 통상 및 여행의 증대, ⑩ 통신시설의 확장, ⑪ 국제기구에의 동시가입, ⑫ 쌍방간의 대표부 설치.

우리는 어떠했던가. 1970년의 남북적십자회담, 1972년의 남북조절위원회가 화해 · 통일의 실마리를 푸는듯 했지만 서로의 정치적 속임수로 끝나고 말았다. 어떻든 독일의 "양독간의 기본조약" 체결보다 5개월이나 앞서 마련된 1972년 7월 4일자의 남북공동성명서의 골자를 훑어보자. 전 7개조로 된 이 역사적 성명의 제 1 조는 이렇다.

1. **쌍방은 다음과 같은 조국통일 원칙들의 합의를 보았다.**

첫째, 통일은 외세에 의존하거나 외세의 간섭을 받음이 없이 자주적으로 해결하여야 한다.

둘째, 통일은 서로 상대방을 반대하는 무력행사에 의거하지 않고 평화적 방법으로 실현하여야 한다.

셋째, 사상과 이념, 제도의 차이를 초월하여 우선 하나의 민족으로써 민족적 대동단결을 도모하여야 한다.

제1조의 이 자주원칙, 평화원칙, 민족적 대동단결원칙만 읽으면 다른 조항은 읽을 필요도 없다. 서명은 "서로 상부의 뜻을 받들어" 이후락과 김영주가 했다. 그러고 말았다. 가장 중요한 교육면의 후속 조치 등은 그 후 따르지 못했다.

독일은 어떠했던가. 서독이 앞장서서 1978년 11월, 서독 교육부 지침서 15개 조항을 마련한다. 아주 중요한 지침서이기에 전 조항을 음미하자.

① 독일문제는 동시에 유럽문제다.

② 독일문제의 점진적 해결은 평화지향적 정책을 통해서만 달성될 수 있다.

③ 독일의 항구적 분단은 여러 가지 원인을 가지고 있다.

④ 민족적 통일을 위한 노력은 정당하다.

⑤ 역사적 유산에 대한 책임은 독일인 모두에게 공통적으로 관계된다.

⑥ 국경선 양쪽에 살고 있는 독일인들은 공통의 언어, 역사, 문화를 공유하여 왔다.

⑦ 독일국민들은 공동국가를 갖고 있지는 않지만 하나의 공동국적을 갖고 있다.

⑧ 동독의 체제와 우리 고유의 사회질서의 비교는 기본법에 제시되어 있는 가치척도에 따른다.

⑨ 동독에 있는 독일인들의 인권이 보장돼야 한다고 주장하는 것은 우리의 당연한 권리이며, 인도주의적 의무이다.

⑩ 인권에 대한 요구는 내정간섭이 아니다.

⑪ 동독은 서방의 영향력에 대해 폐쇄적으로 대응하려 한다.

⑫ 중요한 사실은 동독 주민들도 독일 통일에 강한 의지가 있다는

것이다.

⑬ 동독의 독일인들도 동독의 발전에 대해 나름대로 긍지를 갖고 있다.

⑭ 독일의 통일은 확고한 우리의 목표다.

⑮ 서독이 독일 전체를 대변하지 않는다.

우리에게는 교육면의 이런 구체적 지침이 없었다. 교육은 이상도 힘도 없었다. 독재 정치의 들러리였다. 이점이 독일과 다르다.

3. 분단 하의 두 독일의 교육적 접근

게르만의 나라 독일은 문화로나 역사로나 힘으로나 타의 추종을 불허하는 무섭고도 경이로운 나라다. 유럽의 한가운데에 떡 버티고 앉아 주변 강대국들을 위협하기도 하고 위협받기도 했다. 나찌 히틀러의 온 유럽 석권 그리고 나폴레옹에 의한 온 국토 초토화가 그 단적인 예다. 그러면서도 그 뒤처리에서 늘 승리해 오늘에 이르고 있다. 러시아, 영국, 프랑스, 이탈리아 … 이런 주변 강대국들과 어쩌면 그렇게 잘 싸우고, 어쩌면 그렇게 잘 타협하는지, 정말 그 슬기가 놀라울 따름이다. 재미있는 이야기가 있다. 독일과 프랑스는 열 세 번 싸웠는데 12번은 독일이 이기고 한번만 졌는데 그것은 제 2 차 대전 때란다. 그런데 이 두 국가는 원수척지지 않을뿐더러 지금은 EU라는 큰 나라의 같은 국민이다.

이같이 늘 새 역사를 주도해온 나라가 다름 아닌 독일이다. 히틀러 시대에의 큰 허물을 몇번 고개숙여 사과하고, 응당한 보상을 좋아서 해나가고, 더욱이 지금도 그 시대의 허물을 스스로 밝혀 과거사 정리를 해나가고 있다. 정말 존경스럽다. 믿음의 루터, 도덕의 칸트, 낭만의 괴테, 고뇌의 베토벤, 그리고 자유의 헤겔의 자손답다. 그러기에 국토가 36만 평방킬로, 인구가 8천만명이나 되는 대국으로의 통일을 주변국들이 승인한 것이다. 같은 분단국가이면서 우리는 어떤가. 국토라야 겨우 22만 평방킬로, 인구 겨우 7천여 만인 작은 민족인데, 안에서 싸우고 밖에서 장난쳐 아직도 이 모양이다. 이렇게 한탄만 할 것인가. 아니다. 위에서 살핀바 양독기본조약, 교육부 지침서 등의 정신에 의거, 두 독일이 통일을 대비해 어떻게 힘썼나를 다섯 사례로 음미하며, 우리도 새롭게 마음을 추스르기로 하자.

첫째, **학교제도의 접근**이다. 패전후 서독은 연합군이 주둔하고, 특히 미국은 서독의 학교제도를 미국식의 단선형으로 바꾸라고 권고했다. 미국은 서독의 인문교양교육을 중시하는 인문고등학교 김나지움을 주축으로 하는 복선형 학제가 엘리트 육성 주축의 교육이 되었고, 그 결과가 히틀러에 충성을 다하는 군간부 양성이 되었다고 판단했다. 그러나 서독은 끝까지 버텼다. 한편 동독은 완전히 소련의 권고에 따라, 기술교육을 중시하는 종합기술학교 주축의 단선형 학제로 바꾸었다. 이래서 두 독일은 각각 너무나도 그 이념과 방법이 다른 두 학제를 갖추게 되었다. 그러나 이 두 독일은 조금씩 학제를 고치기 시작했다. 노동자 중심의 동독은 서독에서 자유 · 선택의 개념을, 중산층 중심의 서독은 동독에서 계획 · 조정의 개념을 배우면서 서로 접근하려 노력했던 것이다.

둘째, **양심적 병역거부** 사상의 수업이다. 서독은 기본법(헌법) 제 4조 3항에서 양심적 병역거부의 권리를 기본권의 하나로 보장하고 있다. 더욱이 그 12조 3항에서 여성에게는 병역의 의무를 과해서는 아니되며, 자기가 좋아서 나서는 지원일 경우에도 집총만은 안 된다고

금하고 있다.[4] 이에 따라 각 단계별 학교에서는 헌법의 기본권 학습 시간에 양심적 병역거부 사상을 꼭 다루어야 한다. 이 사상의 근거를 대개 다음 다섯으로 든다.

① "평화를 만드는 자는 복이 있도다"는 성경 말씀에 근거하는 평화사상이다.

② 전쟁이 가져오는 대량학살과 자원파괴의 죄악상이다. 특히 제2차 대전의 결과를 되새긴다.

③ 독일의 지정학적 위치다. 독일은 유럽의 중심에 있기에 독일이 전쟁에 휘말리면 필연적으로 온 세계에 그것이 퍼진다.

④ 어떤 법도 우리 이웃, 우리 친구, 우리 형제를 총으로 쏘는 일에 내몰 수 없다는 인도주의 사상이다.

⑤ 현대전의 양상이다. 특히 화생방 무기이며, 전방 후방 구별도 없는 현대전의 양상 때문이다.

셋째, 동서독간 **여행의 권장**이다. 가급적 많은 서독 학생들이 동독을 여행하면서 자기네의 반쪽 겨레에 대한 애정과 이해를 돈독히 한다. 또 일반 국민들도 그 카운터 파트, 즉 종교인들은 종교인들을, 체육인들은 체육인들을, 그리고 직능대표들은 직능대표들과 보다 많이 교류하게 정부에서 지원 · 권장한다.

넷째, **평화교육 권장**이다. 그 실천사례들 중 다섯 가지를 들어본다.

① 병역 응소자와 병역 거부자의 생활을 그림으로 보여준다. 그러면서 방법은 다를지라도 나라와 사회를 사랑하는 마음을 같다고 다짐한다.

② 반전과학자들의 초빙강연이다. 현대전쟁은 과학전쟁이고, 그래서 그 피해가 얼마나 큰 것인가는 과학자가 제일 잘 안다. 그들을 초청하여 전쟁의 죄악상과 참혹상을 피부로 느끼게 한다.

③ 전쟁기념관 참관이다. 그 곳에서 학생들은 전쟁으로 인한 인명살상, 재산파괴, 각종 무기의 성능 등을 시대별로 과학적으로 보고 전쟁의

죄악상을, 그리고 그 참혹상을 확인한다. 결코 전쟁의 영웅이나 전쟁의 정당성 따위가 아니다.

④ 평화기념관의 건립과 참관이다. 전쟁기념관은 승전을 자랑하기 위해서 모든 나라에 있는데 평화기념관은 거의 없는게 문제란다. 평화가 인류의 영원한 이상임을 확인시키자 한다.

⑤ 교과서의 분석 · 보완이다. 우리나라는 교과서라 하면 국정이거나 검인정이다. 그래서 그 내용을 바꿔 가르치면 큰일난다. 그러나 독일에는 이런 국정이나 검인정 교과서가 없고, 교사들이 편의상 택한 학습자료에 지나지 않는다. 그래서 그 내용은 평화교육의 관점에서 학생들과의 공동연구와 토론으로 분석 · 보완할 수 있다.

다섯째, **무장해제**를 위한 유네스코의 10원칙 존중의 교육이다. 1980년 6월 유네스코는 무장해제를 위해 공동으로 노력하자는 주제로 국제회의를 열고 열 가지 원칙을 정하여 각국의 교육에 이것을 반영할 것을 권고했다. 독일은 이 권고안을 가장 충실하게 받아들인 나라다. 나라 형편에 너무나도 잘 맞기 때문이다. 그 원칙 중에서 세 개만 골라본다.

(세 1 원칙) 교육과 무장해제와의 관계: 무장해제를 위한 교육은 평화교육의 가장 중요한 부분으로서, 궁극적으로는 무장해제를 통해 인류를 핵전쟁으로부터 보호하려는 교육을 말한다.

(제 3 원칙) 수업의 소임: 이 이념을 실현하기 위해 학교수업은 전쟁과 군국주의를 반대하는 자료에 수시로 접할 수 있어야 한다.

(제10원칙) 광범위한 교육운동: 무장해제교육은 학교교육뿐만 아니라 가정교육, 사회교육, 노동교육, 대학교육, 매스컴 교육까지도 포함하는 모든 영역에 걸치는 교육이어야 한다.

4. 분단상황 극복을 위한 각계의 논의들

나는 일본에서의 학창시절에 조국의 한국전쟁 뉴스를 듣고 얼마나 놀랐는지 모른다. 남부여대하고 하얀 옷의 백성들이 남으로 남으로 피난하는 모습을 담은 영화관 뉴스가 얼마나 분했던가. 그러고 얼마 안 있다가 한국의 누이가 인기 있는 잡지라며 『사상계』를 보내주었고, 그 속에서 선우 휘의 단편 "불꽃"을 읽고, 전쟁 속에서도 사랑과 생명은 이어진다는 것을 깨닫고 큰 위로를 받았다. 당시 일본에서는 한국전쟁을 대안의 불, 심지어 경제회생의 계기 "한국동란 붐"으로 여기고 구경거리로 여기는 분위기가 팽배했었다. 더욱이 그 전쟁을 소재로 하여 글을 팔아먹는 재일 한국인 작가 장혁주(일본 성은 하리모도)의 싸구려 소설이 우리 교민에게는 더욱 좌절을 안게 했었다.

민족의 분단, 이 얼마나 괴로운 것인가. 그런데 일본인들은 잘 실감을 못한다. 일본이 나고야 근처에서 동서로 갈라져, 동경과 경도가 서로 싸운다, 이것은 상상할 수도 없단다. 그런 일본은 무조건 항복했다면서도 전쟁의 원흉 천황제는 그대로 보존하고, 자기네가 그렇게 오래 부려먹었던 우리나라는 둘로 딱 갈라 놓고 달아났다. 마치 옛 주인이 오래 부려먹던 노비 부부를 따로 갈라 팔아먹고 달아나듯! 그런데 이같은 분단의 책임이 자기네에도 있다는 것은 모르고 도리어 우리를 비웃기만 한다. 더욱이 그 분단을 이용하여 자기네 세를 키우려 한다. 우리 통일을 제일 무서워하는 나라는 실은 일본일 것이라고 나는 믿고 있다. 우리만 이렇게 바보짓하지 말고 빨리 통일을 해야 한다.

그러기 위해서 가장 빠른 길은 우선 갈라진 마음을 추슬러 훈훈한 한 마음으로 묶어주는 문학이 앞장서야 할 것이다. 왜냐하면 문학은 다른 분야에서는 허용될 수 없는 상상의 나래, 더욱이 누구나 쉽게 접근할 수 있는 대중성을 누릴 수 있기 때문이다. 서울대학교 교수들이 추천하는 권장도서 100권 중에 문학, 그 중에서도 소설이 제일 많았다. 그 첫째가 최인호의 『광장』인데 다음과 같이 소개되고 있다.

> 이 작품은 분단 문제를 본격적으로 다루었다는 점에서 넓게는 한국문학사, 좁게는 한국소설사에서 큰 의미와 중요성을 지닌다. … 이 작품은 이데올로기의 허구성을 드러내는 동시에, … 인간 자유의 문제 등과 같은 실존주의적 주제들을 깊이 있게 다루고 있다. … 이 작품의 중요한 주제로 "이데올로기"와 더불어 "사랑"이 언급되는 것도 바로 이런 맥락에서다.[5]

그러면서 "광장"은 "광장을 읽는 일곱 가지 방법"이라는 비평서가 출간될 정도였고, 여섯 번째 개작과정을 거쳐 다듬어져 있다는 소개까지 곁들인다. 문학이란 정말 이렇다. 문학은 폭발적인 힘도 지닌다. 김지하의 『오적』, 조정래의 『태백산맥』을 보라. 러시아의 톨스토이가 아니고 톨스토이가 있어 러시아고, 독일의 괴테가 아니고 괴테가 있어 독일이고, 영국의 세익스피어가 아니고 세익스피어가 있어 영국이다. 우리는 이런 문학으로 우신 통일의 선봉장을 삼아야 한다. 그렇다고 다른 분야는 잠자고 있으라는 말은 물론 아니다. 나는 교육분야에서 이렇게 작으나마 노력하고 있다. 문학 찬가가 좀 지나쳤나? 교육적 측면에서의 논의에 들어가기 전에 여러 학계의 논의들을 정리해본다. 90년대 이후의 논의에 들어가기 전에 우선 그 이전의 것들을 보자.

첫째, 강만길의 **분단시대의 역사인식론**이다. 해방 후의 분단시대 국사학은 대체로 소위 식민사관에 반대하고 주체사관을 내세우면서 우리 역사를 긍정적으로 보려 하였다. 그런데 그것이 과거의 사실에 치우쳐 도리어 민족사의 오늘을 정확히 보지 못할 뿐만 아니라, 더 나아가서 그 앞날을 잘못 이끌어 갈 위험성을 내포하게 되었다. 20세기 후반기를 "해방 후의 시대"로 부르는 데 반대하고 이것을 "분단시대", "통일운동시대"로 불러야 할 이유는, 분단체제를 기정사실화하여 그 속에 안주하는 일을 경계하고, 그것이 청산되어야 할 시대적 과제임을 인식하면서 그 청산의 방향을 모색해야 하기 때문이다.[6)]

둘째, 구중서의 **통일지향 문학론**이다. 통일지향적 문학, 또는 다른 말로는 문단 극복의 문학은 앞으로 어떠해야 할 것인가. 첫째는, 남북 쌍방간의 치열한 적대감과 공격정신의 표출로 문학이 어용적으로 동원되어서는 안 된다. 둘째는, 남한이나 북한이나 다 내 고향이요 내 삶의 터전이라는, 잃어버린 땅에 대한 향수를 일깨워 준다. 셋째는, 정치·경제·세계관 등에 오염되지 않을 "사람다운 삶과 그 질"의 문제를 부각시킨다. 그리하여 궁극적으로는 남북을 통일적 공간으로 설정하고, 물질과 폭력보다 정신과 평화를 기조로 하고 새로운 세계관의 시대를 여는 데 문학이 앞장서야 한다.[7)]

셋째, 한미교회협의회의 **안보 · 인권 · 평화론**이다. 한국의 종교계에서는 분단문제에 대해 다른 분야에 견주어 논의가 없어 보인다. 그 이유는 공산주의는 종교 적대적이기에 그들과의 대화는 아무런 실효도 없고, 그들과의 체제적 접근은 도리어 종교에 큰 상처를 입힐 것이라는 고정관념 때문일 것이다. 그런 중에도 1977년 10월 26일, 미국 뉴욕 스토니포인트에서 열린 한미교회협의회의 안보 · 인권 · 평화에 관한 협의는 그 결과를 이렇게 선언한다.[8)]

> 우리는 한국의 자의적 분단에 의한 한국민의 심한 고통을 앎을 고백한다. 4강국(소련 · 중국 · 일본 · 미국)은 한국민에 의한 통일추구의 국제적 환경 조성의 일환으로 안전과 진정한 평화를 보장해야 할 것이다.

넷째, 조용범의 **민족경제론**이다. 민족의 자주적 발전을 기하는 경제의 확립이 분단 하의 현실에서 가능할까? 불가능하다. 그러나 앞날을 내다보는 노력은 아무리 강조해도 지나치다 할 수 없다. 이런 방향으로의 경제학이 민족경제학이다. 민족경제는 범세계적인 자본운동의 과정에서 한 민족의 민족적 순수성과 전통을 유지하면서 그에 의거 생활하려는 민족집단의 생활기반으로써, 자본운동의 측면에서는 국민경제에 포괄되는 하위개념이나 민족주체적인 관점에서는 국민경제보다 높은 상위개념이며, 특히 외세의 지배하에서는 면면히 이어지는 민족주의적 경제학이요, 민족사의 정통이다. 그 기준의 첫째는, 자본의 귀속문제인데 이는 민족자본이 주도해야 함을, 둘째는, 경제의 담당세력의 계급적 귀속문제인데 이는 노동자, 농민 및 독립 소생산자들이 주도세력이 되어야 함을, 그리고 셋째는, 사회적 생산의 경제제도적 성격문제인데 이는 경제의 내용이 민족 구성원 개개인의 생활이익 증진을 위한 것이어야 함을 이름이다.[9)]

다섯째, 김학준의 **반외세 통일론**이다. 반(半)외세가 아니고 반(反)외세다. 7·4 공동선언에는 통일의 3원칙이 천명되어 있다. 외세에 의존하거나 외세의 간섭을 받음이 없이 자주적으로 통일의 문제를 해결한다는 자주의 원칙, 무력행사에 의거하지 않고 평화적 방법으로 통일을 실현해야 한다는 평화의 원칙, 그리고 사상과 이념 및 제도의 차이를 초월해 하나의 민족으로서 민족적 대단결을 도모한다는 민족대단결의 원칙이다. 그런데 왜 이렇게 남북대화가 지지부진한가. 그 일차적 책임은 미군철수를 전제조건으로 내세우는 북한측에 있다. 그러나 미 지상군의 철수를 미루고만 있는 남한에도 책임이 있다. 결국 남북한은 〈너〉도 살고 〈나〉도 살면서 〈우리〉를 함께 만들어 내야 한다는 생각을 좀 더 다져야 한다.[10)]

5. 우리 민족의 통일교육 논의들

한총련 대표가 북한이 주최하는 무슨 세계청년학생대회에 대한민국을 대표해서 참석, 평양의 어느 광장에서 박수갈채를 받으며 인사했다. 여학생이었다. 그 늠름한 모습을 보고 우리는 우선 모두 놀랐다. 정말 새로운 세대들이 생기나보다. 그렇게 막고 또 막고, 그렇게 짓밟고 또 짓밟았는데도 죽지 않고 새봄에 움트는 잡초의 생명력을 보고 느끼는 경외감 그것이었다. "돌연변이"임에 틀림없다. 그러나 이 돌연변이가 신종이 된다 한다. 바로 그 신종을 그 모습에서 보았다. 정주영님이 소 5백 마리를 몰고 3·8선을 건너는 모습도 감동적이었지만, 이 경외감에는 비할 수 없었다. 그런데 오늘 아침 뉴스에 의하면 평양에서의 6·15 공동선언 기념식에 남측에서 625명이나 간단다. 거기에는 젊은 정동영 통일부장관(부총리인가? 이런 직위는 아무 관계없다!)을 비롯해서 각계 대표가 모두 끼어있단다. 격세지감이란 말은 꼭 이런 때 쓰는 말이다.

모두모두 인식의 대전환을 일으켜야 한다. 특히 우리 같은 구세대들 말이다. 이러면서도 우리 구세대들도 힘은 썼고, 그래서 겪었던 고난들도 평가 · 음미 되어야만 한다는 생각도 들었다. 나는 소심하고 경량급이고 더욱이 고려대학교라는 짱짱한 울타리 덕분으로 한번도 큰집에 갇히지는 않았다. 그러나 꼭 세 번 무서운 곳에 끌려가 밤샘 조사를 받은 적이 있었다. 한번은 학생들이 보고 있는 연구실에서, 또 한번은 애들과 아내가 보고 있는 집에서 끌려갔다. 정말 억울했다. 내가 일본에서 오래 지냈고 일본에 친족이 잔류하고 있다는 것, 그래서 "고대유학생간첩단"사건 전엔가 후에 고대내의 재일유학생 지도교수를 했다는 것, 함석헌의 『씨올의 소리』에 선생님이 요청해서 "핀치 히터"로 몇 번, 그것도 "교육의 인간화"등의 논제로, 투쟁적 독자에게는 도리어 맥이 빠지는 글을 쓴 것, 그리고 교육학개론이나 교육철학 강의에 꼭 민족교육론을 다룬다는 것, 그리고 우리 10여 명 친목회 회원중에 중죄 혐의자가 있었다는 것, 아무리 생각해도 이런 것 밖에 꺼릴 것이 없었다. 다행이 세번 다 무혐의로 풀려나기는 했다.

그러나 내가 받은 충격은 정말 컸다. 그때 내가 마음속으로 절규한 한탄은 이것이었다. "어머니가 중병에 들어도 깊게 드셨다. 돌아가시면서 정을 떼놓으려고 억지로 나를 괴롭히신다." 당하지 않는 사람은 그 슬픔을 실감 못한다. 이런 이야기는 나가서 하지 않기로 각서까지 썼는데 왜 이렇게 붓끝은 자꾸만 앞으로 앞으로 재촉할까? 내가 침묵하면 길가의 돌이 울부짖을 것 같다. 이제 여생이 얼마 남지 않은 사람으로서 우리 세대의 소중한 경험이나 체험을 다음 세대에 넘겨주는 것 또한 귀한 임무라 생각하기 때문이다. 특히 문화유산의 계승·발전을 최고의 목적으로 삼은 문화교육학을 강의해온 교육철학자로서의 마지막 책무라고 여기기도 하기 때문이다. "각서"의 시효는 있었던가 없었던가, 그런 것 이제 다 갔을 것이다. 이런 껍데기들은 다 날려버리고 알맹이들만 남아라.

분단 하의 그 어려웠던 시절의 민족교육 관련 논의들을 다섯만 담으려 하는데 왜 이렇게 한탄조의 넋두리들이 길어지는가. 우리 한이 너무 깊었기 때문이다. 이왕에 말이 이렇게 흘렀으니, 하나만 더 들자. 쿠데타를 주도하고 그 말썽 많은 한일조약 체결을 성사시킨 당사자가 제일 싫어하는 사람이 함석헌이라 했다. 왜냐하면, "그 영감태기는 정신병자처럼 '민족'이니 '노동자'니만 주문처럼 외고다니기 때문이다"라 했단다. 씨올이 뭐고 민족이 뭐고 인권이 뭐냐라고 비웃었단다. 그런데 문제는, 당시 '어용교수'들이 이런 말을 우스개소리로 상아탑 교수 휴게실에까지 전파하고 부끄럼을 모른 일이었다. 정부에 협력하는 것이 교수의

3대 직무 "연구 · 교수 · 사회봉사"의 그 사회봉사라고 괴상한 미국의 학설을 내세우면서다. 병균은 우선 상아탑 교수휴게실에, 그리고 강의실에 퍼졌다. 나의 과 학생 중에 둘이, 졸업식 사은회 때, 그 "회사"에 취업한다고 선언했다. 그 전에 나에게 연구실로 인사왔기에, 다 제쳐놓고 하필 "그 회사"에 가느냐고 타이르다 안 듣자, 내가 큰 소리로 호통을 쳤고, 그 소리가 연구실 밖에까지 들려, 내가 그들에게 "폭행"했다는 소문이 한 때 나기도 했다. 내가 어디 이 조그마한 몸으로 폭행할 사람인가! 이제 그만 마음을 추스르고 그 다섯 논의들 소개에 들어가자. 지면은 딱 5장 남았다. 자세하게는 나의 회심의 저작『현대의 비판적 교육이론』(박영사, 1988)의 "분단하의 민족의 교육 논의들"(243-249쪽)에 미룬다.

첫째, 김정환의 **민족교육론**이다. ① 민족의 정치적 독립성, 문화적 주체성, 국제적 평등성, 삶의 공동체로서의 단위성, 국가적 통일성을 주축으로 민족의 동일성을 의도적으로 고취 · 각성시키자. ② 교육이 정치의 시녀가 되어 해온 흑백식 이데올로기 교육을 지양하자. ③ 평화적 통일을 이룩하여 이 민족의 세계사적 사명을, 시대사적 존재이유를 밝히고 수행하자.[11)]

둘째, 김동규의 **남북한 언어이질화 현상 비교**다. 20년이 넘는(이 논문이 쓰인 1981년 기준) 민족의 분단은 민족을 이질화시켜 왔고, 그 결과 같이 써 온 우리 말과 문법까지도 서로 다르게 만들었다. 그 단적인 예를 음운(音韻) · 어휘 · 문법 면에서 하나씩만 들어보자. 노동· 노인 · 양심이, 로동 · 로인 · 량심으로다. 가지런하다 · 맵시있다 · 푸대접하다가 가쓴하다 · 갈람하다 · 미우다로다. 또 북한에서는 불완전 명사는 앞의 단어 끝에 붙이므로, 하는것 · 할수가 있다 · 부르주아 민주주의 혁명이, 하는것 · 할수가 있다 · 부르주아민주주의혁명이 된다.[12)]

셋째, 정영수의 **정치적 통합을 위한 교육정책비판**이다. 정치적 통합을 위해 그간 정부는 교육이념으로 ① 반공교육, ② 국민교육헌장의 제정, ③ 유신교육, 그리고 ④ 국가주의 교육을 강조해왔다. 그런데 이런 교육정책은 각각 그 공과 과를 지녀왔다 할 것이다. 그 보기를 국민교육헌장에서 보자. 민족 고유의 문화적 전통의 계승·발전 등을 내세운 것은 명분상 좋았지만, 그 헌장이 교육법보다 우선하여 교육의 자율성을 침해했다.[13]

넷째, 성래운의 **분단시대 교육이념의 변천과정 연구**다. 교육에서 일제 잔재를 되살려 이것을 동·서간의 냉전논리에 입각한 민족분단 논리로 뜯어 맞추어 현실에의 순응을 강요하는 집권층, 그리고 이와는 반대로 일제에 항거하고 민족의 독립을 위해 싸워 왔고, 해방 후에는 독재정권에 항거해서 혁명을 성취시킨 절대 다수의 국민들, 이 두 현실의 대결을 이념적으로 정리하자.[14]

다섯째, 한국 YMCA 중등교육자협의회의 **한국교육의 현실 진단**이다. 우리는 현재의 강력한 국가주의 교육체제를 시정하면서 교육의 자주성과 정치적 중립성을 추구해야 하고, 분단체제를 기정사실화하지 말고, 이 분단을 극복하고 통일된 민족국가를 이룩하려는 의지를 키워주며, 허울 좋은 다국적 기업 논리를 극복하고 민족의 자주성과 번영을 기하는 민족경제의 개념에 눈뜨도록 노력해야 한다.[15]

6. 통독과 우리 통일교육론 - 그 다섯 시각

한국의 사학 양대산맥이라고 자처하는 K대 Y대 가족들은 고연전, 연고전에 대해 큰 자부심을 갖고 있다. 지금은 갖가지 프로스포츠가 발전해서 그 비중도 상대적으로 줄었지만 20여 년 전만해도 대단했다.

“민족의 축전”이라고까지 추켜세우는 기사들도 눈에 띄던 시절이었다. 어두웠던 시절, 용케도 살아 용솟음치는 젊은이들의 정열에 모두들 용기를 얻었다. 그런데 이 고연전, 연고전에 징크스가 셋 있었다. “우리의 소원은 통일”, “긴 밤 지새우고”는 절대 불러서는 안 된다는 것이었다. 실은 학생들이 그들의 응원가보다 더 부르고 싶었던 노래들이다. 시국이 그러했다. 재미있는 이야기가 있다. 또 하나 비장한 애창가 “일송정 푸른 물은”을 먼저 부른 대학이 꼭 진다는 징크스가. 미더웁지 않는 이야기이지만 그 무렵 몇 년의 통계가 그러했다던가. 어떻든 저 높은 곳을 향하여 거친 들판으로 뛰쳐나가는 비장한 삶, 그것이 그들을 하나로 묶어주었다. 그래서 체육경기라기보다 민족의, 젊은이의 비장한 축전도 되었던 것이다.

분단된 민족의 통일, 이 말만 나와도 감격에 겨웠고 또 앞뒤 살피며 경계하던 때도 있었다. 그러다가 우리는 1989년 11월 19일 그 역사적인 베를린 장벽의 붕괴, 1990년의 그 위대한 양독의 통일을 우리 두 눈으로 똑바로 보았다. 정말 꿈인가 생시인가 하는 일들이 그 나라들에서는 이루어진 것이다. 그러면서 이제 우리의 통일도 결코 환상이 아니고 우리가 풀 수 있는 구체적인 현실적 과제로 인식되기 시작했다. 이때부터 통일 논의, 통일교육 논의가 급물살을 타고 대낮에 자랑스럽게 이루어졌다. 다음 다섯 편의 논문은 이 1990년 이후 발표된 논문들이다. 전문연구자들에 의한 것이기에 더욱 귀하다. 발표연대순으로 핵심논지를 음미하자.

첫째, 김송일의 “독일의 민족동질성 회복을 위한 교육적 노력”(1990)이다. 그 결론에 가장 강조되고 있는 것은, 독일인들은 역사적 · 문화적 공통경험을 공유하고 있는 하나의 독일민족임을 자각케 하는 것, 그래서 서로 접촉을 늘리고, 서로 상대방의 정치적 · 사회적 · 문화적 특성에 대한 이해를 넓히고, 교육에 있어 국가, 민족, 국민,

조국, 민족적 긍지 등과 같은 개념에 대해 정확하게 학습하고 인정해 주는 너그러움 등이었다 한다.16)

둘째, 최완규 등의 "21세기 통일교육의 방향과 과제"(1996)다. 이 논문의 주된 내용은, 통일교육은 그 기초로 정치사회와 정치교육이 깊게 관련된다는 것이다. 그러면서 통독 이전의 동·서독의 정치교육과 통일교육을 비교·분석·음미해 나가고 있다. 서독의 경우 정치교육의 중점은 민주주의에 대한 이념교육인데 비해 동독의 경우 그것은 독일 땅위에 건설된 최초의 노동자와 농민의 국가라는 것이었다. 이런 두 독일이기에 통일은 되었어도 문제가 꽤 남아있다. 그 중에서도 우리가 매스컴에서 자주 보고 듣고 있는 것은, 흡수통일로 인한 동독측, 동독주민들의 소외감이다. 이 논문도 결론 끝절이 바로 이것이다. 남한이 통일과정에서 주체적, 능동적으로 나서야하고, 그것은 자유민주주의의 이념을 견지하는 것이어야 하지만, 동시에 그것은 또한 경제성장에 따른 균등한 생활수준을 기하는데 힘써야 한다는 것이다.17)

셋째, 신정현·신용철·권오정의 『통일시대의 민주시민 교육론』(1997)이다. 이 중에서 제9장 "독일의 통일교육과 교육의 통합"이 우리의 관심을 득히 끈다. 그것은 특히 1986년에 양독간에 체결된 문화협정, 그리고 그 결과에 대한 자세한 진술과 분석 때문이다. 그 문화협정 제2조가 이렇단다.

> 제2조: 협정파트너들은 학문과 교육분야에 대해 대학 및 전문교육과 같은 학교, 직업, 성인교육에 있어서 서로 공동협력 · 지원한다.

이 협정은 그 이듬해 과학기술협정으로 이어지고, 이래서 문화, 교육의 교류가 전혀 새로운 단계로 진입했다 한다. 결론 중의 한 제안이 퍽 우리의 주목을 끈다. 우리도 분단의 역사성과 통일의 당위성, 이

둘에 대해 가급적 객관적인 교육을 실시해야 한다는 것이다.[18]

넷째, 이규은의 "한국과 중국 연변조선족 자치주의 도덕과 교육과정 및 교과서 비교 연구"(2004)다. 통일은 남북한뿐 아니고 해외에 흩어져 사는 5백만 동포까지 포함하는 것이어야 하고, 그래서 통일교육 역시 이들에게까지 미쳐야 한다. 이 논문은 바로 이런 문제의식에서 시도된 것으로 그 부제가 말하듯, 초등학교 고학년(5, 6학년)을 중심으로 이루어졌다. 정말 논제의 선정이 참신하고 그 내용이 아기자기 재미있다. 중국에 거주하고 있는 우리 민족 "조선족"은 현재 약 200만명이며, 대부분 료녕, 길림, 흑룡강 등 3개의 성에 살고 있는데, 그 중 길림성에는 110만이나 살고 있다. 이 논문에서 특히 우리의 관심을 끄는 부분은, 우리나라와 중국 연변조선족 자치주의 도덕과 교육의 공통점과 차이점 분석이다. 한국은 도덕과 교과를 "도덕"이라 하여 주당 1시간씩, 연변 자치주에서는 "사상품덕"이라 하여 역시 주당 1시간씩 가르치고 있다. 이렇게 제목과 시간 수는 비슷한데 그 내용은 꽤 다르다. 자치주는 어디까지나 중국이기에 도덕교육 시간에 확고한 국가관, 공산주의 이념들이 주입된다는 것이다.[19]

다섯째, 김상무의 "통일교육 지침 비교 연구"(2005)다. 이 논문은 1978년의 서독의 통일교육 지침과 1995년의 통일독일의 통일교육 권고안의 내용을 목적, 서술내용, 학습방법의 세 측면에서, 그 중 특히 서술내용은 국제관계, 독일문제, 분단사와 통독사, 민족문제, 내적 통일로 나누어 분석한 것이다. 하이델베르그 대학에서 최근에 이런 문제 연구로 박사학위를 취득한, 독일의 통일교육에 대해서 가장 깊게 연구한 귀한 전문학자의 논문이다. 우리의 관심을 특히 끄는 부분은 결론의 한 주장이다. 독일의 예가 시사하듯 우리도 통일문제를 역사적 관점에서 이해하도록 일깨워 주어야 한단다. 즉 분단과정, 남북한의 전개과정을 역사적 안목에서 이해하고, 독일이 동독의 업적을 인정했듯이, 우리 역시 북한이 이룩한 성과도 평가해주어야 하고, 이런 논의들이 학교의 수업시간과 수업내용에서 확고한 자리를 차지해야 한다는 것이다.[20]

7. 통일에의 꿈을 키우자

민족분단으로 단장의 슬픔을 겪은 사람이 얼마나 많은가. 나는 이 통일교육론을, 내가 겪은 이 슬픔을 회상하는 글로 시작했다. 일본에서, 스위스에서 겪은 고난과 모멸 등이었다. 그게 도리어 약이 되어 나는 이같이 통일교육론에 열정을 쏟고, 그것에 학자로서의 큰 보람과 긍지를 갖게 되었는지도 모른다. 우리 겨레의 지도자들, 내가 아는 분들 중에는 더욱이, 가족의 이산이란, 정말 인간으로서는 견디기 어려운 고난을 숙명처럼 겪은, 겪고 있는 사람들이 많다. 한국의 슈바이처 장기려, 한국의 간디 함석헌은 북에서 남으로였다. 돈벌이되는 의사직을 버리고 일제 때 중학교 교직에 힘쓰면서 명저 『조선교육사』 상·하권의 밑그림을 그렸고, 광복 후에는 여운형의 비서실장으로 민족진영을 지킨 이만규, 희대의 문학평론가요 해방직후의 중학생들의 필독서였던 명저 『문장강화』의 이태준은 남에서 북으로였다. 우리가 지금 이렇게 겪고 있는 정신적 혼란의 원인은 무엇인가. 실은 이런 정신적 문화적 지도자를 민족분단으로 모두 잃었기 때문이다. 이들이야말로 고난의 우리 강토와 역사가 그 흙과 불로 갈고 닦아 구워낸 그릇들이 아니던가!

나의 주변에도 많다. 하나씩만 예로 들자. 나의 친구의 흩어진 삼형제다. 원래 윤동주의 고향 만주의 용정 출신인 이들 형제 중 맏형은 북한에, 중형은 용정에 그리고 막내는 서울에다. 위의 두 형들은 이제 다 돌아가셨단다. 용정의 중형이 북한에, 한국에 다니면서 서로의 소식을 전했는데, 북한의 조카들에게는, 남한에 막내삼촌이 있다는 것은 절대 비밀이라 했다. 또 하나 나의 제자다. 한국전쟁 때 서울에서 아버님이 행방불명되셨다. 유복자였다던가, 좌우간 아버지의 얼굴 기억도 없단다. 그런데 신원조회 때마다 그것이 걸려, 그 아까운 젊은 시절에 여권이 안나와 해외 유학의 길이 딱 막혔었다. 학자의 길이 막히는 치명적 상처였다

분단의 고통은 어찌 가족이산뿐이리오. 정치, 경제, 문화, 학문, 교육 등 민족의 온 기업에 미쳤다. 그런데 우리는 이것을 숙명으로 돌리고 체념해왔다. 약소국이 당한 미·소의 대리전의 희생물, 이런 식이었다. 그런데 "씨ᄋᆞᆯ의 소리" 함석헌이 울부짖기 시작했다. 남이나 북이나 미·소의 꼭두각시 신세타령을 버리고 명예로운 살길을 찾자 했다. 이것이 저 유명한 "생각하는 백성이라야 산다"가 아니었던가. 그렇다. 이분법적인 이념대립이 사라지고 "세계화"가 판치는 지금에도 함석헌의 외침은 여전히 새롭다. 우리는 지금 이념의 덫에서는 풀려났지만 더 무서운 "세계화"라는 덫에 걸려 있기 때문이다. 우리 문화와 삶의 기본단위인 민족의 문화와 삶이 흔들리고 있기 때문이다. 그래서 우리는 지금 "민족화", 민족의 통일을 더 크게 부르짖어야 한다. 특히 교육에서 힘써야 할 사항들을 들어본다.

세계화라는 덫 인식: 얼마 전 나로서는 아주 충격적인 경제면 기사를 대했다. 외국인의 1998~2004년 한국투자성적표라는 제호의 1면 기사였는데(동아일보 2004년 4월 5일자), 7년간 주식 사고팔아 번 돈이 1332억 달러, 한국의 7년간 경상수지 흑자 1301억 달러, 이는 외국금융자본이 7년간 키보드만을 치면서 벌어간 돈이, 같은 기간 한국이 상품 및 서비스 무역을 통해 남긴 흑자를 모두 합한 것보다 21억 달러나 더 많다는 것이다. 도대체가 약소자본은 강대자본의 경쟁상대가 될 수 없다. 외국인(강대자본)은 459억 달러 투자해서 수익률이 288%

여서 대개는 망가진 우리 개미군단의 상대가 아니다. 경제면의 세계화는 우리에게는 우리 경제를 옥죄는 덫이다. 세계화는 강대국이 약소국을 지배하려는 새로운 이데올로기의 하나다. 강대국 기술, 자본은 마음대로 이동하면서 약소국 사람만은 이동 못하게 묶어두는 것 자체가 큰 모순이다. 약소국 국민들은 미국비자 받기가 얼마나 어려운가! 그런데 이 "세계화"가 경제뿐인가. 문화에, 교육에, 노란 곱슬머리 총각 · 처녀들의 머리와 가슴속에, 회화중심 조기영어교육 등 교실 안에 깊게 스며들고 있다. 어찌할 것인가? 우리 삶의 기본 단위가 민족임을 살펴볼 때 그것은 분명 덫의 하나임을 인식하는 일이다.

통일논의의 교과과정에의 도입: 우리는 위에서 분단된 두 독일이 교육을 통해서 어떻게 그 통일을 준비해 왔는가를 여러 측면에서 보아왔다. 동족끼리 싸우지 않겠다는 양심적 병역거부의 논리도 그 중의 하나다. 우리도 이렇게 해가자는 것이다. 이같은 통일논의 중에서 가장 손쉽고 또 아이들의 흥미를 끌고 더욱 그들의 피부에 와닿는 논의는 남북한의 언어이질화 현상일 것이다. 우리 삐삐가 북한에서는 호주머니 종, 미혼모는 해방처녀, 각선미는 다리미, 냉수욕이 찬물미역, 돌파구는 구멍수, 냉쥬스가 찬단물, 노크가 손기적, 슬리퍼가 끌신, 괜찮다가 일없나, 개고기가 단고기, 구석구석이 고삿고삿, 단잠이 쪽잠, 단비가 꿀비, 뒷걸음질이 물레걸음 … 얼마나 재미있고 또 유익한가!

국민교육헌장 폐기: 요새는 교장선생님이 조례 때 학생들을 도열시키고 근엄한 자세로 헌장을 낭독하는 일은 없어졌다. 그런데 한때는 박정희 대통령 이름까지 곁들여야 했다. 그 악명 높은 군사독재 시대에 어용학자들을 동원해서 만든 국민교육헌장 제정의 목적은 무엇이었던가. 다음 세대를 당시의 국가사회체제에 접근시키고 내면화시키고 확산시킴으로써 체제의 존속과 발전을 도모하는 것이 아니었던가. 우리는 이제 시대적 유물 이것을 법제적으로 제거하고, "이데올로기보다 귀한

것은 피"라는 생각을 교육의 현장에서 보다 강조해야 한다.

통일이라는 지상의 과제 인식: 가치에 여러 종류가 있고 또 여러 위계도 있다. 진·선·미랄지, 자유 · 정의 · 진리랄지, 믿음 · 소망 · 사랑 중에 제일은 사랑이라던가 하는 명제들이 이것이다. 그런데 여기에서 우리는 "통일"이라는 것도 우리에게는 이들 가치에 못지않는 것, 더욱이 그 위계로 보아 지상의 것이라는 인식을 다져야 한다. 왜냐? 너무 극단적인 표현이 될지 모르지만, 분단된 상태에서는 자유다, 정의다, 진리다 하는 가치들이 아무 힘이 없었음을 우리는 똑똑히 보아왔기 때문이다. 우리는 서독에서 이것을 배워야 한다. 서독은 분명 "헌법"이라는 페어파숭(Verfassung)이라는 말은, 통일 후에만 쓰자고 아껴놓고, "기본법"이라는 그른트게제쓰(Grundgesetz)로 고집했다. 그런데 동독은 "헌법"이란 말을 썼다. 그래서 서독이 동독을 이겨냈다. 통일의 그날까지는 서독이지 독일이 아니라는 역사적 안목, 이것이 주효했다.

기적은 있다: 종교에서 말하는 기적이 아니고 역사에서 실현할 수 있는 기적 말이다. 나는 대학 교양학부 때 어느 교수님이 꼭 읽어보라고 추천해 주신, 영국의 작가이자 문명평론가 웰스(H.G. Wells: 1868-1946)의 『세계소사』(*A Short History of the World*)를 읽어낸 적이 있다. 아주 쉬운 영어이고, 아세아의 작고 미개한 나라 일본이 세계의 강대국과 어깨를 나란히 한 "역사의 기적" 이야기가 있다고 하셨다. 일본은 그 기적이 교만과 침략으로 이어져 결국 전쟁, 패전으로 끝났다. 우리는 역시 함석헌의 『뜻으로 본 한국역사』를 꼭 읽어야 한다. "한국역사의 기조(基調)는 고난이다"라는 그 고난사관은 우리가 남을 대신해 받고 있는 이 분단의 고난을 잘 새김질하고 이겨내, 세계사를 전쟁과 투쟁의 시대에서 평화와 우애의 새 시대로, 그야말로 세계사에 새로운 전기를 열게 하는, 세계의 "제사장"적 민족임을 깨우치게 한다. 이것이 우리 민족의 "존재이유"(레송데틀)라 한다. 우리는 한강의 기적을

이룩했다. 이제 통일의 기적도 이룩해야 한다. 우리 민족에게는 남다른 끈끈한 정, 혈연의식 그리고 저력이 있다. 그것으로 꼭 이 한을 풀 것이다.

1) 다까사끼 미찌히로(高崎通浩), 『민족대립의 세계지도』(중앙공론신사, 2002). 중동의 부족들 사이에 전통적으로 내려오는 "복수의 의무"등이 놀라웠다. 피에는 피, 눈에는 눈, 이에는 이 … 등으로 동해보복(同害報復)으로 제한은 한다지만 용서와 관용은 그 곳에 없다. 30쪽 참조.

2) 사까이 케이꼬(酒井啓子), 『이라크 점령과 전쟁』(이와나미신서, 2004). 자유와 민주주의를 가져올 것으로 기대되었던 미국이 후세인과 똑같은 강압정책을 쓰고 있어, 지배자만 교체되었지 달라진게 없다. 머리말 iii 참조.

3) 밀란 라이(Milan Rai), 노옴 촘스키(Noam Chomsky), 『이라크 공격을 중지해야 할 열 가지 이유』, NHK출판, 2003.
열 가지 이유를 항목으로만 든다.
① 가공의 위협: 이라크가 문제의 병기를 소지하고 있다는 증거는 없다.
② 프라하에서는 아무 일도 없었다: 이라크와 9·11과는 아무 연관이 없다.
③ 사담의 크론: 이것은 민주주의를 위한 싸움이 아니다.(사담과 비슷하지만 권위가 없는 사람으로의 교체를 말함)
④ 참사: 전쟁은 인도적 비극을 가져옴
⑤ 안전하지는 않는 성역: 쿠르드족을 위험에 빠뜨림
⑥ 법을 어길 때: 전쟁은 법률 위반이다.
⑦ 소용돌이치는 분노: 이라크의 이웃이 무서워하는 것은 사담이 아니고 부시다.
⑧ GI는 노오라 한다: 미영의 사령관들은 전쟁에 반대하고 있다.
⑨ 위임장이 없다: 영국 국민의 과반수가 전쟁에 반대하고 있다.
⑩ 문제는 경제다: 전쟁은 세계에 불황을 가져온다.

4) 내가 힘써, 양심적 병역거부 조항이 헌법에 있다 하면 학생들은 놀라기도 하고 더러는 반신반의하기도 한다. 우리 우수한 학생들도 이렇게 군사문화에 길들여져 있다. 나는 그들 영혼에 일격을 가하기 위해 그 헌법조항을 독일어 원문으로 읽어준다. Niemand darf gegen Gewissen zum Kriegsdienst mit der Waffe gezwungen werden.(아무도 자신의 양심에 반하여 무기를 든 병역에 강제될 수 없다.)

5) 박성창, 서울대 권장도서 100권 중 〈1〉 "광장", 동아일보 2005년 4월 1일자.

6) 강만길, 『분단시대의 역사인식』, 창작과 비평사, 1978, 13-24쪽.

7) 김승환 · 신범준(편), 『분단문학 비평』, 청하, 1987, 117-128쪽.

8) 한국기독교협의회, 『1970년대 민주화운동』 제5권 중 제3권, 1987, 1125-1133쪽.

9) 조용범, 『후진국경제론』, 박영사, 1984, 273-288쪽.

10) 김학준, 『반외세의 통일이론』, 형성사, 1983, 154-155, 168쪽.

11) 김정환·강선보 『교육철학』, 박영사, 1998, 364, 369쪽 참조. 이 책은 개정판이며, 원래 초판은 1974년이다. 김정환·강선보 『교육학개론』, 박영사, 1997, 376, 395-396쪽. 이 책도 개정판이며 초판은 1973년이다. 또 『성서조선 명논설집』, 한국신학연구소, 2003, "함석헌의 섭리적 민족시관" (256쪽) 참조.

12) 김동규, "남북한의 교육발전과정에 있어서의 이질화 현상의 비교연구-남북한의 사상교육과 국어교육의 분석평가", 와세다대학 문학박사 논문, 1981, 92-108쪽.

13) 정영수(책임연구), "정치적 통합을 위한 교육 정책", 한국교육개발원, 『한국교육정책의 이념(Ⅱ)』, 1986, 61-97쪽.

14) 성래운, "분단시대 교육이념의 변천과정", 한국기독교사회문제연구소(편), 『교육과 사회』, 민중사, 1983, 135-163쪽.

15) 한국 YMCA 중등교육자협의회, "한국교육의 현실", 『교육민주화 선언 자료집』, 1986, 16-24쪽.

16) 김송일, "독일의 민족동질성 회복을 위한 교육적 노력", 한국교육학회, 『교육학연구』 제28권 제3호, 1990, 31-38쪽.

17) 최완규 등, "21세기 통일교육의 방향과 과제"(1996년도 교육부 정책과제 보고서) 중의 제5장 "독일의 통일교육 사례연구", 43-73쪽.

18) 신정현·신용철·권오정, 『통일시대의 민주시민 교육론』 제9장 "독일의 통일교육과 교육의 통합", 탐구당, 1997, 331-379쪽.

19) 이규은, "한국과 중국 연변조선족 자치주의 도덕과 교육과정 및 교과서 비교 연구", 한국교육학회 『교육학연구』 제42권 제3호, 2004,45-70쪽.

20) 김상무, "통일독일의 통일교육 권고안과 서독의 통일교육 지침 비교 연구", 한독교육학회 『교육의 이론과 실천』 제10권 제1호, 2005, 31-49쪽.

제 12 장

평화교육론

1. 평화교육이란 무엇인가
2. 평화교육의 다섯 유형과 우리의 과제
3. 전쟁에 봉사한 교육
4. 양심적 병역거부 사상
5. 평화를 위해 일하는 사람들
6. 일본은 그릇된 한국관을 시정하라
7. 평화교육학의 건설을 위해

1. 평화교육이란 무엇인가

평화는 모든 민족, 모든 종교가 기리는 인류의 영원한 이상이고 또 최고의 가치들 중의 하나다. 그런데 현실은 어떠한가. 평화보다는 끊임없는 파괴, 전쟁, 갈등 등 비평화의 상태가 판친다.

미국의 핵추진 공격용 잠수함 1척의 건조비는 16억 달러라고 한다. 이것을 우리 돈으로 환산하면 약 1조 1천 2백억원, 그러니 학생 만명 정도의 종합대학의 4년분 예산에 해당한다. 우리는 이렇게 전쟁으로 인류의 귀한 생명을 살상할 뿐 아니라 재화를 탕진하고 있다. 중동 국가들은 같은 회교국가들인데 왜 저렇게 싸우고만 있는가. 석유로 벌어들인 돈을 복지국가 건설에 쓰지 못하고 온통 유럽의 전쟁상인에게서 무기를 사들이는데 쏟아붓고 있다. 제 2 차 세계대전은 히로시마에 원자탄이 투하되면서 끝이 났다. No more Hiroshima!라 외치면서 원자무기를 지상에서 영원히 추방하자고 했다. 그런데 지금도 심심치 않게 원자무기 사용가능성을 운운하면서 위협하는 나라들이 많으니 이 어찌된 일인가.

또 자연의 파괴가 심해 얼마 안가서 인류가 멸망할 것이라는 우려의 소리도 높다. 물고기들의 떼죽음, 그 하얀 배를 드러내놓고 신음하고 있는 모습에서, 인간 위주로, 경제성장 일변도로 인간이 자신의 삶의 고향 자연을 학대하고 있는 죄악상, 그리고 얼마 안가서 인간이 받아야 할 자연의 보복을 실감할 수 있다. 어디 그 뿐인가. 계층간의 갈등도 심하다. 노사협의가 잘 이루어지지 않아 파업으로 치닫고, 파업의 현장은 최루탄과 돌멩이 난무로 얼룩지기 일쑤다. 또 있다. 바로 교육의 현장에서의 비평화의 상태다. 상위 20퍼센트의 학생들의 들러리만 선다. 그래서 악에 받쳐 "행복은 성적순이 아니잖아요"하고 저항하면서 자살하는 학생들이 일년에 수십 명에 이른다. 그리고 이런 일은 이제 흔해서 신문기사거리도 안 된다.

이런 현실을 어떻게 극복해가야 할 것인가. 평화를 기약하는 교육(Education for Peace, Erziehung zum Frieden)을 통해서, 비평화상태를 야기시키는 체제를 점검하고 이를 시정하여 평화를 가져오는 교육, 즉 평화교육이야말로 현대의 인류가 풀어야 할, 그리고 특히 분단상황하에 있는 우리 민족이 힘써야 할 가장 시급한 과제임을 인식해야 한다.

현대의 평화교육의 이념을 생각하기에 앞서 먼저 고전적 의미의 평화론과 평화교육론을 살펴보기로 하자. 우리는 이것을 다섯으로 요약해 볼 수 있다.

기독교의 평화론: 평화는 모든 종교의 이상이지만 특히 기독교에서는 그것이 크게는 하느님과의 올바른 관계의 회복과 정립에서만 얻어지는 가장 귀중한 가치의 하나로 여겨졌다. 그래서 구약과 신약의 여러 곳에 그 말씀이 보인다. 구약에서는 우선 샬롬이란 인사말에서도 보듯 안심(판관기 6:23~4 등), 전쟁이 없는 우호관계(여호수아 10:1 등), 번영과 복지(신명기 23:6 등), 인간의 환경과의 조화 즉 편안한 환경(레위기 26:6~7 등)을 뜻했다. 신약에서는 영적인 내면적 아늑함(로마서 8:6 등), 하나님의 사랑과 구원의 현실 그 자체(마가 5:34 등), 측은함과 은혜로움(갈라디아 6:16) 등을 뜻했다. 더욱이 믿음을 통해서 얻어지는 무저항적 관용과 고난에의 동참은 평화를 만드는 자에 대한 축복으로도

이어진다.

불교의 평화론: 불교에서는 평화를 인생에 고통을 안겨주는 인연의 쇠사슬에서 풀려나 얻어지는 해탈의 상태로 본다. 그런데 문제는 모든 사람에게 다 이렇게 해탈의 경지로까지 이르게 할 능력이 있느냐다. 있다 한다. 일체중생 개유불성(一切衆生 皆有佛性)이 그 답이다. 모든 사람이 다 불성을 지니고 있기 때문에 그것을 다듬으면 다 부처님처럼 해탈을 통해서 평화를 누릴 수 있다 한다.

노장의 평화론: 동양의 평화사상의 특징은 유가에서보다 노장에서 더 잘 나타난다. 둘 다 도(道)를 평화에의 길로 보는 데는 같지만, 그 도의 개념이 서로 다르다. 유가에서는 도를, 사람이 올바르게 살아나가고 세상을 옳게 다스릴 수 있는 올바른 도리(道理)나 진리, 예를 들면 삼강오륜 같은 규범 등으로 보는데 비해, 노장에서는 도리어 이 도를, 우주와 만물의 근원이지만 우리가 잘 지각할 수 없고, 사람이 애써 다지고 따를 수 없는 초현실적 법칙 같은 것으로 본다. 유가는 사회적 규범의 준수를 내세우는데 노장은 그것이 도리어 자연·사회·인간세를 어지럽힌다며 무위이치(無爲而治), 참된 평화는 자연의 도에 따르는데 있다 한다.

칸트의 평화론: 그의 『영원한 평화』(1795)는 예부터 뛰어난 평화론으로 음미되어 왔다. 그는 우선 제 1 장에서 영원한 평화를 위해 나라들이 꼭 지켜야 할 사항을 ① 거짓 없는 평화조약 체결, ② 모든 나라의 종속성 지양, ③ 상비군 철폐, ④ 국가 간에 과중한 채무가 없을 것 ⑤ 외국에의 내정간섭 지양, ⑥ 전쟁 중에도, 예를 들면 독약 사용이나 포로학대 등으로 신뢰감을 잃는 일이 없을 것을, 그리고 제 2 장에서는 ① 만민의 자유와 평등을 기하는 공화체제, ② 나라들이 서로 주권을 자유롭게 행사하면서도 서로 협력하는 국제연합체제, ③ 인류의 보편성·박애성을 존중하는 세계시민체제를 주장하고 있다.

절대평화주의: 정의의 실현이나 분쟁의 해결수단으로 사용되는 전쟁에 절대 반대하고, 신앙에 근거하여 병역을 거부함은 물론, 심한 경우에는 국가가 징수하는 세금 중에서 국방예산에 해당하는 부분만은 납부를 거부하는 평화지상주의를 말한다. 시민불복종 운동, 양심적 병역 거부 운동에 앞장서며, "살인하지 말라"는 하느님의 계명을 국가에 대한 의무보다 절대 우선시한다.

현대의 평화교육 이론은 우선 현대적 의미의 평화의 개념부터 분석해나간다. 평화란 무엇인가? 과거에는 이것을 전쟁이 없는 상태라고 좁게 규정했다. 그 결과 전쟁반대교육이 바로 평화교육과 동일시되는 과오를 범했다. 전쟁만 추방하면 인류에게 평화가 오는 것인가. 그렇다면 비인간적 교육에의 항의자살, 계층 간의 갈등, 자연의 파괴에서 오는 인간과 자연과의 싸움 … 등의 비평화 상태의 문제는 어떻게 해야 하나? 그래서 최근에는 평화를 공격성, 폭력성, 갈등성, 편견성이 없는 상태라고 넓게 규정하고 위와 같은 모든 비평화 상태의 문제를 두루 포함하게 되었다. 그리고 또 하나, 이러한 넓은 평화의 개념의 도입과 더불어, 이러한 상태가 야기되고 있는 장(場)의 문제를 생각하게 되었다. 예를 들면 위의 폭력성 하나만 보아도, 개인적 차원에서는 자학이나 자살 등이 있고, 사회적 차원으로는 한 계층의 타 계층에 대한 폭력, 계급투쟁이나 계층 간의 알력 등이 있고, 자연적 차원으로는 인간의 자연에 대한 폭력, 즉 자연환경 파괴 등이 있고, 우주적 차원으로는 인간이 우주에 가하는 폭력, 예를 들어 지구 위주의 우주정복, 그리고 이에 비롯한 창조의 질서의 파괴 등이 있다.

이렇게 비평화 상태가 야기되는 장도 개인, 사회, 자연, 우주의 4차원으로 나누어 보아야만 하게 된다. 그래서 최근의 평화교육론에서는 평화교육을 이렇게 규정한다.

평화교육은 현대의 인류가 안고 있는 네 가지 큰 비평화의 상태, 즉 공격성 agression, 폭력성 violence, 갈등성 conflict, 편견성 prejudice을 네 차원 즉 개인, 사회, 자연, 우주적 차원에서 시정함으로써 정의롭고 아늑한 삶의 질서를 회복·건설하려는 평화지향의 교육이다.

2. 평화교육의 다섯 유형과 우리의 과제

우리는 이제 이 평화교육에 한 걸음 더 다가가 그것이 노리는 것을 보다 구체적으로 살펴보자. 평화교육의 이론은 제2차 세계대전 후에 크게 부각되어 발달하기 시작하였는데, 그것을 유형별로 나누면 다음 다섯이 될 것이다.

첫째는 **국제이해교육** 유형이다. 이는 제2차 세계대전 직후부터 유네스코가 제창해온 것으로 유네스코형이라고도 한다. 전쟁은 우선 인간의 마음 속에서부터 시작한다. 그러니 마음 속에서 타민족, 타국가, 타체제에 대한 증오와 편견을 추방하고 서로 관용으로 감싸는 이해와 사랑의 마음을 어린이에게 심어주자. 이것이 유네스코형의 핵심이다. 그런데 이 유형의 이념은 그간 심한 비판을 받아왔다. 증오심과 편견을 유발시킨 원인 즉 현체제는 그대로 놓아두고 어떻게 평화의 마음만을 기할 수 있느냐는 것이었다. 그래서 최근에는 유네스코형도 조금씩 수정되어가고 있다. 예를 들면, 유럽 문화의 시각에서만 다른 문화를 보는 견해를 정정해야 한다거나, 몇 세기에 걸친 유럽의 식민정책을 비판한다거나 체제간의 대화의 조건인 군비축소의 당위성을 다룬다거나 하는 것들이다.

둘째는 **국민저항운동** 유형이다. 이것은 학생만이 아닌 온 국민을 대상으로 하여 비폭력적 저항운동으로 비평화체제를 시정하려는 평화운동을 이름이며, 그 대표적인 것이 미국의 흑인 목사 마르틴 루터 킹의 흑인해방운동체 NAACP[1])이다. 흑인은 버스, 화장실, 식당, 학교에서 차별을 받아왔다. 어떻게 해야 할 것인가. 비폭력적 저항운동 밖에 없다. 또 이것이 가장 효과적이다. 킹 목사는 이런 논리로 양심적인 백인의 공감을 얻어, 이런 운동을 시작한 지 5년 뒤인 1963년 링컨기념관 앞에 25만명의 항의군중을 동원하는 데 성공했다. 그러나 킹의 위대한 점은, 인종차별, 빈곤, 전쟁의 문제를 하나의 문제로 본데 있다. 즉 그의 "정치신학"적 접근이다. 그는 말한다. "미국정부는 월남전에서 적 1인을 죽이는 데 50만 달러나 쓰고 있으면서도 바로 이 흑인의 후생을 위해서는 53달러 밖에 안 쓰고 있다!"[2])

셋째는 **편견극복교육** 유형이다. 이것은 편견의 정체를 밝히자는 이론이고, 또 이런 작업의 결과로, 편견이 체제에 의해 의도적으로 조성되고 있는 현실을 확인하자는 교육이론이다. 이런 뜻에서 이 유형은 유네스코형과 근본적으로 다르다. 유네스코 유형은 체제의 점검은 않고 편견만을 추방하자 하는데 비해, 이 이론은 편견의 온상 자체를 점검하며 나가자는 것이기 때문이다. 예를 들자. 백인 소년은 흑인 소년보다 지능지수가 평균 10점 높다. 이것은 사실이다. 그러나 이것으로 바로 백인의 지능이 흑인의 그것보다 높다 할 수 있는가? 아니다. 지능지수를 산출하는 문항이 문제다. 그 문항들이 모두 백인 중산층의 생활에서 뽑은 것이기에, 이에 익숙한 백인은 유리하고 익숙치 못한 흑인에게는 불리할게 뻔하지 않은가. 예를 들자. "아빠가 10달러 용돈을 주셔서 얼마짜리 초코릿을 몇 개 사 먹었다. 거스름은 얼마인가?" 라는 문항에 흑인 소년은 당황한다. 머리가 핑 돈다. 아빠에게 용돈을 받고 과자를 사고 거스름까지 받은 생활경험이 없기 때문이다. 이같은 문항들로 산출된

지능지수로 선생님은, 흑인은 바보다, 못났다, 일찌감치 기술이나 배워라 하면서 차별하고, … 이러한 과정으로 편견이 의도적으로 만들어진다는 이론이다.

넷째는 역사교과 안에서의 **전쟁사의 구조화 논리**다. 이 유형은 모든 교과서에서 모든 교사가 평화의 문제를 다루되, 특히 역사교과서에서는 전쟁의 원인, 과정, 결과를 객관적으로 철저하게 다루면서 전쟁의 비극성과 부도덕성을 부각시키는 교육을 이름이며, 특히 일본교직원조합에 의해 활발하게 전개되고 있다.

다섯째는 **비판적 평화교육론** 유형이다. 이것은 평화교육을 네 주제(공격성 · 폭력성 · 갈등성 · 편견성), 네 차원(개인 · 사회 · 자연 · 우주)에서 접근하면서, 위에 열거한 여러 전통적 평화교육론의 한계를 극복하고, 비평화 상태를 자아내는 체제에 대한 비판의식을 제고하는 유형을 이름이며, 현대문명을 비판한 독일의 프랑크푸르트학파와 그 계보의 운동체인 녹색당의 이론에 근거한 가장 새로운 평화교육론의 체계다.

자, 이제 우리는 위의 고찰을 토대로 하여 평화교육을 이렇게 정의할 수 있다.

> 평화교육은 인류의 영원한 이상인 평화를 실현하려는 교육이며(목적),
> 평화를 파괴하는 공격성 · 폭력성 · 갈등성 · 편견성 등을 극복하게 돕는 개인 · 사회 · 자연 · 우주적 차원에 걸치는 교육과정을(내용),
> 정서순화, 역사의식 배양, 사회개혁에의 참여의식 고양, 고난에의 동참 등을 통해서(방법),
> 모든 시민과 교사가 모든 교과, 모든 교육의 마당에서 모든 사람을 대상으로 전개하는 일련의 통합적 교육이어서(체제),
> 인류가 풀어야 할 가장 중요하고 긴급한 교육의 과제다(당위성).

이런 논리에서 분단 하의 한국교육의 현실을 보면 어떠한가. 목적면에서 보면 반공이념을 주축으로 하는 국민윤리교육과 산업사회에 적응시키는 기능교육만을, 내용면에서는 비평화 상태의 현상이 다루어지지 않고 조화와 협력의 중요성만을, 방법면에서는 현체제에의 일체감을 고취하고 모순 · 비리 · 불의 등의 점검이 없는 순응교육만을, 체제면에서는 특정교과 중심의 교과교육만을 크게 다루고 있고, 특히 당위면에서는 분단민족이면서도 평화교육에 대한 인식이 태부족인 상태에 있다.

그 결과 어린이와 중·고생들이 마음에는 미움을, 사회에는 절망을, 자연에는 적대감을, 그리고 우주와 역사에는 허무감을 안고 실의와 좌절감을 달래지 못해 폭력과 자해에 의한 저항을 하고 있는 것이다. 어떻게 할 것인가. 교육의 인간화를 터전으로 하는 평화교육 밖에 없어 보인다. 오인탁 교수는 특히 교육 현장에서의 평화교육 문제들을 미시적으로 분석하여 우리에게 귀한 시사를 주고 있다.[3)]

3. 전쟁에 봉사한 교육 - 히틀러의 교육정책

평화에 봉사하는 교육을 말한다면서 왜 난데없이 이렇게 전쟁에 봉사한 교육 이야기가 튀어 나오느냐? 교육의 빛과 그림자를 견주어 보기 위함이다. 교육이 정치의 시녀가 되어 어린이를 전쟁터에 몰아부칠 수도 있고, 거꾸로 교육이 정치를 순화하여 평화의 터전을 마련할 수도 있기 때문이다. "교육이 정치를 순화한다"는 말에 독자들 중에는 코웃음 치는 사람도 있을 것이다. 그러나 이게 가능할 수도 있다. 스위스다. 상류층을 위한 교육에서 민중을 위한 교육으로, 이렇게 교육의 역사에 코페르니쿠스적인 전환을 일으켰다고 평가되는 스위스가 바로 그 예다. 영세중립평화의 그 나라다. 오늘의 스위스의 번영과 평화의 초석은 페스탈로찌의 교육철학 즉, 민중에게 역사의식을 부추겨, 그 민중이 역사의 주인되게 돕는 "민중교육"의 이념 덕택이다. 정치와 교육은 분리될 수 없고 하나되어야 하되, 정치가 바로 올바른 교육이어야 한다는 그의 유명한 명제가 이러하다.[4)]

> 나의 정치철학의 처음도 끝도 교육철학이다.

그런데 거꾸로 교육이 그릇된 정치에 예속하여 그릇된 철학에 중독되어 침략전쟁을 정의의 전쟁으로 여기며 전쟁의 도구로 전락하여 세계를 엉망으로 만든 예가 너무나 많다. 그 못난, 비극적인 교육의 이모저모를 나의 체험부터 시작하여 그 전형적인 모습을 나치 히틀러 시대의 교육체제에서 보기로 하자.

나는 중학교 2학년 때에 전주에서 해방을 맞았다. 여름방학 중이어서 호남평야의 한자락에 위치한 고향 마을에 가 있었다가, 방학 중에도 한두 번 소집일이 있어 학교에 갔었는데 그게 바로 8월 15일, 그래서 우연히도 등굣길 거리에서 항복방송을 듣게 되었던 것이다. 한국인만 다니는 중학교 탓에 모두들 어리벙벙하다가 금새 환한 웃음으로 변했다. 초등학교 6년간, 중학교 2년간, 우리는 "황국신민의 서사"를 외우며 철저하게 일본제국을 위한 군국주의 교육을 받았으면서도 환하게 웃을 수 있었던 것은 왠가. 그 교육이 거짓 교육이었기 때문이다. 일본인 교사들 중에도 전쟁에 회의적이고 "그 날"이 올 것임을 우리에게 시사하는 스승도 있었다. 고등사범학교를 졸업한 덕택으로 병역혜택을 받아 예비역 중위 군복을 입고, 현역 중위인 배속장교 보조도 하던 "국어"(일본어) 담당 교사였다. 해방의 그날 얼마 후에 그 선생님을 뵈었는데 우리에게

"축하한다" 하시며 환하게 웃으셨다. 이런 교사도 있었다. 그래서 우리는 교육에의 꿈을 버릴 수 없고 나는 일본인이라 해서 다 미워하지 못한다.

나는 또 석·박사 과정 5년간을 원자탄 피해 흔적이 아직도 선명하던 때의 히로시마에서 보냈다. 교수들 중에 그 피해자도 꽤 있었다. 원자탄의 무서운 열로 팔에 심한 케로이드 자국이 있어, 여름 더위에도 긴팔 와이셔츠를 입고 버티며, 나를 보면 웃는(자네도 알아야 한다는 듯) 교수도 계셨다. 그래서 히로시마는 거리고 대학이고 온통 전쟁 절대반대 분위기로 넘쳤다. 나의 뼈 속에도 그것이 스며 있어, 전쟁찬미 이야기만 나오면 부르르 떨고, 또 이렇게 "평화교육학"에 나홀로 열을 올리는가 보다.

다음에는 교육이 그릇된 정치의 시녀가 되어 전쟁에 앞장선 못나고 비극적인 모습을 히틀러 시대에서 보자. 일본제국주의의 시대의 교육도 그 복사판이요 한 때의 공산주의 국가의 교육도 그 복사판이라고 생각하면 된다. 독자에게는 좀 미안하지만, 보다 실감나게, 여기에서만은 독일어 원문도 몇 군데 삽입해 써보기로 한다.

국가사회주의 독일노동당 NSDAP를 통해 1933년 전권을 장악한 히틀러는 그가 일찍이 『나의 투쟁』(*Mein Kampf*)에서 제시했듯이 프랑스와 맺은 조약에 의한 배상금 지급을 거부하고, 독일을 허약하게 만들었다고 그가 여긴 연방체제를 버리고 통일국가체제 Einheitsstaat를 실현하고, 국민들에게 "국가사회주의적 세계관과 감각"을 심어주고, 그 자신을 정점으로 놓은 총통원리 Fuehrerprinzip의 철학을 확립하고, 교육을 완전히 장악하여 국가사회주의 Der Nationalsozialismus 국가를 교육국가 Erziehungsstaat로 전환시켜, 모든 교육을 국가사회주의적 세계관 Die nationalsozialistische Weltanschauung의 주입장으로 전환시켰다. 이리하여 학교당국이 가장 주력했던 것은 학교 안의 학생(10-18세)을 장악하는 히틀러소년단 Hitlerjugend과학교 밖의 청년을 장악하는 돌격대 Sturmabteilung였다. 그리고 이들에게 "총통이여 명령하소서! 우리는 복종하겠나이다. 이 목숨 다할 때까지, 그대를 따르겠나이다"(Fuehrer befehl! Wir folgen dir, Wir folgen dir, bis in den Tod.)라고 노래부르게 했다. 교육을 이렇게 인간개조의 수단으로 여긴 나치는 학교제도를 무자비하게 뜯어고쳤다. 그 중 중요한 것을 몇 들어본다.

① 전통적 연방체제에는 없었던 문교부를 중앙정부 안에 창설(1934)하여 교육을 중앙집권적으로 장악함.

② 가장 중요시한 신체단련도 종래의 예체능적 교과의 범주에서 떼어내어 군대적 조직방식으로 개조해냄.

③ "역사적 · 정치적 교육", 즉 나치의 과제의 인식과 사명을 고취시키는 "정치교육" Politische Erziehung을 크게 부각시키며, "너는 무이고 민족이 전부다"(Du bist nichts, dein Volk ist alles.)라는 희생정신을 부추김.

④ 여성교육은 차세대를 낳는 모성으로서의 기능을 수행하는데 중점을 둠.

⑤ 인문교육과 자유교양교육의 축소다. 대학에서의 교양교육 비중을 축소하고 많은 인문계 학교를 실용적인 실업계 학교로 전환시켰음.

이렇게 그릇된 정치이념의 시녀가 된 그 교육의 패전의 결과는 어떠했던가. 교육시설의 반은 파괴되고, 교사의 60퍼센트가 나치에의 협력 혐의로 교직에 복귀 못하고, 20퍼센트의 아동이 보호자의 사망 혹은 금고로 가족의 양육을 받지 못하고, 33퍼센트의 아동이 폭격으로 가옥을 완전히 파괴당하고, 15퍼센트의 아동이 일정한 거처가 없고, 9퍼센트의 아동이 온 가족과 단칸살이를 했다고 『현대교육사』는 전한다.[5)]

망상적이고 정신 착란증 환자같은 히틀러에 의해 온 유럽이 쑥대밭

이 되었고, 그 중에서도 가장 큰 피해를 입은 분야는 바로 이처럼 히틀러에 봉사한, 가장 힘없는 교육이요, 어린이들이었다. 이들을 전쟁의 도구로 만들어 바친 교육은 참회 사과해야 하고, 더욱이 국가적 차원에서 진심으로 그 과오를 되풀이 않을 것을 다짐해야 한다. 독일은 그것을 했다. 그래서 1등 국가로 되살아났다. 그런데 이웃 어느 나라는 이것을 못하고 있다. 아직도 그 이상한 관념이 머릿속에 남아있기 때문인가. 그래서 아직도 정신적으로는 2등 국가로 남아있다. 그 총리의 스타일이 괴상하기까지 하다. 애처롭다고 해야 할 것인가.

4. 양심적 병역거부 사상

나는 양심적 병역거부사상에 동조하는 사람이다. "평화를 만드는 자는 복이 있도다"는 예수님의 산상수훈을 따르기로 노력하는 기독인으로서, 전쟁은 절대 문제를 푸는 수단이 되어서는 안 된다는 평화사상을 받드는 분단민족의 한 국민으로서, 그리고 평화라는 인류의 영원한 이상을 다음 세대의 가슴에 심어주어야 하는 교육자로서다. 그리고 이것은 인류 최초로 원자폭탄을 맞은 히로시마에서 5년이나 공부하면서 가슴 깊숙하게 새겨진 체험, 영세중립으로 세계평화를 위해 앞장서고 있는 스위스에서 공부하면서 얻은 학자로서의 양식, 그리고 평생 교직을 지키면서 천진난만한 젊은이들을 대해온 교사로서의 나의 꿈의 소산이다. 나는 일찍이 이 문제를 음으로 양으로, 강의에서 저서에서 논의해왔다. "양심적 병역거부", conscientious objection, 그 약자 CO를 흑판에 쓰자 모두들 처음 듣는 이야기라며 놀란 학생들의 모습이 지금도 선하다. 이것을 나의 저서 『스위스-꿈의 나라 실속의 나라』(1983)에서 꽤 자세히 다루었고, 그래서 이 책은 당시의 사회적 분위기를 감안하여 출판이 2~3년 늦추어지기도 했다.[6)]

나는 이 논제로 책을 한 권 쓸 생각까지 했고, 특히 정년퇴직 후의 해외여행시에 몇 권씩 사오기도 했고, 해외 유학중의 제자들에게 책동냥 논문동냥도 했고, 이렇게 눈에 띄는 대로 국내외 논문들도 모았다. 그 문헌들이 아마 백은 넘을 것이다. 그런데 최근 민변에서, 국회에서, 언론에서 이 문제가 크게 다루어지기 시작했다. 그래서 이것은 이제 법조인들에게 다 넘기고, 나는 시원하게 진짜 나의 몫인 『한국교육 이야기 백가지』를 쓰기로 생각을 돌렸다. 그러면서 그 안의 평화교육론에 이 문제를 한 꼭지로만 이렇게 넣고 있다. 내가 아주 쉽게 쓴 "양심적 병역거부와 육사 여생도"라는 글을 이 꼭지에 그대로 옮기기로 했다. 퇴직 후에 내가 드물게 쓴 글 중의 하나다. 고대 제자들이 『고대신문』의 "탁류세평"(濁流世評) 칼럼의 청탁을 해왔기 때문이다. 이 논제만은 사양해서는 안 되었다. 이렇다.[7)]

> 어제 오늘 TV나 신문의 뉴스에 유난히 눈에 띄는 것, 나로서는 퍽 마음에 걸리는 것이 있었다. 바로 우리나라 역사상 최초로 육군사관학교를 졸업한 여성생도 20명이 소위로 임관되었다는, 그들의 당당하고 화려하고 밝은 모습을 담은 축하 기사들이다. 총대를 맨 씩씩한 걸음에다 모두 무도 2단 이상이라는 해설까지 붙었다. 나는 참 착잡했다. 여성이 이래서는 안 되는데 하는 실망감, 기자들의 의식 수준이 기껏 이런 정도냐 하는 좌절감 탓이리라.
>
> 번뜩 독일이 생각났다. 헌법 제4조 3항에서 양심적 병역거부의 권리를 기본권으로 보장하고 있고, 더욱이 제12조 3항에는 "여성에게는 병역의 의무를 과해서는 안 되며, 지원일 경우에도 집총은 금한다"고 규정하고 있다. 이에 따라 각 단계 학교는 이 양심적 병역거부 사상의 근거를 정규 교과과정에서 다루어야 한다. 그 근거는, 칼로 일어선 자는 칼로 망한다는

종교적 평화 사상, 독일은 여러 나라로 둘러싸여 있으니 독일의 전쟁은 필연적으로 세계 대전으로 이어져 인류에게 큰 재앙을 초래한다는 인류 평화 사상, 그리고 특히 현대전은 ABC 무기로 전후방 구별 없는, 더욱이 승자 패자 다 큰 피해를 입는, 그래서 아예 전쟁 그 자체가 죄악이라는 절대평화 사상 등이다. 전쟁에 두 차례나 시달렸고 더욱이 몇 십년 동안이나 민족의 분단을 겪은 독일이, 그 예언적인 『영원한 평화』(1795)를 쓴 위대한 칸트의 후손답게 이제 이 양심적 병역 거부의 보장으로 새 역사를 열고 있는 것이다.

그런데 왜 여성에게는 집총 금지냐? 역시 그 위대한 괴테의 후손답게 "여성적인 것"을 인류의 구원의 씨앗으로 받들자는 것이다. 이게 무슨 소리인가? 『파우스트』의 제 1 부 결론에 이렇기 때문이다.

"영원히 여성적인 것, 그것이 우리를 구원으로 이끈다!"

그러면 여성적이란 것은 무엇인가. 사랑과 꿈으로 감싸 생명을 키워내는 특성이다. 이것이 하늘이 그들에게 맡긴 천성이다. 그런데 그 후 사회과학이 성하면서 이 "여성적인 것"은 천성이 아니다, 사회가 그렇게 만들었다, 그래서 여성 해방을 위해 거부해야 할 이데올로기다, 이같은 성별특성 운운은 다 성차별이다 … 하는 또 하나의 이데올로기가 나타나 "여성적인 것"이 흔들려, 좀 비약하지만, 하늘과 사람과 땅이 온통 뒤죽박죽이 되었다. 독일의 여성집총 금지조항은 이것을 바로 잡으려는 작은 한 걸음이다.

병역 거부라 해서 그냥 넘어가는 것이 절대 아니다. 엄격한 심사를 거쳐, 병역의 고역 못지않는 대역(代役)행위를 자의 혹은 타의로 치뤄야 한다. 병역기간의 더러는 2배 이상 정신병동의 간호사로, 외로운 산림 감시원으로, 혹은 집총만은 않고 전쟁터를 누비는 위생병으로 의무를 수행한다. 이렇게 장엄하고 더욱 명예로운 것이다. 누가 그들에게 돌을 던질 수 있는가. 이 권리를 보장하고 있는 기독교 국가들에서는 이들이 도리어 존경의 대상이 되기까지 한다!

그런데 우리나라 사람들의 머릿속에는 아직도 의로운 전쟁(의전), 성스러운 전쟁(성전)이라는, 중세의 십자군적 관념이 남아있다. 전쟁의 진짜 원인을 모르는, 현대전의 참상을 깨닫지 못하는, 그리고 이 겨레의 분단의 아픔을 가슴으로 느끼지 못하는, 그야말로 철부지들이 있다. 우리가 이 새 여성장교들의 모습에 일말의 서글픔을 느끼는 것은 이 때문이다. 나는 이들에게 간절히 바란다. 임무를 수행하면서도 이 같은 "아픔"을 늘 간직하는 "여성"이기를.

우리도 바야흐로 선진국 대열에 들어서고 있다. 금년 2월에 들어서면서 연이어 일간지에 세 차례나 공개적으로 이 문제가 논의되기 시작했기 때문이다. 아직 지면은 작지만, 재판부가 피고의 처지를 감안하여 군면제가 가능한 1년 6월의 실형을 선고했고(『ㄷ일보』 1일), 민변 등 26개 단체가 양심적 병역거부를 인정해야 한다고 촉구했고(5일), 서울지법이 군대회피의도 없다며 영장을 기각했다(9일) 한다.

"하늘과 바람과 별과 시"로 살다간 평화의 사도 윤동주의 후배답게 우리 안암의 새내기들도 그들과 이 아픔에 동참하기 바라는 마음 간절하다.

끝으로 내가 감명깊게 읽고 서평까지 꽤 길게 쓴 책을 하나 소개하기로 한다. 김두식 교수(한동대학)의 『칼을 쳐서 보습을』(뉴스앤조이, 2002)이다.[8] 민변 회원으로 이 문제에 특히 연구와 활동이 많은 헌법학자의 논문집인데, 그 사이사이에 수필적인 필치의 체험담이 있어 재미를 더하고 있다. 특히 제 6 장 "만약 누가 네 가족을 죽이려 한다면"의 논리전개가 돋보였다. 내가 현직에 있었다면 이것으로 한 시간 학생들과 대토론회를 벌였을 것이었다.

5. 평화를 위해 일하는 사람들 - 선한 이웃 일본인들의 이야기

예수님의 산상수훈의 첫머리가 그 유명하고도 알쏭달쏭한 8복 선언이다. 그 일곱째가 "평화를 위하여 일하는 사람들은 행복하다. 그들은 하느님의 아들이 될 것이다"다. 알쏭달쏭하다. 평화를 위해 일하는 사람들은 도리어 핍박을 많이 받고 있는 현실은 분명한데 하느님의 아들이 된다는 뜻은 무엇인지 분명하지 않기 때문이다. 믿음이 적어서 그렇다. 우선 평화를 위해 일하라 이럴 것이다. 어떻든 이런 믿음의 차원을 떠나서 평화를 위해 일하는 것은 인간으로서 지상의 윤리요 의무가 아닐까?

나는 이런 차원에서 양심적 병역거부의 논리에 대해 공부도 꽤 했고, 평화를 이룩하려는 평화교육학 체계에 대해 연구도 해왔다. 그러나 우리와 역사적으로나 지리적으로 가장 가까운 일본에 대해서는 별 연구를 하지 못했다. 아쉬운 대목이다. 다음은 내가 소장하고 있는 문헌이나 최근 읽은 책 중에서, 한일문제, 특히 일본의 양심적 학자, 지식인, 종교인들의 한국에 대한 절절한 사랑 그리고 불행한 역사에 대한 사과를 담은 책 12종을 골라 그 논지를 소개한 것이다. 정말 평화를 위해 일하는 선한 이웃들의 고마운 생각들이다.

오자와 유사쿠(小澤有作), **『민족교육론』**(메이지도서 1967): 평생 나라를 잃은 민족, 차별만 받고 있는 부락민을 위한 교육만 연구한 교육학자로, 『부락해방교육론』도 있다. 특히 일본의 식민지의 교육이란 장에 "조선인다움의 관념의 말살정책"이란 절을 마련하여, 식민지 백성들이 학문연구에서 제외되고, 민족적 주체성이 말살되어가는 학교교육의 정체를 해부학자처럼 밝혀내고 있다(80쪽).

야마베 켄타로(山辺健太郎), **『일본통치하의 조선』**(이와나미서점 1971): 조선근대사와 일본의 사회운동사가 전공이며 『일한병합소사』, 『일본의 한국병합』이란 저서도 있다. 한국독립은 의병운동, 3·1운동, 원산총파업과 광주학생운동, 항일무장항쟁 등 기나긴 독립과 해방을 위한 투쟁의 결과라며(223쪽), 한국민의 역사와 그 저력에 대해 높이 평가하며 일본자본주의의 죄악상을 사실적으로 폭로한다.

시바 료타로(司馬遼太郎), **『한(韓)의 나라 기행』**(아시히신문사 1978): 주로 역사적 인물을 추적하는 너무나도 유명한 대중작가다. 그는 "가라"(韓)의 체취와 체온이 그리워 한국에 와서 후미진 곳만 찾아다닌다. 일본인의 선조의 나라, 그 옛날 일본이랄지 조선이랄지 그런 국명도 없던 시기의 인간 대 인간의 그리운 만남, 이것을 맛보고 다니며, 부여에서는 "백제의 미소"에 흠뻑 젖고 반한다(221쪽).

다가기 겐이지(高木健一), **『사하린과 일본의 전후 책임』**(가이후사 1990): 일본의 명문 동경대학 법학부 출신의 변호사인데 그 출세길을 마다하고 사하린에 남아있는 한국인, 히로시마 · 나가사키에서 원자탄 피해를 입은 7만명의 한국인 · 조선인의 피해 · 보상 문제로 동분서주하며 올바르게 "전후 처리"를 하자(15쪽)고 외치는, 그야말로 광야의 예언자 같은 지성인이다.

후지오 마사토(籐尾正人), **『한국에 사랑을 담아』**(시라사기에크레사 1995): 국회도서관에 근무하면서 기독교적 평화운동모임을 주관한 전도자다. 한국의 무교회모임에도 친구가 많다. 책 제목에서 벌써 나타나 있지만 그는 진정으로 한국을 자기나라처럼 사랑하며, 특히 "교과서 문제와 일본민족의 죄"에서 일본은 죄를 회개하지 않고서는 구원이 없다, 회개만이 유일한 구원의 길이라 한다(98쪽).

오바나 기요시(尾花 淸) · **홍순명**, **『더불어 사는 평민을 기르는 풀무 학교』**(기독교도서출판사 2001): 동경대학을 나온 진보적 교육학자가 풀무학원을 알게되면서 동지들과 몇 번 드나들며, 풀무의 홍순명 교장의 책을 번역하고 아울러 이 책의 부제이기도 한 "학교공동체와 지역 만들기에의 도전"이란 자기 논문 몇 편도 담은 보기드문 합작이다. 오바나 교수는 말한다. "나는 한국의 사회운동과 교육의 흐름에서 민중신학과 그 교육학을 접했다"(299쪽)고.

오카 유리고(岡百合子), 『**조선 · 한국의 역사**』(평범사 2002): 32년간이나 동경의 공립 중 · 고등학교에서 사회과 교사를 한 저자가 일본인들이 이웃나라에 대해 너무 무지하고 편견이 심한 현상에 실망하고 중 · 고교생을 위해 쓴 통사다. 구구절절 이웃나라에 대한 애틋한 사랑이 담겨 있다. 분단에도 불구하고 "하나의 조국"에의 소망이 지하수처럼 넘쳐흐르고 있다고 끝을 맺는다(290쪽).

반나이 무네오(坂内宗男), 『**밟힌 발의 아픔을 나누며**』(기독교도서출판사 2002): 저자는 동경도청에 오래 근무하면서 사회복지면에서 소외되고 있는 한국 · 조선인에 대해 눈을 뜨게 되었고, 이 책의 부제도 바로 "재일문제 · 이웃나라와의 관계 속에서"다. 재일한국인이 귀화하고 안하고의 법적 지위는 문제가 아니다. 차별과 편견이 엄연히 존재하는 이 현실이 문제다. 요는 일본인의 책임과 주체적 자세가 문제다"(82쪽) 한다.

모리야마 고오지(森山浩二), 『**현해탄에 다리를 걸어**』(기독교도서출판사 2002): 고려대학교에서 "김교신-일본통치하의 조선 기독자의 생애"라는 석사논문까지 쓴 한국통이며, 평생 교직에 일관하며 한일우호에 힘쓰고 있는 저자는, 内村鑑三(우치무라 간조)까지도, 일본의 한국병합을 영국과 스콧틀란드와의 관계 정도로 인식하고, 조선민족의 "한"(恨)에 공감하는데까지는 이르지 못했다고 한탄한다(102쪽).

김성환 · 우에무라 다가시(植村 隆), 『**만화 한국현대사**』(가도가와문고 2004): 학생시대부터 한국에 관심이 있어 아사히신문사 입사 후 서울특파원으로 있으면서 연세대의 한국어학당에서도 공부하며 『서울의 바람 속에서』라는 저서까지 낸 한국통 저널리스트의 "고바우 아저씨 50년"의 만화 해설집이다. 서민의 대변자 고바우 영감의 역사와 사회에 대한 애환이 바로 저자 우에무라의 것이기도 하다(322쪽).

요코 가와시마 왓킨스(Yoko Kawashima Watkins), **문현주 옮김, 『요코 이야기』**(문학동네 2005): 북한에서 패전을 맞은 한 가녀린 일본인 소녀가 38선을 넘어 일본까지 돌아가는 천신만고, 파란곡절의 기록인데, 자기를 도와준, 그야말로 아무 대가없이 도와준 북한 아저씨 아주머니 이야기로 우리 눈시울을 붉히게 한다. 그야말로 휴먼 드라마다. 미국에서는 추천도서, 일본인들은 꺼려 출판 안되고, 중국에서는 출판 금지도서란다. 한국의 독자들에게라는 글에서 이 책은 "평화의 책"이라고 스스로 자리매김한다(9쪽).

다카하시 사부로(高橋三郎), **월간 『십자가의 말씀』 제483호**(2005년 6월호), **"역사인식의 문제"**: 저자는 우리 김교신과 함석헌의 신앙의 스승 우치무라 간조(內村鑑三 1861-1930)의 고제(高弟)인 패전직후의 동경대학 총장 야나이하라 다다오(矢內原忠雄 1892-1961)의 또 고제다. 동경대학 공학부를 거쳐 교양학부에 들어가 서양고전어학을 공부하고 성서연구와 개인전도의 길에 들어서, 현재 41년째 매월 신앙월간지를 내고 있다. 지금은 내가 유일하게 읽고 있는 일본의 신앙월간지다. 매월 거의 빠짐없이 일본의 한 민족에 대한 죄악상, 이에 따른 사죄와 보상, 그리고 진정한 화해의 길 등의 논평이 담긴다. 이번 호에는 특히 "역사인식의 문제"였다. "독일은 이웃 여러 나라에 용서를 받고 수용되어 전후의 부흥을 이룩했다. … 일본은 어떠한가. 위에는 천황에서 국민의 말단에 이르기까지 전쟁책임에 대한 사죄의 말을 입에 담는 사람이 없었던 일은 치명적 결함이다(3-4쪽).

우리는 보통 일본이라는 나라에 대해, 그리고 그 안의 일본인에 대해 거부감을 갖고 있다. 그들의 행태로 보아 당연하다. 그래서 부지불식간에 "왜놈"이란 말이 튀어나오기도 한다. 그러나 그 일본 안에는 또 위와 같은 고마운 사람들도 많다. 우리도 이들처럼 평화를 위해 일하는 사람이 되어, 정말 가까운 나라, 정말 좋아하는 나라, 정말 가고 싶은 나라로, 서로 키워내야 한다.

이제 나는 절대 "왜놈"이라 하지 않으련다. 위에 든 열두 사람만을 위해서라도! 나가소네다, 고이즈미다, 이시하라다 하는 껍데기들일랑 다 날려버리고, 두 민족의 밑바닥에 흐르는 옛 체취와 체온에 서로를 기대야 하겠다. 시바 료타로의 글이 그래서 나에게는 제일 재미있었다. "백제의 미소"를 서로 찾자.

6. 일본은 그릇된 한국관을 시정하라

어느 의미로는 김희로(金嬉老)는 일본인이지 한국인이 아닙니다. 미국의 흑인이 미국인이지 아프리카 사람이 아닌 것과 같습니다. 그는 일본에서 자라 일본에서 교육받고 일본 사회에 적응코자 힘쓴 사람입니다. 법률적으로 일본인인가 한국인인가는 그렇게 중요하지 않습니다. 그를 선량한 한 시민으로 포섭하지 못한 일본의 생리에 문제가 있습니다.

이번 사건은 불행한, 사회적 냉대에 유래한 필연적인 것입니다. 미국의 흑인폭동을 연상시킵니다. 한마디로, 일본인의 한국인에 대한 생리적 혐오가 원인입니다. 세계에서 가장 싫은 나라는 중국 다음으로 한국이라고 일본 아이들은 말하고 있는 것입니다.

나는 15년 전 귀국의 K대학에 재학 중, 시립도서관에서 도서대출을 거절당했습니다. 또 현립 K의과대학에서는 입학원서 접수조차 거절당했습니다. 재일 한국인도 일본인과 똑같이 법률을 지키며 세금을 냅니다. 참정권이라면 몰라도 시민으로서의 이같은 권리까지 제한 당해서는 안 되는 것이라고 그 때 통분했습니다.

물론 재일 한국인의 범죄율은 일본인의 그것을 훨씬 웃돌고 있습니다. 그러나 그들을 그러한 궁지에 몰아넣은 것은 일본의 정책입니다. 그들은 먼저 소학교에서 "죠센징(조선인)"이라고 모욕당합니다. 부형들은 직장에서 "본적"이 탄로나서 쫓겨납니다. 그러니 그들은 주거지에서 돼지를 치거나 밀주를 만들면서 최저한의 "생존수단"을 찾습니다. 그러나 인종(忍從)에도 한계가 있습니다. 부당한 사회적 냉대와 법률적 불평등, 그리고 최저한의 생활권에의 욕구가 그들을 반항과 범죄로 몰고가게 합니다.

14년 전 귀국의 H대학 대학원의 석사과정 재학중, C신문에, "한국인은 일본에서 범죄만 저지르고 있다. 또 〈남〉의 나라에서 우익이다 좌익이다 떠들면서 정치싸움만 하고 있다. 민족으로서의 자랑이 있는가. 자기 나라에 가버리라."라는 투서가 실렸습니다. 이에 대해 저는 대충 다음과 같이 "일본인에게 대답한다"라는 제목으로 이렇게 썼습니다.

① 범죄는 부당한 냉대에 유래하는 것으로, 그들을 "따돌리는" 당신들에게 책임이 더 있습니다.9)

② 한국인은 원래 낙천적이고 평화를 사랑하는 국민입니다. 역사를 보아도 지금까지 한 번도 외국을 침략한 일이 없습니다. 도리어 외국, 특히 일본에게 침략만 받아왔습니다.

③ 일본에 있는 한국인은 일본의 침략전쟁의 "사생아"입니다. 빨리 빨리 돌아가라는 말은 몰인정의 극치입니다.

④ 한국인은 아마도 당신네들보다 더 민족적으로 자랑을 지니고 있을 것입니다. 대륙문화가 다 한국이라는 따뜻한 피를 통해서 일본에 건너온 역사적 사실을 잊으셨는지?

⑤ 정치싸움은 불행한 현대사의 미·소대립에 유래한 민족분단 때문입니다. 우리들이 도리어 죄없는 몸으로 대신 지게 된 이 대상적 고난의 짐을 덜어달라고 울부짖고 싶습니다.

⑥ 일본은 한국보다 한발자욱 먼저 근대화한 나라로서, 착한 이웃에 대한 책임과 의무를 느껴야만 합니다.

⑦ 가장 가까운 민족끼리 이렇게 헐뜯는 일은 좋지 않습니다. 평화는 우선 이웃에 대한 사랑에서 시작되어야만 하겠습니다.

김희로의 엽총사건이 터진 지금 꼭 생각해야 할 것은 대략 다음과 같은 것이리라 생각됩니다.

① 일본은 그릇된 한국관과 생리적 혐오감을 시정해야 합니다. 우선 교과서 등에서 우리 두 나라의 끊을래야 끊을 수 없는 유대를 강조해야 하겠습니다.

② 재일 한국인의 사회적 지위의 향상을, 특히 학교, 직장, 기업, 시민생활에서의 평등을 꾀해야 할 것입니다.

③ 유학생의 교환을 적극적으로 장려하고 선의의 문화교류를 부추겨야 하겠습니다.

④ 재일 한국인의 일본사회에의 적응의 기회를 많이 제공하여, 특히 경제적 기회균등을 꾀해야 하겠습니다.

⑤ 일본은 좀 더 자유진영의 일익으로서의 한국의 입장에[10] 공명해야 할 것입니다.

가네오카 야스히로(金岡安宏)라는 이름의 김희로(金嬉老)의 비정상적 반항과 이 일로 일본의 선의의 여러분께 폐를 끼친 것을 동족의 한 사람으로서 귀지를 통해 사과합니다. 이와 더불어 양식 있는 선의의 일본인 여러분의 재일 한국인에 대한 각별한 배려를 기대하여 마지 않습니다.(서울에서)[11]

위 글은 1968년 3월 10일자 『아사히 저널』의 독자의 소리 첫머리에 실린 나의 투서다. 벌써 27년이나 지났는데 무엇 때문에 이렇게 번역까지 해서 새김질하게 되는가. 바로 며칠 전(1995년 3월 4일), 광복 50주년

특집극의 하나로 방영된 KBS의 "김의 전쟁"을 우연히, 정말 우연히 보고 새삼 그때의 내 글이 생각나고, 나의 그때의 아픔이 되살아났기 때문이다. 그래서 서재를 한참 뒤져 그 『아사히 저널』 구호를 찾아냈던 것이다.

엽총과 다이나마이트로 무장한, 비장한 모습의 김희로를 KBS 영상으로 다시 보았을 때, 역사는 그간 하나도 진전이 없었다. 인간은 이다지도 미련한 것인가, 이것이 아마 기독교에서 말하는 "원죄"같은 것인가, 니이체의 말이던가, 역사는 어리석은 짓이 영원히 되풀이 되는 마당이라던가 하는 빈정거림이 새로웠다.

나는 가정 사정으로 고등학교의 한 토막 2년, 대학 4년, 대학원 석·박사과정 5년, 이렇게 총 11년의 학창세월을 일본에서 보냈다. 석사과정(1956-8)시기의 나의 별명은 "김공사"(金公使)였다. 현해탄의 거친 파도를 꽤 많이 넘나들었고, 더욱이 한일국교가 열리기 전이라 정기 여객선도 없고 해서, 어느 때는 밀항선, 어느 때는 무역선에 몸을 맡기기도 했다. 이런 관계로 일본에 은사님도 많고 친구도 많다. 은사님 중에는 한국 뉴스만 나면 너를 떠올린다 하면서, 한국에서 개최하는 학회에 와서도 나부터 찾는 분이 계셨고, 친구들은 대개 교사, 교수들인데, 그 중의 하나는 부부가 한국에 와서 우리집에 일주일 넘게 투숙하며, 3박4일 에 걸쳐 경주 탐방을 샅샅히 한 교수 친구도 있다. 그는 나보다 경주에 대해 더 잘 알고, 그의 부인은 "겨울 소나타"에 대해 아내보다 더 밝아 놀랐다.

위 글은 글 안에서 밝혔듯이 1995년 4월, 우리 자식들에게라도 나중에 남기고 싶어 번역해둔 것이었는데, 이번에 몇 줄 더 첨가하여 이렇게 이 평화교육론 중의 한 꼭지로 넣기로 했다. 정말 나로서는 일본에 애증(愛憎)의 골이 깊다. 가장 가까운 이웃들을 서로 사랑하지 못한다면 평화는 요원하고, 내가 이렇게 애써 쓰고 있는 평화교육 이론

따위도 아무 소용이 없다는 생각이 난다.

이런 글을 실어준 『아사히 저널』에 다시 고마움을 표하고 싶다. 일본 지성인 특히 대학생들이 애독한 주간지였다. 『아사히 저널』은 그 후 폐간되었지만 대신 『아사히 신문』이 한일우호 가교건설에 앞으로도 앞장서줄 것을 기대한다.

7. 평화교육학의 건설을 위해

평화교육의 발전을 위해서는 그 학문적 체계화 즉 "평화교육학"의 모색이 시급하다. 우리나라의 대표적 『교육학용어사전』에도 아직 평화란 항목이 없다. 더욱이 평화교육학이란 항은 기대하기도 어렵다. 그러나 몇몇 교육학자들에 의해 몇몇 위대한 교육사상가들의 평화론은 소개되어 왔다. 그것은 한국 교육철학 논문목록집이라 할 수 있는 『한국의 현대교육철학의 전개』(오인탁/윤재홍, 성지출판사, 1992)에 평화, 평화교육, 평화교육사상, 평화교육학 등의 항목으로 11편 소개되어 있다.[12] 이 중에서 나의 것은 "평화교육학"으로 소개되어 있다. 그 체계를 모색했다는 뜻이리라. "평화교육학의 이론과 과제"(1988)였다.[13] 그 내용은 졸저 『현대의 비판적 교육이론』(1988)의 제3장에도 수록되어 있다. 이 평화교육론의 첫째 꼭지 평화교육의 이념과 체제, 둘째 꼭지 평화교육의 다섯 유형과 우리의 과제가 바로 그 일부를 쉽게 풀이한 것이다. 여기에는 꽤 많은 문헌소개도 있다.

우리가 단행본으로 쉽게 접할 수 있는 문헌은 뢰스의 『평화교육학』(김건환 역, 배영사, 1984), 힉스의 『평화교육의 이론과 실천』(고병헌 역, 서원, 1993)이다.[14] 전자는 국제이해를 촉구하는 국제종합학교

모델을 소개한 세 편의 논문의 모듬인 소책자이고 후자는 그야말로 평화교육학의 체계 즉 내용과 방법을 두루 다룬 대작이다. 전 12장으로 짜여져 있는데, 특히 주목되는 것은 평화교육에서 다루어야 할 내용 11개 분야다. 구체적으로 들면 갈등, 평화, 전쟁, 핵문제, 정의와 개발, 권력, 성차별, 인종차별, 환경, 미래, 교육과정 개혁이다. 이 책은 전문연구가에 의한 전문학자의 대표적 저작의 번역판으로, 이번에 우리나라 학자에 의한 단행본으로는 처음인 고병헌 교수(성공회대학)의 『평화교육사상』(학지사, 2006)의 선행작업이라 하겠다.

갈등이나 차별 문제는 여기에서도 보듯 평화교육의 가장 중요한 교육내용의 하나다. 다음은 내가 이 논제로 『고대신문』에 쓴 글 중의 하나다. 실례로 이것을 들어 본다.

일본의 4대 차별

교과서 왜곡, 여성정신대 배상, 독도영유권 등의 문제가 비칠 때마다 아직도 필자의 뇌리에 깊게 박혀 있는 "일본의 4대 차별"이 곱씹어진다. 이 4대 차별이란 아이누족, 부락민, 조선인(일본 발음으로는 죠센진), 오키나와인 차별이다. 이 이야기만 나오면 제대로 책을 읽어 본 일본인들은 부끄러워 고개를 떨군다. 그런데 문제는, 이 이야기는 교과서에 제대로 다루어지지 않는 데에 있다. 그래서 책을 못 읽은 사람들은, 그 문제가 그렇게 큰 문제였든가 한다. 양심적 지식인들은 일본 역사가 부끄러워해야 할 4대 죄악이라 하는데, 철없는 보통사람들이나 우익, 정객들은 덮어두려 하거나 일부러 모르는체 한다. 실은 이같은 역사인식의 괴리가 더욱 큰 문제다.

아이누 차별이란 무엇인가. 현 일본의 동북부 지역에 살고 있는 선주 아이누 민족을 철저하게 멸절시킨 일이다. 쫓아내고 죽이고 언어를 빼앗고, 그리고 가장 효과적인 방법, 가둬 먹이면서 술주정뱅이로 만들어 씨앗까지 송두리째 없애 버렸다. 그래서 아이누는 지금은 북해도(홋카이도) 지역의 풍물을 알리는 관광자원의 하나로 존립한다.

부락민 차별, 이것 역시 아직 엄연히 있다. "부락"(部落)이란, 사전에서는 촌락, 취락이지만 일본인의 생활에서는 더럽고 가난하고 희망이 없는 천민들이 사는 동네다. 죠센진, 오키나와인의 단골 주거지이기도 하다. 그 기원에 대해서는 학설이 분분하지만, 사·농·공·상 네 계층에도 들지 못하는 가축도살 업자들(일본어로 "에따"), 시신처리업자(일본어로 "히닝"(非人))의 두 계층이 따돌림을 당해서 몰려사는 주거지였다 한다. 그래서 지금도 몇 백세대가 대도시 한 복판에 세를 이루기도 한다. "부락"을 일부러 만들어 백성을 분할통치하면서, 타처에서 흘러들어온 더러운 사람이라고, 피를 섞어서는 안 된다고 경계시킨다, 그래서 "깨끗한" 일본 피만 이어지게 한단다.

오키나와 차별, 이것은 아직도 생생하다. 오키나와는 원래 많은 섬으로 이루어진 "류큐왕국"이었는데 일본이 이것을 1872년 일본제국으로 복속시켰다. 그래서 순수 일본인이 아닌 것이다. 일본제국이 제２차 세계대전 때 이 곳을 최후의 방어선으로 해서 오키나와를 거의 초토화한 것, 그리고 현재도 국토 면적의 1퍼센트에 불과한 이 곳에 주일미군기지의 75퍼센트가 집중돼있는 것도 이 때문이다. 교수 출신의 현 오키나와 지사가 목숨을 걸고 중앙정부에 항거하며, 기지축소와 평화를 부르짖는 이유, 너무나 처절하다.

죠센징 차별, 그 역사와 현실은 가히 몇 권의 책으로도 못다 풀 것이다. 관동대지진 때 한국인을 가려내기 위해 쓴 어휘 "15원 50전"의 비극이란 말이 있다. "15원 50전"을 말해보라 명령하고, 일본식 탁음 "쥬고엥 고짓셍"을 제대로 못하는 죠센진을 그 자리에서 죽창으로 찔러 죽였다. 도대체 왜 죠센진을 싫어하는가. 콤플렉스 때문이다. 일본의 문화가 거의 죠센에서 왔다는 사실에 기가 질리고, 죠센 반도의 성장이 겁나기 때문이다. 그래서 그들은 우리 민족 분단에 회심의 미소를 띠면서 병주고 약준다.

"한인차별"에 저항한 일본의 최장기 복역수 김희로의 석방 거절, 정신대 2백만엔 보상 제의, 되풀이되는 식민정책 비호 망언 등에 우리는 어떻게 대처해야 할 것인가. 이같은 차별의 본질과 역사를 딛고 해야 한다. 일왕의 고두백배의 공식적 사죄 -사과가 아니다- 없는 한국방문계획 운운은 정말 소가 웃을 일이다. 10여 년간의 학창시절에 사귄 일본의 참 스승과 친구들도 "김 군, 자네 말 한번 잘 하네"하면서 동의할 것이다. (高大新聞,『濁流世評』, 1996.9.9.)

우리는 과연 이같은 일본의 4대차별을 욕할 자신이 있는가? 아니다. 우리에게도 분명 그것이 있다. 굳이 수자를 맞추어 넷을 든다면 그 첫째는 외국인 노동자 차별이다. 필리핀, 파키스탄, 타이, 인도 등에서 30만이라는 노무자들이 우리나라에 와서 어렵게 일하고 있다. 그들은 노임, 법적 지위, 사회복지면에서 정말 인간대우를 못받고 있다고 항의하고 있다. 다음은, 연변의 중국동포 차별이다. 가족을 떠나 식장에서 일하는 중국동포 아주머니들의 낯선 말투에 우리는 이질감을 느낀다. 그들인들 어떠하겠는가. 조국이라며 동포라며 찾아온 그들, 더욱이 독립투사들의 후예라는 자부심도 있는 그들에게 우리는 냉혹한 법 그 이상으로 대하지 못하고 있다. 그들은 얼마나 우리를 원망하고 있을까. 셋째는 소위 "백정" 차별이다. 지금도 푸줏간 아저씨 아주머니에게 반말을 해대는 사람이 있다. 그럴 때면 우리가 어렸을 때 잘못받은 교육, 이른바 "천민" 혹은 "상놈"하고는 사귀지 말라는 교육이 얼마나 잘못되었던 것인가가 새롭다. 넷째는 "되놈", "왜놈" 하는 말투에서 남아있듯, 우리와 다른 민족에 대한 멸시다. 한쪽은 옛 문화, 한쪽은 현대문화에서 우리보다 앞서 있는데도 그러하니 이것은 분명 콤플렉스에 가깝다.

하나를 더, 위의 것과는 차원이 다른 가장 결정적인 것을 든다면 지역차별이다. 정치가들이 분할통치 방식으로 백성을 다스리기 위해 교묘하게 짜놓은 그물, 술책에 걸려들어 백성들 사이에 지역감정이 생겨, 역사적으로 어느 때는 평안도, 어느 때는 호남 이렇게 나타나니 이것이 우리들의 가장 큰 치부의 하나다.

1) NAACP는 National Association for the Advancement of Colored People 즉 흑인인권운동전국협의회이다.

2) 이 "정치신학"이란 표현을 필자는 스위스에서 가까이 사귄 현직 목사이자 신학자 예거의 다음 저서에서 처음 발견했고, 그것을 해방신학과 비슷한 것으로 이해했다. 그는 나에게 안병무의 "민중신학"을 아느냐고 묻기도 했다. 그의 말 중에 "전쟁을 위해서는 돈을 쓰는데 빈민을 위해서는 안쓴다"(Geld fuer den Krieg, aber nicht fuer die Armen)가 꽤 가슴에 와닿았다. 이 목사는 페스탈로찌에 대해서도 퍽 조예가 깊었다. Hans Ulrich Jaeger, Politik aus der Stille, Zuerich: Theologischer Verlag, 1980, S. 95f., 102)

3) 오인탁, "평화교육의 개념과 과제", 『우리교육』, 1991. 10, 38-43쪽.

4) Der Anfang und das Ende meiner Politik ist Erziehung. 페스탈로찌의 너무나도 유명한 명제다. 그 참 뜻 풀이는 다음을 참조하기 바람. 김정환 지음 『페스탈로찌의 교육철학』(고려대학교 출판부, 1995), "전인교육 체제론"(286-312쪽). 스위스에는 페스탈로찌를 정치사상가로 보는 학자도 있다. P. Baumgartner인데, 그는 8권으로 된 『페스탈로찌 선집』(1944-1949)까지 편집 · 간행했다.

5) Theodor Wilhelm, *Paedagogik der Gegenwart*, Stuttgart: Alfred Kroener Verlag, 1967, 473f.

6) 김정환, 『스위스-꿈의나라, 실속의 나라』(정우사, 1983), "향토를 지키는 민병대"(109-126쪽) 중의 "민병대 군제" 부분 참조.

7) 고려대학교, 『高大新聞』, 2002.3.18.

8) 김정환, "김두식 교수의 『칼을 쳐서 보습을 을 읽고』"(양심적 병역거부에 대하여(2)), 황덕명 편집 『처음처럼』(격월간 교육지)(2003,9/10호) 4-14쪽.

9) "따돌린다"고 번역한 일본어는 "무라하찌부(村八分)"로, 온 마을 사람들이 합심해서 제재를 가하는 에도시대의 관습이었다.

10) 일본의 지식인 중에는 좌경적 색채가 짙은 사람들이 꽤 있고, 그들은 대한민국의 당시의 반공정책에 비판적이었다. 심지어, 이 김희로 사건이 터지기 직전의 김신조 등 북한 무장군인 청와대침공 사건도 처음에는 당시의 정보부의 조작으로 오해하는 사람도 꽤 있었다.

11) 나는 당시 히로시마 대학의 박사과정에 재입학하여 논문을 준비중이었는데 겨울방학에 잠시 귀국했다가 서울에서 TV로 이 사건을 시종 목도했고, 그래서 이 글은 서울발이 되었다. 방학이 끝나 돌아갔더니 교수님들이나 친구들이 모두들 잘 읽었다며 칭찬해 주었다.

12) 오인탁 · 윤재홍 『한국의 현대교육철학의 전개』(성지출판사, 1992), 265쪽 참조.

13) 김정환, "평화교육학의 이론과 체계", 『교육문제연구』 창간호(1988. 2), 고대교육문제연구소, 1-28쪽.

14) 헤르만 뢰스(김건환 역), 『평화교육학』(배영사, 1984), 데이비드 힉스(고병헌 역),『평화교육의 이론과 실천』(서원, 1993).

제 13 장

교육 논평

1. 교원평가제, 문제 있다
2. 선비상을 키워가자
3. 선비상 논쟁
4. 분단의 비극을 몸소 안은 겨레의 스승 이만규
5. 효도교육 다섯 가지
6. 『일본사』 교과서를 정독하고
7. 윤리적 힘을 길러 교육혁명 이룩하자

1. 교원평가제 문제 있다

언제 보아도 한결같은 사람이 있다. 고등학교에서 물리를 가르친 교사다. 어느 종합대학교의 부속고등학교에 근무하다 얼마 전 정년퇴직했다. 젊어서 그 학교에 들어갔으니 30여 년 근무했을 것이다. 이분을 대하면 마음이 편안해진다. 사람의 성실성이 온 몸에서, 온 말씨에서 느껴진다. 참 훌륭한 교사다. 아마 학생들에게도 존경을 많이 받고 있었을 것이다. 그런데 이 교사에게는 재미있는 일화가 전해지고 있다. 물리 시간에 만유인력의 법칙을 가르치면서 이 우주 안에 존재하는 아름다운 질서, 그 뒤에 숨어 있는 "창조주 하나님의 섭리" 이야기를 덧붙인다. 물론, 이럴 때면 "진도나 나갑시다"라고 말하는 학생도 있다. 그러면 교사는 타이른다. "공부는 무엇 때문에 합니까? 아름다운 삶을 개척하고 즐기기 위해 아닙니까? 물리도 그 중 하나입니다." 이 선생은 계속 이렇게 해나갔단다. 그런데 놀랍게도 이렇게 공부한 반의 물리 성적이 다른 반보다 좋아졌다 한다. 학습동기가 잘 부여되었기 때문이다.

"교육이란 흐르는 물에 붓글씨를 쓰는 것 같다"라는 한탄도 있다. 그러나 계속 쓸 수밖에 없다. 그 성실한 자세를 보고 어느 날 생도는 교사의 품으로 돌아온다. "교육은 백년대계"라는 말은 너무 많이 들어왔다. 어떻든 귀한 말이다. 그 결과를 목전에 기대하지 않고 먼 앞날에 두라 한다. 가정교육의 방법 중에 지효성(遲效性)이라는 게 있다. 효과가 아주 더디 온다는 원리다. 그러나 그 결과는 평생 지속된다는 뜻이다.

"세살 버릇 여든까지 간다"가 그것이다. 효과가 바로 눈에 띄지 않지만 계속 잔소리를 하고 타일러야 한다. 이것이 교육의 숙명이다.

요새 온통 신문을 뒤덮고 있는 기사는 갖가지 개혁 논의다. "삼불"정책, 대학의 구조개혁, 맞춤형 교육, 교육감 직선제, 교원평가제 등이다. 하나하나 다 일리 있어 찬반양론이 연일 뜨겁다. 나는 이런 문제에 대해 나름으로의 해법을 갖고 있다. 교육이란 원래 변증법적 성격을 지닌 작용이다.[1] 그래서 그 안에 서로 모순되는 대립계기가 있다. 그것이 서로 싸우면서 한 단계 높은 차원으로 통일된다는 논리다. 그래서 예를 들면, 어린이 중심이냐, 교사 중심이냐 하면서 이 둘 중의 하나가 옳다고 하는 따위 이자택일의 논리 등은, 참으로 교육을 몰라도 한참 모르는 논의로 여겨진다. 어떤 경우는 어린이, 어떤 경우는 교사, 이렇게 그 하고 많은 상황에 따라 달라야만 한다. 그러면서 서로 모순되는 것같이 보인 둘이 동시에 살아야 한다. 체벌의 예가 그 단적인 것이다. 체벌이 효과 있는 아이가 있고, 전혀 없는, 아니 역효과가 나는 아이가 있다. 일반적인 찬반론은 그래서 의미가 없다. 플라톤의 유명한 말이 있다. "바보는 때리지 말라. 똑똑한 놈만 골라 때려라!"

교원평가제에서도 그렇다. 평가제에도 타당성이 있는 부분이 있다. "선생님, 참 훌륭하십니다. 앞으로도 잘 부탁합니다", 이렇게 부추기는 면에서 그렇다. 그러나 이치에 맞지 않는 면도 있다. 일리라는 말과의 대비에서 써본다면 "무리"인 면이 있다는 말이다. 왜냐? 나는 다음 세 가지 근거를 대고 싶다. 첫째, 미숙성이다. 아직 미숙한 학생이 선생님을 어떻게 평가한단 말인가. 더욱 선생님들이 수행해야 할 하고 많은 업무들에 대해서다. 또 학생 개개인의 성향도 있다. 잘 웃기는 선생님, 못된 짓을 해도 못 본 체 해주시는 선생님을 좋아하는 학생이 있는가 하면, 교실 분위기를 엄숙하게 잡아주고, 못된 짓은 따귀를 갈겨서라도 바로 잡아주는 선생님을 좋아하는 학생도 있을 것이다. 둘째, 비전문성이다.

학부모에게 교사들을 평가하란다. 다방에서 만나 학부모들끼리 소곤거리며 개인적으로, 인간적으로 우정어린 충고를 구두로 하는 것까지는 좋다. 그러나 이것을 문서화해서 교장에게 제출하는 수준이라면 문제다. 왜냐? 교사는 전문가이기에 어디까지나 전문가가 평가해야지, 비전문가인 학부모가 해서는 안 된다는 이치다. 친목회장을 뽑는 따위의 인기투표가 아니다. 교사로서는 명예와 생활과 사활이 걸린 문제다. 셋째, 상황성이다. 교장이나 교감, 교사들끼리 하란다. 전문가들이 하니 공정할 것이다, 어디 요새 세상에 평가 안 받는 직종이 있다더냐, 심지어 교직만 목에 "철갑"을 두르고 있을 것이냐 한다. 그런데 여기에도 문제가 있다. 한국적인 정서, 개별 학교의 상황 그리고 평가자마다의 성향 등 많은 요인들이 맞물린다. 학생의 교사에 대한 평가는 웃고 넘어갈 수 있고, 학부모의 교사에 대한 평가는 못들은 체하고 피할 수 있어도, 전문가들끼리의 평가는, 이런 상황성을 고려할 때 정말 피나는 싸움을 촉발할 것이 뻔하다.

교원평가제, 참 문제가 많다. 몇몇 못된 교사, 못된 학원을 바로잡으려는 취지는 이해가 가되, 이로 인해 대다수의 훌륭한 교사, 훌륭한 학원이 그 소용돌이에 말려드는 꼴이 되어서는 절대 안 된다. 다면적 평가, 듣기에는 그럴 듯하다. 그러나 뜯어놓고 보면 그것도 이렇게 문제가 많다. 교사들끼리의 승진이나 승급과 관계없는, 그리고 부정적인 면보다 긍정적인 면을 부추기는 평가로 가자고 하는 논자도 있는데 나는 이것도 반대다. 여기에는 명예나 칭찬이나 보상 따위의 냄새가 나기 때문이다. 진정한 교사는 이런 것은 생각지도 않고 그저 묵묵히 학생들, 학부모들, 교장 · 교감들의 눈치를 보지 않고 아이들이 좋아서, 가르치는 일이 보람이 있어서, 그리고 이런 삶에 늘 충실감이 느껴져 더러는 열정적으로, 더러는 냉혹하게, 그리고 대개는 편안하게 교실에 임하는 사람이 아닐까.

어느 영국의 청교도 시인의 스승예찬사 이야기를 들은 적이 있다.

그리스어를 가르친 고전어 교사에 대한 예찬사다. 그 스승의 묘비명이 이렇단다. "… 평생 그리스어에서의 '호티'와 '운'의 용례 차이를 연구했다 …" 호티와 운은 "그러므로", "그래서"여서 영어로나 우리말에서는 거의 차이가 없다. 실제 그리스어 사전에서 보면 호티는 because, 운은 therefore다. 그 미묘한 차이를 평생 연구하며 학생들에게 학자로서의 아름다운 삶을 보여주었다. 이보다 더 귀한 가르침이 어디 있을까! 이런 선생님을 감히 누가 평가하고, 평가해서 또 어떻게 하겠다는 말인가. 구슬은 저절로 빛을 발하고 껍데기는 저절로 난다. 저절로가 좋다.

2. 선비상(像)을 키워가자 - 민족문화 지키고 키울 파수꾼 아쉬워

신문의 표어나 TV의 자막을 장식하는 새해의 소망도 가지가지였다. 다 아름다웠다. 그러나 단 하나 당혹스러운 것이 있었다. 어느 TV 특집의 표어인데, "1984년을 달린다. 이론보다 배짱, 생각보다 행동"이라는 것이다.[2] 이 특집의 내용이 무엇인지 잘 모르지만 지성을 버리고 행동을 찬양하는 것이라면 단호히 배격되어야 할 것으로 보인다.

이 일로 번뜩 생각나는 글이 조지훈의 "선비의 도(道)"의 일절이다. 지성과 문화는 동의어이며 문화는 지성인이 창출하는 것이다. 그런데 오늘날 지성인이 문화에 대한 책임을 회피하는데 비극이 있다. 그래서 나타난 것이 행동을 예찬하는 파시즘, 독재를 합리화하는 나치즘, 그리고 마침내 혁명과 전쟁을 찬미하는 공산주의가 대두되고 말았다. 지성인이여, 진정한 지성을 탈환하라 …"

물론 행동이 따르지 않는 지성은 진정한 지성이 아니다. 그러나 "이론보다 배짱, 생각보다 행동"이라는 표어는 반지성적인 것임에 틀림없다. 일찍이 데카르트는 "나는 생각한다. 그러므로 내가 존재한다"고 했다. 그런데 오늘날 젊은이들은 비틀즈의 행동적 · 충동적 · 피부감각적 노래로 상징되듯이 "나는 비튼다. 그러므로 내가 존재한다"는 바람직스럽지 못한 인생관의 노리개가 되어 문화의 앞날에 어두운 그림자를 드리우고 있다. 위의 TV표어는 분명히 이런 반지성문화를 부채질하는 것이다.

이런 인생관은 특히 한국민족이 이상적 인간상으로 따스히 가꾸어 온 선비상(像)과도 어긋난다. "선비"라는 말만 들어도 역겨움을 느끼는 사람이 있는가하면, 이와는 반대로 가슴 뭉클한 감동을 느끼는 사람도 있어 선비상에 대한 논란도 많다.

역겨움을 느낀다는 분들의 논지는 이렇다. 첫째, 그것은 특정의 계층에 한정되는 인간상이기에 배격되어야 한다는 것이다. 즉 사농공상의 네 계층의 하나이기에 만민평등을 내세우는 민주사회에서는 맞지 않는 상이라는 것이다. 둘째는 비생산성이다. 화조풍월(花鳥風月)만 읊었지 어디 그들이 생산에 종사했느냐 한다. 셋째는 비행동성이다. 명분만 내세워 가냐 부냐로 아까운 세월만 허비했지 어디 그 지성을 행동으로 옮겨 나라를 구해본 적이 있었더냐고 비판도 한다. 듣고보니 이런 논지도 그럴 듯하다.

그러나 선비 예찬론자들은 또 입장이 다르다. 이들 역시 선비의 특징을 셋으로 든다. 학자적 기질, 예술적 기질, 지사적 기질이다. 학자적 기질이란 글과, 정신문화를 소중히 여기고 역사를 지성으로 이끌어 가자는 삶의 자세다. 예술적 기질이란 각박한 현실에서 이따금 한 발짝 떠나서 자연의 미와 삶의 묘(妙)를 즐기는 마음의 여유를 말한다. 지사적 기질이란 정의와 진리의 파수꾼으로 나타나 문화가 위기에 처해 있을 때, 마치 예언자처럼 크게 외치는 재야적 기질, 즉 정의를 보살피고 약자를 돌보는 삶의 자세를 뜻한다. 듣고 보니 이 논지 또한 옳다.

우리 민족이 그 역사와 전통으로 고이 키워온 선비상에 이렇게 찬반 양론이 있다. 그러나 한 번 다시 생각해 보자. 그러면 우리가 이 선비상을 제쳐놓고 다른 인간상을 수입할 수 있겠는가?

어느 민족이나 그 역사와 전통을 통해 키워 온 귀한 인간상이 있고, 이것을 이상적 인간상으로 정립하고 교육을 통해 더욱 아름답게 다듬어 계승시켜 가고 있다. 몇 가지 예를 들어 보자. 중국 민족에게는 군자적 인간상이 있다. 그들이 가장 기리는 것은 인간으로서의 덕(德)스러움이다. 『삼국지연의』의 주인공은 실은 둘이다. 유비와 조조다. 유비에게는 덕스러운 인물들이 모여들고 조조에게는 지략(智略)있는 장군들이 모여든다. 그런데 덕인들이 지장(智將)들을 이기고 만다. 실제로 조조는 치세지능신(治世知能臣)이나 난세지간웅(亂世之奸雄)이라고 매도를 당한다. 중국 민족의 이런 인간상은 오늘날에도 이어져 오고 있다. 공산혁명의 와중에서도 소련처럼 피의 숙청같은 것은 없었고, 그 지도자를 보면 하나같이 덕스러움이 엿보인다.

일본 민족에게는 무사적(武士的) 인간상이 있다. 그들은 주군(主君)을 위해 봉사하고 아름답게 죽는 삶을 예찬해 마지않는다. 이왕이면 눈처럼 지는 벚꽃 밑에서 붉은 피를 뿌리며 아름답게 죽을 기회가 있었으면, 눈에 덮힌 담장을 뛰어넘어 주군의 원수를 갚고 그 무덤 앞에서 깨끗하게 할복했으면 하는 정신이 그것이다. 늘 히트하는 영화는 "쥬신구라"(忠臣藏)다. 47명의 낭인들이 옛 주군의 원수를 갚고 그 무덤 앞에서 할복하는 과정이 아름답게 그려진 영화다.[3] 이러한 전통은 군국주의 시대에는 가미가제 특공대의 산화로, 오늘날의 산업사회에서는 맹렬사원으로 나타난다.

눈을 돌려 유럽은 어떤가? 저마다 그 이상적 인간상을 달리하고 있다. 게르만민족은 장인상이요, 앵글로색슨 민족은 신사상이다. 장인기질이란 자기의 세속적 직업을 하느님이 주신 것으로 여기고 이를 통해 하느님께 예배하고 이웃에 봉사하며, 나아가서 그 직업으로 개성을 실현하는 자세를 말한다. 게르만민족의 가장 귀한 사고방식은 직업성소관(職業聖召觀)이다. 막스 베버가 그 유명한 『프로테스탄트의 윤리와 자본주의 정신』의 핵심부분을 루터의 직업관으로 장식한 이유도 여기에 있다. 그래서 그는 직업을 종교적 개념이라고 찬미한다. 괴테의 『빌헬름 마이스터의 도제시대』에서도 이 정신이 예찬된다. 자기 직업을, 자기가 만드는 상품을 종교적 · 예술적 경지로까지 아끼고 다듬는 이 장인기질이야말로 독일민족의 가장 큰 유산이며 자랑이다. 영국의 신사기질, 미국의 개척기질에 대해서는 더 이상 논할 지면이 없기에 생략하자.

이제 다시 우리 문제로 돌아가자. 한 민족의 이상적 인간상은 역사적 전통 속에서 다듬어져 내려 온 인간상일 수밖에 없으며, 따라서 그것은 상품처럼 필요에 의해 단시일에 만들어지거나 다른 민족의 그것으로 대치되거나 수입될 수는 절대로, 절대로 없는 일임이 명백하다. 비록 선비상에 부정적인 측면이 있다 할지라도 우리는 긍정적인 측면을 더욱 발전시켜 이를 키워가야 할 것이다. 교육은 한마디로 앞세대와 뒷세대가 인격적 만남을 통해서 계승 · 발전시키는 진리의 공동생산 작용이며, 이런 뜻에서 민족의 최대 · 최고의 기업이다.

우리같은 사범대학 교수들은 입학시험 계절만 되면 기분이 착잡해진다. 학력고사 고득점자가 하나같이 법대 · 의대 · 공대 인기학과로 몰리고 정신문화를 갈고 키울 문리대나 사범대는 외면하는 이 우려할 현상도 따지고 보면 선비정신을 가꾸지 못한 우리 사회, 특히 교육의 책임이다. 금년에는 부디 뜻있는 고득점자들이 대거 사범대에 지원하여 우리 민족의 정신문화를 키우는 파수꾼이 되어주기를 바라는 마음 간절했는데, 과연 그런 젊은이가 얼마나 있을지 궁금하다.

3. 선비상(像) 논쟁

글이 얼마나 소중하고 그러기에 정성들여 써야지 절대로 허투루 써서는 안되는 것임을 실감한 것은 위에 소개한 "선비상을 키워 가자"는 반향이었다. 벌써 21년 전의 일이였지만 그때의 가슴졸임은 지금도 새롭다. 안암골 한 구석에 이름 없이 묻혀 사는 한 교육학도의 글을 이렇게 읽어주는 사람이 많았다니, 정말 놀라웠다. 신문사에서 전화가 왔다. "교수님, 이 논제로 논쟁을 일으키려 합니다. 허락해 주시지요." 나는 대찬성이었다. 그래서 논쟁이 벌어졌다. 5회에 걸쳐 여러 사람에 의해 매주 이루어졌고, 끝으로 마무리 작업으로 지상 좌담회도 곁들여졌다. 학자도, 상인도, 그리고 멀리 미국 교민, 심지어 중동의 노동현장의 기술자들까지 전화로, 혹은 구두로 논쟁에 참여했다. 선비상에 대한 국민적 관심이 얼마나 높았던가. 신문사도 놀랐다 한다. 그래서 이례적으로 논쟁을 일으킨 것이었다. 다음은 5회에 걸친 지상 공개논쟁과 끝마무리 좌담회, 그리고 세 쟁점에 대한 나의 소감을 간추린 것이다.

제1회(1984. 1. 19)

김형효(정신문화연구원 부원장): 계급적 의미 아닌 정신적 차원의 표상, 말과 행동 일치, 직분의식 투철, 지행합일의 인간상 부각 – 선비도(道)는 시민사회 정신질서의 정립에 직결될 수 있는 정신교육적 가치를 지닌다.

최동식(고려대 교수): 선비의 이미지는 비생산성, 현실성 부족, 타협보다 고고(孤高) 고집, 과학성 없는 주지(主知)주의 수용 못해 – 과학에 대한 지식과 이해가 부족하고 과학적 사고방식에 길들여 있지 못하다.

정혜인(서울 성북구): 선비란 자기중심적, 봉사정신 없다. – 그들은 수신제가치국의 원리에 따라 첫째는 자기중심적이고, 둘째는 내 집안 중심적이고, 셋째는 지배(支配)지향적이다.

제2회(1984. 1. 26)

윤무돈(수필가): 선비는 민족의 얼, 분수·염치는 오늘날에도 절실, 비판받는 "이기(利己)"는 썩은 선비의 행동

김성훈(중앙대 교수): 선비는 봉건적 유물, 굶어도 상공업 종사않는 "고집", 특정층의 사자호는 국민상(像) 안돼.

이재진(대학생): 형식, 비민주적, 서민은 공감 못해 – 선비상은 장점보다 단점이 더 많음.

제3회(1984. 2. 9)

권덕주(숙대 교수, 중문학): 선비는 멸사봉공, 눈앞 이익 쫓지않고 불의에 항거, 숱한 외침(外侵)을 충효사상으로 물리쳐.

정영우(선경종합건설(주) 리야드 지사): 최고의 선 실현코자 부단히 노력 – 무릇 국민상이 한 나라 국민의 기질과 문화양식뿐만 아니라 바람직한 모습까지도 담고 있다면 선비상은 우리의 국민상으로 계승·발전 바람.

제4회(1984. 2. 16)

김삼웅(서울 영등포): 선비는 민중귀감, 상공종사 주장, 안빈낙도(安貧樂道)와 지조는 오늘에 절실 – 선비들이 직접 생산에 종사하지 않았다는 비판이 있다. 그러나 노동생산성이 유물적 가치만을 의미하는 것이 아니라면 그런 논리는 성립되기 어렵다.

양대현(한남대 교수, 정치학): 선비는 비협동적, 권력지향·무사

안일이 그 잔재, 윗사람엔 맹종, 매사를 운명에 – 정치권력과 출세지향적인 계급의식 때문에 권위의식 잠재.

김욱(대학생): 물질만능 시대의 청정제 – 나라가 위기에 처했을 때 바른 말로 왕도(王道)를 제시한 것도 바로 선비들이었고 비록 자신과 그 가족은 생활이 어려웠지만 고고히 그 품위와 절개를 지킨 것도 바로 선비들이었다.

제5회(1984. 2. 23)

심석규(서울 강서구, 서영학원 관리실): 선비는 민족적 상징, 국난 때마다 충열로 목숨 바쳐, 문약 · 사대 · 맹종은 속유(俗儒)의 소치.

정현권(경남 양산군): 동학(東學)도 같은 맥락, 만민평등 주장 – 이성적 도덕성과 감성적 놀이의 화랑도, 만민평등을 내세운 동학의 인내천도 옷을 달리한 접화군생(接花群生)의 선비의 사상이다.

논쟁의 마무리(1984. 3. 1)

이남영(서울대 교수, 동양철학): 선비논쟁은 바로 전통논쟁, 우리 유산의 새로운 인지(認知), 단 선비론에서 일반화 오류 범하지 말 것.

박영신(연세대 교수, 사회학): 현대사회는 조선사회와는 다른 민주사회, 다원화 사회, 조선시대의 선비상 부상(浮上)은 문제, 단 그 긍정적인 면 분석 필요, 분명한 사실은 선비정신이 지식과 윤리를 근접(近接)하게 봤다는 것.

이장희(아주대 교수, 국사학): 어떤 사상이 어떤 인물, 어떤 계급에서 나왔는가는 중요치 않음. 오늘날은 계급 없음. 선비사상이 좋다면 누구나 이를 받아들여야 함.

종합평가

김정환(고려대 교수, 교육철학): 이번 논쟁에서 부각된 쟁점을 몇 가지로 요약하여 본다.

첫째는, 선비상의 계층성 문제다. 봉건국가의 사농공상적 신분·체제적 제약을 벗을 수 없다는 비판이 많았다. 그러나 선비라 할 때 그 정신적 자세가 중요한 것이다. 어느 계층의 전유물이 아니다. 예를 들면 녹두장군 전봉준은 민중이었지만 그가 재판장에서 자신의 직업을 선비라고 선언했고, 사실 그의 기개나 삶의 자세로 보아 선비였다. 그래서 이 문제는 선비를 그 정신으로 보자는 것으로 깨끗하게 해결된다.

둘째는, 이상과 현실 사이의 괴리 문제다. 진짜 선비는 별로 없었고 가짜 선비가 많았다는 비판이 많았다. 그러나 그 몇 안 되는 진짜 선비들의 "광야의 외침"이 국민들의 졸고 있던 영혼을 일깨워 나라와 겨레를 이렇게 지켜오게 하지 않았던가.

셋째, 토착문화의 평가 문제다. 한 민족의 이상적 인간상은 그 민족의 역사와 전통으로 따스히 가꾸어져 온 토착적인 것이어야 하며, 그래서 결코 정책적으로 만들어지거나 수입될 수 없는 것이라는 논리에는 한두 분만 제외하고는 다 찬성해 주셨다. 동학도인 전봉준도 선비였고, 기독교 신자인 이상재도 선비였다. 우리 문화 속에서 정신적 자원을 발굴해서 계승·발전시켜 가자.

선비논쟁이 이례적으로 일간지에 전개되는 동안, 고려대 김준엽 총장은 군사정권의 압력으로 물러나면서 졸업생들에게 선비정신으로 살자고 훈화했고, 조선일보의 "이규태 코너"에서는 유배길에서도 나무토막으로 조각하며 흡족하면 바로 불에 던져버리는 선비 김시습의 마음의 여유가 찬양되었으며, 과학사가 박성래 교수(한국외대)는 "한국사회의 자생적 발전"이라는 강연에서 오늘날 특히 자연과학자가 역사의식, 즉 선비정신을 계승해야 한다고 외쳤다.

우리는 이제 일제 식민학자들이 우리 민족의 사기를 짓밟기 위해 헐뜯고 왜곡한 선비상을, 진정한 의미로의 선비상으로 제자리 찾게 하는 노력을 기울여, 우리 겨레의 자랑스러운 정신적 유산 중 가장 큰 것의 하나로 제자리 매김하고 교육에서도 그것을 반영해야 하겠다.

4. 분단의 비극을 몸소 안은 겨레의 스승 이만규

최근 이른바 "해방공간" 즉 1945년 해방의 그해에서 1950년 한국전쟁까지의 민족적 지도자의 비극에 대한 이야기가 TV의 특집 등으로 크게 다루어져 우리를 분노하게도 하고 또 슬픔에 젖게도 한다. 그런데 결론은 대개 이렇다. … 이승만 정권이 친일파들을 그대로 거느리고 거꾸로 말하면 그들에게 이용당하면서, 권력을 장악해가는 과정에서, 민족진영은 설자리를 잃고 차츰 좌경화해서 본의 아니게 월북하는 경우가 많았다. 이승만이 이렇게 민족진영을 "빨갱이"로 몰아부쳐 독재권력을 구축해간 그 논리가 유감스럽게도 지금까지도 이어져 오고 있다. 그래서 억울하게 몰린 민족지도자들에 대한 평가를 새롭게 하는 명예회복이 필요하다 … 이 결론은 실은 내가 각색하며 내린 것이지만 아마 대개 찬동해 주실 것이다. 일부 극렬 우익이사를 제외하고는.

일반인에게는 물론이요 국문학자, 교육학자들도 그 실상을 깊게는 거의 모르고 있는 이만규(李萬珪, 1882-1978)는 내가 특히 좋아하는 사람으로, 이렇게 시급하게 명예회복되어야 할 사람 중의 하나다. 일전에 퇴직 후 오래간만에 교육철학회에 나가 이런 생각을 더욱 굳혔다. 교육학자라면 누구나 이만규가 그 유명한 『조선교육사』 상·하권(을유문화사, 1947-1949)의 저자이고, 여운형의 비서실장을 하다가 월북한 사람이기에 그간 공개적으로 연구하기가 어려운 "교육학자"라는 것은 다 안다. 그런데 그는 직업이 놀랍게도 병을 고치는 의사였고, 『가정독본』(영창서관, 1941)이라는 얼마 전 복간되었지만 일반인들은 아직 잘 모르고 있는 명저를 해방 4년 전에 냈으며, 바로 또 유명한 서예가 이철경의 아버지이기도 하다. 내가 이러한 사실을 말하면 모두들 놀란다. 처음 듣는 말이란다. 이래서 우리는 기를 쓰고 그를 연구 · 평가해야만 하겠다. 나의 작은 이 글이 그 실마리가 되었으면 한다. 그의 업적과 사상을 다섯 가닥으로만 나누어 다져보자.

첫째는 나라글 국어사랑이다. 우리는 1942년 10월의 조선어학회 사건을 민족의 얼과 말을 지키자는 독립운동의 하나로 높이 평가하고 있다. 그리고 그 주동자 최현배, 이희승, 정인승, 김윤경 등을 존경해마지 않는다. 이 사건은 이렇게 저명한 학자들의 영어에 그치지 않고, 교육현장에서 국어를 사랑하고 열심히 가르치고 있던 많은 일선 교사들의 피검으로도 이어졌다. 바로 이만규가 그런 일선교사였다. 저명한 국어학자는 아니었지만, 개정판『가정독본』(1994)에서 방용규가 작성한 세밀한 새 이만규 연보에 의하면, 그 33인 중의 하나로 검거되어 혹독한 고문을 당하고 1년 뒤에 기소유예로 석방되었다. 배화여학교에 복직된 것은 천만다행이었다.

둘째는 교육에의 큰 뜻이다. 그는 강원도 원성군 지정면 간현리에서 지조높은 한산 이씨 집안에서 태어나 한문과 서예 공부를 했고, 소년시절부터 수재로 이름높아 19세에 경성관립 대한의원부속의학교에 입학, 3년 뒤에 2등으로 졸업, 의사자격증을 취득했다. 그런데 그는 그 졸업 닷새 뒤인 1910년 9월 1일(22세)에 경성 상동 사립 청년학원 교원으로 취임, 계속 여러 학교에서 교직의 길을 걷는다. 의사 출신이기에 그의 담당과목은 생리 · 수학 · 물리 · 화학 등이었다. 개성에서는 잠시 고려병원을 개설, 의사로서도 활동했다. 지금도 의사라면 떼돈을 버는 직업으로 선망의 대상인데, 당시는 더했을 것이다. 외골수로 교육의 길을 걸어온 그는 해방이 되자 제 9 대 배화여학교 교장으로 취임한다. 얼마나 꿈이

켰을까![4]

셋째는 『조선 교육사』 상·하권 저술 · 간행이다. 이것은 우리나라 최초의 통사적 교육사다. 상권은 구교육편이라는 부제로, 서론에 이어 원시시대의 교육, 부여와 한(韓)시대의 교육, 삼국시대의 교육, 남북조시대의 교육, 고려시대의 교육, 이조시대의 교육(고종 갑신년 전까지)으로 전 404쪽에 이른 대작이다. "남북조" 시대라는 다소 낯선 표현이 나오는데, 남조는 신라, 북조는 발해를 말한다. 발해까지도 아우르는 그 사관이 참 경이롭다. 하권 신교육편은 이조 종전(終前) 27년간 교육, 이조 종후(終後) 36년간 교육의 두 편으로만 자세하게 짜여진 488쪽에 이르는 대작이며, 부록으로 백제의 왕이 일본에 왕인박사를 보낸 서기 285년에서 사립으로 명륜전문학교가 생기는 1943년에 이르는 세밀한 연표까지 붙었다. 이 교육사에서 내가 가장 독창적인 논술이라며 감탄한 부분은, 번민, 태도, 환경의 세 항으로 분석한 사도(師道)라는 절이다. 이중생활을 해야만 했던 일제 하의 한국인 교사들을 다섯 유형으로 나누는데,[5] 나는 이것을 순교파, 지사파, 저항파, 순응파, 친일파라는 표현으로 해설 · 소개한 바 있다.[6]

넷째는 1941년에 나온 『가정독본』이다. 이것도 위 『조선교육사』에 못지않은 명저요, 더욱 그 혹독한 일제시대에 나온 대작인데 왠지 별로 주목을 받지 못하고 있다. 월북 후에 그의 저작은 또 금서에 가까웠다. 그런데 이것이 새롭게 단장되어 창비교양문고 31, 이만규 지음 『가정독본』(1994, 총253쪽)으로 햇빛을 보았는데 이것도 거의 절판이 되었다. 나는 단골 책방주인에게 특별히 부탁해서 간신히 10여권 구해 꼭 읽어줄 사람을 택해 기증하여 고맙다는 소리도 많이 들었다. 이 『가정독본』은 의사로서, 한학자로서, 네 딸의 어버이로서, 교사로서, 그리고 진보적 교육학자로서 쓴 계몽적 "여성독본"이다. "현대문화"라는 부제가 달린 이 책은 우선 각 장의 제호부터 이채롭다. 어버이와 자식,

시어머니와 며느리, 딸의 가치, 여성의 미, 여성과 가정… 자녀교육의 비결, 축첩론(蓄妾論), 가례(家禮) 등을 거쳐 가정을 다시 인식하자로 맺는다. 이 중 하나만 예를 든다면 여성의 미라는 장은 다시 화장미, 의복미, 육체미, 정신미의 네 항으로 분석된다.[7] 그 속에 딸의 가치라는 절이 따로 있다. 딸을 넷 둔 그에게는 또 딸의 가치가 여간 소중하지 않았던 것이다! 유명한 서예가 이철경은 그의 셋째 딸이다.

다섯째는 역사에의 참여 의식이다. 도산의 말 중에서 나는 "주인의식"이란 말을 높이 받든다. 삶에 대해 책임을 져야 할 주체적 존재의식을 이름이다. 도산은 지나가며 구경만 하는 "나그네" 되어서는 안 된다고도 비유했다. 나는 이런 모습을 참교육을 내세우며 교육현장에서 쫓겨나는 전교조 가입 제자들을 통해서 많이 보았다. 그들의 보람 뒤에는 큰 고난이 따랐다. 이만규, 그 사람도 그러했다. 해방의 그날 닷새 전인 1945년 8월 10일, 여운형의 조선건국동맹에 가입, 여운형의 지시로 이튿날 "독립선언문"을 작성, 1946년 평양 방문, 1948년 4월 남북협상 참여, 9월 월북 … 1972년(84세) 9월 조국통일사 사장 취임, 1978년(90세) 7월 13일 밤에 별세, 애국열사릉에 묻힘. 이렇게 연표는 그 숨막히는 해방공간과 월북 후의 그의 모습을 전한다.

겨레의 비극이 의인의 비극을 부르고, 의인의 비극은 학자의 비극, 그리고 다시 가정의 비극을 불렀다. 겨레의 또 하나의 큰 스승 이만규! 그가 그 전형이다.

5. 효도교육 다섯 가지

손이 귀한 집안의 장남이어서 나는 1년에 몇 군데 시제에도 참여하고 또 조부모님, 부모님 추도식을 모셔야 한다. 한국인은 세계에서 가장 혈연을 중시하는 민족이고, 그것이 지나쳐 그 추석 성묘행렬에서 보듯, "조상숭배교" 아니냐, 매년 "민족이동"이냐고 서양인들에게 비꼬임을 받기도 한다. 그러나 새옷 입고 아들 딸 거느리고 햇곡식 햇과일 차려 놓고 부모님 묘 앞에 엎드려 절하며 술을 따라 올릴 때 느끼는 그 기쁨과 충족감은 이루 표현할 수 없다. 추석행렬을 비꼬는 외국인들은 그 즐거움을 몰라서일 것이다. 도대체가 정주할 땅 없이 쏘다닌 유목민족의 자손인 그들과, 조상이 물려주신 땅에 붙박혀 살아 온 농경민족의 우리와는 땅과 혈연에 대한 생각이 같을 리 없다. 효(孝)에 대해서는 더욱 그렇다. 서양인에게는 효라는 개념 자체가 희미하다.

그런데 또 하나 우리가 주목해야 할 것은 동양인은 "효는 백행의 근본"이라 하여 도덕·윤리규범의 으뜸으로 받들어 왔지만, 지금은 그것이 우리 한국에만 살아 있다는 것이다. 일본은 서구화가 지나쳐 그것을 잃은 지 오래다. 중국은 공산주의 세례를 받는 과정에서 효도 유교적 윤리 청산과 더불어 가치절하 되었다. 나머지 하나는 우리 민족의 반쪽 북한인데, 신기하게도 이 곳에는 지금도 유교적 윤리가 거의 그대로 살아 있고, 가족적·혈연적 유대감을 비롯해서 그 효가 살아 있어 보인다. 그 단적인 예가 부자세습, 2대에 걸쳐 섬긴다는 슬로건이 먹혀들어 가는 것이리라. 이것은 절대 비꼬는 말이 아니다. 좋고 나쁘고를 떠나서 그런 관념이 살아 있다는 증거다. 효는 그래서 이제 우리 한민족에게만 있는 윤리, 정신적 가치요 전통적 자산이 되었다. 이것을 부러워하는 민족이 실은 많다. 이웃 일본이다. 일본 오사카 덴노지(天王寺)역 옆에 큰 사찰이 있다. 이 절은 납골당 규모며 관리체제로 유명하다. 매일 수천명 참배객으로 붐비는 절이다. 내가 한국인인 것을 알아보고 일본 아주머니 한 분이 통탄했다. "당신들 한국인들은 어렵게 살면서도 어쩌면 그렇게 어버이 섬김(오야 고오고오: 親孝行)이 지극한가. 부럽다!"고.

나를 여행자가 아닌 재일한국인으로 알았나 보다. 어쨌든 퍽 흐뭇했다.

서양에는 효의 개념이 없거나 희미해 보인다. 효도교육 다섯 가지란 본론에 들어가기 전에 이것부터 정리해야 하겠다. 서양문명의 고향인 그리스 문명에 우선 이 효가 희미하다. 그들의 4덕, 즉 생산계층의 절제, 치안계층의 용기, 철인계층의 지혜, 그리고 각 계층이 그 몫을 수행하면서 이루어지는 조화, 이 넷 중에 효는 없다. 이 넷이 고루 이루어져 되는 것이 무엇인가. 정의다. 그 어느 곳에도 효는 없다. 그리스 민족과 대비를 이루는 또 하나의 문화의 줄기 히브리 민족에서는 어떠한가. 모세의 10계명 중 제 5계명이 "너희는 부모를 공경하라"다. 그런데 이 "공경"은 우리 효와는 다르다. 존경하고 받들라는 뜻이다. 사실, 영어로도 Honour, 독일어로도 Ehre다. 우리의 "효"라는 관념이 없기에 그에 해당하는 "언어"가 없는 것이다.

이왕에 이렇게 "언어" 말이 나왔으니 좀더 따져보자. 『논어』 학이편(學而篇)의 둘째 절에 "군자는 본에 힘쓸지어다. 본이 서면 길이 서느니라. 효와 제 이것이야말로 인의 본일진저(孝悌也者 其爲仁之本與)"라고 있다. 그런데 내가 가지고 있는 『논어』의 세 가지 영역본에서 이 "효제"가 다 다르다. filial duty and fraternal duty, being good son and obedient as a young man, filial piety and reverence to elders로다. 독일어 번역에서는 Pietaet und Gehorsam이다. "효"라는 것을 나타내주는 하나의 끝내주는 "언어"가 서양에는 없다. 언어는 존재의 집이다. 언어가 없으니 존재가 없다. 논리적으로는 이렇다. 우리는 감히 없다고는 하지 않는다. 그들 문화가 다르기에 우리에 비해 그것, 즉 효가 너무나도 희미하다 이것이다!

동양에서는 어떤가. 불교에는 부모은중경(父母恩重經)이 있을 정도다. 그 중 부모의 은덕을 열 가지로 나누어 타이르고 있는 부분이 압권이다. ① 10개월이나 몸에 품고 키워주신 은혜, ② 해산 날에 즈음해서 고통을 이기시는 은혜 …, ⑩ 끝까지 불쌍히 여기시는 은혜 등이다. 그런데 제 8 장의 보은의 방법에 이르면 좀 맥빠진다. 부모의 은덕을 갚는 방법은 경전을 만들어 절에 바치는 일이요, 그러면 지옥에서 고생하는 부모님이 극락으로 옮겨진다는 것이다. 『논어』에서는 어떤가. 부모님 연세에 늘 신경쓰고, 괴로워도 말씀 잘 따르고, 보살피는데 그치지 않고 공경하며, 밖에 나가서는 어른을 공경하고 신의를 지키고 남을 사랑하고 훌륭한 사람을 받들고, 그리고 나서 여력이 있으면 학문하라 등이다. 우리는 어떠한가. 『삼국유사』 끝에 효자 · 효녀의 설화 다섯이 따로 묶인 효선(孝善)장이 있을 정도로 효는 우리 문화에 체질화되어 있다. 그런데 그 설화 내용이 절에 공양을 많이 해서 복받으라던가 허벅지살을 베어 봉양했다던가, 노모의 밥을 빼앗아 먹는 아이를 묻다가 석종이 나와 중지하고 그 석종으로 임금님에게 50석을 하사받았다던가 하는, 가난과 봉양과 공양 관련 설화여서 잔뜩 그 내용에 기대한 우리를 맥빠지게 한다.

이렇게 글을 쓰고 있는 나는 어떠한가. 어버이 두 분 다 가신 다음에야 후회 막급이다. 주자 10회(朱子 十悔) 중 첫째가 "부모에게 효도하지 않으면 돌아가신 뒤에 후회한다"(不孝父母死後悔)나. 주자님도 불효하셨던가. 왜 그 첫째로 이 불효를 들으셨던가. 70에 가신 아버님에게는 그래도 덜 하다. 불국사 여행도 단 둘이서 한 적이 있으니까. 그러나 40도 못채우시고 가신 어머님 생각을 하면 가슴부터 미어진다. 그래서 나는 추도식 때 아버님 사진은 한 달이고 그냥 걸어두는데, 젊은 어머님 사진은 그렇게 못한다. 그 젊은 모습에 가슴이 저려 차마 오래 보지 못하는 것이다. 그래서 바로 며칠 후에 내려놓는다. 주자님은 후회라 하셨지만 나의 경우는 통회(痛悔)요, 통한(痛恨)이다. 그래서 이렇게 효에 관해 자꾸만 글로 써대는지 모른다. 그 심리가 참 요상하다. 내가 젊은이들에게 꼭 타이르고 싶고, 교사들에게도 학생들에게 훈화로 참고

해 주었으면 하는 현대판 효도 다섯 방법을 들어본다.

용돈 드리기: 노부모가 제일 원하시는 게 용돈이다. 자본주의 사회, 돈의 사회다. 돈이 가는 곳에 마음이 간다. 매월 은행 지로로 자동입금하시라. 봉투에 넣어서 직접 드리지 말라. 바빠서 못가 날짜 어기거나 빠지는 수가 있기 때문이다. 부모는 꼭 궁핍해서 용돈을 바라는 게 아니다. 자식자랑 하기 위해, 모았다가 손주 손자에게 선물 사주기 위해서다.

수시 문안드리기: 노부모는 자나깨나 자식들 손자 · 손녀들 생각이다. 그런데 자식들은 그 반의 반도 부모를 생각 않는다. 오죽 해야 십분의 일만 해도 효자라 했을까. 자주, 수시로 문안드릴 지어다.

같이 나들이하기: 젊은이들의 마이카 여행 행태가 한심스럽다. 부부에다 아이 달랑 하나, 이것까지는 좋다. 늙은 어머니나 아버지가 앉아 있어야 할 자리에 파마로 화장한 강아지가 앉아 있다! 얼마 안가서 자기네도 그렇게 당한다. 이래서는 가정 자체도 제대로 안 돌아간다.

외로움 달래드리기: 노인들을 제일 괴롭히는 것이 셋이란다. 병고, 고독감, 허탈감이란다. 이런 것들은 부자들 이야기고 우리는 우선 용돈부족이라고 하는 사람도 있으나 위에서 했으니 이 말은 접어두자. 복지사회여서 육체적 병고는 건강보험, 경제적 문제들은 연금이나 여러 보험에 의존할 수 있다. 그러나 고독과 허탈감은 다른 차원이다. 자녀들의 사랑 그리고 여기에서 느끼는 삶의 충족감, 이것만이 그것을 풀어준다.

가족 간의 우애: 형제간, 숙질간, 부부간, 동서간 … 이렇게 가족끼리 서로 가까이 지내며 사랑하는 일, 그 자체가 실은 부모에 대한 현대판 최고의 효다.

6. 『일본사』 교과서를 정독하고

드디어 나도 일본에 대해 글을 쓰게 되었다. 정말 난생 처음이다. "교과서 왜곡" 문제로 저쪽이나 이쪽이나 들썩거리고 있기 때문이다. 일본을 잘 안다고 여기고 있는 나, 미래에의 꿈을 키워내야 할 교육학자인 나로서 이번만은 소신의 일단을 피력하지 않을 수 없다고 느끼게 되었다. 이것은 나의 의무이기도 하리라.

나는 10여 년을 일본에서 공부했다. 그래서 일본에 대해서 비교적 잘 알고 있고, 또 일본에 대해서 관심도 많다. 나의 서재에는 일본 코너가 따로 있다. 『일본은 없다』, 『일본은 있다』 등의 주간잡지조의 책에서부터 재일동포작가가 쓴 『일본 속의 한국문화를 찾아서』, 또 전문서적, 교양서적, 신앙서적 말고도 "일본학" 서적 섹션도 있다. 프랑스 사람이 쓴 『일본을 미워하는 50가지 이유』, 일본인이 쓴 『추한 한국인』, 그리고 전문학자들이 쓴 『백제는 일본의 기원인가』, 『일본 안의 백제문화』 등 20여 권이 꽂혀 있다. 이렇게 관심도 많은데 왜 그간 일본에 관해 한편의 수필도 안 썼고, 또 한국 안의 일본학회에도 가입하지 않았는가. 일본이 나에게 추파를 던져 – 이럴 우려는 없지만! – 내가 그들의 연구비나 받으면서 스타일 구길 수 있기 때문이다. 다음 글은 일본인 교육학자 교수에게 보낸 나의 편지 일부분에다 나의 소견을 피력한 것이다. 이 친구는 나하고 얼마나 친한지 일본인으로서는 이례적으로, 부부동반 나를 방문해 일주일이나 우리 집에 투숙하며 국내여행도 같이 한 사이이다. 그는 일본 군국주의가 우리 한국인에 가한 죄악상을 나보다 더 잘 알고, 전후 보상문제, 한일간의 평화문제 등에 대해서도 열성적으로 참여하고 있다.

지난 봄 나가노에서 몇 권의 책을 샀습니다. 그 중의 하나 고등학교 검인정 교과서인 『일본사』(이시이 스스무 등 공저, 야마가와 출판사, 2002)를 정독하느라 열흘이나 걸려 막 완독했습니다.[8)] 겨우 4백쪽 안팎의 책에 그렇게 많은 내용을 담는 그 솜씨에 그야말로 감탄했습니다. 나는 일본에서 2년간 고등학교도 다녔습니다만 세계사를 선택했었기에 일본사에는 정말 어둡습니다. 그래서 이참에 정말 여러 가지 많이 배웠습니다. 이 교과서는 조금은 진보적 시각에서 문화와 경제면에 무게를 둔 것 같아서, 최근 양국간에 문제가 되어 있는 소위 "왜곡" 과는 먼 것 같아서 안도했습니다. 그러나 나(한국인)에게는 좀 이상하다던가, 수긍하기 어렵다던가, 좀 아쉽다던가 하게 느껴지는 점들이 몇 군데 있었습니다. 이것은 정말 전문 밖의 분야이기에 나의 느낌일 따름입니다. 그 중 몇 가지 예를 들면 다음과 같습니다.

① "임나일본부" 설도 있다고 소개하는 것은 좋으나, 일부러 그 페이지에 주석의 형식으로 호태왕비 중의 "바다를 건너 百殘□□□羅를 무찌르고, 이를 臣으로 삼았다" 고 한 것은 불만입니다. 암암리에 □□□ 안에 왜가 바다를 건너(391년) 조선반도를 지배했다는 등을 시사하는 듯해서 이것은 왜곡이 아닐까 여겨집니다(26쪽, 논쟁이 아직 계속되고 있는 사항입니다).

② 일본이 신라 불교의 영향을 크게 받았고, 특히 원효(元曉)대사(617-686)의 정토불교, 또 심생즉종종법생(心生則種種法生), 심멸즉종종법멸(心滅則種種法滅)이란 선종(禪宗)적 사상은 일본의 불교에 미친 영향이 컸었다고 이곳 한국에서는 알려지고 있는데, 이 교과서에는 언급도 되지 않았습니다(168쪽 이하).

③ 후쿠자와 유키치(福澤諭吉)의 "탈아론" (脫亞論)이 얼마나 많은 아세아 나라들 특히 조선, 중국의 침략에 이어졌는가에 대한 사상적 점검이 없습니다(265쪽).

④ 남경사건의 축소 소개, 특히 "민비(명성황후) 시해사건" 에 대해서는 언급도 안했습니다(324쪽).

⑤ 천황의 전쟁책임 문제에 대해서도 극히 애매하게, 그래서 답답하고 흐릿해서 무책임하게 달아나 버리는 식의 기술이었습니다(327쪽).

나는 이 편지를 복사해서 일본인 친구 일곱 사람에게 보냈다. 모두 이 편지의 수취인을 직접 알거나 나를 통해서 어느 정도 아는 학자, 교사, NGO들이었다. 그런데 나의 위 다섯 가지 의문점에 대한 대답은 하나도 얻지 못했다. 일본인 특유의 전문가의식 때문이리라. 좁은 의미의 "일본사 전문가"가 아니라서 말 못하겠다는 뜻이리라. 절친한 사람들이었기에 그래도 몇 마디 시비, 아니면 위로의 말이 있을 줄 알았는데! 퍽 아쉬웠다. "역사 문제"는 이처럼 겨레의 정체성과 관련되기 때문에 정치나 경제 차원보다 훨씬 심각한 문제라는 것을 나는 이 일을 계기로 새삼 실감했다.

이왕에 말이 나왔으니, 우리가 요새 특히 왜곡 혹은 은폐 등 표현으로 궁금하게 여기는 몇 사건에 대한 이 교과서에서의 진술을 직접 점검해 보자.

① **한국병합**: 일본의 한국 외교권 박탈, 헤이그 만국평화회의에의 황제의 밀사 파견, 한국의 의병활동 격화, 하얼빈 역두의 한국의 민족운동가 안중근(1878-1910)에 의한 이토 히로부미(伊藤博文) 암살, 헌병대가 상주하며 한국의 경찰권 박탈 … 이러한 준비 위에 서서 한국병합을 단행했다(272쪽).

② **관동대진재의 혼란**: 지진과 화재의 큰 혼란으로, "조선인이 폭동을 일으켰다, 방화했다"는 유언(流言)이 퍼져, 정부도 계엄령을 공포 … 자경단을 만들게 했고, 관동 전역에서 철저한 "조선인 사냥"이 행해져 … 수천 명의 조선인과 약 200명의 중국인이 살해되었다(307쪽).

③ **군의 위안시설**: 조선에서는 1943년, 대만에서는 1945년에 징병제가 실시되었다. 또 여성의 경우, 전지의 군의 위안시설(慰安施設)

에서 사역된 사람도 있었다(332쪽).

이 교과서는 우리가 궁금하게 여기는 위 세 사항에 대해서는 이렇게 비교적 공정하게 기술하고 있다. 한국병합은 일본이 "준비"해서 단행했고, 관동대진재 때의 조선인 학살은 "유언비어"를 퍼뜨려 관민합작으로 자행되었으며, 또 위안부는 분명 "군시설"에서 일한 – 이런 표현은 잘 안쓰지만, 나의 직설적 말투로는 – "군속"이었다고 고백하고 있는 것이다.

교과서 왜곡 문제, 참 어려운 문제다. 나는 일본사 전문가가 아니요, 정치가도 아니다. 그런 내가 왜 이렇게 깊게 따져보고 있는가. 미래의 꿈을 키워야 할 교육학자로서 또 이웃을 사랑하라는 계율을 받들어야 할 사람으로서, 그리고 후손들에게 아름다운 역사를 넘겨주어야 할 할아버지로서 꼭 한번은 몸소 짚고 넘어가야 할 중대사이기 때문이다. 이 문제에 대한 나의 생각을 셋으로 다듬어 본다. 첫째는 일본인의 양심을 믿자는 것이다. 몇몇 국수주의자를 제외하고는. 둘째는 정치가들의 선동에 놀아나서는 안 된다는 것이다. 특히 일본측에서 말이다. 셋째는 일본의 교사들을 믿자는 것이다. 대다수의 일본 교사들은 "국수주의 회귀적" 교육당국 손아귀에 절대 놀아나지 않고 있다. 그 악명높은 후쇼사 교과서 채택률이 0.004퍼센트에도 미치지 못한 현실이 이것을 말한다. 또 개인적으로는, 일본에서 사범대를 나오고 교육학 공부를 하며 10여년 지낸 탓에 사귀게 된 많은 일본인 친구 교사들의 나에 대한 미소가 이것을 말한다.

7. 윤리적 힘을 길러 교육혁명 이룩하자

"연고전, 고연전"을 들먹이며 내가 학생들에게 열을 올려 설득하려 드는 개념이 있다. "교육혁명당"이다.

교육을 통해 이 사회와 문화를 뜯어 고치자. 그러려면 힘이 필요한데 그 힘은 뭐니뭐니해도 도산 안창호도 역설했듯 윤리적인 힘이다. 그런데 그 윤리적인 힘도 낱개로 버글버글할 때는 별 힘으로 작용하지 못한다. 모아져야 한다. 그래서 도산은 늘 단결수련도 외쳤다. 그 윤리적 힘을 기르는 교육, 그 교육의 알파이자 오메가라는 교사의 제고된 의식, 이 둘이 결합하면 "교육혁명"이 가능하다. 우선 연고생 각 한 사람이 운동경기에 이기려고만 열을 올릴 것 아니라, 도산의 제 1 계명 "죽더라도 거짓은 안 한다"고 강령으로 선언하는 "인격혁명단"을 만들고, 1년에 한 사람씩 단원을 의무적으로 가입시켜 준비기간도 있을 터 명년부터 시작하면 10년 후에는 몇 사람이 될까? 내가 계산해 보았더니 2의 10승, 1,024명입니다.

이 말에 학생들은 놀란다. 지금 연대가 대학원생 교수까지 합해서 2만명, 고대도 이렇게 2만명, 그래서 4만명이 일년에 한 사람씩 권유해서 단원을 늘려가면, 놀라지 마십시오! 그 숫자는 10년 뒤에 4,096만명, 꼭 현재 우리나라의 인구와 버금가게 됩니다! 흑판에다 실제 내 수학 실력까지 선보이며 계산해 보인다. 2의 10승이라, 2, 4, 8, 16, 32 … 1024. 어떤 때는 일부러 틀리게 해서 학생들을 웃기게도 한다(이것이 교사의 기술이다!). 이렇게 교육혁명당만 창설하면 10년 후에는 정말 끝내주는데 말입니다! 해방 후 수십년 우리는 수도 없이 헌법을 뜯어고치고 국회를 열었다 해산했다 별짓 다했습니다. 정치만을 한 것입니다.

그런데 어디 되었습니까? 겉만 멀쩡하지 속은 썩어서입니다. 속을 깨끗하게 살려야 겉이 싱싱하게 살 것 아닙니까?

여러분! "연고전, 고연전" 대신에 "교육혁명당"으로 갑시다. 여기에 이르면 그저 웃는 아이, 나에게 회심의 미소로 답해주는 아이, 옆 친구와 무엇인가 속삭이는 아이 등 이렇게 혼란스러워진다. 생전 못듣던 이야기, 아니 허황된 이야기로도 들리리라. 그런데 이렇다가 폭소가 터지기도 한다. 나의 "연고전"이란 말에 "선생님! 연고전이 아니고 '고연전'입니다. 여기는 고대 아닙니까?" 폭소가 터진다. 그러면 나도 웃으면서 대꾸한다. "나는 친정이 안암골이 아니어서, 버릇이 들어서 그만! 미안합니다." 또 폭소가 터진다.

도산은 이런 계산을 실제로 하면서 이렇게 외쳤다.

> 망종지민(亡種之民)의 인격으로 무슨 사회혁명을 하느냐고 반격을 할는지 모릅니다만 한 해에 열 사람이면 열 사람, 스무 사람이면 스무 사람, 이같이 늘어 갈수록 우리 사회는 점점 좋아질 것이 분명합니다. 인격입니다.[9)]

글은 계속 이어진다. 가시나무엔 가시만 열리고 포도나무엔 포도만 열린다면서 인격혁명을 못한 사람은 제아무리 좋은 사회제도를 만들어 놓아도 도로아미타불이 될 수밖에 없다는 것이다. 인격혁명도 혼자서는 못한다. 서로 부추기며 단결해야 된다는 말씀은 이렇다.

> 오늘 일반 민중에게 큰 기대를 많이 가진 제군 또 큰 짐을 지고 있는 제군이 하여야 할 일이 많지만 그 중에서 가장 먼저 하고 가장 힘쓸 것은 인격훈련과 단결훈련, 이 두 가지다.[10)]

이제 인격혁명은 윤리혁명이어야 하고 이래야만 교육혁명이 이룩되고 사회와 문화가 깨끗하게 뜯어고쳐진다는 교육철학 이야기로 돌아서자. 이와 같은 문화개혁적 교육사상 체계를 문화재건주의 교육철학이라 한다. 미국의 브라멜드라는 사람에 의해 1950년대 전후에 주창된 것인데, 영어로는 리콘스트럭셔니즘(Reconstructionism)이라 한다. 지하구조물을 뜯어고치는 도로공사장에는 "공사중" 이란 경고판이 서있는데 이것이 영어로는 "언더 콘스트럭션"(under construction), 즉 "뜯어고치고 있다"는 뜻이다. 교육을 통해 이 사회와 문화를 밑뿌리부터 뜯어고쳐야 한다는 철학이다. 혁명하면 으레 "빨갱이"를 연상하는데 아니다. 멀쩡하게 미국에서 발생하여 많은 호응을 얻는 진보적 교육논리의 하나다.

그런데 우리가 특히 주목해야 할 것은 이 철학은 바로 우리 도산의 "윤리지상주의"와 비슷하다는 것이다. 교육혁명을 하려면 교육이 힘을 지녀야 하는데 그 힘은 바로 윤리적 힘을 바탕으로 해야 한다고 선언하고 있기 때문이다. 나는 이 논리에 공감하는 바가 컸기에 내가 제자와 같이 쓴 교육철학 교과서에 꽤 크게, 비중 있게 소개했다. 그 중에서 "힘으로서의 교육" 부분만 같이 읽어 보기로 하자.11)

> 현대는 힘의 시대다. 교육은 과연 힘을 나누어 갖고 있는가. 아니면 힘의 고용인에 불과한가. 원래 힘은 무도덕(無道德)이다. 그러기에 힘은 도덕적인 데도 쓰일 수 있고 부도덕한 데도 쓰일 수 있다. 우선 교육은 힘의 피고용인이 되지 말고 힘의 주인이 되어야 한다. 그러나 동시에 힘을 도덕적인 데 써야한다. 여기에서 힘을 몇 가지로 나누어 보자. 첫째는 경쟁적인 힘이다. 미국의 세력확장에 기여하는 학교의 힘 따위가 이것이다. 둘째는 인간성의 힘이다. 인간 개개인의 이성의 힘을 말한다. 셋째는 정신의 힘이다. 물질생활의 늪 속에서 몸부림쳐 나오는 의지의 힘이다. 넷째는

윤리적 힘이다. 이는 지식이나 힘이 부도덕적으로 쓰일 때 이것을 시정하는 힘을 말한다. 교육은 이 중에서 특히 윤리적 힘을 갖추어야 한다.

이제 믿을 것은 교육 밖에 없다, 그것도 인격교육이다. 그러나 이 논리에 전적으로 공감하는 교육철학자는 불행하게도 그다지 많지 않다. 불행중 다행이라 할까, 브라멜드에 사사하고 심취한 사람이 우리나라에도 한 두 사람 있어 그를 한국에 초대하여 강연할 기회도 마련했고 소개도 해서 귀중한 문헌도 서너 편 남게 되었다.[12)]

그 교육혁명이 과연 가능한가. 끝으로 이에 대한 진단을 도산과 그 제자를 자칭한 이광수의 논리의 대조로 검토하자. 도산은 이 길밖에 없다, 그리고 그것을 낙관해야 한다고 설득했다.[13)] 그러나 그 제자를 자칭한 이광수는 정반대로 비관적이었다! 악명높은 그 『민족개조론』에서 분명히 "나는 차라리 조선민족의 운명을 비관하는 자이외다"라고 고백하고 있다.[14)] 그의 훼절에서 보듯, 이것은 낙관을 위한 비관이 아니고 비관을 위한 비관이었다.

1) 교육의 변증법적 성격에 대한 정영수 교수의 귀한 논문이 있다. "인간교육의 변증법적 고찰", 『한국교육』 13·2, 1986.11, 5-18쪽.

2) 이 글은 1984년 1월 5일자 한국일보 "일요일 아침에" 논단에 실린 글로, 뜻밖에 정초논단이 된 글이며, 그 후 저자의 『현대의 비판적 교육이론』(박영사, 1988, 189-192쪽)에 담긴 것이다. 나로서는 큰 용기를 내어, 당시의 군사문화 추종자들의 반지성적 행태와 언사들을 비판한 회심의 작이요, 지금 생각하면 객기로 쓴 글이다. 그 무섭고 어두웠던 시절의 사건들을 참고로 셋만 소개하면, 대구미문화센터 폭파사건(1983.9.21), 버마 방문 중의 전두환 대통령 일행에 북한이 폭탄테러를 저질러 한국측 수행원 17명 사망(10.9), 레이건 미대통령 방한(11.12)이다. 이렇게 공포가 지배하던 시대였다.

3) 1703년 야음에 낭인 47명이 옛 주군 아고오(赤穂) 영주 아사노(淺野)의 원수 기라(吉良)의 저택을 습격해 한을 푼 사건으로, 일본에서는 지금도 이들을 아고오의사(義士)라고 받들고, 국어사전도 중사전 정도라면 그 47명 전원의 이름이 나온다. "쥬신 구라(忠臣藏)"의 "구라"는 낭인의 대표자 오이시 구라노스케(大石藏之助)의 약칭이다.

4) 1929년 창간의 『배화』에 아버지 이만규는 "여학생이 양복 입는데 대하여"를, 딸 이철경은 "반회(班會)의 목적과 가치"에 대해 쓰고 있고, 이만규는 해방 후 첫 번째로 나온 『주간 소학생』(1946.2.11) 제 1 쪽에 "우리 글 자랑"을 싣고 이렇게 말하고 있다. "… 우리글은 세계 어느 나라의 글보다 잘되고 훌륭한 글입니다. 한문글자나 영어글자나 모두 우리글만 못합니다 … 한글을 발명한 것은 세계적 자랑이라 …" 이만규는 이렇게 탁월한 교육적 감각의 소유자였다. 최덕교 편저 『한국잡지 백년』 제 2 권, 현암사, 2004, 278, 462쪽 참조.

5) 이만규, 『조선교육사』, 하권, 을유문화사, 1949, 397-405쪽.

6) 김정환, "도산사상의 발전적 계승책", 『도산사상 연구』 제 1 집, 흥사단출판부, 1986, 115-116쪽.

7) 이만규, 『가정독본』, 영창서관, 1941, 52-53쪽.; 개정판 『가정독본』, 창작과 비평사, 1994, 55-73쪽.

8) 정확하게는 이렇다. 고등학교 지리 역사과 용 문부과학성 검정필 교과서 "일본사 B" 『상설(詳說) 일본사』(石井進 笠原一男 兒玉幸多 笹山晴生), 山川出版社, 2002. 이 교과서 필진 12명 중 진보적 시각의 사학자로 보이는 동경대학 교수가 넷이나 된다. 교과서 채택은 학교 단위가 아니라 교육구 단위다. 그래서 지역에 따라 편차가 있다. 내가 이 교과서를 산, 일본 앨프스의 고장 나가노현은 역사적으로 학자들이 많이 나오는, 일본에서도 히로시

마와 더불어 일컬어지는 진보적인 분위기의 "교육현"이다. 나는 처음에 그 악명높은 후소사(扶桑社)의 교과서 등 여러 종류를 구하려 했는데, "후소사"란 말에 서점 주인이 놀라더니, 금세 웃으면서 "그런 건 없습니다"하면서, 나를 성난 한국인으로 알고 위로의 눈빛을 보내는 것이었다. 나는 우정을 느꼈다!

9) 『안도산 전서』 "도산 · 황신 문답기", 868쪽.

10) "청년에 부치는 글" 중 "인격훈련 · 단결훈련" 부분, 『안도산 전서』, 495쪽. 이 글은 인격훈련 · 단결훈련, 용단력과 인내력, 오늘의 대한학생의 세 절로 짜여져 있다.

11) 김정환 · 강선보 공저 『교육철학』, 박영사, 1998, 213쪽.

12) 브라멜드, 『문화의 위기와 교육』, 황종건 역, 배영사, 1975.; 조용진 지음 『브라멜드의 교육사상』, 배영사, 1977.

13) "동포에 고하는 글"(갑자논설), 『안도산 전서』, 470-471쪽.

14) 이광수, 『민족개조론』, 대성문화사, 1967, 114쪽.

제 14 장

교육단상

1. 모유예찬론
2. 정성스러운 흑판 닦기
3. 역사교육에 대한 소감 다섯 가지
4. 내가 말려든 세 논쟁
5. 부활의 4월 연세대학 교정
6. 노칠거 – 노인이 버려야 할 칠거지악
7. 민중을 씨울로 일깨운 위대한 영혼 함석헌

1. 모유예찬론 - 품돌이와 병돌이

젊은 엄마가 다소곳이 돌아앉아 가슴을 살짝 열고 아기에게 젖을 물린다. 엄마와 아기 사이에 미소가 번진다. 아기는 빨다 말고 엄마의 젖을 가지고 논다. 엄마는 다시 물린다. … 이런 포근하고 아름다운 정경, 우리 세대들은 흔히 보았다. 집안 차례 때나 성묘 때는 더 많이 볼 수 있었다. 으레 온 가족들이 모여 그 광경을 보며 웃음으로 축복·화답했다. 더러는 서울역 같은 큰 대합실에서도 있었다. 하나도 부끄러울 것이 없었다. 그런데 요새는 없다. 못 본 지가 한 십년도 넘은 것 같다. 통 모유를 먹이지 않기 때문이다.

그런데 이유가 또 하나 있다. 유방을 여성의 성의 상징으로 보는 서양 사람들의 못된 관념 때문이다. 부끄러워 감추는 척 하면서 실은 돋보이게 수작을 부리는 그 선정적 상업주의 때문이다. 아름다운 자연을 이렇게 타락한 문화로 짓이겨 놓는다. 그래서 젖을 물리고, 물고 미소를 주고받는 영상은 "후진" 아프리카나 동남아 미개 소수민족 탐방프로에서밖에 보지 못하게 되었다. "자연으로 돌아가자!"고 외친 루소의 외침이 무색하다.

여성의 가장 아름다운 모습에 대해 들은 이야기가 생각난다. 임신한 모성이 태어날 아기를 꿈꾸며 뜨개질을 하는 모습이란다. 나의 이런 글을 읽고, 요새 세상에 이런 넋두리나 하는 학자가 있다니 참 한심스럽다며 비분강개하는 맹렬여성도 많을 것이다. 그러나 이것이 나의 "촌놈

교육학"이니 어이하리! 폐일언하고 이 논제에 대해 내가 한참 전에 쓴 수필 하나를 그대로 옮긴다. 나의 생각은 그 후 하나도 변치 않았기 때문이다.

최근 모유먹이기 운동이 확산되어가고 있다. 정서안정에 크게 기여할 뿐 아니라 IQ까지도 8점이나 높아진다는 말까지 곁들여진다. 그런데 좀 이상하다. 동양에서는 예부터 모유먹이기를 거의 본능적일 일로 알아왔다. 우유를 먹이는 따위의 생각은 해보지도 못했다. 사실 "교육"의 敎는 교사나 아버지가 회초리를 들고 엄하게 다스리며 바람직한 방향으로 어린이를 이끄는 작용을, 育은 이와는 반대로, 교사나 어머니가 어린이를 그 가슴에 따뜻하게 안고 감싸 키워주는 작용을 뜻하는 글자로 만들어져 있다. 이것이 동양사람들이 교육에 담은 그 참뜻이었다. 그래서 예를 들면, 가정교육은 엄부자모적이어야 하고, 이같은 방법원리는 학교교육에도 적용되어야 한다고.

그러나 서양에서는 사정이 좀 달랐다. 문화를 지배해온 상류층일수록 어린이의 교육을 가정교사나 유모에게 맡겼다. 그래서 이른 시기부터 가족과 떨어져, 어머니가 아닌 유모의 젖으로, 혹은 인공적 영양으로 키워졌다.

바로 이같은 부자연스럽고 비인간적인 모습을, 그 천재적인 직관으로 비판하고 나선 사람들이 루소와 칸트였다. 루소는 『에밀』 속에서 아기는 모유를 통해서 자양과 전통뿐 아니라 사랑과 종교까지 빨아들인다 했다. 그에게는 젖가슴이 없는 어머니는 상상할 수 없었다. 근엄한 노총각 칸트 교수도 강의실에서 모유를 예찬했다. 자양과 사랑뿐인가 면역성까지 안겨준다고!

이렇게 서양에서는 모유 대 우유 논쟁이 있어 왔고 모유의 승리로 끝났다. 제도적인 뒷받침도 있었다. 스위스의 경우 모유수당이라 해서 모유를 먹인다는 사실이 확인될 경우 매월 약 30만원 정도의 수당이 지급된다. 그래서 서양 중에서도 가장 세속적으로 이혼율도 높고 개인주의적인 미국에서도 모유수유율이 81퍼센트에 이르고 있다. 프랑스는 82퍼센트다.
그런데 "아-대한민국!"하는 정수라의 노랫말도 무색하게 우리 대한민국의 모유수유율은 20퍼센트다! 놀랍기보다 기가 차다. 동양적인 전통과 삶의 방식, 그리고 그 슬기로웠던 가정교육이 이렇게까지 망가졌단 말인가. 통계숫자의 의미분석도 놀라웁다. 서양에서는 상류층일수록, 지성인일수록 모유를 많이 먹이는데 한국은 그 정반대다! 이렇게 가정이, 교육이, 문화가 망가지고 있는 것이다. 큰일 났다. 우선 나부터 시작하자. 그래서 여학생이 70퍼센트가 넘는 사범대학의 교육학개론 시간에 이 문제를 제기했다. 그러나 너무 늦었다. 정년퇴직 두 학기 전부터였다. 이렇게 말이다.

여러분, breast-fed baby와 bottle-fed baby를 모유양육 아동, 우유양육 아동이라 번역하고 있는데, 너무 어렵고 뉘앙스도 통하지 않습니다. 그래서 저는 몇날 며칠 생각 끝에, 하루는 영감을 얻어 좋은 우리말을 계시받았습니다. breast-fed baby는 바로 "품돌이"입니다. 따뜻한 젖가슴으로 품어 키운 아이라는 뜻입니다. 어떻습니까? 저는 하도 좋아서 눈물이 핑 돌았습니다. 그러고나니 bottle-fed baby는 그야말로 자동케이스이더군요. "병돌이"였습니다.

병돌이와 병순이, 품돌이와 품순이!

여러분은 어느 어머니, 어느 아버지가 되겠습니까? 저는 얼마 후에 이 곳을 떠납니다. 혹 지하철에서라도 저를 만나면 그냥 인사만 말고 "품돌이 엄마예요," 혹은 "품순이 아빠예요" 하세요. 그러면 저는 회심의 미소로 화답하면서 안암의 언덕을 자랑스럽게 회상하고 가슴뿌듯한 보람을 느낄 것입니다.

모유예찬사, 나는 이 이상 덧붙일 노랫말이 없다. 정년퇴직 1년 뒤의 1996년 11월 『고대신문』의 "탁류세평"(濁流世評)난에 실린 글이다. 벌써 거의 10년, 그런데 아직 지하철에서 "품순이, 품돌이 아빠요 엄마예요"하는 인사를 받아본 적이 없다. 그러나 이 글은 나의 회심의 작품 중의 하나다. 끝으로 몇 가지 주석이 필요할 듯하다.

첫째는 우리나라의 모유수유율의 저하다. 1996년에는 20퍼센트였던 것이 2004년에는 16퍼센트로 떨어졌다. 참고로 소개하면 현재의 주요 국가의 모유수유율은 노르웨이 98.9, 덴마크 95.0, 미국 52.0, 일본 45.0퍼센트다. 단 이 통계수치에서는 완전모유냐, 혼합 수유냐 하는 정밀한 구분이 없다는 것, 그리고 젊은 직장여성을 위한 '모유짜는 방'이 있느냐 없느냐 등의 주석이 없다. 우리 어머니들의 의식 탓만 할 수는 없다.1) 둘째는 몸으로 얻는 도덕의 씨앗 계발이다. 페스탈로찌는 말한다. 인간에게 가장 중요한 사랑, 믿음, 감사, 신뢰 등의 덕성은 젖먹이 모자 사이에서 싹튼다고. 셋째는 우리말 다듬기다. "먹거리"라는 우리말을 사전에 올리기 위해 10여 년 노력해서 성공한 세계식량기구의 고관 김민환 님이 계셨다. "품돌이", "품순이" 따위 내가 창작한 말들도 어느 날엔가, 우선 만화책에서 시작하여 빛을 볼 날이 있을 것인가.

2. 정성스러운 흑판 닦기

우리 고등학교 동기졸업생들에게 가장 많이 영향을 주신 선생님이 세분 계신다. 박노선, 이 중, 그리고 김종철 선생님이시다.2)

모두 우리가 2학년으로 해방을 맞은 그 해, 20대 후반의 총각교사로 부임하셔서 열성적으로 우리를 가르치신 분으로 두고두고 우리들의 사랑과 존경의 대상이요, 동창회 등에서는 꼭 입에 오르내리는 스승들이시다. 모두 모교의 동문이요 거의 비슷한 연배이시다.

그러나 이 세 분의 모습과 성품, 그리고 제자들에게 임하는 자세는 판이했다. 박노선 선생님은 근엄형, 이 중 선생님은 열정형, 그리고 김종철 선생님은 온정형이었다. 나는 특히 이 세 분 스승에게 큰 사랑의 빚을 지고 살아온 사람이다.

오늘은 이 중에서 내가 박노선 선생님에게 배운 가장 귀한 것이 무엇이었던가를 하나만 피력하고자 한다.

공부를 시작하기 전에, 그러니까 수업을 하시기 전에 꼭 흑판을 깨끗하게 닦으시는 일이다. 교실에 들어와 우선 백묵 자투리를 모아서 버리고 다음에 흑판 지우개를 탈탈 털고 그리고는 흑판을 왼쪽에서 오른쪽으로 반듯하게 그야말로 평행선을 이루게 지워나가신다. 만족스럽게 닦인 다음에는 다시 한번 흑판 지우개를 털어 한쪽 끝에 놓으신다.

이 엄숙한 작업은 족히 2~3분은 걸린다. "눈은 마음의 창문이다"라는 말이 성경에 있다. 눈이 맑아야 마음이 맑다. 그렇다. 교실의 눈은 바로 흑판이 아닌가! 흑판을 닦으면서 교사는 교사대로, 그것을 바라보는 학생은 학생대로 마음을 같이 닦는 것이었다.

나는 고려대학교 사범대학에서 25년 교육학을 강의하면서 선생님에게 배운 이 한가지만은 꼭 힘써 지켰다. 그 2~3분의 정진은 절대 낭비되는 시간이 아니다. 명강의보다 더 감동적이요 더 효과적일 수 있다. 교육에서 가장 중요한 것은 실은 무의도적 감화다. 스승이란 바로 이런 인격적 감화로 제자들의 영혼을 일깨워 그들 하나하나가 다 자기 능력과 소질을 키워 자기실현을 하게 도와주는 분이다.

그래서 동양에서는 예로부터 학문이나 경서를 가르치는 경사(經師)보다 사람됨을 일깨워주는 인사(人師)를 더 귀하게 여겨왔다.

박노선 선생님을 생각할 때마다 꼭 한 가지 아쉬움이 남는다. 그것은 "강제동원"으로 전국구 국회의원이 되어 교수직에서 떠나신 일이다. 그 일만 없었더라면 대학 총장 자리는 맡아놓은 당상이고 그 인격과 경륜으로 더 크고 귀한 발자취를 남기셨을 것이다. 비극적인 역사의 짐을 앞장서서 지셨다고도 볼 수 있을까? 어쨌든 학자로서는 비극이 아닐 수 없었다.[3)]

나의 스승 중의 한 분에 대한 추모의 글을 이렇게 외람되게 소개하는 이유는 어디에 있는가. 의도하지 않았고 계획을 세운 바도 아닌데 은연중에 얻게 된 귀한 교육적 경험, 예를 들면 학교의 전통과 역사라든가 하는 문화적 풍토, 교사들에게서 얻는 무의도적 인격적 감화 등을 말하는 "잠재적" 교육과정의 중요성을 음미하기 위해서다. 이 잠재적 교육과정은 숨은 교육과정, 짜여지지 않은 교육과정, 비공식적 교육과정, 비형식적 교육과정 등 여러 표현으로 불린다.

이와 대조적인 것이 "표면적" 교육과정이다. 의도적으로 미리 계획해서 체계적으로 짜놓은 교육과정을 말함인데, 공식적 교육과정, 조직적 교육과정, 기대된 교육과정 등으로도 불리운다. 이 "표면적"이라는 표현이 좀 어색하다면 "선언적"이라고 바꾸어도 좋다.[4] 이렇게 하자고 미리 다져놓고 선언해서 힘써 한다는 뜻이다. 그런데 "교육과정"이란 무엇인가. 앞뒤가 바뀌었지만 그것을 짚고 넘어가야만 한다. "일정한 교육기관에서 교육의 모든 과정을 마칠 때까지 요구되는 교육목표 · 교육내용, 그리고 그 내용을 학습하기에 필요한 연한 내에 있어서의 학습시간 배당을 포함한 교육의 전체 계획"이라고 교육학 사전은 말한다.[5] 영어로는 커리큘럼이다.

자, 여기에서부터 문제가 하나 생긴다. 도덕시간에 열심히 도덕을 가르쳤는데도 불구하고 아이들의 생각이나 행동이 별로 좋아진게 없다. 답답한 노릇이다. 그런데 이와는 정반대로 교과서에도 없고 일부러 가르치지도 않았는데 아이들의 생각이나 행동이 좋은 의미로 달라지는 경우도 있다. 참 희한한 일이다. 흑판을 정성들여 닦는 스승의 모습을 보고 숙연해지는 학생들! 위의 수필 그대로의 현상이다. 하겠다고 선언하고 나선 일은 잘 안되고, 이와는 반대로 생각지도 않았던 좋은 결과가 뜻밖에도 나타나는, 이런 교육의 "아이러니," 역설이라 해도 좋고 수수께끼라 해도 좋다. 이런 현상을 분명하게 가려내기 위해 교육학자들은

1970년대부터 종래의 "교육과정"을 "잠재적"인 것과 "표면적"(선언적)인 것의 둘로 나누어, 좀더 깊고 넓게 생각하게 된 것이다. 교육이 그렇게 만만하게, 마음대로 되는 것이 아님을 깨닫게 된 것이다. 그런데 이런 일은 아이를 키우는 부모들은 너무나도 잘 아는 현상 아니었던가! 교육학자들은 늦게야 철이 든 것이다.

봄·가을에 아름답게 바뀌는 넓은 교정의 꽃과 나무들, 점심시간에 우연히도 옆에 앉게 되어 선생님과 같이 나눈 즐거웠던 이야기, 교과서를 잠시 덮고 들려주신 젊은 날의 스승의 꿈, 뉴스를 장식하는 자랑스러운 선배들의 활동, 학교를 사랑하는 마을 사람들 그리고 부모님들의 봉사활동 등 이런 것들이 잠재적 교육과정이다. 모두 귀한 교육적 경험을 아이들에게 안겨준다. 여기에서 한 가지 더 다져야 할 이야기가 있다. 선언적 교육과정의 효과는 눈에 보이고 바로 나타나지만 잠재적인 것은 눈에 잘 보이지 않고 바로 나타나지도 않는다. 그러나 더욱 가슴 속 깊은 곳에 스며들어 평생 "잠재"한다는 것이다. 교직의 어려움과 엄숙함을 되뇌게 하는 사실이다.

잠재적 교육과정의 부정적 현상도 있다. 지저분한 학교환경, 성실치 못한 교사들, 더욱 오로지 성적올리기에만 힘쓰지 학생의 삶이나 꿈, 어려움에 대해서는 일부러 비껴가는 교사들이다. 그리고 국회의 낯뜨거운 여야 몸싸움, 노사정 힘겨루기, 폭력 · 배신 · 애욕으로 물든 TV 홈드라마 같은 것들이다.

3. 역사교육에 대한 소감 다섯 가지

오래간만에 눈시울이 뜨거워지는 기사에 접했다. 일본인으로서는 최초로 우리나라의 건국훈장을 탄 후세 다쓰지(布施辰治, 1880-1953) 변호사의 휴먼 드라마, 그리고 이에 보답하려는 '후세 선생을 연구하는 모임'이, 일본을 강타한 니이가다 대지진 피해자를 돕기 위해 나선 모금운동 기사였다(동아일보 2004.11.1).

후세는 어떤 사람이었던가. 박열 부부의 일본 천황 암살 미수사건(1923), 의열단원 체포사건(1923), 일본 황궁에 폭탄을 던진 김지섭 의사의 일본천황 시해 미수사건(1924) 등 조선 독립투사들의 변호를 도맡다시피 했고 더욱 3·1운동 때는 "조선독립운동에 경의를 표한다"는 논평을 써서 변호사 자격을 정지당하기도 했단다. 그런데 이보다 더 귀한 것은, 1925년 여름 조선에 큰 홍수가 나자 "조선수재민 구호운동, 구호금 전달 운동"을 앞장섰으며, 어려운 한국 유학생들을 자기 집에 하숙시키기도 했으며 그 쉰들러 리스트 같은 "후세 리스트"도 남겼다 한다. 만면에 웃음을 띤 법복의 후세 변호사, 후세의 덕을 기리며 모금에 참여하는 만면 미소의 시민들! 참 오랜만에, 삶은 이렇게 엄숙해야 하고 그래서 진정한 즐거움도 따르는 것이라고 느꼈다.

그런데 며칠 지나면 그 모금의 자리가 바로 "교과서 왜곡"규탄의 집회로 변한다. 한일간, 참으로 문제가 많고 애증도 깊다. 너무나도 가깝기 때문에 미움도 더한다. 부부싸움은 칼로 물베기라 하지만 이것은 아니다. 한일간의 그것은 골수에 사무친다. 그 역사 때문이다. 이 역사를 올바르게 서로 이해하고, 그것을 토대로 새롭게 만나지 않는 한, "왜놈", "센진"(鮮人: 조선인을 얕잡아 부르는 말)은 없어지지 않으리라. 나는 작년 NHK뉴스에서 이 "센진"이란 말을 듣고 정말 놀랐다. "내 아버지의 위패를 돌려다오!"라는 피켓을 든 한국 아주머니에게, "여기는 〈센진〉이 올 곳이 못된다!"고 밀어제치는, 옛 군기와 군복으로 단장한 늙은 병사 언동이었다. 야스구니 신사 안에는 2만명의 조선인 위패가 있는데 말이다. 전쟁은 아직도 종결되지 않았다! 오늘 아침 기사는 또 일왕이 제

2차 세계대전 전몰자추모방문에서(2005.6.29) 사이판의 "태평양 한국인 위령 평화탑"을 "4분 슬쩍 추모"했다. 계획에 없는 전격추모였다고 전한다. 호텔로 돌아가는 길에 헌화도 없고, 추모사도 없이 묵도만 했단다.

일왕의 이런 어정쩡한 자세, 이것이 퍽 상징적이다. 교과서 왜곡 시비의 본질을 거기에서 보는 것 같다. 헌화하고 푹 고개 숙이고 너무나도 부끄럽고 죄송합니다 하고 한번 하면 시원하게 끝날 것, 그것을 못하는 것이다. 그 심보가 밉다. 일본을 상징하는 사람 심보가 바로 이것이다. 그래서 그들은 지금도 자기네 과오를 인정 않고, 그래서 진정으로 사과 않고, 그래서 또 역사를 올바르게 가르치지 못하고 있다. 그 피해는 자기 국민이 또 입을 것이고, 그 여파로 이웃나라들도 고통을 당할 것이다.

문제가 되는 왜곡 사항은 무엇무엇인가. 간추리면 이렇다. 노벨문학상 수상자 오에 켄사부로(大江健三郎) 등 일본의 양심적 · 실천적 지식인 17인을 비롯해서 이름까지 깨알같이 밝힌 2,834명, 165개 단체가 "교과서가 위기다"라는 큰 제목으로 동아일보에 전면광고(2001.7.26)한 내용이다.

> ① 천황중심의 "신의 나라", ② 아시아 태평양 전쟁은 아시아 해방을 위해서?, ③ 역사는 남성과 지배자만의 것? 목적은 헌법 9조의 "개정".

어떻게 할 것인가. 관련 국가의 역사학자, 교육자들이 모여 공동으로 역사책을 집필하는 방법을 우선 생각할 수 있다. 그런 세계사, 그리고 그 한 분야로서의 자기네의 국사책을 가르치자는 것이다. 그런데 이것이 정말 가능할까? 그런 객관적 기술이 가능할까? 더욱 자기네 국사에 대한 주체적 인식은? 의문은 끝없이 이어질 것이다. 그럼에도 불구하고 몇 가지 시도는 있었다. 예로 내가 구해 읽은 책 셋만 들어본다. 첫째는 11개국의 학자가 공동으로 집필한 『새 유럽의 역사』(1992)다.[6] 그 11개국은 프랑스, 덴마크, 체코, 이탈리아, 벨기에, 아일랜드, 그리스, 에스파냐, 포르투갈, 네덜란드, 독일, 영국이다. 둘째는 이시와타 · 고시다 편저의 『세계의 역사 교과서』(2002)다.[7] 교육학자와 현직 교사가 세계의 11개국 교과서를 분석 · 비판 · 평가한 것이다. 그 11개국은 한국, 중국, 싱가포르, 베트남, 인도네시아, 독일, 폴란드, 영국, 네덜란드, 미국, 일본이다. 셋째는 한일공통역사교재 제작팀의 『조선통신사』(2005)다.[8] "도요토미 히데요시의 조선침략과 우호의 조선통신사"라는 부제가 붙어 있다.

이 세 책을 읽은 나의 소감은 이러했다. 『새 유럽의 역사』는 유럽연합에 지나치게 맞추어져 쓰여졌다는 것, 『세계의 역사교과서』는 각개국사의 모음이어서 "세계"가 희미하다는 것, 그리고 『조선통신사』는, 진보적 시각의 두 지역의 교직단체(대구와 히로시마) 소속의 저자들도 결국 그 "국적"의 한계를 벗을 수 없어, 공통역사교재라고 하면서도 합의를 못보고 결국 두 주제 밖에 다루지 못했다는 것이다. 그러나 그 시도들 자체는 퍽 귀하며, 올바른 역사교육이 갈 길을 모색한 것이라 여겨졌다.

학교교육에서 가장 중요한 교과는 역사다. 왜냐하면 그것은 국민의식을 일깨워주는 가장 핵심적 교과이기 때문이다. 그 역사교육에 대한 나의 소감을 몇 가지 적어본다. 첫째는 국민의 양식이다. 몇 년 전 나는 일본 앨프스의 나가노의 큰 서점에 들려 일본사 교과서를 구해 그것을 정독하고 느낀 바를, 일본인으로 나의 오랜 친구인 교육학 교수에게 편지 형식으로 개진한 것이 있다. "『일본사』교과서를 정독하고 느낀 몇 가지 문제들"(이 책의 교육논평 부분에 수록)이 그것이다. 여기에서 나는 몇 가지 의문점은 있으나 "왜곡"으로 보이는 곳은 없었다 했다.

그 나가노현이 일본에서도 진보적 교육현이기에 그 악명 높은 “새로운 역사교과서를 만드는 모임”의 교과서 따위는 책방에 나오지도 못했을 것이었다. 결국 그 “모임”의 교과서는 채택률이 0.0041% 밖에 못되었다 한다. 이쪽 한국이나 저쪽 일본이나 국민의 양식을 믿고 느긋하게 작업을 해야 한다.

둘째, 정치가들의 선동에 놀아나지 말자는 것이다. 정치가들은 양식 아닌 저속한 국민감정에 파고드는 구호를 외쳐대며 언론과 짝짜꿍이 되어 여론몰이를 하기 일쑤다. 한국으로부터의 “왜곡항의”를 일본의 우익 정객들은 도리어 호재로 이용하여 인기도나 지지율을 높이려 할 것이다. 실지로, 한국과의 마찰이 있을 때마다 일본의 고이즈미 수상의 지지도는 높아진다 한다. 그러면 입다물고 있으라는 말이냐. 아니다. 냉철하게, 합리적으로 대처하자는 것이다.

셋째, 각국의 입장이 다 다름을 인식하고 이해해주어야 한다는 것이다. 같은 민족주의라 하지만, 강대민족이 이것을 지니면 침략적·국수주의적 민족주의가 되고, 약소민족은 바로 이것으로 자기를 보존하는 자주적·독립적 민족주의가 된다. 이렇게 야누스적이다. 그런데 강대국들은 이 민족주의를 시대적 유물로 치부하며 약소국에게 이것을 버리라 한다. 나는 이것을 한국에게 “민족주의 사관”을 넘어서라고 요구하는 사람들에게서 느낀다.[9] 지배했던 민족과 지배당했던 민족과의 차이이다. 식민사관의 피해를 입었던 우리는 도리어 한 음조 더 높여 민족주체사관으로 몸을 추스려야 한다.

넷째, 시민의 참여 유도다. 시민이 여론몰이로 정치가들을 길들여야 한다. 정치가는 표에 약하다. 표를 과시해야 한다. 그런데 지금은 거꾸로 시민들이 거의 정치가의 선동에 놀아나고 있다.

다섯째, 교사들의 소임 인식이다. 실제 교과서와 역사적 소재를 다루는 사람은 교사다. 국가가 장악하고 있는 교육, 특히 그 침략적 국수주의 국사교육에 가장 강하게 맞서 싸웠던 사람은 20세기의 지성으로 추앙을 받은 버트랜드 러셀이었다. 그는 일찍이 『교육과 사회체제』(1932)에서 이렇게 외쳤다. 역사교과서를 국제기구 등에서 통일적으로 편찬하고, 국기 대신에 국제연맹기를 달고, 특히 역사교사의 의식을 높이고, 교사들이 그릇된 체제 개혁에 선도적 소임을 다하며, 침략적 자본주의체제를 고쳐나가야 한다고! 그러면서도 그는 그 이상 실현의 어려움을 이렇게 해학적으로 한탄하고 있다.[10]

"착한 사람들은 게으르고, 악한 사람만 정열적이다."(The good are lazy and only the bad are energetic!)

4. 내가 말려든 세 논쟁

말주변도 없고 남 앞에 서기를 두려워하고 더욱 빈상인 나는 학회같은 데도 좀처럼 나서지 않는다. 내가 발표할 때도 인사말까지 미리 여백에 연필로 메모한 원고를 읽어내려가는 것으로 끝난다. 그러니 재미있을 턱이 없다. 원래 학회발표는 이런 것이라고 치부한다. 잘 웃기는 사람도 있는데 부럽다기보다 그 억지 개그에 안쓰러운 느낌마저 든다. 학회는 원래 개그 대신에 토론, 불꽃 튀는 논쟁의 자리가 되어야 한다. 그런데 한국의 경우 사정이 다르다. 이리 걸리고 저리 걸려서 할 말이 있어도 입을 열지 못하고, 다 끝난 다음에야 끼리끼리 한 잔 하면서 겨우 수군댄다. 한국 학회에 유럽에서처럼 논쟁이 벌어지는 일은 극히 드물다. 논쟁이 벌어졌다하면 언쟁이 되고 그러다가 파벌 싸움, 드디어는 인신공격으로 끝나기 때문이다. 그래서 한국 학회에서는 들러리서는 질의, 나도 뭔가 안다는 뜻의 보충 질의는 좋은데, 의문을 제기하는 진정한 질의는 금물이다. 플라톤의 대화편에 전개되는 질의와 응답, 그리고 그 화기애애한 분위기는 처음부터 기대하기 어렵다.

더욱이 우리나라는 교육 · 교사가 · 교육학이 거의 정치 · 정치가 · 정치학자의 청부기능, 하수인, 어용학자가 되어온 어두운 세월이 있었고, 그것이 또 너무나도 길었기 때문에 그런 그릇된 양태가 생리화되어 버렸다. 개체발생은 계통발생을 되풀이한다던가! 그래서 교육은 으레 "어용"이고 교사는 "기술자"고, 교육학자는 "어용학자"라는 인상이 심어졌다. 사실 교육학자 중에 유난히 총장, 총리, 부총리로 출세한 사람이 많았다. 또 이래서, 정권이 바뀌고 "시국"이 풀릴 때마다 또 그 교육이 "개혁"의 대상이 되고 백성들은 어리둥절하기만 한다. 그들 현란한 논리에 따라가지 못한 백성들, 새 상황에 이리 뛰고 저리 뛰어야 할 백성들만 앉아서 바보된다. 그러다가 소리지른다. "교육이 나라 망친다!"고. 오늘날 오로지 입시를 위해서만 뛰어대는 교육의 현실, 그 단적인 예로 사교육의 현실이 이를 여실히 증명한다. 참으로 "교육망국"이다. 교육학자라는 것이 부끄럽기까지 하다.

이런 현실을 꿰뚫어보며 가닥을 잡게 하는 하나의 논리가 있다. 내가 언젠가 미국의 비교교육학 책에서 읽고 깨우침 받은 명제가 그것이다. "새 정권은 꼭 새 경제정책, 새 교육정책을 내세운다." 그 설명이 이렇다. 자기 가계 걱정, 자기 자식 걱정보다 더 큰 걱정거리가 어디 있는가. 이런 걱정에 매달리게 해서 백성들이 더 큰 일들, 예를 들면 민족이다, 국가다, 사회다, 자유다, 정의다, 복지다 이런 일에 생각을 할 겨를이 없게 하기 위함이다. 이 두 큰 정책은 구체적으로 무엇인가? 경제정책으로는 화폐개혁, 교육정책으로는 학제개혁이라 한다. 박정희 대통령 시절의 논리에 어쩌면 이렇게 딱 맞는 진단인가. 그러나 어디 박대통령 뿐이겠는가. 그래서 경제와 교육, 이 두 정책에 조령모개, 조삼모사가 되풀이된다. 백성들은 비웃으면서도 우왕좌왕하고!

교육, 교사(교수), 교육학회 관련 모임의 이러한 분위기에 나는 본의 아니게 논쟁에 말려든 일이 있었다. 세 번이었다. 그 경위와 내용을 나는 글로 남겼다. 한국교육학회가 창립 50주년을 기념하기 위해 발간한 『한국교육학회 50년사』(2003, 원미사)에 기고한 "회상과 회표"(561-566쪽)에서다. 그 논쟁 부분만을 그대로 옮겨 본다. 지금 생각하면 결과적으로는 나의 회심의 기록이다.

그 중 하나는 1974년 교육학회 연차대회에서다. 교육개혁 논의가 한창인 그 해에 나는 "교육개혁의 이념 · 과제 · 전망"이란 제1주제 발표를 했다. 어쩌다가 말이 헛나가 "여러분 생각해 봅시다. 밭에다 거름주고 씨뿌려 호박따는 호박대학도 4년제요, 시멘트에다 자갈을 비벼 다리를 놓는 대학도 4년제인데, 명색이 사람을 일깨워 키운다는 사람대학이 2년제라서야 말이 됩니까! 인간에 대한 모독이요 교육에 대한 모독입니다"하고 나는 소리쳤다. 이 "호박대학", "다리대학"이란 말에 청중은 폭소하며 박수를 쳤다. 그런데 한 분이 일어서더니 정중하게 항의하는 것이었다. "선생은 농과대학이 호박이나 기르는 대학으로 아십니까?" 나는 아찔했고 장내도 물을 뿌린 듯 조용해졌다. 그런데 그때 나는 번개처럼 떠오르는 말이 생각났다. "호박이다, 다리다, 사람이다"하는 표현은 '상징'이지 '실제'가 아닙니다. 이렇게 수습하고 끝냈다. 나중에 나는 명답변을 했다고 칭찬도 받았다. 또 항의한 분은 어느 농과대학의 농업교육전공 교수라는 것도 밝혀졌다. 농업교육과도 4년제인데 교육대학은 2년제였던 시절의 이야기다. 그 후 한참 뒤에 우리 교육대학은 4년제로 모두 승격됐다. 그런데 이 "호박대학"이란 표현은 내 창작이 아님을 이 자리에서 한번 밝히고 싶다. 실은 내가 히로시마에서 뵌 오사다(長田)교수의 창작이다. 그 분은 패전 직후의 일본의 초등교사 양성기관에 2년제도 있는 것을 분개하고 국민에게 이렇게 호소하고 곧 다 4년제로 승격시킨 큰 스승이다.

또 하나 논쟁은 교육철학회에서였다. 분석철학적 교육학이 교육학의 과학화라는 이름아래 전성기를 이루던 때였다. 그때 어느 교수가 이렇게 선언했다. "교육철학의 고유한 전문성은 어디에 있느냐 하면, 나라에서 교육의 목표로 정한 국민교육헌장 안의 여러 덕목들을 교육의 현장 사람들이 잘 알 수 있게 쉽고 또렷하게 풀이해 주는데 있다. …" 이 말에 나는 견디지 못하고 대들었다. "그러면 나라가 갈 길은 누가 정합니까?" 그랬더니 "그거야 국가가(박모교수나 유모교수들의 자문을 받아 …) 정하는 것이 아닙니까! …" 이 대답에 나는 내뱉었다. "그러면 교육철학자는 철학자의 하수인이고, 이 철학자는 국가의 하수인이요, … 모두가 하수인이라는 말입니까? …" 그 후 심한 말, 격정적인 표현이 서로 오갔다. 대통령 이름으로 나온 『국민교육헌장』이 설치던 유신시대의 나의 객기의 한 토막이다.

세 번째 논쟁은 "선비상" 논쟁이다. 나는 우리가 그 기나긴 시련의 역사를 통해 키워낸 이상적 인간상은 선비상이므로, 이 역사를 이어받아 키워나가야 할 한국인상도, 교사상도 선비상일 수밖에 없다는 논의를 몇 번인가 제기했다. 내가 가까이 여기는 한기언 교수 그리고 이제 고인이 되었지만, 이제야 겨우 우리가 그 진가를 깨우침 받기에 이른 퇴계의 교육사상 연구가 정순목 교수의 영향이 컸다. 그러나 이런 발상에 대해서는 나 나름의 철학도 있었다. "모든 존재에 다 귀한, 고유독특한 하나님의 혹은 우주 안의 뜻이 담겨있고, 그 뜻, 존재이유를 실현하는 것이 참 삶이며, 그래서 모든 사람이 다 귀하다"는 믿음이다. 또한 "들에 피다 지는 이름 없는 들풀이나 고호가 즐겨 그리는 그 터질 것 같은 환희의 해바라기나, 우리 국화인 무궁화나 영국의 국화인 장미나, 하나님 앞, 우주 안에서는 다 그 고유독특한 몫으로 똑같이 귀하다"는 믿음이다. 나의 선비상 예찬론도 실은 이 가닥에서다. 우리 선비상은 독일의 장인상, 중국의 군자상, 일본의 무사상에 버금가는 이상적 인간상이다. 아니,

그 세 특질 즉 아름다움을 쫓는 심미적 기질, 외곬으로 길을 묻는 학문적 기질 그리고 사회정의를 외치는 재야적 기질을 두루 갖춤으로 해서 앞으로 더 받들어져야 할 이상적 인간상이고 그래서 이 세계화의 시대에 더욱 빛날 인간상이라고 …

교육학회에서는 불발로 끝난 이 논의가 어떻게 나에게까지 돌아왔는지, 좌우간 위촉을 받아 쓴 "선비상을 키워가자"는 일요일 아침 논단(한국일보, 1984년 1월 5일자)은 편집자가 붙인 부제 "민족문화 지키고 키울 파수꾼 아쉬워"때문인지 크게 국민적 관심과 호응을 얻어, 5주 5회에 걸치는 수십 명의 지상논쟁으로 이어졌다. 나의 회심의 이벤트 중의 하나다.

5. 부활의 4월 연세대학 교정

사월의 대학 교정은 참 아름답다. 이른 봄 개나리, 목련, 진달래, 라일락 순서로 피기 시작하는 부활의 잔치들을 철쭉꽃이 구내를 빨갛게 물들여 끝마무리하기 때문이다. 또 있다. 새내기들이 신이나서 대학 구석구석 쏘다니고 노닐며 더하는 그 푸르름이다. 4월은 잔인한 달이라고 누가 노래했던가. 그 어려웠던 시국을 겪었던 우리들에게는 그것이 꼭 우리 대학들을 아름답게 그리고 슬프게 읊은 것만 같다. 그 잔인하다는 뜻을 알 것만 같다.

사월이 되면 나는 꼭 한 번씩 연세대 교정을 찾는다. 평생 대학에 몸담으며 젊은이들과 호흡을 같이 한 나로서는 이 철이 되면 유난히 대학의 젊음과 꿈들이 그리워지기 때문이다. 그런데 내가 평생 몸담은 고려대학을 제치고 왜 연세대학인가. 혼자 마음대로 상념에 잠기고 싶어서다. 아는 교수, 옛 제자들과 맞닥뜨려 나의 상념이 막히지 않기 위함이다. 제치는 게 아니고 피하는 것이다. 또 굳이 이유를 들자면 이곳에서 평생 일하며 이 가난한 교수 남편을 도와준 아내, 그 어려웠던 사월을 이 곳에서 용케도 견뎌낸 나의 둘째 아들에 대한 고마움과 그들 젊은 시절의 회상 때문이라 할까. 그러나 가장 큰 이유는 내가 존경해마지 않는 외솔 최현배의 흉상, 거기에 새겨진 우리말 철학을 새롭게 다시 음미하기 위해서다.

우선 교문에 들어서면 가슴이 확 트인다. 저 멀리 뒷산까지 이어지는 푸르름, 양쪽에 늘어서 있는 건물들, 그리고 그 사이를 수놓는 젊은이들. 정말 하늘과 땅과 사람의 조화다. 그래서 나는 대학이 좋고 특히 그 4월이 좋다. 굳이 기차타고 돈 들여 바쁘게 꽃나들이 할 필요가 어디에 있을까.

우선 교문에서 5분거리, 그 나지막한 언덕의 그 솟구치는 유월의 이한열군의 추모비를 찾는다. 그러면 벌써 20년 가까이 흘렀는가, 그 옛날 일이 하나 새로워진다. 아직 그 시신이 병원에 있을 때, 우리 고려대 극성 교수들이 10여 명, 이문영 교수를 선두로 이 자매대학 연세대학에 조문하러 갔었다. 우리 일행에는 당시 이미 팔순이 다 되신 노철학자 박희성 교수님도 계셨다. 박 교수님은 일제시대에 연전을 나오신, 그야말로 고인의 대선배이셨다. 그런데 우리는 학생들을 선동할 우려가 있다는 판단 때문이었는지, 빈소분향은 물론이요, 유족을 만나지도 못했고, 본관 어느 방에서 시국이 이러니 양해해달라는 어느 처장인가 하는 교수가 내주는 쓴 차만 한 잔씩 마시고 돌아왔고, 그 길에 서울시청 앞의 데모대에 말려 고생도 좀 했다. 1988년 9월 14일 연세대 총학생회 세움의 이한열 열사 추모비는 그래서 나에게는 지금도 새롭다.

언덕을 내려오면 또 5분 거리에 외솔의 흉상이 있었는데 얼마 전에 그 건너편 최현배 기념관의 입구에 옮겨졌다. 바로 그 옛자리 위, 그러니까 교정 오른쪽 끝에 한결 김윤경(1894-1969)의 흉상이 있다. 언제 읽어도 참 좋다.

> 한 민족의 흥망성쇠는 그 민족이 가진 문화의 소장성쇠에 정비례하고, 문화의 소장성쇠는 민족의 문자의 있고 없음과 좋고 언짢음에 정비례한다.
> – 한글반포 500돌 기념강연에서 –

그야말로 논리정연한 삼단논법이다. 이 이상 무슨 말을 덧붙히리요. 언더우드 동상을 지나 건너편의 윤동주 시비를 찾는다. 조금은 공간이 있어 언제 가도 학생들이 몇 재잘거려서 참 좋다. 윤동주는 스승 외솔과 지금도 한 마당에 있으니 얼마나 좋을까. 단 먼저처럼 둘이 서로 마주보고 있었더라면 더 좋지 않았을까? 최근에 나온 송우혜 님의 대작 『윤동주 평전』에 이러하다.11)

> 외솔 선생의 『우리말본』 강의를 들었을 때 우리는 얼마나 감격했고 또 영광스러웠고 연희동산이 얼마나 고마운 것인가를 뼈저리게 느꼈다. 동주가 얼마나 그 강의를 열심히 들었는지, 항상 앞자리에 앉던 동주의 모습이 지금도 늘 선하게 떠오른다.

스승과 제자와의 만남을 그의 입학 동기생인 유영 교수는 이렇게 증언한다. 그런데 나는 이 시비 앞에서 또 걸리는 게 있다. 그 서시 중의 "하늘", "부끄럼"과 "모든 죽어가는 것"이 일본어로는 잘못 번역되어 있다는 시비(是非)에 비롯한다. 나의 일본인 친구 반나이(坂內宗男) 님이 그 문제 제기자들 중의 하나다. 그는 동경도청 관리로 재일 한국인·조선인을 위해 일하다가 퇴직 후 연세대 어학원에 와서 한글을 익히고 평화운동에 앞장서고 있는 사람이다. "하늘"은 인격적 존재처럼 우리

동양인이 다 같이 느끼는 하늘천의 천(天), 그래서 "덴"(てん, 天)이어야 옳은데 구름이 날으는 자연적 허공(sky)의 "소라"(そら, 空)로, 그리고 "모든 죽어가는 것"이 "이끼도시 이께루 모노"(살아 있는 모든 것)이라는, 일본 사람들이 관행어로 쓰는 불교 용어로, … 이렇게 뜻이 흐려졌다는 것이다.[12] 윤동주의 모교 동지사대학의 교정에 있는 시비에도 이대로란다. 반나이 넘은 이것을 글로 써서 몇 군데에 호소했다. 나도 동감하고 조금은 거들었다. 그러나 허사였다. 금년에는 친구 전 대광고등학교 김유영 교장과 동행했다. 그의 아버님이 바로 윤동주의 은사이자 "시인 윤동주의 묘"를 마련하고 명필로 그 비명을 다듬어 세운 김석관(金錫觀) 선생님이시다. 금년에는 또 재단사무실 건물에 임시 마련했다는 윤동주 기념실까지 볼 수 있었다. 그 방명록에 일본 여성들의, "일본의 조선 침략, 죄송합니다", "평화를 빕니다" …는 등 얌전한 글씨들이 보였다.

이제 마지막, 오늘의 하이라이트 외솔 최현배(1894-1970) 기념 강의실 앞에 다다라 그 흉상에 새겨진 글을 음미한다.

> 한 겨레의 문화창조의 활동은 그 말로써 들어가며 그 말로 하여가며 그 말로써 남기나니 조선말은 조선사람의 창조적 활동의 말미암던 길이요, 연장이요, 그 성과의 축적의 끼침이다. 『우리 말본』 중에서

외솔은 일찍이 교육에 뜻을 두고 히로시마고등사범학교를 거쳐 쿄토제국대학에서 한국인으로서는 최초로 페스탈로찌연구로 학사학위를 받고 귀국해서는 국문학자가 된 분이다. 페스탈로찌는 "문화의 기초는 언어"라는 사상을 지닌 교육철학자였다. 우리 문화의 기초인 우리말이 쇠잔해가는 현실을 직시하고 그는 우리말을 살려 우리 문화를 살리고 우리 겨레를 살리고자 교육학에서 국문학으로의 그 극적인 대전환을 성공적으로 이룩했다.

교정을 빠져나오면서 우람찬 한글탑과 백낙준 동상을 본다. 한글탑은 우리 모음 글꼴들이 아름다워서 참 좋았는데 백낙준 석상은 다른 상에 견주어 너무 크고 높이 솟아 왠지 정이 가지 않는다. 연세대 교정 조형물에서 한 가지 아쉬움이 남는다. 외솔의 제자요, 그 뜻을 담은 『나라사랑』을 수 십호나 책임 · 편집한 홍이섭 교수의 흉상에는, 왜 그의 글에서 뽑힌 그의 귀한 사상이 대좌에 한 두 줄 새겨져 있지 않느냐였다. 화룡점정 결이라던가.

6. 노칠거 - 노인이 버려야 할 칠거지악

불교에서는 인생을 고해 즉 괴로움의 바다라 했고, 그 괴로움을 생 · 로 · 병 · 사라 했다. 태어나는 괴로움(태어났기에 당하는 괴로움도), 늙어서 당하는 괴로움, 병들면서 당하는 괴로움, 그리고 죽어가면서 당하는 괴로움이다. 어차피 당하는 괴로움이라면 그 정체를 잘 꿰뚫어 슬기롭게 받아들여야 한다. 그런데 이게 말대로 되는가. 어느 날 홀연히 깨달았을 때는 이미 늦다. 그래서 울고불고 가슴을 치며 통곡한다. 우리 주변에서 흔히 볼 수 있는 광경이다. 그런데 문제는, 이런 일은 남의 일이지 자기 일은 아직 아니노라고 믿고자 하는 우리들, 특히 노인들의 어리석음이다.

깨끗하게 삶을 다하는 모습은 참으로 아름답다. 고적한 산사에서 조용히 입적하는 스님, 백발을 휘날리며 노동운동의 현장에서 외치다가 홀연히 어느 날 숨을 거두는 NGO, 그리고 서재를 청소한 다음 책을 보며 글을 쓰다 쓰러지는 늙은 학자 … 참 아름답다. 그런데 이들의 죽음을 상업화, 권력화, 의전화(儀典化)해서 그 아름다움을 앗아가는 경우가 많다. 망자에 대한 불경 이보다 지나침이 없다. 멀리는 해인사의 성철스님 때에 이 한심스러운 모습을, 그리고 바로 어제 오늘은 로마교황청의 요한 바오로 2세에서 이를 보고 있다. 예언자의 묘에 회칠하지 말라, 또 죽은 자는 죽은 자로 하여금 장사지내라 하셨는데 말이다.

생로병사, 어떻게 할 것인가. 모든 인생이 다 거쳐야 할 자연의 과정, 시련의 과정, 그리고 교육의 과정이다. 특별히 잘 거쳐가는 우등생도 있을 것이고, 또 미련하게 거쳐 가는 열등생도 있을 것이다. 그러나 우리는 특별한 재능도 없고, 유별난 욕심도 없는 까닭에 그저 평범하게 졸업하는 보통생이 되고 싶다. 그러려면 어떻게 해야 하나. 하나하나 버리고 몸과 마음을 가벼이 하는 일이다. 욕심을 버리자는 일이다. 체중의 감량, 이것도 좋다. 권력으로부터의 도피, 이것은 더 좋다. 유산의 사회환원, 이것은 더 더욱 좋으리라. 그러나 이런 일이 어디 범인으로는 쉬운 일인가. 그래서 내가 권장하고 싶은 것이 우선 노칠거(老七去)다. 되도록 다음 일곱 가지 거추장스러운 것을 버리고 몸과 마음을 가벼이 하자, 괴로움이 덮치는 표면적을 바짝 줄이자, 이것이다. 나는 이 생각에 미쳤을 때 참 즐거웠다. 아르키메데스가 비중의 원리를 생각해내고 좋아서 "유레카!" 발견했다고 소리치며 맨몸으로 욕조를 뛰쳐나간 기분이 이러한 것이었으리라.

노칠거, 무엇인가. 몸과 마음에 큰 부담을 주는 물건을 우선 외출시 멀리 하자 그것이다. 첫째는 넥타이다. 원래 서양의 어느 건달의 자기 과시용 헝겊천이 지금도 우리 목을 개목줄처럼 휘감고 있으니 말이다. 다음은 시계다. 안방에 거실에 아파트 입구에 지하철 승강장에 이렇게 싸디싸게 많은 시계를 왜 그 가늘어지고 약해진 손목에 차고 다녀야만 하는가. 셋째는 수첩이다. 이제 거의 인연이 다한 수백명의 인적 사항이 적혀 있는 수첩을 왜 호주머니에 볼록 넣어가지고 다녀야 하느냐. 그날 해야 할 사항일랑 메모지 한 장으로 족하지 않을까. 넷째는 그 무거운 돋보기 안경이다. 지하철에서 뭐 책을 읽을까. 그 안경집은 또 얼마나 거추장스러운가. 다섯째는 잔돈주머니다. 이 물건에는 대개 열쇠도 몇 개 끼워있다. 버스일랑 교통카드 한 장이면 되고, 지하철일랑 얼굴 주름만 보이면 되는데 …. 여섯째는 지팡이다. 짚을 때마다 신경도 쓰이고, 또 어떤 때는 도리어 화를 부르기도 한다. 헛짚었을 때는 정말 구제불능이다. 그리고 마지막, 일곱 번째는, 실은 이것이 가장 중요한 것인데, 구두다. 발을 옥죄이는 족쇄에서 놓여나 헐렁헐렁하고 가벼운 운동화로 돌리자는 말이다.

나의 이 노칠거는 "칠거지악"에서 얻은 것이다. 원래 가부장적인 유교의 율법, 좀더 자세히 풀면, 중국의 대명률을 본 딴 경국대전에서 정한 합법적 이혼사유 일곱 가지란다. 다음 일곱 가지 "악"을 범한 여성은 쫓겨나야 한다는 법도다.[13] 누구나 아는 일이지만 다시 한번 쉽게 풀어 복습하면, ① 시부모에게 불순종, ② 자식을 낳지 못함, ③ 음탕, ④ 질투, ⑤ 나쁜 병, ⑥말 많음, ⑦ 도둑질이다. 그런데 여기에서 여성이 정말 윤리적으로 책임져야 할 사항은 도둑질 하나뿐이다. 질투에서 보자. 사랑하기에 서방님 자주 뵙자하고, 사랑하기에 다른 여자 못 보게 신경질 부리는 것 아닌가. 그런데 여기에도 다행히 삼불거(三不去)라는 단서 예외조항이 붙는다.[14] ① 부모의 삼년상을 같이 치른 경우, ② 장가들 때 가난했다가 뒤에 부유해진 경우, ③ 친정이 망해 돌아가 의지할 곳이 없는 경우에 한해 불쌍히 여겨 보아주어야 한단다. 하나 더해 자식 낳은 사불거(四不去)도 있다.

나의 노칠거에도 이 "삼불거"가 있다. 첫째 넥타이 착용이다. 친지의 자녀 결혼식장, 빈객영접 등의 경우다. 둘째는 수첩이다. 며칠 집을 비우는 여행길, 특히 해외여행 길에는 필수다. 무슨 일을 당할지 모르니 말이다. 셋째는 단장이다. 등산시에는 필수다. 늙으면 등산도 혼자 해야 한다. 젊은이와는 페이스도 안 맞고 또 젊은이가 끼워주지도 않기 때문이다. 더욱, 요새는 늙은이가 산에서 넘어져도 잘 돌봐줄 젊은이를 기대하기도 어렵다.

노칠거 중에 왜 자가용, 휴대폰은 없느냐? 이것은 나의 개인적 고집이다. 나는 우리나라에서는 한번도 자가용을 운전하지 않았다. 또한 휴대폰도 갖고 있지 않다. 운전면허증은 일본에서 대학 4학년 여름방학 때 땄는데 한국에 와서는 차값이 비싸고 운전하는 것이 위험해서 차를 산적이 없다. 그러니 꼭 50년 무사고 기사다! 대신 편도 30분, 두 발로 안암골을 출퇴근하며, 가는 길 오는 길에 열세 개의 까치집 안부를 물으며 걷는 즐거움을 누렸다. 휴대폰은 아예 필요가 없었다. 내가 하나도 아쉽지 않았기 때문이다. 휴대폰에서 놓여나지 못하는 노인들, 더욱이 그 물건을 목에 감고 다니는 모습은 참 딱하고 안쓰럽기까지 하다.

우리 노인들은, 바로 나부터 시작해서, 여생을 알차고 건강하게 살다가 아름답게 마쳐야 한다. 그러기 위해서는 노년기에 꼭 수반하는 병고, 소외감, 허탈감 그리고 특히 이 셋이 겹쳐서 오는 고독감을 스스로 노력도 해서 장엄하게 이겨내야 한다. 노칠거는 그 첫 걸음이다. 집안에서 늙은 마나님과 입씨름만 하지 말고 공원에 자주 나가, 걸으면서 건강도 챙기고 한 판 천원짜리 내기 바둑하는 늙은 친구들의 놀이도 구경하며, 훈수하다 낯박살 당하는 주책들과 같이 웃으면서 소외감도 달래고, 또 앉았다 하면 아들자랑, 손주자랑, 며느리 흉에 열을 올리는 할머니들의 말도 들어주고 거들기도 하면서 고독감에서도 놓여나야 한다.

노년기의 이와같은 쉽고도 엄숙한 자기관리, 이것은 또한 가장 쉽고도 엄숙한 자기교육이자 귀한 정신적 유산이다. 노인용 교과서의 첫 페이지에 나와야 할 것도 이 노칠거가 아닐까.

7. 민중을 씨울로 일깨운 위대한 영혼 함석헌

함석헌! 선생님 이름을, 아니 함자를 이렇게 함부로 불러도 되는 것일까? 이럴 수밖에 없다. 그에게는 그 흔하디 흔한 아호 하나가 없다. 아니, 갖기를 거부한 것이다. 여기에는 다소 주석이 필요하리라. 그와 동갑이고 동경고등사범학교라는 당시의 명문학교도 같이 다녔고, 같은 우찌무라 동문으로 『성서조선』도 같이 창간했고, "성서조선 사건"으로 서대문형무소에서 1년간 옥고도 같이 치룬, 그야말로 막역한 친구이자 동지인 김교신도 아호가 없다.[15] 김교신이 아호 갖기를 거부한 이유가 재미있다. "권번에 드는 기생처럼 호는 무슨 호냐?" 했다.[16] 부모님이 주신 호적 이름 석자를 당당하게 쓸 것이라 했다. 그래서 그는 일본식 이름의 창씨개명도 안했다. 이른바 문인들이 쓰는 필명도 싫어했다. 자기 신분을 숨기는, 혹은 잘난체하는 위장이요 겉치레로 본 것이다. 그래서 함석헌도 호가 없다.

함석헌하면 긴 수염, 흰 두루마기, 사시사철 고무신 – 단 이 고무신은 흰 것도 있고 검은 것도 있다 – 을 연상한다. 자의반 타의반이란 말이 유행하던 어두운 시대 미국국무성 초청으로 비행기에 오르실 때도 이 모습이었다. 핫바지 농민의 모습 그대로다. 여기에도 또 주석이 필요하리라. "핫바지 농민 예찬사"다.

> 해방이 되고 보니 모두 독립투사, 애국지사였다. 다 대통령이 되려하고 감투 쓰려 했다. 중국에서 돌아온 사람은 다 장군이요, 미국에서 돌아온 사람은 다 지사요, 일본에서 돌아온 사람은 다 형무소에서 나온 투사였다.

모두 나만이 애국지사란다. 그러나 진정한 애국자는 누구였던가. 핫바지 농민들이었다. 그들은 못나 외국에도 못나가고 조상의 묘를, 우리 전통과 말을, 그리고 자식새끼들을 키워냈다. 일본말 쓰라하면 일본말 쓰고, 공출 내라하면 공출내고 하면서 이 땅과 전통과 말과 자식새끼들을 지켰다. 이 핫바지 농민들이야말로 진정한 애국자였다. 이들이 없었다면 해방이다 독립이다가 다 공허했을 것이다.

내가 가장 좋아하는 선생님의 논설 중의 하나다. 이 핫바지 농민예찬은 또 그의 "씨ᄋᆞᆯ" 사상으로도 이어진다. 그의 스승 유영모의 가르침으로 그가 널리 애용한 이 "씨ᄋᆞᆯ"이란 독특한 말의 뜻은 무엇인가. 나는 함석헌 연구가가 아니기 때문에 어려운 어휘로 다듬어 낼 수는 없고, 나 나름으로는 한마디로 "씨ᄋᆞᆯ은 역사의식에 눈 떠 역사를 일구어 나가는 민중"이라고 이해하고 있다. 그는 이 씨ᄋᆞᆯ들을 위해 『씨ᄋᆞᆯ의 소리』라는 월간지를 장기간 간행했고 이것을 군사 독재정권과 싸우는 가장 강력한 무기요, 민중을 일깨워 역사의 주인되게 하는 정신공동체의 핵으로 삼았다. 김교신에게는 『성서조선』, 장준하에게는 『사상계』가 있고 그에게는 이 『씨ᄋᆞᆯ의 소리』가 있었다. "씨ᄋᆞᆯ"은 아직 국어중사전에도 올라와 있지 않다. 그러나 그것은 "씨알", "씨앗"의 뜻을 담은 참 삶의 핵심을 뜻한다고 미루어 볼 수도 있다. 그의 이 사상은 안병무의 민중신학으로 발전한다. 약 30년 전, 내가 처음으로 스위스와 독일에 갔을 때 그 곳 신학자와 목사들이 내가 한국에서 왔다니까 "민중신학"(Minjung Theology)을 안다면서 반기던 일들도 생각난다. 함석헌은 이렇게 독창적인 사상가이기도 하다. 그의 소원은, 역사의식이 없는 대중, 군중을 역사의 주인으로 의식화시켜 이 겨레를 하나님이 맡기신 몫을 수행하는 자랑스러운 겨레로 거듭나게 하려는 것이었다.

이래서 이야기는 마땅히 그의 명저 중의 명저 『성서적 입장에서 본 조선역사』로 이어져야만 한다. 『성서조선』에 1934년 2월호부터 시작해 장기간 연재된 이른바 그의 "고난사관"은 그 고난이 섭리에 의한, 우리 겨레가 맡은 고귀한 몫이고, 그래서 그 고난사관은 보다 정밀한 개념으로 다듬으면, "섭리적 민족사관"이라 해야 옳다고 보여진다. 그 단적인 명제 셋을 추려본다.

• 역사를 지어내시는 이가 아가페라면 조선역사의 궁극적 의미가 아가페에 있을 것은 틀림없는 일이다.

• 신은 그 거룩한 뜻을 한 줄씩 각 민족의 요람 위에 썼다.

• 고난의 역사다. 조선역사의 밑에 숨어 있는 밑가락은 고난이다.

모두 다섯 번째 연재 "조선사의 밑가락"에 나오는 명제다.[17] 신은 이 겨레에 고난을 안겨주고 그것을 통해 단련하여 새로운 의와 평화의 역사를 열게, 장엄한 사명을 지닌 겨레로 사랑하고 계시다는 것이다!

선생님 이야기는 또 꼭 선생님의 "선생님"이야기로 이어져야 한다. 함석헌은 선생님이란 호칭을 딱 세 사람에게만 썼다. 그리고 그 때에는 꼭 눈시울을 적시셨나. 우선 남강 이승훈이다. 명문 평양고보 재학 때 3·1운동 적극가담자로 지목되어 퇴학당하고 방황할 때 오산으로 불러 키워주신 분(자신은 감옥에 계시면서도), 동경고등사범학교 졸업 후에도 한눈팔지 않고 그분의 날개 아래 들어간 그 스승에 대해서다. 다음은 일본의 예언적 기독자요 무교회주의자요 일본제국주의에 반대하고 평화주의를 외친 우찌무라 간조다.[18] 그리고 또 동양철학자로 기독교의 토착화에, 특히 함석헌에게는 "씨ᄋᆞᆯ"사상을 다지게 한 다석 유영모다. 삶에 결정적인 감화와 영향을 준, 만남을 안겨준 교사를 스승, "선생님"이라 할진대 선생님은 세 분 밖에 있을 수 없고, 그 이상은 필요 없다는 동양적인 논리에서이리라.

나는 함석헌을 여러 번 뵙고 또 그 어려웠던 시절에 선생님 간청으로 『씨올의 소리』에 몇 번 글도 썼으며, 이런 일로 삐딱한 사람으로 여겨져 괴로움도 좀 당한 사람이다. 저명인사들의 전투적 · 정치적 논설들이 삭제되거나 없을 때 나에게 엽서로 글을 달라 하신 것이다. 그러니 요청이 아니고 간청이라 해야 옳다. 그래서 별로 전투적이지도 정치적이지도 않은 "교육의 인간화" 따위 글이 되어 독자들을 맥 빠지게 했을 것이다.

함석헌(1901-1989), 그는 우리에게 누구인가. 그리고 또 나에게는 누구인가. 한국인으로 보람되게 자랑스럽게 살라고 영혼에 불을 지펴주신 위대한 스승이다. 그는 어느 곳에선가 이렇게 말했다. "나는 과학의 시대에 사니 미신은 못 믿겠고, 나는 내 믿음만이 옳다고 생각하지 않으며, 나는 이 땅과 역사 위에서 자랑스럽게 사는 한국인이다."

한국의 간디, 그에게는 아호가 없다. "위대한 영혼"이란 뜻의 마하트마 간디의 "마하트마"에 해당하는 짧은 우리말은 무엇일까?

1) 직장에 모유를 자연스럽게 먹이거나 짜 둘 수 있는 공간과 분위기가 조성되어 있는가, 지하철 역사나 고속도로 휴게소에 젖을 먹일 수 있는 공간이 있느냐가 문제다. 최근에 꽤 많이 생겼단다. 2004년 1월에는 서울 지하철 역사중 5호선 광화문역과 7호선 고속버스터미널역에 각각 수유공간이 생겼고 그 후 7, 8군데 더 생길 것이라 했다. 또한 대한가족보건복지협회와 보건복지부, 여성부, 서울시 송파구청 등에서도 모유수유실을 운영 중이며 공간설치를 위한 준비도 여러 군데서 하고 있단다. 더욱이, 모유수유가 유방암 예방에 도움이 되고 산후회복이 빠르다는 등 모유수유운동의 의학적 접근도 활발해졌다(2004년 7월 27일자 동아일보 여성·가정란 참조).

2) 이 글의 앞부분은 전주고등학교 은사 박노선 선생님을 추모하는 문집 『이상은 높게 꿈을 맑게』(원불교출판사, 2003, 441-443쪽)에 올린 나의 글이다. "잠재적" 교육과정의 중요성을 실례로 들기 위해 감히 실명으로 소개하는 것을 양해해 주시기 바란다.

3) 박노선(1922-1978) 선생님은 전북대학 교육학 교수직에서 민주공화당 전국구 국회의원(1967)을 거쳐 원광대 교수, 군산교육대학 학장을 역임하고, 원불교 수위단원, 삼선개헌 시비 때 여당으로는 드물게 개헌반대 서명을 하고 정치에서 물러나셨다.

4) 잠재적 교육과정은 영어로는 latent curriculum이고, "표면적"은 manifest이기에 "선언적"이다.

5) 서울대학교 교육연구소(편), 『교육학용어사전』(하우, 1994), 100쪽.

6) 프레데리크 들루슈(편), 윤승준(역), 『새유럽의 역사』, 도서출판 까치, 1995.

7) 이시와다 노부오(石渡延男)·고시다 다카시(越田 稜)지음, 양억관 옮김, 『세계의 역사교과서』(삭가성신, 2005)

8) 한일공통역사교재 제작팀 지음 『조선통신사』(한길사, 2005)

9) 위 『세계의 역사교과서』331쪽.

10) B. Russell, Education and Social Order, (Unwin Books, 1932), p.77-84.

11) 송우혜, 『윤동주 평전』(프른역사, 2004), 235쪽

12) 일본의 검정교과서 고등학교 용의 『新編 現代文』(筑摩書房)교과서에는 이바라기 노리코(茨城のり子)의 "하늘과 바람과 별과 시"라는 윤동주의 여러 시를 음미하는 글이 꽤 길게 실려 있는데(137-147쪽), 이 글의 첫머리에 나오는 "서시(이부기 고오, 伊吹 鄕역)에도 이 "모든 죽어가는 것을 사랑해야지"가 "이끼도시 이거루모노오바 이도오시마네바"(모든 살아있는 것을 사랑해야지) 그대로다. 이 오역 논쟁은 "윤동주 『서시』 왜곡 일본어역"(조형균,

1995.10.31 조선일보)과 "윤동주 시 오역 지적, 사실과 다른 점 많아"(조희철, 1995.11.4 조선일보)를 참작하기 바람.

13) ① 불순구고(不順舅姑), ② 무자(無子), ③ 음행(淫行), ④ 투(妬), ⑤ 악질(惡疾), ⑥ 다언(多言), ⑦ 도(盜)

14) ① 부모공여삼년상(父母供與三年喪), ② 선빈천후부귀(先貧賤後富貴), ③ 무소귀(無所歸)

15) 『성서조선』과 "성서조선 사건" 등에 대해서는 김정환,『성서조선 명논설집』(한국신학연구소, 2003)을 참고하기 바람.

16) 권번(券番)은 일제 때 기생들이 기적을 두었던 조합이다.

17) 셋 모두 『성서조선』의 제65호(1934년 6월호)에 실린 "조선사의 기조(基調)"에 담긴 글이다. 기조란 말이 한글만으로는 뜻이 통하지 않기에 "밑가락"이라고 내가 써 보았다. 이 글이 그의 사관을 이해하는 가장 귀한 글이다. 그러나 꼭 70년 전의 글이어서 일반인에게는 읽기가 쉽지 않아 내가 쉬운 말로 고쳐서 위 주15)의 『성서조선 명논설집』에 수록했다(52-63쪽).

18) 우찌무라 간조(内村鑑三 1861-1930)는 교회적 기독교에 반대하고 "무교회"를 제창했고, 군국주의 이념이 담긴 "교육칙어" 경배를 거부하여 교단에서 쫓겨나 평화운동에 앞장섰다.

종 장

글을 맺으며

교육입국론으로 돌아가자
—일곱 가지 입국론 음미

교육입국론으로 돌아가자
- 일곱 가지 입국론 음미

우리나라는 일본제국에 의해 긴 세월 국권을 빼앗겼다. 국토는 유린되고 백성은 땅을 치고 통곡하며 하늘을 우러러 다시 올 그 날을 기약했다. 그 암흑의 시대에 많은 선각자들이 노예의 쇠사슬에서 벗어날 길을 모색하고 외쳤으니 우리는 그것을 입국론이라 하겠다. 유형별로 나누면 다음 일곱 가지다. 그것을 간략하게 살펴보자.

첫째는 백범 김구를 대표로 하는 **무력입국론**이다. 우리가 힘이 없어 무력으로 정복을 당하였으니 나라를 되찾는 길 역시 힘을 길러 무력으로 이길 수밖에 없다 했다. 윤봉길, 이봉창 등 무수한 의사들 뒤에는 꼭 이 논리가 깔려 있었다. 실제로, 김구에게는 "왜놈 하나라도 더 죽여야 한다"는 『도왜기』도 있다.

둘째는 우남 이승만으로 대표되는 **외교입국론**이다. 우리의 딱한 처지를 널리 외국에 알려 여론을 일으켜서 그들의 도움으로 나라를 다시 찾자는 논리다. 당시 우리를 위해 힘써 줄 나라는 미국 밖에 없었다. 그래서 그는 〈한국 태평양지〉를 발간하고 또 세계약소민족회의에 한국대표를 보내기도 했다. 약육강식의 정글 법칙이 지배하는 국제사회에서 악어의 눈물에 의지하려 했던 것이다.

셋째는 도산 안창호로 대표되는 **인격입국론**이다. 힘에는 여러 가지가 있다. 군사적인 힘, 경제적인 힘, 학문적인 힘, … 이렇게다. 그런데 이 모든 힘은 도덕적인 힘이 없으면 허물어진다. 그러면 도덕적인 힘은 어디에서 나오는 것인가. 인격의 힘에서다. 이 인격의 힘이란 무엇인가. "죽더라도 거짓은 없어라"는 성실한 삶에서다. 그가 홍사단을 다시 세워 민중 하나하나를 선비정신으로 일으키려 한 이유가 여기에 있다.

넷째는 남강 이승훈으로 대표되는 **교육입국론**이다. 도산의 생각을 구체적으로 실현하기 위해서는 학교교육이 가장 효과적이다. 학교를 세워 인재를 키우자. 백년대계라고, 길은 더디지만 이것이 확실한 길이다. 그는 사재를 다 털어 오산학교를 세웠고, 그 곳에서 기라성같은 일꾼들을 키워냈다. "변소청소는 늙은 내가 할 터이니, 너희는 어서어서 교실에 들어가서 공부하라"했다.

다섯째는 인촌 김성수로 대표되는 **산업입국론**이다. 의식주가 족해야 예절이 족하다, 백성은 먹는 것을 하늘로 삼는다. 세 끼 굶으면 담 안넘어갈 놈 없다고도 하지 않았던가. 우선 산업을 일으켜 백성들을 먹이고 입혀야 한다. 그의 민족 자본에 의한 민족산업 발전의 논리는 참으로 귀했다. 그가 세운 경성방직회사에서 짜낸, 태극마크가 선명하게 든 무명천으로 두루마기를 입은 촌로의 흐뭇한 미소를 생각해 보시라!

여섯째는 외솔 최현배로 대표되는 **문화입국론**이다. 나라를 찾는다 함은 이 겨레가 그 따스한 몸으로 그 시린의 역사 속에서도 가꾸어 온 문화를 되찾는다 함이다. 그러면 그 문화의 꽃은 무엇인가. 언어다. 겨레의 문화는 언어라는 그릇에 담겨 이어져 오기 때문이다. 그래서 그에게는 한글을 다듬고 키워 살림이 지상의 과제로 여겨졌다. 그는 『우리 말본』 첫째 매에 이것을, 반만년의 겨레의 무궁한 발전을 기하면서 스스로 진 짐이라 했다.

일곱째는 그 표현은 다소 생소하게 들릴 **종교입국론**이다. 44세의 젊은 나이에 해방을 넉 달 앞두고 근로자들 속에서 사망한 『성서조선』의 김교신, 그리고 이제 너무나도 잘 알려진 『씨올의 소리』의 함석헌을 그 쌍두마차 대표자로 한다. 만 15년간 월간으로 158호까지 나오다 강제폐간된 그들의 신앙월간지 『성서조선』의 주창은 무엇이었던가. 우리 백성의 신앙을 키우는데 외국산 기독교가 왠말인가, "김치냄새 나는 조선산 기독교"라야 한다는 민족적 기독교 논리였다. 함석헌은 자기를 주워 키워준 오산학교 교사로 있으면서 『성서적 입장에서 본 조선역사』를 지어 위 『성서조선』에 장기간 연재했다. 이 두 사람은 백성처럼 산다며 그 흔한 아호 하나 안썼다. 생소한 표현인 이 종교입국이란 무엇인가. 종교개혁을 통해 새 사람으로 태어나 새 나라를 이룩하자는 것이다. 근세 영국의 의회 민주주의는 바로 올리버 크롬웰의 청교도 혁명의 산물이며, 이들 청교도 일부가 미국에 건너가 현대 미국을 이룩한 것이다. 먼저 의와 그 나라를 구하자는 논리다.

이 일곱 가지 입국론, 어느 하나 귀하지 않은 것이 없고, 특히 당시로는 긴요하지 않는 것이 없었다. 그러나 이 모든 입국론이 다 교육입국론으로 모아져 수렴됨을 우리는 각별히 새김질해야 한다. 교육을 통해 올곧고 성실하고 용감한 사람을 길러내지 않고서는 모든 입국론이 다 허망하기 때문이다. 그래서 우리 선각자들도 일찍이 이를 인식하고 교육에 힘썼다. 그러나 그 교육이 일본제국주의의 손아귀에 들어가 거꾸로 우리를 조여매는 굴레가 되기도 했다. 그러다가 우리는 토지와 이름과 언어를 잃은 채 해방을 맞았다. 그 후 우리는 온 힘을 다하여 교육에 힘썼다. 그 힘으로 무역총량으로는 세계 10위권에 드는 한강의 기적을 이룩했다. 6·25라는 민족상잔의 상처를 안은 채 말이다. 단군 이래 이렇게 잘 산 시대가 없었던 것도 사실이다. 그런데 문제가 있다. 그 경제구조가 허약하고 교육과 문화가 황폐해지고 국민의 도덕적 해이가 말이 아니다. 이래서는 미국과 일본을 누르고 세계 제일을 자랑하는 고등교육진학률(2004년도 81.3%)과, GNP 인지 GDP인지 하는 수치들이 무슨 소용인가.[1)]

어떻게 할 것인가. 처방은 단 하나다. 진정한 교육으로 돌아가자는 것이다. 교육을 경제성장의 수단으로만 보아온 생각을 버리고 하나하나의 생명의 몫을 일깨워주는 교육, 즉 인격각성의 교육, 인간의 능력을 고루 키워주는 전인교육으로 되돌리자는 것이다.

여기에서 우리는 우선 고종의 교육입국조서(1895)부터 다시 음미해야 한다. 개국 504년 2월 초2일 관보에 실린 이 조서는 "열조(烈祖)의 교화(敎化)"를 회상 · 찬양하는 서두에 이어 이렇게 타이른다.

> … 가로되 덕양(德養)이니 … 세상의 질서를 유지하고 사회의 행복을 증진시키라. 가로되 체양(体養)이니 … 너의 힘줄을 굳게 하고 너의 뼈를 튼튼히 하여 굳세고 병 없는 즐거움을 누리라. 가로되 지양(智養)이니 … 좋고 미운 것과 옳고 그른 것을 가려 … 사(私)를 꾀하지 말고 공중의 이익을 헤아릴지어다 ….

우리는 이렇게 다시 초심으로 돌아가 지덕체 겸비의 삼육(三育), 인격교육, 전인교육 등 진정한 교육을 다짐해야만 한다.

1) 2004년 12월 교육인적자원부 발행의 "대학 구조개혁 방안"에 의하면 1990년도의 고등교육기관 진학률은 미국 59.9%, 일본 36.3%, 한국 33.2%였던 것이 2004년에는 미국 63.3%, 일본 49.1%, 한국 81.3%가 되어, 14년 사이에 미국은 6%, 일본은 35%증가한데 비해 한국은 145%나 증가했다. 기뻐할 일인가, 우려할 일인가?

저자약력

김정환(金丁煥)

페스탈로찌 연구로 1970년 교육학박사 학위를 취득하고, 이 해 고려대학교 교수로 부임. 1995년 정년 퇴직, 현재 고려대학교 명예교수, 한국교육학회 교육철학회 회장, 사범대학장, 스위스 취리히대학 교육학부 객원교수 등 역임. 1998년 「전인교육론」으로 한국교육학회 학술상(저작상) 수상. 저서로 「교육철학」, 「비판적 교육이론」, 「페스탈로찌의 교육철학」 등이 있음.

한국교육이야기 백 가지

2007年 1月 15日 初版印刷
2007年 1月 25日 初版發行

著 者 金 丁 煥
發行人 安 鍾 萬
發行處 博 英 社
서울 特別市 鍾路區 平洞 13-31番地
電話 (733)6771 FAX (736)4818
登錄 1952. 11. 18. 제1-171호(倫)

www.pakyoungsa.co.kr e-mail: pys@pakyoungsa.co.kr

定 價 18,000원 ISBN 978-89-10-65028-7